HISTOIRE

DE

LA TERREUR

HISTOIRE

DE

LA TERREUR

1792-1794

D'APRÈS DES DOCUMENTS AUTHENTIQUES

ET INÉDITS

PAR

M. MORTIMER-TERNAUX

DE L'INSTITUT

Première édition

TOME SEPTIÈME

PARIS

MICHEL LÉVY FRÈRES, LIBRAIRES ÉDITEURS

RUE VIVIENNE, 2 BIS, ET BOULEVARD DES ITALIENS, 15

A LA LIBRAIRIE NOUVELLE

1869

Tous droits réservés

HISTOIRE DE LA TERREUR

LIVRE XXXIII.

CRÉATION DU COMITÉ DE SALUT PUBLIC.

I.

Pendant que la trahison de Dumouriez s'accomplissait sur la frontière du Nord, que se passait-il à Paris ?

Nous avons laissé la Convention au moment où elle mandait le général à sa barre (séance du 30 mars). On aurait pu croire que les divers partis, s'accordant tacitement une trêve de quelques jours, attendraient le résultat de la mission confiée à Camus et à ses trois collègues. Mais les habitués du cénacle de Mme Roland, inspirés par cette Égérie aux soupçons incessants, aux haines implacables, étaient à la recherche de complots imaginaires, au lieu de concentrer toute leur attention sur les dangers trop réels qui les entouraient. La dernière mission que Danton et Lacroix venaient d'accepter près de Dumouriez, le silence qu'à son retour le premier avait gardé, leur semblaient prouver la connivence de ces deux hommes avec le général rebelle ; aussi épiaient-ils l'occasion de faire éclater toute la colère dont ils étaient animés contre l'ex-ministre de la justice et son confident. Cette occasion ne tarda pas à se présenter. Les commissaires de la Convention n'étaient pas encore partis, qu'un incident fortuit ralluma tout à coup l'incendie mal éteint.

Un des secrétaires venait de donner lecture d'une lettre par laquelle deux montagnards, Anthoine et Levasseur (de la Sarthe), en mission dans les départements de la Meurthe et de la Moselle, accusaient le Girondin Salles d'entretenir une correspondance contre-révolutionnaire avec quelques-uns de ses compatriotes. Danton demande le dépôt de la correspondance incriminée sur le bureau du président. Des réclamations très-vives s'élèvent sur certains bancs de la droite :

« Demandez tout de suite l'inquisition ! »

« Qu'avant tout Danton rende ses comptes ; qu'il nous dise à quoi il a employé quatre millions de dépenses secrètes ! »

« Quant à moi, s'écrie un membre, je demande l'exécution du décret en vertu duquel Danton doit nous rendre compte de l'état de la Belgique. Il importe que nous connaissions toutes les opérations de nos commissaires. »

Piqué au vif par ces sommations qui s'entre-croisent, Danton bondit à la tribune. — « Vous avez ordonné par un décret, s'écrie-t-il, que Camus et moi, seuls des commissaires près de l'armée du Nord qui se trouvent actuellement à Paris, nous rendrions compte de ce que nous avons vu et fait dans la Belgique. Les lettres parvenues récemment à votre Comité de défense générale ont rendu ce rapport moins important quant à ce qui concerne la situation des armées, puisque cette situation a changé. Ces lettres ont nécessité des mesures provisoires que vous avez décrétées. J'étais prêt et je le suis encore à m'expliquer amplement, et sur l'historique de la guerre de Belgique, et sur les généraux, et sur l'armée, et sur la conduite des commissaires. Il est temps que tout soit connu. »

« Oui ! oui ! » crie-t-on des diverses parties de la salle.

« Il est temps ; d'autant plus que je m'aperçois qu'on a insinué dans l'Assemblée que les malheurs de la Belgique pourraient avoir été plus ou moins amenés par l'influence, les fautes ou même les crimes de vos commissaires. Eh bien ! je prends à cette tribune l'engagement solennel de tout dire, de tout révéler, de répondre à tout ; je demande que la séance de demain soit consacrée à un rapport préliminaire, car il y aura beaucoup de personnes à entendre, beaucoup de chefs à interroger. On verra si nous avons manqué d'amour pour le peuple, lorsque nous n'avons pas voulu priver tout à coup l'armée des talents militaires dont elle avait besoin et écarter des hommes dont cependant nous combattions les opinions politiques ; et si nous n'avons pas, au contraire, sauvé l'armée. On verra, par exemple, que si nous avions donné à cette fameuse lettre, qui a été lue partout excepté dans cette enceinte (la lettre du 12 mars), les suites que nous aurions pu lui donner dès qu'elle nous a été connue; on verra que, si nous n'avions pas en cette circonstance mis dans notre conduite la prudence que nous dictaient les événements, l'armée, dénuée de chefs, se serait repliée sur nos frontières avec un tel désordre, que l'ennemi serait entré avec elle dans nos places fortes. Je ne demande ni grâce ni indulgence. J'ai fait mon devoir dans ce moment, comme je l'ai fait au 10 août. J'appelle aujourd'hui sur moi toutes les explications, tous les genres d'accusations, car je suis résolu à tout dire.

« Je vous rendrai mes comptes. Ces comptes, objets de tant de calomnies, j'espère qu'ils suffiront pour faire disparaître la barrière qui nous sépare encore.

« Nos maux viennent de nos divisions. Eh bien! connaissons-nous tous. Comment se fait-il qu'une portion des représentants du peuple traite l'autre de conjurés; que ceux-ci accusent les premiers de vouloir les faire massacrer? Il a été un temps pour les passions. Elles sont malheureusement dans l'ordre de la nature. Mais il faut enfin que tout s'explique, que l'on se juge et se reconnaisse. Quant à moi, je répondrai catégoriquement aux inculpations qui m'ont été ou me seront faites ici, dans cette assemblée qui a l'univers pour galerie. S'il est un seul d'entre vous qui ait le moindre doute sur ma gestion comme ministre, s'il en est un seul qui désire des comptes itératifs, lorsque déjà toutes les pièces sont déposées dans vos comités; s'il en est un seul qui ait des soupçons sur mon administration relativement aux dépenses secrètes de la Révolution, qu'il monte demain à la tribune et que tout se découvre, que tout soit mis à nu. Je somme celui qui pourrait me supposer des projets d'ambition, de dilapidation, de forfaiture quelconque, de s'expliquer demain franchement sur ces soupçons, sous peine d'être réputé calomniateur. Je n'ai de ma vie employé un trait de plume pour ma justification. Cependant, je vous en atteste tous, dès le commencement de la Révolution, j'ai été peint sous les couleurs les plus odieuses. N'a-t-on pas plus d'une fois demandé ma tête? Elle est encore là. Elle y restera. Que chacun emploie celle qu'il a reçue de la nature, non pour servir de petites passions, mais pour sauver la République. Expliquons-nous franchement, catégoriquement; puis, libres de défiances, nous passerons à l'examen de notre situation politique. Ces défiances, quand on veut se rapprocher, sont-elles donc si difficiles à faire disparaître? Je le dis, il s'en faut qu'il y ait dans le sein de cette assemblée les conspirations qu'on se prête. Trop longtemps un amour mutuel de vengeance, inspiré par les préventions, a retardé la marche de la Convention et diminué son énergie en la divisant. Concourons d'un commun accord aux mesures sévères et fermes que réclame le peuple indigné des trahisons dont il a été si longtemps victime. Non, la France ne sera pas réasservie; elle pourra être ébranlée; mais le peuple, comme le Jupiter de l'Olympe, d'un seul signe, fera rentrer dans le néant tous ses ennemis.»

Cet appel à la conciliation n'eut aucun résultat, il n'en pouvait avoir aucun. La main que Danton semblait vouloir tendre à ses adversaires était ruisselante du sang de septembre. Les Girondins ne pouvaient pas l'accepter. Leur refus rejeta le tribun, repentant peut-être, dans les rangs de leurs ennemis les plus acharnés.

Lasource, qui avait un acte d'accusation tout prêt contre Danton, comprit que ce n'était pas l'heure de le produire et demanda l'ajournement de la discussion jusqu'à ce que Dumouriez eût paru à la barre de la Convention. « Car, dit-il, sans vouloir, dans ce moment, inculper qui que ce soit, je regarde la désorganisation de l'armée de Belgique comme la suite d'un plan de conjuration ; tout ce que nous avons entendu jusqu'à présent ne peut nous donner que des conjectures ; ce sont des certitudes que nous devons acquérir. »

L'ajournement de la discussion fut voté sans que Danton lui-même s'y opposât. Il avait payé d'audace en allant lui-même au-devant des accusations de ses adversaires. Satisfait de les avoir fait reculer devant sa prétendue franchise, il attendit.

II.

Si la lettre de Dumouriez avait causé une vive agitation dans le sein de la Convention, elle devait naturellement exaspérer jusqu'à la fureur la Commune, les sections, les sociétés populaires.

Dès le 27 mars, la section des Droits de l'homme avait pris l'initiative du mouvement ; elle déclara que « le salut de la chose publique ne pouvait être opéré que par la seule énergie du peuple souverain; que quant à elle, elle était debout pour défendre la liberté ; que les frères des quarante-sept sections seraient invités à envoyer des commissaires à un point central, lesquels commissaires devraient s'occuper sans relâche des moyens de sauver la République de l'abîme dans lequel une faction calomniatrice et liberticide et des généraux perfides voulaient engloutir la chose publique et la liberté. »

Le lendemain, vingt-sept sections avaient adhéré à cet arrêté et envoyé leurs commissaires à l'Évêché. Réunis dans la salle capitulaire, ces commissaires avaient choisi pour leur président Truchon, l'homme des massacres de septembre, et s'étaient constitués en assemblée centrale de salut public et de correspondance avec les départements, sous la sauvegarde du peuple.

Avis en est immédiatement transmis au Conseil général de la Commune, qui, sur le réquisitoire de Chaumette, sanctionne la constitution de l'assemblée centrale en lui allouant des frais de bureau[1]. Le Conseil décide en même temps que le lendemain dimanche, jour auquel les pétitionnaires sont d'ordinaire reçus à la barre de l'Assemblée, il s'y transportera en corps pour sommer la Convention de faire à Dumouriez l'application de la loi qui prononce la peine de mort contre quiconque demandera un roi, un dictateur, un tyran quelconque.

L'adresse de la Commune est apportée en grande pompe à la Convention par le vice-président du Conseil général; Pache ayant voulu s'abstenir dans cette

---

1. *Moniteur* du 5 avril, n° 95, art. Commune.

occasion, à raison de ses anciens démêlés avec Dumouriez. « Nouvelle preuve, disait l'orateur municipal, de la délicatesse de sa belle âme [1]. »

L'Assemblée écoute en silence cette adresse où Dumouriez était comparé « à un nouveau Brennus qui mettait la vie de ses concitoyens dans la balance de son ambition. » Elle en vote l'impression, mais ne décide rien, parce qu'elle veut avant tout entendre le rapport que son Comité de défense générale lui a promis pour le lendemain 1er avril.

Ce jour-là, en effet, à l'ouverture de la séance, Cambacérès vient lire les trois documents qui ont servi de base aux résolutions que Camus[2] a fait prendre l'avant-veille : 1° la lettre de Dumouriez en date du 12 mars, lettre que tout le monde connaissait, mais qui n'avait pas encore été lue officiellement à la tribune ; 2° une autre lettre du même général au ministre de la guerre, datée du 28 mars ; 3° le procès-verbal, dressé par les trois commissaires du pouvoir exécutif, Proly, Pereira et Dubuisson, de la conversation qu'ils avaient eue à Tournai avec Dumouriez[3].

« Ces documents, ajoute Cambacérès, prouvent que le général en chef de l'armée du Nord est à la

---

[1]. Ce qui n'avait pas empêché Xavier Audoin, gendre de Pache, de se faire nommer, par la section du Luxembourg, l'un des commissaires envoyés à l'Évêché pour diriger le mouvement d'où était partie l'adresse de la municipalité.

[2]. Voir tome VI, page 335.

[3]. La lettre du 28 mars et le procès-verbal des trois commissaires ont été analysés, tome VI, page 317.

tête d'une vaste conspiration dont le but est de rétablir la royauté en France. Votre Comité a pris un certain nombre de décisions, qu'il croit devoir taire encore, à moins que vous ne nous ordonniez de parler. Mais je suis chargé de vous dire : 1° que nous avons fait mettre en arrestation chez eux les trois signataires du procès-verbal que je viens de vous lire; non pas que nous en soupçonnions la véracité, mais nous avons cru devoir prendre cette mesure pour leur sûreté personnelle et pour la conservation de témoins aussi précieux; 2° que nous avons pris des mesures pour nous assurer de tous ceux qui, à raison de leur naissance, de leurs intérêts, de leurs habitudes, de leurs rapports et de leur situation, peuvent être soupçonnés de désirer le rétablissement de la royauté[1].

« Le motif que je viens d'indiquer nous aurait portés à comprendre parmi les personnes dont il serait opportun de s'assurer, les citoyens Égalité et Sillery; mais notre respect pour la représentation nationale nous a arrêtés, et nous avons cru devoir les appeler dans notre sein. Aux interpellations qui lui ont été faites par le président, le citoyen Égalité a répondu qu'il voyait avec plaisir toutes les mesures qui ont été prises, qu'il demandait lui-même que l'on adoptât à son égard toutes celles que

---

[1]. Le Comité de sûreté générale dont la majorité était, comme on le sait, franchement montagnarde, profita de cette occasion pour satisfaire ses haines et ses vengeances particulières. Feignant de voir dans Roland un complice de Dumouriez, il ordonna de mettre les scellés sur les papiers de l'ex-ministre et sur ceux de sa femme. (Voir *le Patriote français*, n° 1828, *Moniteur*, n°s 100 et 114.)

le Comité jugerait convenable de prendre ; qu'il désirait que sa conduite parût au grand jour et que la vérité bien connue fît taire ses calomniateurs. »

III.

Aussitôt que Cambacérès est descendu de la tribune, Sillery se hâte d'y monter pour protester de son républicanisme et pour expliquer les relations qu'il a pu avoir avec Dumouriez. Fonfrède, qui, comme la plupart des Girondins, poursuivait le duc d'Orléans d'une haine toute spéciale, s'écrie : « Sillery vient de s'expliquer ; qu'Égalité s'explique à son tour, c'est son droit. Mais lorsque les deux inculpés auront été entendus, je demande que la discussion soit renvoyée jusqu'au moment où Dumouriez aura été amené à la barre. Aujourd'hui elle ne saurait être utile. »

Robespierre, qui n'a jamais eu de relations avec Dumouriez et ne craint pas d'être compromis dans les explications que provoque le rapport de Cambacérès, insiste pour une discussion immédiate. La Convention adopte son avis, et le Girondin Penières commence l'attaque. « Ce sont, dit-il, les deux députés, Danton et Lacroix, qui ont empêché la lecture publique de la lettre du 12 mars ; ils avaient promis de faire rétracter cette lettre par Dumouriez, et, dans le cas de refus du général, de proposer eux-mêmes le décret d'accusation. Qu'est-il arrivé cependant? Danton, de retour de la Belgique, ne s'est présenté ni à l'Assemblée ni au Comité de défense générale. Je fis la motion de l'appeler. Il y vint; je lui ai demandé alors et je lui demande encore aujourd'hui pourquoi, ayant promis de faire rétracter Dumouriez et ne l'ayant pas fait, il n'a pas demandé contre lui le décret d'accusation. »

« Eh quoi! réplique Danton, ce sont ceux qui ont été constamment en opposition avec Dumouriez, que l'on accuse aujourd'hui d'être ses complices! Qu'a voulu Dumouriez? Établir dans la Belgique un système à sa manière, y faire des emprunts, y disposer les esprits pour empêcher toute réunion et pour se donner les moyens de traiter avec les aristocrates de ce pays. Eh bien! ce sont vos commissaires qui ont déjoué ses projets et fait voter les provinces belges en faveur de l'annexion.

« Dumouriez s'élève contre la réunion du Hainaut, qui, dit-il, s'est faite à coups de sabre. Ce sont vos commissaires qui l'ont faite.

« Lors de ma dernière entrevue avec le général, j'ai reconnu qu'on ne devait plus attendre de lui rien que de funeste à la République. Arrivé à Paris à neuf heures du soir, fatigué du voyage, ignorant si le Comité de défense générale était assemblé, je ne m'y rendis pas; j'y parus le lendemain; et là j'ai déclaré que Dumouriez nous avait tenu, à Lacroix et à moi, les propos les plus atroces; qu'il avait osé dire que la Convention était composée de trois cents imbéciles et de quatre cents brigands. Je proposai contre lui des mesures sévères. Je fus regardé par mes collègues du Comité comme un homme extrême.

« On prétend aujourd'hui que nous avons usé de trop de condescendance envers le général en chef de l'armée du Nord; on nous reproche de ne l'avoir pas fait arrêter. Mais le pouvions-nous, seuls au milieu d'une armée? Quel officier général se fût chargé d'arrêter Dumouriez sur notre réquisition? Nous avons fait notre devoir. J'appelle sur ma tête la plus sévère responsabilité, convaincu que ma tête, loin de tomber, sera la tête de Méduse qui fera trembler tous les aristocrates. »

A travers ces explications assez incohérentes, Danton, qui se sentait vulnérable, laissait percer, on le voit, le désir de se tenir sur la défensive. Aussi se contenta-t-il de proposer l'établissement d'une commission extraordinaire chargée d'examiner la conduite tenue par les membres de la Convention envoyés en Belgique. Il fallut, pour le contraindre à une rupture éclatante et définitive avec la Gironde, qu'il fût poussé à bout par l'un des orateurs les plus véhéments de ce parti.

Lasource avait demandé lui-même, l'avant-veille, que toute discussion sur les affaires de la Belgique n'eût lieu qu'après la comparution de Dumouriez à la barre. Mais son impatience et celle de ses amis ne lui permirent pas d'attendre jusque-là. Depuis plusieurs jours sa philippique était prête; il épiait le moment favorable pour la produire. A peine l'ex-ministre de la justice a-t-il quitté la tribune, que l'orateur girondin s'en empare; il commence par déclarer que ce n'est pas une accusation formelle qu'il entend porter contre Danton et Lacroix; qu'il n'a que des conjectures à soumettre à l'Assemblée. Vaines précautions oratoires! Il veut atteindre au cœur ses adversaires, on le sent, rien qu'en l'entendant ainsi poser la question : « Dumouriez a ourdi un plan de contre-révolution ; l'a-t-il ourdi seul? Danton prétend qu'il n'a pas pu, qu'il n'a pas osé faire arrêter Dumouriez, et cependant il nous avait déclaré quelque temps auparavant, au Comité, que l'armée était tellement républicaine, que si son chef était décrété d'accusation, elle l'amènerait elle-même à la barre de l'Assemblée.

« Danton prétend qu'il a annoncé au Comité que la République n'avait plus rien à espérer de Dumouriez. Voici ce qu'il a dit : « Dumouriez a perdu la tête en poli« tique ; mais il a conservé tous ses talents militaires et « il faut bien se garder de l'arracher à l'armée. » Robespierre demandait que l'on examinât sérieusement la conduite de Dumouriez et que l'on prît sur-le-champ un parti. Danton s'y opposa et déclara qu'il ne fallait prendre aucun parti contre le général en chef de l'armée du Nord avant que la retraite de Belgique ne fût entièrement effectuée.

« Voilà les faits ; voici comme je raisonne : je dis qu'il y avait un plan formé pour rétablir la Royauté et que Dumouriez était à la tête de ce plan. Que fallait-il pour le faire réussir? il fallait maintenir Dumouriez à la tête de son armée. Danton est venu à la tribune et a fait le plus grand éloge de Dumouriez. Il fallait se populariser soi-même ; qu'a fait Lacroix? en arrivant de Belgique il affecte un patriotisme exagéré, dont jusqu'ici il n'avait pas donné d'exemple. Il se déclare Montagnard, il tonne contre les députés qui ont voté l'appel au peuple, contre ceux que l'on désigne sous les noms d'hommes d'État. L'avait-il fait jusqu'alors? non. Pour réussir enfin il fallait tenir les deux extrémités du fil.

Lacroix reste en Belgique; Danton vient ici; il assiste au Comité de sûreté générale et il se tait... »

Danton, qui s'est contenu jusqu'alors, s'écrie de sa voix tonnante : « C'est faux! » et tous ses amis répètent en chœur : « c'est faux! »

Mais Lasource ne s'émeut pas de ces dénégations et continue ainsi :

« Danton, interpellé de rendre compte des motifs qui lui ont fait abandonner la Belgique, ne nous dit que des choses insignifiantes. Comment se fait-il qu'après avoir rendu compte de l'état des choses en Belgique, Danton reste à Paris? Avait-il donné sa démission? non. Si son intention était de ne pas retourner à son poste, il fallait qu'il le dît, afin que l'Assemblée le remplaçât; et dans le cas contraire il fallait qu'il s'y rendît immédiatement. Pour faire réussir la conspiration de Dumouriez, il fallait faire perdre à la Convention la confiance publique. Que fait Danton? il paraît à la tribune et là il reproche à l'Assemblée d'être au-dessous de ses devoirs; il annonce une nouvelle insurrection; il annonce que le peuple est prêt à se lever, et cependant le peuple reste tranquille [1].

« Pour protéger la conspiration, il fallait exagérer les dangers de la patrie; Lacroix et Danton grossissent l'étendue de nos revers. Ils espèrent arriver ainsi à un double résultat : les âmes timides s'épouvanteraient, les lâches se cacheraient; le peuple se croyant trahi menacerait la tête des hommes d'État. Ainsi on cherchait à ex-

---

[1]. Voir tome VI, page 323, le discours que Danton prononça le 27 mars.

citer un mouvement, à dissoudre la Convention nationale, tandis que Dumouriez se serait avancé à la tête de son armée pour nous donner un roi. Citoyens, voilà les nuages que j'ai vus dans la conduite de vos Commissaires. Comme Danton, je demande que vous nommiez une Commission *ad hoc,* pour éclaircir les faits et découvrir les coupables. Le peuple veut la justice. Il a vu assez longtemps le Capitole et le trône; il veut voir la roche Tarpéienne et l'échafaud. Le tribunal que vous avez créé ne marche pas encore. Je demande qu'il rende compte tous les trois jours des procès qu'il a jugés et de ceux qu'il instruit. Je demande que les citoyens Égalité et Sillery qui sont inculpés, mais que je suis loin de croire coupables, soient mis en arrestation chez eux. Je demande enfin que les lettres et les procès-verbaux qui vous ont été lus soient envoyés aux départements et aux armées, et que vous accompagniez ces documents d'une adresse. Enfin, pour prouver à la nation que nous ne capitulerons jamais avec un tyran, je demande que chacun d'entre nous prenne l'engagement de donner la mort à celui qui tenterait de se faire roi ou dictateur. »

Une acclamation unanime se fait entendre. L'Assemblée entière se lève et répète le serment de Lasource.

Biroteau, l'un des tirailleurs les moins disciplinés de la Gironde, demande alors la parole pour dénoncer un fait important : « Au Comité de sûreté générale, lorsqu'on cherchait les moyens de sauver la patrie, Fabre d'Églantine, dont on connaît les liaisons avec Danton, annonça qu'il avait un moyen sûr de sauver la République, mais qu'il n'osait pas en faire part, parce qu'on calomniait sans cesse les opinions. On le pressa de s'expliquer; on le rassura en lui disant que les opinions étaient libres; que, d'ailleurs, tout ce qui se disait au Comité y demeurait enseveli. Alors Fabre à mots couverts proposa un roi. »

De violents murmures partis de l'extrême gauche accueillent cette révélation. Danton se lève et, montrant le poing à l'orateur, s'écrie : « Scélérats, vous avez pris la défense du roi et vous voulez rejeter vos crimes sur nous! »

Biroteau : « Je vais citer les paroles de Fabre avec la réponse qu'on lui fit. Il dit... » L'orateur est encore interrompu. Delmas demande la parole au nom du salut public : « J'adjure, dit-il, mes collègues de couper court à l'explication que l'on provoque en ce moment. Si elle a lieu, elle perdra la patrie. Souvenez-vous de cette prédiction. Je demande qu'à l'instant et toute discussion cessant, vous décrétiez l'établissement d'une Commission telle que l'ont proposée Lasource et Danton. »

IV.

L'Assemblée, un instant bien inspirée, adopte à l'unanimité la motion de Delmas. Mais Danton, qui se sent mortellement atteint par les traits que lui a lancés Lasource, s'efforce de renouveler le débat en soulevant une question incidente. « Sans vouloir, dit-il, faire aucune personnalité, sans vouloir revenir sur la proposition qui vient d'être décrétée, je somme Cambon de s'expliquer sur un fait d'argent, sur les cent mille écus qu'on annonce avoir été remis à Lacroix et à moi. »

« Le renvoi à la Commission! » crient plusieurs voix. Ce renvoi est immédiatement ordonné. Danton est obligé de regagner sa place. Au moment où il y arrive, ses amis se lèvent en poussant d'effroyables vociférations et en l'invitant à réclamer la parole pour un fait personnel. L'ex-ministre de la justice s'élance de nouveau à la tribune. Il y est accueilli par les applaudissements de la Montagne et des galeries. Une partie de la droite demande l'exécution du décret et réclame l'ordre du jour. Mais Lasource lui-même insiste pour que l'on entende immédiatement Danton. Celui-ci commence sa défense sur un ton calme qui dissimule mal la rage implacable dont il est dévoré. Il veut, avant tout, faire amende honorable des sentiments de conciliation qu'il a exprimés au commencement de la séance. Se tournant vers l'extrême gauche : « Citoyens, s'écrie-t-il, qui êtes placés sur cette Montagne, je dois vous rendre hommage; vous avez mieux jugé que moi; je tempérais avec effort l'impétuosité que j'ai reçue de la nature; vous m'accusiez de faiblesse : vous aviez raison.

« Eh quoi! ce sont ces hommes qui par impéritie ou par scélératesse ont constamment voulu que le tyran échappât au glaive de la loi; ce sont ces mêmes hommes qui prennent aujourd'hui l'attitude insolente de dénonciateurs! »

La droite éclate en murmures; les Montagnards soutiennent l'orateur du geste et de la voix; Danton domine le tumulte et continue :

« Que vous a dit Lasource dans le roman qu'il vient de vous débiter? il a menti quand il vous a dit qu'à mon retour de Belgique je ne m'étais pas présenté au Comité de défense générale. Je suis arrivé à Paris le vendredi 29, à huit heures du soir [1]. Fatigué de mes courses et de mes travaux à l'armée, car il faut bien le dire enfin, Lacroix et moi, nous avons rallié nos soldats sous le canon autrichien, on ne pouvait exiger que je me transportasse immédiatement au Comité. Dès le lendemain j'y suis allé et mes conclusions ont été parfaitement conformes à celles que Camus a fait adopter ce jour-là par la Convention.

« On prétend que nous voulons un roi, il n'y a que ceux qui ont eu la lâcheté de voter l'appel au peuple, il n'y a que ceux qui ont constamment cherché à exaspérer Dumouriez contre les sociétés populaires et contre la majorité de la Convention, il n'y a que ceux qui ont manifestement voulu punir Paris de son civisme, armer contre lui les départements; il n'y a que ceux qui ont voulu le fédéralisme; il n'y a que ceux qui ont fait des soupers clandestins avec Dumouriez quand il était à Paris... »

« — Lasource en était! » hurle Marat, qui, par ses exclamations approbatives, souligne chacune des assertions de l'orateur.

---

[1]. Danton mentait impudemment; il était à Paris plusieurs jours avant le vendredi 29. Nous avons prouvé, tome VI, page 305, qu'il y était arrivé le 24, mais qu'il n'avait paru au Comité de défense générale et à l'Assemblée que le 27; ce jour-là il prononça le discours que nous avons analysé t. VI, p. 323.

« — Eux seuls sont les complices de la conjuration, et c'est moi que l'on accuse! »

Cette apostrophe lancée à la face des Girondins excite l'enthousiasme de la Montagne et les murmures de la droite. Les plus vives interpellations s'échangent de part et d'autre. La Convention ressemble dans ce moment à une arène de bêtes féroces prêtes à s'entr'égorger.

Danton, l'œil injecté de sang, le poing fermé, jette à ses adversaires ce défi qui devait être le signal d'un combat à mort :

« Voulez-vous, s'écrie-t-il, un mot qui paye pour tout! eh bien, sachez-le : il ne peut plus y avoir de trêve entre les patriotes qui ont voulu la mort du tyran et les lâches qui, en voulant le sauver, nous ont calomniés devant la France. »

Puis se tournant vers la gauche :

« Républicains, s'écrie-t-il, je vous interpelle tous; est-ce la terreur, est-ce l'envie d'avoir un roi qui a fait proscrire le tyran?

« Non! non! » répondent un grand nombre de députés.

« Eh bien! si c'est le sentiment profond de vos devoirs qui vous le fit immoler, si vous avez cru sauver le peuple et faire en cela ce que la nation était en droit d'attendre de ses mandataires, ralliez-vous, vous qui avez prononcé l'arrêt du tyran, contre les lâches qui ont voulu l'épargner. » Et, du geste, Danton indique les membres de la droite. « Serrez-vous; appelez le peuple à se réunir pour écraser l'ennemi du dehors et l'ennemi du dedans. Confondez par votre vigueur tous les scélérats, tous les aristocrates, tous les modérés ; plus de composition avec eux. Quant à moi, depuis le commencement de la Révolution, j'ai été calomnié de cent manières différentes, je ne m'en suis jamais inquiété ; aujourd'hui les homélies misérables d'un vieillard cauteleux [1] ont été le texte de nouvelles inculpations. J'ai prouvé que les soupçons élevés contre moi étaient des chimères ou des calomnies, j'ai prouvé que je n'avais rien reçu, que je n'étais comptable de rien. Ce n'est pas moi qui ai dirigé les dépenses qu'a entraînées en Belgique l'exécution du décret du 15 décembre ; ces dépenses ont été nécessitées pour déjouer les complots des prêtres fanatiques. Ce n'est pas à moi qu'il en faut demander compte, c'est à Lebrun ; j'interpelle de nouveau à cet égard le patriote Cambon ! »

Celui-ci se lève et atteste que les cent mille écus formaient tout simplement le total des dépenses indispensables pour l'exécution du décret du 15 décembre [2].

Satisfait du singulier *quitus* que vient de lui donner le financier de la Montagne, Danton termine ainsi sa fougueuse harangue :

« J'appelle sur ma tête les investigations de la Commission que vous venez d'instituer, je pulvériserai les

---

1. C'est Roland que Danton désigne ainsi.
2. Ainsi se trouve prouvée une fois de plus la manière plus qu'étrange dont les votes avaient été obtenus en Belgique en faveur de la réunion. Des coups de plat de sabre distribués à ceux qui manifestaient quelque velléité d'opposition, cent mille écus au moins consacrés à échauffer l'enthousiasme des émeutiers et à solder le traitement des apôtres de la liberté, tels furent les arguments mis en œuvre par les commissaires du pouvoir exécutif. (Voir t. VI, p. 144.)

scélérats qui ont osé m'accuser, je me suis retranché dans la citadelle de la Raison, j'en sortirai avec le canon de la Vérité. »

En regagnant sa place, Danton est l'objet d'une véritable ovation de la part de ses collègues de la Montagne. Les applaudissements des tribunes se prolongent pendant quelques minutes.

Lorsque le calme est un peu rétabli, Fabre d'Églantine vient démentir le fait que Biroteau lui a imputé, d'avoir demandé à mots couverts un roi ou un dictateur. Pour toute réponse les Girondins proposent un décret ainsi conçu : « La Convention, considérant que le salut du peuple est la suprême loi, décrète que, sans avoir égard à l'inviolabilité d'un représentant de la nation française, elle décrétera d'accusation celui ou ceux de ses membres contre lesquels il y aura de fortes présomptions de complicité avec les ennemis de la liberté, de l'égalité et du gouvernement républicain, résultant des dénonciations ou des preuves écrites déposées au Comité de défense générale, chargé des rapports relatifs aux décrets d'accusation à lancer par la Convention. »

Cette mémorable séance du 1er avril marque bien la profondeur de l'abîme qui se creusait chaque jour davantage entre la Gironde et la Montagne. La Gironde y donna l'exemple de toutes les impérities et de toutes les imprévoyances ; elle attaqua Danton sans preuves suffisantes. Elle indiqua le sort qu'elle réservait à ses adversaires en prononçant pour la première fois le nom d'échafaud. Elle proposa et fit adopter un décret qui détruisait, sans application immédiate et spéciale, l'inviolabilité des représentants du peuple, et donnait une libre carrière à toutes les haines et à toutes les vengeances.

Coïncidence digne de remarque, la Gironde et la Montagne se déclaraient une guerre à mort au moment même où, à soixante lieues de là, Dumouriez, arrêtant les commissaires de la Convention, levait l'étendard de la révolte et proclamait la déchéance de l'Assemblée.

V.

La séance du 2 avril est marquée par un nouvel incident. — La section du Mail vient dénoncer l'assemblée illégale tenue à l'Évêché.

Sa dénonciation est aussi nette que catégorique; elle déclare qu'elle a été induite en erreur sur la portée des intentions de ceux qui ont provoqué cette réunion, qu'elle vient de révoquer les pouvoirs de ses commissaires, qu'elle entend ne se soumettre qu'aux autorités constituées et aux lois émanées de la Convention nationale. On apprend en même temps que six autres sections qui avaient également envoyé des commissaires à la réunion, Beaurepaire, la Croix-Rouge, l'Arsenal, le Marais, les Gravilliers et les Arcis, ont pris des arrêtés dans le même sens, et que dès lors le comité central n'a plus l'adhésion de la majorité des sections.

Barère connaissait dès le matin ce revirement d'opinion. Toujours prêt à faire parade de son courage et de sa fermeté stoïque lorsqu'il n'y a aucun danger à courir, il adresse à la députation du Mail les plus emphatiques félicitations; puis il ajoute :

« Il faut déchirer d'une main ferme et vigoureuse le voile qui couvre le précipice où l'on veut faire tomber la République. Une nouvelle tyrannie tend à s'élever, c'est celle d'un comité central, appelé de salut public, qui correspond avec les départements et qui, s'établissant à côté de la Convention nationale, seul centre de la République, semble vouloir lutter contre elle. Je ne blâmerai jamais les inquiétudes des bons citoyens dans les moments où la patrie est en danger, mais je blâmerai toujours ceux qui profitent de ce danger pour usurper la souveraineté nationale. Les sections de Paris n'ont pas le droit d'usurper cette souveraineté. Les sections de Paris n'ont pas le droit de former ce comité. Tous ces projets enfantés par de petites ambitions ne peuvent que dégrader ou avilir la représentation nationale; je proposerais un décret d'accusation contre ces prétendus commissaires si je ne les croyais plus égarés que coupables. »

Mais Barère n'était pas seulement monté à la tribune pour défendre la souveraineté nationale; il avait surtout à cœur de se disculper des accusations de Marat, qui avait mêlé son nom à celui des adulateurs de Dumouriez. Sans transition aucune : « Je tiens à la main, dit-il, un écrit intitulé : *le Publiciste, par Marat, député à la Convention*. Je n'examinerai pas si un représentant du peuple peut donner ainsi l'exemple de la désobéissance aux lois en violant lui-même un de vos décrets [1].

---

1. Voir t. VI, p. 197, le décret, en date du 9 mars, qui, sur

Quant à moi je blâme ce décret, et si j'eusse été présent au moment de son adoption, je m'y serais opposé de toutes mes forces. Mais je trouve dans ce journal une calomnie à mon adresse. Jusqu'à présent la plume de Marat m'avait épargné. Aujourd'hui il m'accuse d'être le complice du plan de contre-révolution conçu par Dumouriez. Ma conduite répond à tout. Lorsqu'il s'est agi de la mort du tyran, je crois avoir voté avec assez de fermeté. Je me suis opposé à tous les projets entachés de fédéralisme. Quand on a lu au Comité la lettre de Dumouriez, datée du 12 mars, j'ai proposé contre le général le décret d'accusation; Danton seul s'y est opposé. »

Marat répond en se posant comme l'arbitre des réputations et le juge de ses collègues : « Si Barère m'avait adressé sa réclamation, j'y aurais fait droit. Il sait que jamais je n'ai refusé de rendre à chacun la justice qui lui appartient; mais ce que je ne puis admettre, c'est que vous vouliez m'ôter ma plume : c'est l'arme avec laquelle je combats pour la patrie. Vous ne pouvez défendre à l'écrivain patriote de publier ses idées. On ne peut me faire un crime de mettre mon nom à mes écrits. C'est le cachet de l'homme d'honneur, qui veut répondre de ce qu'il publie. — Eh bien, s'écrie Fonfrède, je demande formellement que vous reveniez sur ce décret. Vous ne pouvez arracher la plume des mains de Condorcet lorsque Marat conserve la sienne! »

---

la proposition de Lacroix, avait ordonné aux députés d'opter entre leurs fonctions de représentants du peuple et leur profession de journalistes.

Le rapport du décret du 9 mars est voté à l'unanimité; puis, sur la proposition de Barère, la Convention déclare : « 1° que la section du Mail a bien mérité de la patrie; 2° que le maire de Paris sera mandé à la barre pour rendre compte de ce qu'il sait relativement au rassemblement des commissaires de sections à l'Évêché; 3° que la même fermeté qu'elle a déployée dans le jugement du tyran dirigera ses délibérations dans les mesures qu'elle prendra pour abattre la nouvelle tyrannie qui s'élève et qui menace d'usurper ou d'anéantir la représentation nationale. »

A la réception de ce décret, Chaumette accourt à l'Assemblée pour y protester de la soumission de la Commune. Il annonce que la municipalité désavoue les commissaires de l'Évêché et a déjà cassé leurs arrêtés.

Devant une réprobation aussi générale, force fut aux agitateurs des sections d'ajourner leurs conciliabules; mais ils se donnèrent rendez-vous pour une prochaine occasion.

VI.

A peine la séance du 3 avril est-elle ouverte, que les commissaires de la Convention, qui viennent d'arriver de Lille, paraissent à la tribune. Lacroix annonce l'arrestation de Camus et de ses trois collègues; il lit la proclamation que Dumouriez a adressée aux administrateurs du Nord pour leur annoncer qu'il marche sur

Paris [1]. L'émotion que cette nouvelle jette dans l'Assemblée est encore augmentée par la lecture d'une lettre de Custine, en date du 30 mars, qui annonce que son avant-garde vient de subir un grave échec près de Bingen, et qu'il est obligé de se replier sur Mayence. Plusieurs députés réclament la parole. Lacroix fait observer qu'il ne faut pas discuter, mais agir; il demande que le Comité de défense générale se rassemble sur-le-champ et vienne ensuite soumettre à la Convention les mesures de salut public qu'exigent les circonstances. Thuriot propose d'appeler à la barre le Conseil exécutif, le Conseil de département, le Conseil général de la Commune, le commandant de la garde nationale, et de déclarer l'Assemblée en permanence.

Ces motions sont immédiatement adoptées. Marat paraît à la tribune. L'Assemblée semble fort peu disposée, dans des circonstances aussi graves, à écouter les billevesées de l'*Ami du peuple*. Mais Marat insiste : « Je prends acte, s'écrie-t-il, contre la Convention des efforts que l'on fait pour étouffer ma voix. » — « Écoutons-le, dit Genissieux. S'il arrivait un malheur, Marat dirait que c'est parce qu'on n'a pas voulu l'entendre. » L'Assemblée se résout à subir la harangue de l'ignoble tribun. Celui-ci en témoigne sa reconnaissance par cet exorde : « Il n'y a que des traîtres qui puissent étouffer ma voix, je vous rappelle au silence et à vos devoirs; s'il est un homme qui ait des droits pour être entendu, c'est moi qui, depuis huit

---

1. Voir cette lettre, tome VI, page 356.

mois, vous ai prédit tout ce qui arrive. Pour conjurer le péril qui vous menace, composez vos comités de membres qui soient investis de la confiance des patriotes les plus zélés et que vous rendrez responsables sur leur tête de toutes les mesures qu'ils prendront. Donnez-leur des pouvoirs assez étendus pour faire le bien, dussiez-vous leur donner des gardes et leur mettre un boulet aux pieds. »

On demande que cette proposition, comme toutes les autres du même genre, soit renvoyée au Comité de défense générale. Le renvoi est ordonné; néanmoins l'*Ami du peuple* reste à la tribune. Le président, Jean Debry, lui dit : « Marat, vous venez d'entendre la décision de l'Assemblée; retirez-vous et allez au Comité présenter vos vues.

MARAT. — « Je n'irai pas. Ce n'est pas au milieu de ses ennemis qu'un général peut délibérer.

LE PRÉSIDENT. — « Je vous rappelle, Marat, que vous n'êtes pas un général.

MARAT. — « Eh bien, je demande le renouvellement du Comité. » Mais la Convention passe à l'ordre du jour et accorde la parole à Thuriot. Celui-ci lui soumet un décret qui déclare Dumouriez traître à la patrie, fait défense à toute autorité civile et militaire de lui obéir, le met hors la loi, autorise tout citoyen à lui courir sus et promet une récompense de trois cent mille livres à ceux qui s'en saisiront et l'amèneront à Paris mort ou vif.

Ce décret est adopté, ainsi qu'un autre qui ordonne au Conseil exécutif de siéger en permanence.

Quelques instants après, les ministres entrent dans l'Assemblée, et Garat proteste, en leur nom, de leur entier dévouement à la République; il exprime le vœu que la Convention retire à elle tous les pouvoirs, qu'elle nomme elle-même les généraux et que les ministres ne soient que les exécuteurs matériels de ses ordres.

« Non, réplique Thuriot, il importe que le peuple ait des agents responsables. C'est au Conseil exécutif à nommer les généraux, mais il peut soumettre ses choix à la ratification de la Convention. »

Marat, qui continue à s'agiter sur son banc au lieu de se rendre au Comité de défense générale, demande que tous les membres de la Convention soient tenus de rester à leur poste, et que ceux qui passeraient les barrières soient déclarés infâmes, traîtres à la patrie et qu'il soit permis de leur courir sus.

« Parlez pour ceux qui se cachent dans les caves, » crie une voix.

Cette allusion aux habitudes de l'*Ami du peuple* provoque un immense éclat de rire.

Mais Garran-Coulon rappelle la Convention à sa dignité. « Aucun de nous n'est assez lâche, dit-il, pour abandonner son poste lorsque la patrie est en danger. Je demande que la proposition de Marat soit improuvée. » On se contente de passer dédaigneusement à l'ordre du jour.

L'Assemblée reçoit successivement le département de Paris, le Conseil général de la Commune. Le président invite les diverses autorités à la plus scrupuleuse surveillance. Le général Santerre paraît à la tête d'une foule assez hétérogène dont il est lui-même fort embarrassé, car elle le suit de comité en comité et l'accompagne jusqu'à la barre. « Ces pétitionnaires, dit-il, vous offrent leurs bras et demandent des armes. » Et se tournant vers les étranges compagnons qu'il a été forcé de subir : « N'est-ce pas, mes amis, reprend-il, c'est là ce que vous demandez? » A moitié convaincue de leur patriotisme et de leur bonne volonté, la Convention leur accorde néanmoins les honneurs de la séance. Puis, ayant reçu des nouvelles assez rassurantes, les unes de la Vendée, où les Républicains ont fait lever le siége des Sables, les autres du Nord lui apprenant le peu de succès qu'ont eu auprès des populations les adresses de Dumouriez, elle suspend pendant quelques heures le cours de ses délibérations.

VII.

A la reprise de la séance, Robespierre demande la parole. « Il est temps que cette comédie finisse, dit-il, il faut que la Convention prenne des mesures révolutionnaires. Jusqu'ici, je n'ai entendu proposer que des palliatifs faits pour nous tromper sur l'étendue de nos maux, il faut adopter des mesures dictées par la liberté. Mais je dois déclarer que ce ne sera jamais dans le Comité de défense générale qu'elles seront proposées, car dans ce comité règnent des principes que la liberté réprouve! »

De violents murmures se font entendre; l'orateur

continue d'un ton solennel : « Citoyens, dans ce moment-ci, je me dois à moi-même, je dois à la patrie, une profession de foi. Nommé membre du Comité de défense générale, mais convaincu que les principes qui doivent sauver la patrie ne peuvent pas y être adoptés, je déclare que je me regarde comme n'en faisant plus partie. Je ne veux pas délibérer avec ceux qui ont parlé le langage de Dumouriez ; avec ceux qui ont attaqué les hommes à qui Dumouriez déclare maintenant une guerre implacable ; avec ceux qui, à l'exemple de Dumouriez, ont calomnié Paris. S'il ne m'est pas donné de sauver la liberté, je ne veux pas du moins être le complice de ceux qui veulent la perdre. Je ne veux pas être membre d'un comité qui ressemble plutôt à un conseil de Dumouriez qu'à un comité de la Convention nationale. »

Des cris d'indignation éclatent à droite, ils ne font qu'exciter la colère du tribun.

« J'invoque, reprend-il, à l'appui de ce que je dis, le témoignage de Dumouriez lui-même ; car dans une de ses lettres il a écrit que le comité dont je parle était excellent, à l'exception de six membres. Ces six membres, dont je m'honore de faire partie, ne peuvent faire adopter leurs idées... Je ne puis vous dissimuler ma surprise de voir que ceux qui, depuis le commencement de la dernière révolution, n'ont cessé de calomnier le côté gauche, qui fut et qui sera toujours le parti de la patrie et de la liberté, soient restés muets sur les crimes de Dumouriez, et qu'il n'y ait que nous tant calomniés qui ayons élevé la voix sur les perfidies de ce traître.

« — Je demande la parole après Robespierre, s'écrie Brissot.

« — Puisque Brissot, réplique l'orateur, demande la parole pour me foudroyer, je vais faire sur Brissot l'application des principes que j'ai avancés... J'ai dit que je ne voulais point délibérer avec les amis de Dumouriez; eh bien! Brissot a été et est encore l'intime ami de Dumouriez... Brissot est lié à tous les fils de la conspiration de Dumouriez. Je déclare qu'il n'y a pas un homme de bonne foi qui ait suivi la politique de Brissot, qui puisse ne pas être convaincu de ce que j'avance... »

Et Robespierre raconte très-longuement, à sa manière, l'histoire de Dumouriez et de Brissot, depuis le premier ministère girondin : « Quels sont les principaux auteurs de la déclaration de guerre à l'Autriche, alors que Robespierre et ses amis s'y opposaient? Dumouriez et Brissot. Des revers ont signalé les premières opérations militaires. Qui gouvernait alors? les ministres nommés par Brissot. Ces ministres proposaient d'abandonner Paris; ils l'auraient fait si un membre du conseil qui n'était pas des leurs (Danton) ne les en eût empêchés. Qui a élevé Dumouriez au commandement de l'armée de La Fayette? Brissot et ses amis. Ce général a conduit poliment le roi de Prusse aux frontières, il a ravitaillé l'armée ennemie prête à périr de misère et de faim, au lieu de l'exterminer; il est venu à Paris et s'est mis à tenir des festins scandaleux. Avec qui? avec Brissot et ses amis. En Belgique, Dumouriez débute par des succès éclatants; il entame, mais trois mois trop tard, l'expédition de

Hollande; les désastres de Maëstricht commencent l'évacuation arrangée de la Belgique. A qui l'imputer, sinon aux généraux allemands en partie imposés à nos soldats par Brissot? De retour auprès de l'armée belge, Dumouriez accuse les volontaires de tous nos malheurs. Il veut persuader à la France que ses armées ne sont composées que de lâches et de voleurs. Nos revers se succèdent. Il donne une bataille; il la perd. Il en accuse l'aile gauche de son armée; mais cette aile était commandée par Miranda, son ami. Dumouriez a rétabli l'aristocratie en Belgique; il y a levé des emprunts énormes, il s'est emparé du trésor public; maintenant il déclare la guerre à la Convention. Mais il distingue deux partis dans son sein; il se proclame le protecteur de l'un et l'ennemi de l'autre; il déclare qu'il faut anéantir Paris parce que Paris donne la loi à la nation. Il se pose en médiateur et nous dit qu'il faut transiger avec les puissances étrangères. Eh bien, non! il faut sauver la liberté. Mais comment la sauver lorsque les amis du roi, ceux qui ont pleuré la perte du tyran, ceux qui ont cherché à réveiller le royalisme, se posent comme les adversaires du conspirateur, tandis qu'ils sont ses complices? Oui, Dumouriez est d'intelligence avec l'homme que j'ai nommé, et je déclare que la première mesure de salut public à prendre est de décréter d'accusation tous ceux qui sont prévenus de complicité avec Dumouriez, et notamment Brissot. »

Les tribunes applaudissent avec frénésie Robespierre lorsqu'il regagne sa place. Elles éclatent en murmures lorsqu'elles voient Brissot se lever pour lui répondre:

« Vous avez entendu l'accusateur, dit le président, entendez l'accusé. »

Brissot attend que le tumulte soit apaisé.

« Je ne suivrai point, dit-il, le précédent orateur dans ses divagations. Je répondrai simplement au reproche qu'il m'a fait d'être le complice de Dumouriez. Je déclare d'abord que je n'ai eu aucune part à sa nomination au ministère. Elle a été le résultat d'une intrigue de Bonnecarrère auprès de la reine, et certes Robespierre ne m'accusera pas de comploter avec cette femme. On me reproche d'avoir, comme lui, voulu la guerre avec l'Autriche. Je ne connaissais pas Dumouriez avant son entrée au ministère. Quatre mois avant qu'elle eût lieu, j'avais prouvé à la tribune des Jacobins que la guerre était le seul moyen de dévoiler les perfidies de Louis XVI et d'arriver à la république. L'événement a justifié mon opinion.

« Quant à la rupture avec l'Angleterre, que Dumouriez blâme dans ses manifestes, qu'il appelle *l'ouvrage perfide de Brissot*, n'est-elle pas due à la manière indigne dont l'Angleterre se conduisit à notre égard en chassant notre ambassadeur, en arrêtant les blés qui nous étaient destinés, en se mettant ouvertement en état d'hostilité contre nous? La dignité de la France ne pouvait supporter de telles injures. Le Comité diplomatique le pensa ainsi et je n'ai été que son rapporteur. Enfin de ce que Dumouriez calomnie Paris dans ses proclamations, on en infère que je suis son complice, parce que, dit-on, j'ai aussi calomnié Paris dans mes discours et dans mes écrits. Mais je défie que l'on cite un seul écrit, un seul discours où je n'aie pas distingué les habitants de cette ville des brigands qui l'infestent, qui multiplient dans son sein les mouvements et les dissensions, et font détester notre révolution par les peuples étrangers.

« Si vous ne prenez garde aux pillages qui ont eu lieu dans la Belgique, vous verrez... »

Ici l'orateur est interrompu par Sergent qui s'écrie : « Ces pillages ne sont prouvés que par les dires de Dumouriez ; or Dumouriez est un scélérat et un traître [1]. »

Brissot ne croit pas devoir répondre à l'ancien administrateur de la police parisienne et se contente de rappeler tous les gages que depuis près de dix ans il a donnés aux opinions républicaines.

L'immense majorité de l'Assemblée est indignée de voir Robespierre profiter des dangers de la patrie pour satisfaire ses haines particulières. Aussi s'empresse-t-elle de passer à l'ordre du jour sur la demande de mise en accusation de Brissot et de ses amis, et de

---

1. Sergent oubliait que la Convention avait reconnu la réalité de ces pillages et les avait frappés d'un blâme sévère par un décret en date du 19 mars. Nous croyons devoir donner *in extenso* le texte de ce décret, parce qu'il fait honneur à l'assemblée qui l'a rendu :

« La Convention nationale, ayant entendu avec douleur le récit
« des profanations commises par des citoyens dans plusieurs églises
« de la Belgique au moment où, en vertu du décret du 15 décembre
« dernier, on en extrayait les vases et ornements d'or et d'argent inu-
« tiles, superflus à la dignité du culte, décrète que tout citoyen qui
« se permettra des indécences dans les lieux consacrés à la religion,
« ou sera convaincu de profanations de quelque genre que ce soit,
« sera dénoncé et livré aux tribunaux pour y être poursuivi selon
« l'exigence du cas. »

donner la parole au rapporteur du Comité de défense générale.

Le Comité, si vivement attaqué depuis quelques jours, vient lui-même s'offrir en holocauste et demander qu'on lui substitue un comité d'exécution composé de neuf membres choisis dans le sein de l'Assemblée et chargés de remplir les fonctions jusque-là attribuées au Conseil exécutif.

« Vous pouvez et vous devez, dit le rapporteur, adopter ce que nous vous proposons. Vous le pouvez parce que la nation, en nommant une Convention nationale, lui a délégué l'exercice de sa souveraineté et de tous ses pouvoirs. Vous le devez parce que, dans un moment où tout ce qui n'est pas vous semble vous trahir, il est prudent de ne vous fier qu'à vous-mêmes. »

Qui tient ce langage? c'est un Girondin, c'est Isnard. Au nom de qui parle-t-il ainsi? au nom d'un comité où domine la Gironde; car il était dit que ce parti irait toujours au-devant des mesures dont il devait être la première victime.

Ce projet, qui d'un seul trait de plume supprime le pouvoir exécutif et remet tous les pouvoirs entre les mains de neuf membres délibérant en secret, paraît si exorbitant qu'il est combattu par plusieurs députés appartenant à diverses nuances de l'Assemblée. Marat l'appuie vivement : « Tant que vous prendrez publiquement des mesures de salut public, s'écrie-t-il, vous ne ferez rien. Dumouriez est un traître, et une partie de la Convention ne mérite pas notre confiance. »

Les applaudissements de l'extrême gauche accueillent les paroles de l'*Ami* du peuple; le reste de l'Assemblée se soulève d'indignation. Un membre du centre, Laumont, s'écrie : « Sommes-nous en séance permanente pour écouter les injures de cet homme? » Le tumulte est à son comble. Le président se couvre. Danton lui-même est obligé de faire entendre des paroles de conciliation et de demander l'ajournement de la discussion au lendemain. Il était plus de minuit et l'Assemblée était épuisée de fatigue.

VIII.

En même temps que la Convention tenait sa séance de nuit du 3 au 4 avril, on délibérait aussi au club des Jacobins, on y faisait les motions les plus insensées. « Il faut, vociférait une femme, la citoyenne Lacombe, il faut s'assurer de tous les aristocrates. On les fera marcher en avant des troupes que l'on va envoyer contre Dumouriez. Nous leur signifierons que s'ils nous trahissent, leurs femmes et leurs enfants seront égorgés, leurs propriétés incendiées. Si nous succombons, le premier qui hésitera à mettre le feu sera poignardé à l'instant. Il faut que les propriétaires, qui ont tout accaparé pour exaspérer le peuple, tuent les tyrans ou qu'ils périssent [1]. »

---

[1]. Voir le *Journal des Débats du club des Jacobins*, n° 388. Cette même citoyenne se présenta quelques heures plus tard à la Convention pour lire la même pétition. Disons, pour l'honneur de

« Je demande, ajoutait un autre orateur, que tous les citoyens qui seront convaincus d'être traîtres à la patrie soient fusillés à l'instant. La tête des nobles nous est à charge ainsi que celle des calotins. »

Cette dernière proposition n'obtient pas l'approbation de Robespierre qui ce soir-là, saisi d'une agitation fébrile, allait sans cesse de l'Assemblée au club et du club à l'Assemblée. « Non, dit-il, il ne faut pas aiguiser vos sabres pour tuer les calotins. Ce sont des ennemis trop méprisables. Les fanatiques ne demanderaient pas mieux, pour avoir un prétexte de crier. Mais il faut chasser impitoyablement de nos sections tous ceux qui se sont signalés par un caractère de modérantisme. Il faut désarmer, non pas tous les nobles et les calotins, mais tous les citoyens douteux, tous les intrigants ; il faut lever une armée révolutionnaire de tous les sans-culottes, dont les faubourgs feront la force et le noyau. »

Après avoir de nouveau donné ainsi la mesure de son amour pour la liberté des opinions, le grand prêtre de la démagogie termine sa harangue par sa péroraison habituelle :

« Je sais que je suis spécialement désigné aux poignards des séides de Dumouriez, mais je serai heureux de mourir victime de mon dévouement pour le peuple. »

Pendant toute cette crise, le club Saint-Honoré, entraîné par la parole du maître, s'occupe beaucoup moins des moyens de faire face aux dangers de la patrie que

l'Assemblée, que ce discours, au lieu d'être accueilli par des applaudissements comme au club Saint-Honoré, n'excita dans la salle du Manége qu'un mouvement d'horreur.

de poursuivre de ses dénonciations les députés de la droite. Robespierre est fort applaudi lorsqu'il s'écrie : « N'allez point offrir vos bras et votre vie, mais demandez que le sang des scélérats coule, que tous les bons citoyens se réunissent dans leur section et viennent à la barre de la Convention nous forcer de mettre en état d'arrestation les députés infidèles [1]. »

Certaines sections n'étaient que trop bien disposées à répondre à cet appel.

Le 4 avril, on voit défiler à la barre de l'Assemblée nationale un grand nombre de députations. La section du Théâtre-Français déclare qu'elle va se lever en masse contre l'ennemi et aussi contre les traîtres. Celle des Gravilliers demande : 1° que l'on fasse marcher, avant tous autres, les signataires des pétitions anticiviques des 8,000 et des 20,000, pour qu'ils couvrent de leurs corps les patriotes ; 2° que tous les riches dont le revenu excède 2,000 livres soient obligés de donner comme taxe de guerre tout ce qui dépasse cette somme. Celle des Quatre-Nations veut que l'on sévisse contre les signataires de ces mêmes pétitions; que l'on forme une armée révolutionnaire; qu'on lève une légion de tyrannicides ; que l'on décrète une récompense d'un million pour tout citoyen français ou étranger qui apportera la tête d'un tyran ; qu'on accorde à chaque défenseur de la patrie un revenu de six cents livres à prendre sur les biens des émigrés et des conspirateurs; que l'on mette en état d'arrestation tous les membres de l'Assemblée

---

[1]. Voir le *Journal du club des Jacobins*, n°s 388 et 389.

constituante qui ont voté l'inviolabilité du tyran, tous les membres de l'Assemblée législative qui ont voté l'impunité de Lafayette.

Sous la pression de ces demandes incessamment renouvelées, la Convention décrète que : 1° les pères et mères, femmes et enfants des officiers de l'armée de Dumouriez, depuis le grade de sous-lieutenant jusqu'à celui de lieutenant-général, seront gardés à vue comme otages par chaque municipalité du lieu de leur résidence; 2° que divers militaires étrangers, détenus dans ce moment comme prisonniers de guerre, seront transférés à Paris pour y servir d'otages à la nation jusqu'à ce que la liberté soit rendue aux quatre commissaires de la Convention et au ministre Beurnonville [1].

Au nom du Comité de défense générale, Fabre d'Églantine et Barère font décider que les pouvoirs des représentants du peuple en mission seront étendus, que les délégués porteront des marques distinctives [2] et

---

[1]. Ces otages, amenés à Paris, furent détenus au Luxembourg et à l'Abbaye. Ils y restèrent plusieurs années dans la plus profonde misère; car on ne leur permettait pas de faire venir de l'argent de leur pays, et on ne leur accordait aucun traitement, sous prétexte que la loi n'avait rien statué à leur égard. Ils ne sortirent de prison qu'à la fin de l'an III.

Les principaux otages étaient quatre comtes de Linange et un comte d'Awersperg.

[2]. La première proposition pour donner un costume spécial aux représentants du peuple auprès des armées vint de Danton, qui, à son retour de sa mission en Belgique, s'exprimait ainsi dans la séance du 1er avril :

« Vos commissaires, quoique investis d'un grand pouvoir, n'ont rien pour assurer le succès de leurs opérations. Les soldats ne nous pren-

qu'il sera formé une armée de quarante mille hommes destinée à couvrir toutes les rivières navigables qui aboutissent à Paris[1]. A l'occasion de cette dernière mesure, Lacroix s'exprime ainsi : « Depuis le commencement de la révolution, il y a beaucoup de trahisons. Ce sont toujours des nobles qui ont trahi. Il nous faut une armée invincible. Eh bien ! composons-la de *sans-culottes*. Je demande qu'aucun ci-devant privilégié ne soit admis dans cette armée, ni comme volontaire ni comme officier. »

Cet étrange principe est adopté par acclamation ; aussitôt Danton renchérit sur la proposition de son ami :

« Le décret que vous venez de rendre, dit-il, annoncera à la nation et à l'univers entier quel est le grand moyen d'éterniser la République : c'est d'appeler le

---

nent à notre arrivée que pour de simples secrétaires de commission. Il aurait fallu que la Convention donnât à ceux qu'elle charge de promulguer ses lois à la tête des armées, une sorte de décoration moitié civile et moitié militaire. »

Aux termes du décret présenté par Barère et amendé par David et La Reveillère-Lépaux, les marques distinctives, qui devaient faire reconnaître un représentant du peuple, étaient une écharpe en ceinture et un chapeau surmonté de plumes aux trois couleurs.

Aux termes du décret présenté par Fabre d'Églantine, les représentants du peuple pouvaient faire toute réquisition aux corps administratifs, suspendre et destituer tous officiers civils et militaires, et prendre toutes les mesures de sûreté générale et toutes celles nécessaires à la célérité et à l'utilité de leurs opérations. Ils étaient autorisés à délibérer et à agir au nombre de deux.

1. On doit se souvenir que Dumouriez, dans sa conversation avec Proly et ses deux compagnons, s'était vanté d'affamer Paris en peu de jours, en interceptant avec quelques milliers d'hommes les arrivages destinés à l'approvisionnement de la capitale (voir t. VI, p. 349).

peuple à sa défense. Vous allez avoir une armée de sans-culottes, mais ce n'est pas assez ; il faut que, tandis que vous irez combattre les ennemis de l'extérieur, les aristocrates de l'intérieur soient sous la pique des sans-culottes.

« Je demande qu'il soit créé une garde du peuple qui sera salariée par la nation. Nous serons bien défendus quand nous le serons par les sans-culottes.

« J'ai une autre proposition à faire. Il faut que dans toute la France le prix du pain soit dans une juste proportion avec le salaire du pauvre ; *ce qui excédera sera payé par le riche*. Par ce seul décret vous assurerez au peuple et son existence et sa dignité. Vous l'attacherez à la Révolution, vous acquerrez son estime et son amour. Il dira : « Nos représentants nous ont donné du pain ; « ils ont plus fait qu'aucun de nos anciens rois. »

Les propositions de Danton sont couvertes d'applaudissements, et sans opposition converties en décrets[1]. Le double levier de la terreur était trouvé. Il ne restait

---

1. Voici le texte même de ces deux décrets :

La Convention nationale décrète qu'il sera formé dans chaque grande ville une garde de citoyens choisis parmi les moins fortunés, et que ces citoyens seront armés et salariés aux frais de la République.

La Convention charge son Comité militaire de lui faire un rapport sur le mode d'exécution du présent décret.

La Convention nationale décrète que dans chaque section de la République, où le prix des grains ne se trouvera plus dans une juste proportion avec le salaire des ouvriers, il sera fourni par le trésor public un fonds nécessaire qui sera prélevé sur les grandes fortunes et avec lequel on acquittera l'excédant de la valeur du pain, comparé aux prix des salaires des citoyens nécessiteux.

plus qu'à solder également les sans-culottes qui se rendraient aux assemblées de sections pour en chasser ceux qui voudraient élever la voix contre ces tyrans d'un nouveau genre. C'est ce que fera voter bientôt le même Danton, et alors le système sera complet.

IX.

Le 3 avril, la Convention avait ajourné au lendemain la discussion du projet présenté par Isnard pour la transformation du Comité de défense générale. A l'ouverture de la séance du 5, le député girondin signale l'urgence d'une décision à cet égard : « Le pouvoir exécutif est en ce moment complétement désorganisé et ne veut plus rien prendre sur lui; il refuse de faire quoi que ce soit sans l'approbation du Comité. Or ce Comité, entouré de méfiances, harcelé de calomnies, n'ose lui-même rien approuver. D'ailleurs, il est organisé de telle sorte qu'il ne peut faire le bien, chaque membre de l'Assemblée ayant droit d'assister à ses délibérations, de les entraver par mille incidents et d'en livrer le secret à la curiosité publique. Quant à moi, je demande que la discussion s'ouvre à l'instant même et je déclare donner ma démission de membre du Comité. ».

— « Je la donne également, ajoute Bréard, et j'appuie la proposition d'Isnard. Je vous dis, avec la conviction d'un honnête homme, que si vous voulez sauver la République, il est temps que vous y songiez. Comment voulez-vous que votre comité prenne des mesures efficaces, lorsqu'il a trois cents témoins qui assistent à toutes ses opérations? »

Barère vient à son tour exposer les inconvénients de l'organisation actuelle du Comité de défense générale : « Nous faisons comme les Athéniens quand Philippe était à leurs portes; nous délibérons beaucoup et nous agissons peu. Votre comité est un club ou une nouvelle assemblée nationale. Il ne répond pas au but de son institution. Ce n'est plus un comité actif et prenant promptement les mesures de salut public. Il a été créé comme une sorte de transaction entre des partis fortement prononcés. Vous avez formé le congrès des passions, il fallait faire celui des lumières. Ce comité par son organisation vicieuse, par sa composition incompatible, par sa publicité dangereuse, par sa délibération trop lente, ne peut qu'entraver la marche des affaires et laisser périr la République.

« Dans tous les pays, en présence de conspirations flagrantes, on a senti la nécessité de recourir momentanément à des autorités dictatoriales, à des pouvoirs consulaires. Ce n'est pas que je veuille vous proposer de pareilles institutions. La seule dictature qui soit légitime, qui soit nécessaire, que la nation ait voulu, c'est celle de la Convention nationale. Il ne s'agit de transporter ni de déléguer au nouveau Comité de salut public aucune branche de la puissance législative. Qu'avez-vous à craindre d'un comité toujours responsable, toujours surveillé, n'édictant aucune espèce de loi, ne faisant que surveiller le pouvoir exécutif, que presser l'action des agents de ce pouvoir, que suspendre les arrêtés pris par les ministres en les dénonçant aussitôt à la Convention nationale? Qu'avez-vous à craindre d'un comité dont la trésorerie nationale est entièrement indépendante, qui ne peut agir sur la liberté des simples citoyens, mais seulement sur les agents du pouvoir qui pourraient être suspects? Qu'avez-vous à craindre d'un comité établi pour un mois? Nous environnerons-nous toujours de terreurs et de chimères? La peur de la tyrannie amène à sa suite la tyrannie elle-même. Les grands enfants de la Convention — c'est ainsi qu'à mots couverts Barère désigne les Girondins — vous effrayent sans cesse du mot de dictature; mais n'avez-vous pas déjà confié à votre Comité de surveillance et de sûreté générale le droit de lancer des mandats d'arrêt contre les citoyens? N'avez-vous pas déjà envoyé dans les départements des commissaires investis de l'effrayant pouvoir de déporter les ennemis de la liberté et de l'égalité? Vous parlez de dictature! parlez donc de cette dictature de toutes la plus effrayante, la dictature de la calomnie! C'est celle-là qui, courant tous les rangs de la société et tous les bancs de la Convention nationale, verse partout ses poisons et devient ainsi la plus dangereuse auxiliaire des puissances coalisées contre nous. Voilà la dictature que je vous dénonce et qui écrasera tout, si vous n'y prenez garde... »

On voit que Barère savait couvrir de miel les bords de la coupe empoisonnée qu'il présentait à la Convention. La transformation du Comité de défense générale est adoptée en principe. Isnard, Barère, Thuriot, Mathieu et Danton sont chargés de rédiger le projet de décret.

Le lendemain 6, Isnard vient soumettre à l'Assemblée le travail des cinq commissaires. D'après le projet, il devait être formé par appel nominal un comité de salut public composé de neuf membres. Ce comité devait délibérer en secret. Il était spécialement chargé de surveiller et d'accélérer l'action du pouvoir exécutif. Il pouvait suspendre les arrêtés des ministres lorsqu'il les croirait contraires à l'intérêt national, à la charge d'en informer sans délai la Convention. Il était autorisé à prendre, dans les circonstances urgentes, des mesures de défense générale intérieure et extérieure. Ses arrêtés devaient être pris en présence des deux tiers au moins de ses membres et exécutés sans retard par les ministres. Aucun mandat d'arrêt ou d'amener ne pourrait être décerné par lui, si ce n'est contre les agents d'exécution, et à charge d'en rendre compte aussitôt à la Convention. Cent mille francs de dépenses secrètes lui étaient alloués. Il était tenu de faire chaque semaine, par écrit, un rapport général de ses opérations et de la situation de la République. Il ne devait être établi que pour un mois.

A peine Isnard est-il descendu de la tribune que Buzot s'y élance.

« La mesure, dit-il, que l'on vous propose n'est que la reproduction du décret qui a été présenté le 10 mars, combattu si vigoureusement par La Réveillère et rejeté par l'Assemblée[1]. Les mêmes raisons doivent vous faire prendre la même décision ; le comité aurait toute la

---

1. Voir t. VI, p. 226 et suivantes.

puissance que donne l'argent, ne pourrait-il pas en abuser? Ce comité aurait le droit que vous devez seuls exercer, celui de faire des lois, puisqu'il pourra prendre des mesures provisoires qui sont toujours des lois définitives en matière de salut public. Je sais que les circonstances nécessitent des mesures extraordinaires; mais pour cela, il ne faut pas tuer la liberté. Je m'opposerai de tout mon pouvoir à ce qu'un décret aussi terrible soit porté. »

Thuriot répond : « La Convention ne peut administrer, le Conseil exécutif n'a pas assez d'activité. Il faut un corps intermédiaire qui soit une émanation de la représentation nationale et auquel elle déléguera une partie de ses pouvoirs. On vous fait peur de la corruption que ce comité pourra semer autour de lui. On vous parle de dilapidations possibles. Faut-il donc compter l'or quand il s'agit de sauver le corps politique? Épuisons le trésor national et sauvons la liberté! »

Thuriot avait enveloppé sa pensée de circonlocutions habiles; Marat se charge de déchirer les voiles et d'imprimer au nouveau comité son véritable caractère. « Vous marchandez au comité ses pouvoirs, mais, sachez-le, avec les moyens que vous lui donnez, il ne sera peut-être pas assez fort pour sauver la République. C'est par la violence que l'on doit établir la liberté. Le moment est venu d'organiser momentanément le despotisme de la liberté pour écraser le despotisme des rois. »

A ce brutal appel au droit de la force, Biroteau s'indigne : « Eh quoi! s'écrie-t-il, c'est par la violence que l'on veut établir la liberté! Craignez que derrière le rideau il ne se trouve quelque ambitieux qui, sous le masque du patriotisme, n'usurpe le pouvoir suprême. »

La voix de l'orateur est couverte par les clameurs de la Montagne et des tribunes. On demande à aller aux voix. L'Assemblée s'estime suffisamment éclairée et vote le décret qui doit constituer la tyrannie du trop fameux Comité de salut public.

X.

Les Girondins depuis le début de la Convention voyaient dans le duc d'Orléans un candidat que leurs adversaires tenaient en réserve pour la restauration possible de la royauté; ils avaient à plusieurs reprises fait des tentatives infructueuses pour exclure de l'Assemblée ce collègue, dont la présence à la crête de la Montagne leur paraissait une menace incessante. Ils ne pouvaient pas manquer de saisir la circonstance actuelle pour poursuivre leur dessein, en accusant le prince de connivence avec Dumouriez.

C'est Barbaroux qui commence l'attaque (4 avril au matin). « Il y a cinq mois, dit-il, nous avons été traités de scélérats; aujourd'hui vous devez reconnaître que nous avions raison. En effet, que demande Dumouriez? Le rétablissement de l'ancienne constitution. Quel est celui que l'ancienne constitution appelle au trône? — D'Orléans. »

« — Vous vous trompez, s'écrie le Montagnard Brival, c'est le Dauphin.

« — Vous mentez sciemment, ajoutent d'autres voix.

« — Eh bien ! puisque vous ne voulez pas m'écouter, reprend le jeune député de Marseille, je me retire de la tribune, mais je demande acte de ma dénonciation. »

Un instant après Maribon-Montant, au nom du Comité de sûreté générale, vient proposer de mettre en arrestation la femme et les enfants du général Valence.

Châteauneuf-Randon demande que l'on mette également en arrestation la duchesse d'Orléans, qu'il appelle la femme Égalité. « Son fils, dit-il, lui écrivait tout récemment des lettres contre-révolutionnaires; par ce seul fait elle doit être considérée comme suspecte. »

« Valence et Égalité fils, s'écrie Levasseur (de la Sarthe), se sont associés aux projets liberticides de Dumouriez ; je n'en veux pour preuve que leur présence aux entretiens de celui-ci. Ils sont coupables par cela seul qu'ils ont souffert que devant eux ce traître insultât la Convention nationale. Ils devaient le poignarder en entendant de pareils discours. Je demande que, sans leur ôter le droit de voter, on garde à vue Égalité père et Sillery. »

Les regards se portent tour à tour sur les deux inculpés qui siégent aux deux extrémités de la salle, l'un à droite, l'autre à gauche.

Sillery se lève et dit : « La demande de Levasseur est juste, elle est nécessaire pour la sûreté de la nation et pour la mienne. Si mon gendre est coupable, je vois devant moi l'image de Brutus; je sais le jugement qu'il porta contre son fils. »

Après lui, le duc d'Orléans fait cette déclaration : « J'ai déjà demandé au Comité de défense générale de faire de ma conduite l'examen le plus scrupuleux. Si je suis coupable, je dois être puni; si mon fils l'est, ce que je ne crois pas, je vois aussi Brutus. »

Ces protestations n'arrêtent pas l'animosité des Girondins. Ducos veut que l'on mande à la barre Valence et Égalité fils. S'ils n'obéissent pas au décret, l'Assemblée les mettra hors la loi, comme elle y a déjà mis Dumouriez.

Fonfrède appuie la motion de son beau-frère par cette amère sortie :

« On a dit avec raison qu'il ne fallait pas conserver dans la République de la graine d'émigrés. Je ne veux pas, moi non plus, *de la graine de roi*. Celle-là germe dans la corruption. Les Égalité ont, dit-on, servi la liberté. Je ne veux rien devoir à ces hommes dans les veines desquels coule le sang des rois. »

L'Assemblée appelle à sa barre les deux généraux; si, huit jours après que le décret leur aura été signifié, ils n'y ont pas obéi, ils seront, par ce fait, mis hors la loi; il sera enjoint à tout citoyen de leur courir sus, et leurs biens seront confisqués au profit de la République.

Par un autre décret, elle décide que Sillery et Égalité, membres de la Convention nationale, seront gardés à vue, avec liberté d'aller où ils jugeront à propos, dans Paris seulement.

Les mesures prises contre ces deux députés en présageaient d'autres plus rigoureuses. Elles ne se font pas longtemps attendre. Le 6 avril, aussitôt après la lecture des dépêches dans lesquelles Cochon, Bellegarde et Lequinio annoncent la débandade des troupes qui tenaient encore pour Dumouriez, et l'émigration de celui-ci, qui a passé la frontière avec Égalité fils et Valence, des voix s'élèvent des divers côtés de l'Assemblée pour demander l'arrestation d'Égalité père et de Sillery.

Fonfrède s'élance à la tribune, car il tient à honneur de présenter la motion qui doit faire disparaître les derniers vestiges de la royauté en France.

« On nous parle sans cesse, dit-il, de lois révolutionnaires, de mesures fortes et vigoureuses... Je ne conçois pas comment la proscription de la famille ci-devant et toujours royale n'a pas été comprise au nombre de ces mesures. Il faut faire cette loi révolutionnaire, cette loi terrible que le salut du peuple commande et justifie. » — « Oui, oui ! » s'écrie l'Assemblée presque tout entière.

« Le jour où vous fondâtes la République, si vous eussiez banni tous ces Bourbons, ce jour-là eût épargné à la France bien des troubles, à Paris bien des mouvements, à vous bien des divisions, à vos armées bien des échecs. C'est le moment d'abjurer cette faiblesse. Les républiques ne subsistent que par les vertus, les princes ne vivent que de crimes. Corrompus dans les cours, ils corrompent vos soldats dans les camps, vos citoyens dans les villes; il n'est pour eux ni foi ni serment; leur ambition se cache sous mille formes, et c'est en profanant le nom sacré de la patrie qu'ils aspirent en secret à redevenir un jour vos maîtres.

« Voyez Égalité fils! il fut comblé des faveurs de la République; il était né du sang de vos tyrans, et malgré cette tache d'infamie, il commandait vos armées. Eh bien! il conspire, il fuit, il passe à l'ennemi. Rendons-en grâce au génie qui veille sur la République, il nous éclaire enfin et nous trace nos devoirs.

« Tandis qu'on conspirait au Nord, que va faire cet autre Égalité au Midi, dans l'armée du Var? Est-ce dans les mains d'un nouveau général un nouvel instrument d'ambition?

« Les traîtres qui servaient cette famille à laquelle nous avions livré, par je ne sais quel aveuglement, nos flottes et nos armées, ont conduit nos collègues à Maëstricht; ils sont au pouvoir des rois nos ennemis.

« Citoyens, les princes, au moins pour les forfaits, sont tous parents; conservons donc tous ces Bourbons en otages. Et si les tyrans qu'est allé rejoindre Égalité, auxquels il a livré nos collègues, osent, au mépris du droit des gens, porter sur les représentants du peuple français un fer assassin, que tous ces Bourbons soient traînés au supplice; que leurs têtes roulent au pied de l'échafaud; qu'ils disparaissent de la vie comme la royauté a disparu de la République, et que la terre de la liberté n'ait plus à supporter leur exécrable existence. »

De tous les côtés on crie : « Aux voix! » La proposition est décrétée d'enthousiasme. L'exemple est donné, plusieurs députés tiennent à se signaler par des motions nouvelles.

Maribon - Montaut. — « Si le décret, que vous avez rendu précédemment contre le général Égalité, ne peut plus avoir son effet, puisqu'il est en fuite, il peut recevoir son exécution dans la personne du jeune Égalité, employé à l'armée du Var. On pourrait faire de ce jeune homme un nouvel instrument de conspiration ; je demande qu'il soit amené à Paris, pour y être gardé comme otage. »

Lacroix. — « Je demande que les femmes et les enfants soient compris dans ce décret. »

Delaunay. — « Je demande que les prisonniers ne restent pas à Paris. »

Lasource. — « Mais il faut avant tout décréter que les Bourbons qui sont au Temple y resteront. Ces otages ont assuré vos têtes. Si les malveillants n'avaient pas craint de voir tomber celles-là, ils auraient déjà attaqué les vôtres. Je demande que le Comité de salut public soit chargé d'indiquer le lieu où seront conduits les autres Bourbons. »

Duprat. — « Rappelez-vous, lorsqu'il y a trois mois il s'est agi d'expulser les Bourbons, des citoyens se sont répandus dans les sections et y ont fomenté des troubles pour nous empêcher de rendre le décret. Après son adoption, les tribunes nous violentèrent pour le rapporter[1]. Je demande que Paris et Marseille, qui se sont montrés également patriotes, partagent la garde de ces otages précieux. Égalité a beaucoup d'amis à Paris ; il

---

1. Voir t. V, p. 262 et suivantes, le récit des scènes auxquelles donnèrent lieu les premières motions girondines pour l'expulsion des Bourbons.

n'en a pas à Marseille. Qu'on l'y envoie, il sera bien gardé. »

L'Assemblée charge son Comité de salut public d'indiquer le lieu de détention des Bourbons qui ne sont pas actuellement détenus au Temple.

Le 7 au matin, le duc d'Orléans est arrêté; aussitôt il écrit à la Convention pour invoquer son inviolabilité : « Invinciblement attaché à la République, sûr de mon innocence et désirant avec ardeur le moment où ma conduite sera examinée, scrutée et rendue publique, je n'aurais pas un instant retardé l'exécution du décret, si je n'avais craint de laisser compromettre en moi la dignité de représentant du peuple. »

Mais l'Assemblée passe dédaigneusement à l'ordre du jour, motivé « sur ce qu'elle a bien entendu comprendre Louis-Philippe-Joseph Égalité dans le décret qui ordonne l'arrestation des Bourbons. »

A l'énoncé de cette formule, le Girondin Pénières, fidèle à la haine implacable que son parti a voué au prince montagnard, lui décoche le dernier trait :

« Qu'il reprenne son nom d'Orléans ou de Bourbon, il ne faut pas souffrir qu'il porte le nom d'Égalité plutôt qu'un autre citoyen. »

Le lendemain 8, Guyton-Morvaux propose au nom du Comité de salut public d'enfermer à Vincennes les membres de la famille de Bourbon dont l'arrestation a été ordonnée. Mais de très-vives objections s'élèvent contre cette désignation « qui laisse, dit-on, les prisonniers beaucoup trop près de Paris, où les malveillants pourraient exciter des troubles en leur faveur. « Il faut avouer, s'écrie Fonfrède, toujours le plus acharné dans la poursuite de ses rêves républicains, il faut avouer qu'une famille royale est quelque chose de bien embarrassant. Il ne peut plus être question de savoir si les Bourbons resteront à Paris ; vous avez décidé le contraire. Votre Comité de salut public, par un détour adroit, veut éluder votre décret. Eh quoi ! Marseille, Montpellier, Toulouse, Bordeaux, n'auraient pas des droits à votre confiance ! Chacune de ces villes n'a-t-elle pas dix à douze mille hommes de garde nationale bien organisés, bons républicains, que ne pourrait corrompre tout l'or de l'étranger, et qui sauront bien empêcher les contre-révolutionnaires de replacer les tyrans sur le trône ? Peu m'importe celle de ces villes auxquelles vous ferez ce funeste présent, mais qu'ils partent. »

La Réveillère-Lepaux fait observer que Marseille est trop près de l'armée des Alpes-Maritimes, que commande Biron.

« — Eh bien ! s'écrie Levasseur (de la Sarthe), si Biron est dangereux, qu'on le destitue !

« — Oui, qu'on le destitue ! ajoute Marat ; il a des intelligences avec Égalité fils. »

L'Assemblée semble partagée entre Bordeaux et Marseille ; enfin, après trois épreuves douteuses, la préférence est accordée à Marseille.

Dans la nuit du 9 au 10 avril, le duc d'Orléans, le duc de Beaujolais, son troisième fils, âgé de treize ans, la duchesse de Bourbon, sœur de l'un et tante de l'autre, enfin le prince de Conti, partirent sous la garde d'une forte escorte pour le lieu désigné par la Convention. Le jeune duc de Montpensier, arrêté pendant ce temps à l'armée de Biron, est bientôt réuni à eux. Tous sont enfermés au fort Saint-Jean.

De ces cinq prisonniers, un seul devait périr sur l'échafaud : le duc d'Orléans. Les autres, après une longue détention, échappèrent à la hache révolutionnaire, et furent envoyés en exil par la République, devenue plus humaine.

La duchesse d'Orléans, fille du duc de Penthièvre, protégée par ses vertus et par la mémoire de son père, fut laissée longtemps à Bizy, près Vernon. Pendant les derniers mois de la Terreur, elle fut enfermée dans la prison du Luxembourg, où elle devint la providence de ses compagnons d'infortune [1].

---

[1]. Nous avons réuni à la fin de ce volume un grand nombre de documents, la plupart inédits, relatifs à la captivité des Bourbons autres que les augustes prisonniers du Temple.

LIVRE XXXIV

LE COMITÉ DE SALUT PUBLIC ET LES ARMÉES.

I.

Grâce à l'état de trouble et d'agitation où se trouvait la Convention après la trahison de Dumouriez, deux faits d'une portée considérable passèrent presque inaperçus : la réorganisation de la Commune de Paris, l'extension des pouvoirs du tribunal révolutionnaire.

Depuis le jour (2 décembre 1792) où la nouvelle Commune s'est installée à l'Hôtel de Ville[1], nous avons toujours parlé d'elle comme d'un être collectif, sans nous occuper des éléments qui la composent, des dissensions qui la travaillent. Elle suit, en effet, les mêmes errements que sa devancière, elle marche à la remorque des mêmes chefs, Hébert et Chaumette. D'où vient alors qu'à peine constituée, elle réclame de la Convention le vote d'un décret qui modifie son organisation intérieure? Il nous faut, pour expliquer cette demande, remonter un peu en arrière. On se le rappelle :

---

1. Voir t. V, p. 102, 130.

aux élections faites en vertu du décret du 24 novembre, un certain nombre de sections avaient nommé des membres relativement modérés; la plupart des hommes du 10 août avaient été exclus. En vertu de ce même décret, vingt-deux membres de l'ancienne municipalité constitutionnelle avaient été maintenus en fonctions sans avoir été soumis à la réélection. La naissance de ce conseil était donc entachée d'un vice irrémissible : celui d'avoir été imposé par la Convention. Il fallait s'en débarrasser à tout prix. Pour arriver à ce résultat, les meneurs de l'Hôtel de Ville ne furent pas obligés à de grands frais d'imagination, ils n'eurent qu'à invoquer la stricte légalité ; car ces violateurs perpétuels de la loi ne se faisaient pas faute de se mettre sous son égide, lorsque cette tactique pouvait favoriser leurs vues secrètes.

Le décret du 24 novembre, que la Convention avait adopté d'urgence et pour se délivrer au plus vite de la Commune du 10 août, avait été qualifié par ses rédacteurs eux-mêmes de provisoire et d'exceptionnel. On pouvait dès lors prétendre avec quelque raison que les élections qui avaient été faites en conformité de ce décret participaient de sa nature, et que la municipalité qui en était sortie ne devait subsister que jusqu'au moment où on aurait eu le temps d'exécuter les prescriptions de la loi de 1790, qui était restée la charte de la Commune parisienne. Il n'y avait donc qu'à indiquer un jour prochain pour le renouvellement intégral du Conseil; un simple arrêté du corps municipal suffisait; on n'avait besoin ni de la Convention ni de ses décrets.

Bien plus, par le brusque renversement du pouvoir nouvellement établi, on montrait à l'Assemblée le cas que l'on faisait de ses volontés. Double profit : on brisait un Conseil peu sympathique, on bravait la Convention.

Moins d'un mois après les élections de novembre, les sections furent convoquées à l'effet de nommer les cent quarante-quatre membres du Conseil général, qui, cette fois, devait être définitif.

Le scrutin s'ouvrit le 24 décembre. Grâce à la surexcitation qu'avaient produite dans les esprits les préliminaires du jugement du roi, les nouvelles élections furent très-généralement favorables au parti démagogique. La plupart des membres de la Commune du 10 août surgirent de nouveau et prirent leur revanche de leur récente défaite. Les nominations eurent lieu à des majorités à peu près aussi faibles qu'en novembre : cent voix, souvent moins, suffirent pour ouvrir l'entrée du Conseil à plus d'un homme jusque-là obscur et inconnu.

Mais les meneurs de l'Hôtel de Ville n'avaient pas compté sur les complications inextricables que le législateur de 1790 avait accumulées comme à plaisir dans la fameuse charte municipale [1]. Au commencement d'avril, la nouvelle Commune n'était pas encore parvenue à se constituer légalement, parce que les scrutins épuratoires avaient éliminé une quarantaine d'élus, et que certaines sections se refusaient à remplacer ceux de leurs représentants qui avaient été frappés d'ostracisme. D'une

---

1. Nous avons expliqué en détail les dispositions de cette loi, t. Ier, p. 331 et suivantes ; nous y renvoyons nos lecteurs.

autre part, beaucoup de membres non réélus avaient cessé de se rendre à l'Hôtel de Ville. Le vide se faisait de plus en plus autour de Chaumette, d'Hébert, de Pache et des autres coryphées de la démagogie. Ils n'avaient plus assez de comparses pour peupler la grande salle de l'Hôtel de Ville et faire une illusion suffisante aux spectateurs qui se pressaient dans les tribunes. Sur cent quarante-quatre membres dont le Conseil général devait légalement se composer, à peine y en avait-il quinze ou vingt présents aux séances. Aussi les procès-verbaux de cette époque, au lieu de donner les noms de ceux qui prennent part aux délibérations, portent-ils invariablement cette mention banale : « Le Conseil municipal assemblé en la forme ordinaire. »

Le 3 avril, une députation de la Commune vint demander à l'Assemblée nationale de vouloir bien l'autoriser à s'adjoindre les membres nouvellement nommés, sans attendre la fin des réélections et des épurations.

Dans ce moment, la Convention n'avait pas le temps de discuter avec la Commune; elle n'avait du reste rien à lui refuser; la pétition du Conseil général fut aussitôt convertie en décret [1]. La Commune usa immédiatement de cette faculté, et appela dans son sein une centaine de membres récemment élus.

1. Le décret du 3 avril était ainsi conçu :

« La Convention nationale, après avoir entendu à la barre une députation du Conseil général de la Commune de Paris, autorise le Conseil de cette Commune, dans les circonstances difficiles où se trouve la chose publique, à s'adjoindre, en attendant l'organisation de la nouvelle municipalité, tous les citoyens élus pour composer définitivement le Conseil général de la Commune. »

Pendant plus de cinq mois (du 3 avril au 19 août 1793) la Commune se trouva ainsi composée de trois éléments distincts dont aucun historien n'a encore signalé l'étrange juxtaposition. En effet, durant toute cette période, on vit siéger et voter pêle-mêle les débris de l'ancien Conseil antérieur au 10 août, les citoyens élus en novembre, qu'ils eussent ou non été réélus un mois après, enfin les nouveaux membres que le décret du 3 avril venait d'autoriser à prendre rang par anticipation à côté de ceux qu'ils étaient appelés à remplacer [1].

Ce dernier élément devint bien vite prépondérant et inspira une audace nouvelle à la Commune. Nous la verrons chaque jour afficher plus résolûment son antagonisme avec la représentation nationale, élever des prétentions de plus en plus exorbitantes sur la question des subsistances, réclamer du trésor public des subventions de plus en plus considérables et exercer avec une rigueur croissante les pouvoirs dictatoriaux que la Con-

---

[1]. On trouvera à la fin de ce volume une note relative à cette seconde période de l'histoire de la Commune de Paris qui commence le 2 décembre 1792 et finit le 19 août 1793, jour où la municipalité dite définitive fut installée. A partir de cette époque, il n'y eut plus d'élections municipales à Paris. Le Comité de salut public, qui tenait dans sa main tous les pouvoirs, même ceux que la royauté n'avait jamais eus, s'arrogea le droit de révoquer qui bon lui semblait dans le Conseil de la Commune et de pourvoir, de sa propre autorité, aux vacances qui venaient à s'y produire par mort naturelle ou violente, par révocation ou démission. Avant le 9 thermidor, il avait fait guillotiner six membres du Conseil et en avait destitué une vingtaine. Après la défaite de Robespierre et la mise hors la loi de ses adhérents, quatre-vingt-seize membres de la Commune, c'est-à-dire plus des deux tiers, périrent sur l'échafaud.

vention avait eu l'imprudence de remettre entre ses mains. La surveillance des prisonniers du Temple devint plus sévère qu'elle ne l'avait été même sous les municipaux qui avaient présidé au supplice de Louis XVI [1]. La violation du domicile des citoyens devint un fait normal et quotidien ; la délivrance arbitraire des passe-ports [2], des certificats de résidence, des cartes de sûreté, l'affichage des noms des locataires aux portes des maisons, rendirent de plus en plus irrésistible l'action de la police, sans cesse surexcitée par la dénonciation érigée en vertu civique.

1. Nous donnons à la fin de ce volume une note relative aux dénonciations faites le 19 avril par Tison contre plusieurs membres de la municipalité parisienne qui, étant de garde au Temple, avaient témoigné quelque compassion pour les malheurs de la famille royale. M. de Beauchesne, dans les quatre volumes qu'il a consacrés à la mémoire de Louis XVII et de Madame Élisabeth, a jeté un jour nouveau sur cet épisode de l'histoire des prisonniers du Temple. Nous renvoyons nos lecteurs à ces récits si palpitants d'intérêt ; nous nous contentons de publier quelques détails inédits sur les municipaux dénoncés par Tison, et sur Tison lui-même.

2. On peut juger de la rigueur avec laquelle avait lieu la délivrance des passe-ports par l'arrêté suivant :

« Séance du 4 avril 1793.

« Le Conseil général arrête qu'il ne sera point accordé de passe-ports aux ci-devant nobles ou prêtres, non plus qu'à des femmes qui n'ont aucune nécessité de voyager, et qu'en général il n'en sera accordé qu'à des négociants, sauf cas urgents et imprévus dont il sera fait rapport au Conseil. »

II.

Les membres du Tribunal révolutionnaire avaient été élus le 15 mars[1]; cependant, à la fin du mois, ils n'étaient pas encore entrés en fonctions; des plaintes très-vives s'élevaient contre ces retards. Les nouveaux magistrats s'en émeuvent et viennent, le 2 avril, à la barre de l'Assemblée dénoncer l'inaction où les laisse la commission des Six, chargée de mettre en mouvement et de surveiller le Tribunal.

Garran-Coulon, président de la commission, répond que si des actes d'accusation n'ont pas encore été soumis à l'approbation de l'Assemblée, c'est que ses collègues et lui attendaient les pièces nécessaires pour servir de base à des procédures aussi importantes.

Le montagnard Osselin n'admet pas cette justification : « Toutes les fois, dit-il, qu'un tribunal a derrière lui un autre tribunal, il ne peut marcher. La commission est inutile. J'en demande la suppression. » Albitte ajoute : « S'il s'agissait de juger des faux monnayeurs, je consentirais à ce que l'on suivît toutes les formes; mais quand il s'agit de punir des conspirateurs, il n'y a plus de formes à suivre. »

Rabaud Saint-Étienne, l'un des Six, revient sur les explications de Garran-Coulon; mais il déclare en même temps ne pas s'opposer à la suppression de la

[1]. Voir t. VI, p. 224 et 289.

commission. Marat s'écrie : « Oui, la suppression. Cette commission n'a été instituée que pour paralyser le Tribunal révolutionnaire et pour assurer l'impunité à quelques membres de la Convention. » Devant l'insistance de Marat et de ses amis, devant la mollesse des Girondins, l'Assemblée n'ose maintenir plus longtemps la commission des Six ; elle supprime comme un rouage inutile ce contre-poids que l'on avait essayé, trois semaines auparavant, d'opposer aux pouvoirs exorbitants attribués au Tribunal révolutionnaire.

Les démagogues, voyant la Convention de si facile composition, ne s'en tiennent pas là ; le 6 avril, ils reviennent à la charge et arrachent à l'Assemblée une concession nouvelle. L'Assemblée venait de décréter d'accusation un officier présumé complice de Dumouriez. Charlier s'écrie : « Pourquoi ce décret ? il n'est pas nécessaire de le rendre. L'accusateur public doit avoir le droit de poursuivre directement les individus soupçonnés de conspiration. » Lanjuinais, toujours sur la brèche lorsqu'il s'agit de s'opposer aux envahissements de la démagogie, répond : « Au nom des principes qui consacrent la liberté individuelle, je demande la question préalable sur la proposition de Charlier. » Mais Danton s'élance à la tribune. « La Convention, dit-il, a voulu un tribunal extraordinaire pour effrayer les conspirateurs. Dans les circonstances actuelles, il faut imprimer à ce tribunal une marche rapide et prompte. Vous l'avez déjà si bien senti vous-mêmes, qu'il y a trois jours vous avez anéanti la commission chargée de la rédaction des décrets d'accusation. Si vous vous réserviez le droit de rendre ces décrets, vous n'auriez bientôt plus d'autre occupation, tant est grande la masse des coupables. Vous voulez sans doute que le peuple ait justice; vous voulez sans doute prévenir dans leurs effets destructeurs les vengeances populaires? »

« — Oui, oui, répondent un grand nombre de voix.

« — Eh bien, dispensez le tribunal de cette formalité, pressez son activité. Certes, si le despotisme triomphait, il ne prendrait pas tant de précautions! N'imitons pas sa férocité, mais faisons trembler les coupables. Je demande le rapport du décret par lequel vous avez déclaré nécessaire à l'action de ce tribunal le décret d'accusation de la Convention. Bien entendu, néanmoins, que ces décrets seront nécessaires à l'égard des représentants du peuple. »

— « Oui, réplique Barbaroux, il faut que la justice révolutionnaire soit prompte et sévère; mais il ne faut pas qu'elle soit destructive de la liberté. Si vous laissez entre les mains d'un homme le droit d'accuser seul et de traduire les citoyens devant le tribunal, vous établissez une véritable dictature judiciaire. Soyez inflexibles et non bourreaux; soyez législateurs et non assassins[1]. »

La discussion est fermée, et l'Assemblée adopte en principe la proposition de Charlier. Alors Fonfrède demande, par amendement, que l'on étende l'exception

---

[1]. Toute cette première partie de la discussion est singulièrement tronquée dans le *Moniteur,* n° 99. Nous la rétablissons d'après le récit du *Journal des Débats et Décrets,* n° 200, pages 103 et 104.

proposée par Danton en faveur des représentants du peuple. « Voulez-vous, dit-il, rendre un homme plus puissant que vous-mêmes ? Qui garantira que cet homme ne s'avisera pas de faire arrêter, à un jour donné, les ministres, les généraux et les principaux fonctionnaires de la République ? Il pourra, s'il le veut, se rendre maître en un instant de vos flottes, de vos armées, de vos finances. Je demande que vous exceptiez de l'action de l'accusateur public les ministres et les généraux. Vous examinerez ensuite la question générale des fonctionnaires publics. »

Le financier Cambon demande que l'exception s'étende également aux commissaires de la Trésorerie nationale.

— « Alors, s'écrie Marat en éclatant de rire, pourquoi ne l'étendez-vous pas aux ouvriers employés à la fonte des canons, à la fabrication des armes, des habits, des souliers des volontaires ? aux citoyens qui fournissent leurs bras à la défense de la patrie et aux femmes qui lui font des enfants... ; voilà comme vous êtes irréfléchis, inconsidérés... Je vous rappelle au sens commun !... »

L'Assemblée entière bondit sous l'insulte du misérable bouffon. Quelques voix crient : « A l'Abbaye, Marat ! » L'*ami du peuple* est rappelé à l'ordre avec censure au procès-verbal.

La Convention n'en adopte pas moins le décret proposé par la Montagne, et amendé par la Gironde. En acceptant le principe de la motion de Charlier et de Danton, et en se contentant d'y faire des modifications illusoires, l'Assemblée donnait à Fouquier-Tinville un droit de vie et de mort sur tous les citoyens de la République. Celui-ci en usa d'abord assez modérément et daigna, pendant quelque temps, observer certaines formes protectrices de l'accusé. Mais vienne le jour où lui et ses patrons seront débarrassés de surveillants incommodes, ils n'auront, pour mettre la population en coupes réglées, qu'à user des pouvoirs qu'ils ont arrachés d'avance à la faiblesse et à l'imprévoyance de leurs adversaires.

III.

Le Comité de salut public fut nommé par appel nominal dans la nuit du 6 au 7 avril. Barère obtint 360 voix, Delmas 347, Bréard 325, Cambon 278, Danton 233, Jean Debry 227, Guyton-Morveau 202, Treilhard 167, Lacroix 151. Jean Debry déclara qu'il ne pouvait accepter, pour cause de santé, et fut remplacé par Robert-Lindet.

Le Comité se constitua immédiatement : Guyton fut élu président, Bréard vice-président, Barère et Robert-Lindet secrétaires. Moins nombreux et plus homogène que le Comité de défense générale auquel il succédait, il montra immédiatement une vigoureuse activité. Quelques jours après son installation, il traçait ainsi, par l'organe de Barère, l'ensemble de ses attributions :

« Le Comité s'est pénétré de la grandeur et des difficultés attachées à sa mission. Former un plan de défense de terre et de mer ; scruter dans les circonstances actuelles les opinions politiques et la conduite militaire des généraux ; revoir la composition des différents états-majors ; veiller à la défense des côtes ; augmenter la cavalerie nationale ; animer les travaux dans les ports et seconder l'empressement des braves marins ; comprimer les trames ; faire rechercher et fabriquer des armes pour les nombreux défenseurs de la liberté ; suivre la marche nouvelle des armées, veiller à leur approvisionnement en tout genre ; presser l'action de l'administration publique ; surveiller et aider l'action du Conseil exécutif provisoire ; éteindre par des mesures fortes et promptes les torches de la guerre civile : voilà les objets principaux dont déjà il s'est occupé. »

Pour bien établir toute l'étendue de ses pouvoirs, le Comité demanda et obtint de l'Assemblée plusieurs décrets qui mettaient sous sa complète dépendance les commissaires de la Convention près les armées. Aux termes de ces décrets, dont Bréard fut le rapporteur, il devait y avoir près de chacune des armées de la République trois commissaires. Chaque mois, un des trois devait rentrer dans le sein de la Convention et être remplacé par un autre. Ces commissaires devaient exercer la surveillance la plus active sur les agents du pouvoir exécutif, les généraux et officiers de tout grade ; rendre compte de l'état des magasins, des fournitures, des vivres et des munitions ; porter l'examen le plus sévère sur les opérations et la conduite des fournisseurs et des entrepreneurs ; prendre, de concert avec les généraux et les autres agents du pouvoir exécutif, toutes mesures nécessaires pour accélérer la réorganisation des armées, l'incorporation des volontaires et recrues dans les cadres existants. Ils étaient investis de pouvoirs illimités pour l'exercice des fonctions qui leur étaient déléguées; ils pouvaient employer tel nombre d'agents qu'ils croiraient convenable. Les dépenses extraordinaires, qu'ils auraient autorisées, devaient être acquittées par le trésor public sur des états visés par eux ; leurs arrêtés devaient être exécutés provisoirement, à la charge de les adresser dans les vingt-quatre heures à la Convention nationale, et, pour ce qui devait être secret, au Comité de salut public. Tous les agents civils et militaires étaient tenus d'obéir à leur réquisition, sauf recours à la Convention. Enfin ils devaient prendre sans délai toutes les mesures nécessaires pour découvrir, faire arrêter et conduire devant le Tribunal révolutionnaire tout militaire, tout agent civil et tous autres citoyens qui auraient aidé, conseillé, favorisé d'une manière quelconque la trahison de Dumouriez ou quelque autre complot contre la sûreté de la nation, qui auraient machiné la désorganisation des armées et tenté la ruine de la République [1].

Le Comité de salut public, ayant assuré son action prépondérante sur les armées, s'étudia à maintenir les ministres dans un état absolu de subordination. Il leur renvoya comme insuffisants et incomplets les premiers rapports qu'ils lui avaient adressés, et se mit à gourmander leur paresse et leur indécision dans une corres-

[1]. *Moniteur*, n° 101, p. 93.

pondance qui ne reproduisait que trop souvent les crudités de langage que Danton avait mises à la mode [1].

Mais, en même temps que le tribun faisait adopter à ses collègues son style d'une brutalité cynique, il leur communiquait son audace, et les déterminait à écrire lettres sur lettres aux généraux, afin qu'ils profitassent du printemps pour reprendre l'offensive.

IV.

Cette reprise, la position de plusieurs de nos armées la rendait assez difficile.

L'armée du Nord surtout avait été cruellement éprouvée. Heureusement les Autrichiens, fidèles à leur parole, respectèrent l'armistice qu'ils avaient conclu avec Dumouriez, et n'en dénoncèrent la cessation que

---

[1]. Voici la lettre que Servan, dans son *Tableau militaire de la campagne de 1793*, nous a conservée.

« *Les représentants du peuple composant le Comité de salut au ministère de la guerre et à ses adjoints.*

« Liberté, Égalité, Fraternité.

« Allez vous faire f.....! que le diable vous confonde, s'il vous faut des ordres pour donner des selles, quand il vous a été enjoint de fournir des chevaux! Faut-il aussi des ordres pour que vous donniez des brides?

« Danton, Robert-Lindet, Cambon fils aîné. »

le 7 avril, c'est-à-dire quarante-huit heures après la fuite de ce général[1].

Dampierre, tout occupé de rallier son armée, si effroyablement désorganisée par la trahison de son prédécesseur, sentait bien qu'il résisterait difficilement à une attaque énergique. Aussi essaya-t-il d'obtenir de

---

1. Voici la correspondance qui fut échangée dans cette occasion entre Clerfayt et les généraux français.

« *A Monsieur le général commandant à Maubeuge.*

« Monsieur,

« Comme nous étions convenus de nous avertir réciproquement vingt-quatre heures d'avance, quand la suspension d'armes pourrait cesser d'un côté ou de l'autre, je dois vous prévenir, mon général, que les circonstances m'empêchent de la prolonger davantage, et que vous ne pouvez y compter que vingt-quatre heures encore.

« Au quartier général de Mons, le 7 avril 1793.
« En l'absence de S. A. S^{me} Monseigneur
« le feld-maréchal, prince DE COBOURG,
« CLERFAYT. »

« Général, il serait peut-être utile que la trêve, que Dumouriez avait conclue avec vous, subsistât encore, et il serait alors possible de relâcher les personnes que le pouvoir exécutif a dû faire arrêter.

« En continuant la suspension d'armes, j'enverrais à Paris entamer une négociation, et proposer l'échange des quatre députés de la Convention nationale et du ministre Beurnonville, avec ces mêmes personnes détenues présentement à Paris.

« Je serais charmé de reprendre des négociations qui assurassent la gloire des deux armées, le repos et la tranquillité de l'empire et de la République française.

« Je compte sur une prompte réponse de votre part.
« Le général en chef de l'armée du Nord,
« DAMPIERRE. »

« 8 avril 1793. »

Cobourg, dont il connaissait les dispositions pacifiques, une nouvelle suspension d'armes, en lui laissant l'espoir d'échanger les commissaires arrêtés contre les officiers allemands que l'on avait internés à Paris, et peut-être même contre des otages bien plus précieux, puisqu'il s'agissait des prisonniers du Temple. Malheureusement cette négociation traîna en longueur et n'aboutit pas[1].

[1]. Nous avons retrouvé, aux archives de Vienne, la lettre suivante adressée par le prince de Cobourg au comte de Mercy-Argenteau ; elle fait connaître l'état de cette négociation, au commencement de mai.

« *A Son Excellence M. le comte de Mercy-Argenteau.*

« Au quartier général de Quiévrain, ce 3 mai 1793.

« Ce serait avec le plus grand plaisir, monsieur le comte, que je déférerais à la demande que Votre Excellence a bien voulu me faire dans sa note du 13 avril, en faisant entrer dans la négociation, pour l'échange de la famille royale, la levée des scellés apposés sur votre maison de Paris. Ce serait à la fois un acte de justice et de prudence, et un effet de mon véritable empressement à vous obliger. Mais j'aurai l'honneur de prévenir Votre Excellence que cette négociation n'a consisté jusqu'à présent qu'en une proposition vague et insignifiante que le général Dampierre a faite de son chef, sans autorisation des Brigands régicides qui retiennent cette auguste et malheureuse famille dans les fers. On lui a répondu également en termes généraux, pour ne pas compromettre sans fruit la dignité du souverain et l'on s'est contenté d'ajouter *qu'il n'y avait qu'un seul cas, qu'on n'avait pas besoin de nommer, dans lequel les commissaires détenus devraient trembler pour leurs jours* ; et plus tard, à l'occasion d'une nouvelle réclamation et sans qu'il fût question des prisonniers du Temple, on a écrit aux commissaires de Bouchain, qui avaient succédé aux quatre envoyés à Maestricht, *que le sort de ces derniers est entre leurs mains*. Voilà en quoi a consisté toute la négociation. S'il devait s'en entamer une qui eût des bases et quelque apparence de succès, soyez persuadé, monsieur le comte, que je n'ou-

Les députés en mission près l'armée du Nord, Lequinio, Bellegarde et Cochon, et, quelques jours plus tard, Dubois-Dubais et Briez, entamèrent avec le prince de Cobourg une correspondance où ils eurent l'imprudence d'entrer en discussion avec lui sur les principes mêmes de la Révolution et sur la manière dont la conduite de Dumouriez devait être envisagée.

Cette correspondance, à laquelle étaient jointes diverses proclamations du prince de Cobourg, fut communiquée à la Convention par le ministre des affaires étrangères, Lebrun. Mais lorsqu'un secrétaire voulut lire les documents autrichiens, Robespierre s'y opposa formellement. « Quoique les propositions de transaction, dit-il, soient d'abord repoussées avec horreur, il est des esprits qui, à force de les entendre répéter, pourraient s'y accoutumer... Il est temps d'étouffer ces idées dangereuses, car il y a en France non-seulement des aristocrates, mais des riches égoïstes qui sont prêts à sacrifier la cause du peuple à leurs molles jouissances. Je demande que vous prononciez la peine de mort contre les lâches qui proposeraient de transiger avec l'ennemi; bien plus, je demande que les auteurs de ces propositions soient mis hors la loi. »

Danton succède à Robespierre, mais tient un tout autre langage ; il saisit cette occasion pour faire

blierais point la juste réquisition que Votre Excellence a bien voulu m'adresser.

« Toute la correspondance avec Dampierre et avec les commissaires a été communiquée à notre Cour; il n'y a pas encore de réponse.

« Cobourg. »

revenir l'Assemblée sur les décrets de propagande universelle que lui-même avait contribué à faire rendre quelques mois auparavant.

« Il est temps, dit-il, que la Convention fasse connaître à l'Europe qu'elle sait allier la politique aux vertus républicaines. Vous avez rendu dans un moment d'enthousiasme un décret dont le motif était beau sans doute, puisque vous vous obligiez à donner protection aux peuples qui voudraient résister à l'oppression de leurs tyrans. Mais ce décret semblerait vous engager à secourir des individus qui voudraient faire une révolution en Chine. Il faut avant tout songer à la conservation de notre corps politique, et fonder la grandeur française. Que la République s'affermisse; la France, par ses lumières et par son énergie, fera attraction sur les autres peuples. Citoyens, c'est le génie de la liberté qui a lancé le char de la révolution. Le peuple tout entier le tire et il s'arrêtera aux termes de la raison. Montrons que nous sommes dignes d'en être les conducteurs; décrétons que nous ne nous mêlerons pas de ce qui se passe chez nos voisins; mais décrétons aussi que la République vivra. Condamnons à mort celui qui proposerait une transaction autre que celle qui aurait pour base les principes de notre liberté. »

La Convention applaudit à ce retour au bon sens, aux vrais principes; elle adopte à l'unanimité le décret rédigé par Danton. Il est ainsi conçu :

« La Convention nationale déclare, au nom du peuple français, qu'elle ne s'immiscera en aucune manière dans le gouvernement des autres puissances; mais elle déclare en même temps qu'elle s'ensevelira plutôt sous ses propres ruines que de souffrir qu'aucune puissance s'immisce dans le régime intérieur de la République, et influence la création de la Constitution qu'elle veut se donner.

« La Convention décrète la peine de mort contre quiconque proposerait de négocier ou de traiter avec des puissances ennemies qui n'auraient préalablement pas reconnu solennellement l'indépendance de la nation française, sa souveraineté, l'indivisibilité et l'unité de la République fondée sur la liberté et l'égalité. »

Robespierre demande alors qu'il soit bien entendu que le vote qui vient d'avoir lieu ne préjudicie point aux pays réunis. « Il ne peut leur préjudicier, répond Lacroix, puisque ces pays font partie de la République. »

Quelques voix réclament l'ordre du jour pur et simple, mais Ducos s'élève contre une pareille solution qui serait un véritable déni de justice. « Vous avez, dit-il, engagé la foi de la nation française; vous ne pouvez pas rendre la nation parjure... Ce serait une trahison, une déloyauté dont vous êtes incapables. »

La Convention, sur la proposition de Lacroix et de Ducos, interprète son premier décret par le décret suivant :

« La Convention nationale, sur la demande, faite par
« un de ses membres, que la Convention déclare qu'elle
« n'entend pas nuire aux droits des pays réunis à la
« République française, et que jamais elle ne les aban-
« donnera aux tyrans avec lesquels elle est en guerre,

« passe à l'ordre du jour, motivé sur ce que ces contrées
« font partie intégrante de la République. »

Le surlendemain, 15 avril, la correspondance de Briez et de Dubois-Dubais avec Cobourg est lue à la Convention et excite sur tous les bancs une vive réprobation. Ducos et Bréard insistent pour que l'on fasse cesser au plus tôt la scandaleuse controverse que les commissaires de la Convention ont engagée avec les généraux ennemis. Ils veulent que l'on révoque immédiatement les pouvoirs de ces représentants, qui n'ont pas su maintenir la dignité de la nation française.

Toute motion propre à montrer aux puissances étrangères la ferme volonté de pousser vigoureusement la guerre ne pouvait qu'être accueillie avec faveur par la Convention. Celle-ci révoque donc ses deux commissaires, et, sur la proposition de Barère, adopte un manifeste, adressé à tous les peuples et à tous les gouvernements, pour protester contre l'indigne violation du droit des gens qui a livré Camus et ses collègues aux mains de l'Autriche [1].

---

1. Ce manifeste et le discours de Barère se trouvent au *Moniteur*, n° 109. Comme commentaire des mesures prises par la Convention, il nous paraît intéressant de mettre sous les yeux de nos lecteurs la circulaire confidentielle adressée, quelques jours après, par le Comité de salut public, aux représentants en mission. Elle prouve qu'en réalité les dépositaires du pouvoir exécutif n'étaient pas aussi farouches qu'ils voulaient le paraître.

Les représentants du peuple, membres du salut public, aux représentants du peuple, députés près de l'armée de ...

« Citoyens nos collègues,

« Il nous importe à tous de connaître les forces et les dispositions

Il n'y avait plus qu'à en appeler à la force des armes. Les Autrichiens menaçaient simultanément Maubeuge, Lille, Valenciennes, Condé, mais assez mollement ; car ils avaient résolu de n'agir qu'avec une extrême circonspection. Ils attendaient que les Prussiens se fussent emparés de Mayence, se contentant jusque-là de prendre une forte position sur l'Escaut.

Dampierre, de son côté, suivant les instructions du pouvoir exécutif, se tenait sur la défensive et ne hasardait aucun mouvement qui pût amener un engagement

de nos ennemis. Quoiqu'il ne convienne pas de s'engager dans des négociations politiques et que nous ne devions nous occuper que de la guerre et du développement de toutes nos forces et de la puissance nationale, il serait cependant très-avantageux que nous puissions pénétrer les intentions des puissances belligérantes; il faut combattre aussi la politique de nos ennemis.

« La Convention n'a pas approuvé que deux de nos collègues aient ouvert une correspondance trop étendue avec le général Cobourg. Elle a entendu impatiemment les éloges donnés aux sentiments du général autrichien et les efforts trop marqués pour essayer de le convaincre ; elle a cru entrevoir un caractère de faiblesse dans les efforts mêmes que faisaient nos collègues pour justifier les droits de la nation ; elle a cru que vouloir prouver les droits d'une nation, c'était les affaiblir.

« Nous ne devons pas penser à négocier, mais ne trouverez-vous pas quelquefois l'occasion d'arracher le secret de nos ennemis sans compromettre la dignité nationale et le caractère dont vous êtes revêtus, et sans vous engager dans des discussions qui ne conviennent qu'à des agents politiques et sont au-dessous d'un représentant du peuple ?

« Les circonstances seules peuvent vous offrir des occasions précieuses que la prudence humaine ne peut prévoir; nous vous prions de ne pas négliger cet objet de correspondance et de nous communiquer ce qui parviendra à votre connaissance. »

général. Il mettait tous ses soins à réorganiser son armée et à lui faire reprendre cette confiance en elle-même qu'elle avait perdue depuis l'évacuation précipitée de la Belgique et la trahison de son général en chef. Il devait porter son attention sur une étendue considérable de territoire, car son commandement embrassait la frontière de terre, depuis Sedan jusqu'à Dunkerque, et les côtes, depuis Dunkerque jusqu'à l'embouchure de la Seine; il lui fallait donc veiller non-seulement aux entreprises des Autrichiens, mais encore à celles des Anglais, dont la flotte était attendue d'un moment à l'autre. Restait à savoir quel point du littoral elle attaquerait? Elle parut dans les derniers jours d'avril devant Dunkerque, cherchant ainsi à relier ses opérations avec celles de l'armée autrichienne. L'amiral anglais fit immédiatement sommer la place de se rendre; mais Dunkerque était confié à un général énergique, Pascal Kerenweyer, qui écrivait d'un côté à la Convention : « Je suis entêté comme un Breton, je ne capitulerai pas »; de l'autre, à l'amiral anglais : « Faites-moi l'honneur de m'attaquer; j'aurai celui de vous riposter militairement; c'est ainsi que se terminent les querelles entre gens de notre robe. »

On pouvait être certain que Dunkerque ferait une longue résistance; mais il y avait lieu de craindre pour Condé, place assez faible, mal pourvue de vivres et de munitions, devant laquelle Cobourg avait d'ailleurs concentré la plus grande partie de ses forces. Dès le 1er mai, Dampierre se met à manœuvrer, afin de dégager cette petite ville; il réussit, après plusieurs escarmouches, à débusquer l'ennemi de l'abbaye de Vicoigne et d'une partie des bois de Saint-Amand; mais il est atteint d'un boulet de canon qui lui emporte la cuisse, et, deux jours après, il succombe à sa blessure.

C'est le 10 mai que la Convention apprend la mort glorieuse de Dampierre; on demande pour lui les honneurs du Panthéon; mais, sur la proposition de Bréard, on passe à l'ordre du jour motivé sur ce « que tout Français qui meurt pour son pays vit à jamais dans la mémoire de ceux qui lui survivent [1]. »

V.

La mort de Dampierre laissait vacant le commandement de la plus importante des armées de la République. Les représentants en mission à l'armée du Nord, Cochon, Bellegarde, Dubois-Dubais et Briez invitent le Comité de salut public à leur envoyer un général expérimenté, et lui font connaître que le vœu unanime de l'armée est en faveur de Custine.

Le Comité s'empresse de déférer à cette demande, et, par l'organe de Barère, annonce le 13 mai à la Convention qu'il a ordonné au conseil exécutif de prendre un arrêté appelant Custine au commandement de l'armée du Nord, et Houchard à celui de l'armée du Rhin.

Barère saisit cette occasion pour faire un éloge

---

[1]. Sous le règne du roi Louis-Philippe, un monument a été érigé à la mémoire du général Dampierre, à l'endroit même où il était tombé sous le feu de l'ennemi.

pompeux du général de l'armée du Rhin, « qui seul a résisté à la manie diplomatique dont semblent animés tous les généraux de la République, et a su établir la discipline la plus sévère dans son camp. »

La Convention ratifie l'arrêté du pouvoir exécutif, et, pour son malheur, Custine accepte. Peut-être eût-il encore pu, en restant en Alsace et dans le Palatinat, pallier les fautes qu'il avait commises depuis trois mois; mais, lui parti, elles éclatèrent à tous les yeux. Ce sont ces fautes que nous avons maintenant à raconter.

L'armée prussienne, après avoir repris Francfort[1], n'avait pas inquiété Mayence d'une manière sérieuse. Les rigueurs de l'hiver, jointes aux complications diplomatiques qui avaient surgi entre les puissances copartageantes de la Pologne, l'avaient condamnée à une inaction complète. Les Autrichiens avaient déjà recommencé les hostilités sur la Roer depuis plus de quinze jours, lorsque leurs alliés se décidèrent à attaquer la ligne de défense des Français sur la Nawe. Quelques jours après, le gros de l'armée prussienne passa le Rhin à Rheinfeld. Malgré plusieurs combats brillants que Custine et ses lieutenants livrèrent aux abords de Mayence, ils furent obligés de rétrograder au delà de cette ville, et 22,000 hommes s'y trouvèrent renfermés sans communication avec le reste de l'armée. Pendant ce temps, Custine, surpris au poste d'Oberflesheim, se défendait vigoureusement; mais, trop faible pour résister à un ennemi qui disposait de forces au moins triples des

---

1. Voir t. VI, p. 84.

siennes, il fut obligé d'opérer sa retraite sur Frankenthal et de détruire d'immenses magasins militaires qui renfermaient tous les approvisionnements de l'armée du Rhin. Il s'arrêta un instant à Landau, puis il dut rentrer dans les lignes de Wissembourg, abandonnant ainsi toutes ses conquêtes et laissant même une partie du territoire français exposée aux incursions des Prussiens.

Le moment était peut-être mal choisi pour incorporer à la République française les pays que nos soldats venaient d'être forcés d'évacuer ; mais la Convention tenait à imiter le Sénat romain, qui mettait en vente le champ où campait l'armée d'Annibal. Déjà, le 14 mars, elle avait déclaré accéder au vœu formulé par trente-deux communes dépendant du Palatinat et du duché de Deux-Ponts pour être réunies à la France. Le 30 mars, le jour même où l'armée française battait en retraite en abandonnant à leur malheureux sort Mayence et ses défenseurs, elle acceptait par décret « le vœu librement émis au nom des peuples libres de la Germanie, par les délégués de Mayence, Worms, Durkeim, et quatre-vingts autres villes et communes rassemblées en Convention nationale », et déclarait que dès lors ces villes et ces communes faisaient partie intégrante de la République.

Ce qui acheva d'assurer à Custine l'entière confiance de la Convention, ce fut l'attitude qu'il prit au moment où il fut instruit de la trahison de Dumouriez. Le général autrichien Wurmser avait envoyé au général Gillot, commandant à Landau, une sommation « pour qu'il eût à se réunir à la bonne cause. » Celui-ci transmit la lettre de Wurmser à son supérieur hiérarchique, qui s'empressa d'y répondre par la note suivante :

« La proposition du général Wurmser est au moins de la jactance, puisqu'il s'imagine intimider ou séduire, par l'offre de la protection du roi, son maître, les Français qui sont chargés de défendre Landau. Le général Custine s'empresse de lui apprendre que les Français ne veulent la protection de qui que ce soit, et que l'armée qu'il commande, fidèle au serment qu'elle a prêté à la République, défendra la liberté et l'égalité, trahies en Flandre par Dumouriez. Le général Wurmser connaît trop la nation française pour ignorer que les vingt-quatre millions d'hommes qui la composent ne recevront la loi de personne[1]. »

---

[1]. Nous avons retrouvé aux archives de Vienne une lettre de l'empereur François, relative aux négociations ouvertes par Wurmser avec Gillot et Custine. Cette pièce fait connaître les étranges illusions que l'on se faisait à Vienne sur l'état intérieur de la France :

« Cher général de cavalerie comte Wurmser,

« Ayant appris, par votre rapport du 11 de ce mois, les négociations suivies par vous, tant avec le commandant de Landau, Gillot, qu'avec le général Custine, il faut que je signale à votre attention non-seulement la conduite du général français, mais encore l'état actuel de la France elle-même, afin que, par la ruse du premier, vous ne soyez point induit en erreur, et que vous ne vous exposiez pas à perdre la gloire que vous avez justement acquise par votre courage et la sage direction de vos troupes. La France s'est déclarée État libre; ses généraux sont placés sous la direction de commissaires qui leur ont été adjoints par la Convention nationale; mais ni les uns ni les autres ne sont autorisés, sans ordre spécial de la Convention, à entrer en négociation avec les ennemis de la République et surtout à entamer des démarches qui auraient la paix pour résultat final. En France même, règne une confusion telle qu'on peut

Peu de jours après avoir écrit cette lettre, Custine partait pour se rendre à son nouveau poste, et laissait à Houchard la tâche difficile de sauver Mayence et de reprendre l'offensive.

sagement présumer que les Français ne pourront point, dans cette campagne, agir avec cette vigueur qui serait nécessaire pour résister au progrès des armées unies. Que reste-t-il dès lors à faire aux généraux français, si ce n'est de nous tromper par des négociations simulées et nous arracher, par des ajournements, les avantages que nous offre leur faiblesse actuelle, pour attendre les renforts qu'on devra leur envoyer finalement ? Il faut donc bien plutôt s'appliquer à attaquer les troupes ennemies, le plus souvent possible, et les déloger, au lieu de se laisser tromper par d'inutiles négociations et de se laisser nourrir de vaines espérances. Tant que les armées françaises seront encore en état de tenir la campagne et n'auront pas été complétement dispersées par les nôtres, toutes négociations entamées pour amener la reddition amiable de leurs forteresses ne seront point couronnées d'un résultat favorable. Mais si on effectue la dispersion des armées ennemies, si on prend les mesures nécessaires, et si on dispose des moyens voulus pour pouvoir s'approcher des forteresses ennemies, alors il pourra être possible d'y trouver une résistance faible, et, conséquemment, on pourra s'emparer d'elles facilement. Comme j'ai vu par un rapport du prince de Reuss, du 10 de ce mois, que, pour appuyer vos opérations, vous avez besoin de renforts, j'ai immédiatement transmis au Conseil aulique supérieur de la guerre l'ordre de vous envoyer les troupes qui étaient destinées à former dans le Tyrol une réserve pour l'Italie, et de vous en aviser pour que vous puissiez prendre les dispositions voulues pour leur emploi.

« Vienne, le 18 avril 1793,

« FRANÇOIS. »

VI.

L'armée des Alpes était sous le commandement de Kellermann, dont le quartier général était à Chambéry. Celle des Alpes maritimes avait à sa tête Biron, qui résidait à Nice. Tous deux, surtout le second, étaient soupçonnés d'être partisans de Philippe Égalité; aussi étaient-ils surveillés de près par les commissaires de la Convention, Grégoire et Jagot, à Nice; Héraut-Séchelles et Simond, à Chambéry.

Lorsque la nouvelle de la trahison de Dumouriez parvint dans la capitale de la Savoie, ces deux derniers délégués réunirent les troupes; puis, dans une vive allocution où ils dénonçaient la conduite infâme du général en chef de l'armée du Nord, ils les invitèrent à renouveler leur serment à la République. L'armée montra beaucoup d'enthousiasme; seul, le général en chef garda une attitude expectante et d'assez mauvais augure. Les représentants du peuple craignirent, dans le premier moment, de faire contre Kellermann, fort aimé de ses troupes, une démonstration intempestive, et ne l'obligèrent pas à s'expliquer d'une manière catégorique. Il fallait surprendre la pensée intime du général, et voici la ruse assez peu noble dont on s'avisa. Trois autres commissaires de la Convention, Legendre, Rovère et Basire, se trouvaient à Lyon : Héraut-Séchelles leur écrivit confidentiellement qu'ils eussent à se saisir d'un courrier expédié à Paris par Kellermann, à prendre communication des lettres dont ce courrier serait porteur et à lui envoyer copie, à lui, Héraut, de celles qui leur paraîtraient compromettantes. En même temps, il confiait au général de l'armée des Alpes une lettre indifférente et ostensible qu'il adressait à Rovère et que le courrier avait reçu ordre de remettre, à son passage à Lyon, en mains propres au destinataire. Le piége ainsi tendu, les commissaires de Chambéry attendirent. Trois jours après, ayant reçu de leurs collègues de Lyon plusieurs lettres que ceux-ci avaient cru devoir saisir, ils se hâtèrent de faire avec grand appareil une perquisition dans les papiers de Kellermann; mais, après quatre heures d'une minutieuse investigation, ils furent obligés de reconnaître et de proclamer la parfaite innocence du général [1].

Biron était dans une position bien plus difficile que Kellermann; ses relations avec le duc d'Orléans étaient tout à fait intimes et elles venaient de recevoir une consécration nouvelle par l'arrivée au quartier général de Nice du second fils de ce prince, en qualité d'adjudant général lieutenant-colonel.

La première dépêche qui put faire soupçonner à Biron que des événements graves se passaient à Paris fut un arrêté émané du Comité de défense générale et

---

[1]. Le Comité de salut public en jugea de même. Mandé à Paris, le général Kellermann comparut devant le Comité le 17 mai et se justifia complétement. Par un décret solennel, rendu sur le rapport du Comité, il fut déclaré n'avoir jamais cessé de mériter la confiance de la République. On trouvera à la fin du volume le texte des pièces officielles relatives à cette affaire.

ordonnant l'arrestation du duc de Montpensier. Cet arrêté n'était accompagné d'aucune lettre explicative.

Au moment même où il venait de recevoir la dépêche du Comité, Biron rencontra le prince dans son antichambre; il lui fit signe d'entrer, et, lorsqu'ils furent seuls, lui montra l'ordre fatal. « Ne concerne-t-il que moi? lui demande le jeune officier. — Que vous seul. On ne me parle pas du reste de votre famille, et, si c'était une mesure générale, j'imagine qu'on me le manderait. Avez-vous quelques papiers qui puissent vous compromettre? Allons les examiner et les brûler avant qu'on en fasse l'inventaire et qu'on les mette sous les scellés. Ah! ma position est affreuse; j'aimerais mille fois mieux recevoir un coup de fusil dans la tête qu'une pareille commission! mais courons au plus pressé. » Ils se hâtent de se rendre au domicile du prince et de détruire quelques papiers, notamment deux lettres du duc de Chartres. Le jeune général n'y dissimulait pas à son frère le dégoût qu'il ressentait de voir compromise par tant d'excès la cause dans laquelle ils étaient l'un et l'autre engagés et le désir qu'il avait de s'en séparer.

Ces lettres étaient à peine anéanties, qu'arrivèrent chez le duc de Montpensier les autorités municipales de Nice, averties par Biron lui-même; mais elles ne trouvèrent plus rien à mettre sous les scellés; il fallut se contenter de procéder à l'arrestation du prince.

Le soir même, le prisonnier prenait, sous l'escorte d'un officier de gendarmerie, la route de Paris, ainsi que le prescrivait l'ordre du Comité de défense générale. Mais, arrivé à Aix, il dut rétrograder jusqu'à Marseille, où il fut enfermé d'abord au fort de Notre-Dame de la Garde et ensuite au fort Saint-Jean. Son père et son plus jeune frère vinrent bientôt l'y rejoindre.

Jusqu'au 15 avril rien ne transpira à Nice sur les événements qui s'étaient accomplis à Saint-Amand et à Paris. Cependant Biron en savait quelque chose, car il avait reçu le 12, par un courrier particulier, une lettre de son ami, le général Valence, qui l'informait de l'arrestation des commissaires de la Convention[1] et lui faisait pressentir la levée de boucliers de Dumouriez; mais il ne laissa rien paraître et attendit les événements. Enfin arrivèrent et le décret qui mettait hors la loi le général en chef de l'armée du Nord, et les dépêches du

1. Cette lettre était ainsi conçue :

« Saint-Amand, le 2 avril.

« Je crois devoir, mon cher Biron, vous prévenir de la situation inouïe où nous sommes : Dumouriez en état d'arrestation et faisant arrêter le ministre et les commissaires; Lille et Valenciennes remplies de députés; les ennemis au nombre de 60,000 hommes, victorieux à deux lieues de nous, pas de provisions et point de fourrages : voilà où l'on a mis la République; tous les généraux arrêtés, excepté moi, parce que je suis blessé; Ligneville, d'Harville, Boucher, etc., etc. Les traîtres qui vendent la France font arrêter les généraux pour la livrer plus aisément.

« Quelle différence de notre sort quand, en Champagne, nous préférions la mort aux fers des despotes! Ici des représentants du peuple sont mis en mouvement, peut-être à leur insu, et livrent la République. Adieu, mon cher général; vous voilà instruit de notre situation. Je vais donner ma démission; malade et blessé, je ne puis servir utilement ici dans de telles circonstances; mon cœur est ulcéré.

« Le général en chef,

« VALENCE. »

ministre qui annonçaient la fuite du traître. Il n'y avait plus à hésiter. Biron se hâta de remettre aux représentants du peuple la lettre de Valence, et d'écrire à la Convention une lettre remplie de protestations de dévouement. Néanmoins, quelque temps après, la conduite de Biron parut suspecte au Comité de salut public. On l'envoya commander l'armée destinée à agir contre les révoltés du Poitou et de la Bretagne; armée qui n'était encore représentée à ce moment que par quelques corps de troupes peu nombreux, épars sur une immense surface de territoire et presque aussi indisciplinés que les bandes qu'ils avaient à combattre[1].

VII.

Nous avons raconté dans le volume précédent les débuts de l'insurrection de l'Ouest[2]. Reprenons notre récit là où nous l'avons laissé, c'est-à-dire au moment où les autorités départementales se décident à prendre partout l'offensive pour anéantir dans son germe la révolte de ces paysans mal armés, sans chefs et sans munitions.

---

1. Pour passer en revue la situation de toutes les armées de la République, il nous faudrait dire un mot des deux armées des Pyrénées orientales et des Pyrénées occidentales. Mais ces deux armées n'existaient encore, pour ainsi dire, que sur le papier. Les premières hostilités de la part des Espagnols ne commencèrent que le 18 mai par l'attaque du camp de Thuir.

2. Voir t. VI, p. 254 et suivantes.

Un certain nombre des commissaires de la Convention, envoyés au commencement de mars pour hâter la levée des trois cent mille hommes, se trouvaient sur le théâtre des troubles au moment où ils éclatèrent. C'étaient notamment : Billaud-Varenne et Seveste à Rennes, Fouché et Villers à Nantes, Choudieu et Richard à Angers ; partout ils donnèrent une vive impulsion à la marche des troupes républicaines.

Une colonne sort de Brest le 21 mars sous les ordres du général Canclaux, se dirige sur Saint-Pol-de-Léon, détruit, en huit jours, les bandes insurgées et rétablit la tranquillité dans toute la basse Bretagne [1].

Une autre colonne part de Rennes sous les ordres de Beysser ; les représentants du peuple Billaud-Varenne et Seveste l'accompagnent. Elle se dirige sur Redon et La Roche-Bernard, où elle trouve peu de résistance, et enlève successivement tous les postes occupés par les rebelles sur la Vilaine. Le premier foyer de la révolte, La Roche-Bernard, est repris sans combat dans la soirée du 29 mars. L'un des meurtriers de Sauveur est aussitôt conduit devant une commission militaire, et jugé à la lueur des torches. On lui tranche la tête sur la culasse d'une pièce de douze. Son cadavre reste exposé pendant quarante-huit heures [2].

---

1. Nous donnons à la fin de ce volume trois lettres du général Canclaux qui font connaître les détails de cette expédition.

2. Nous donnons à la fin du volume une lettre de Billaud-Varenne et de Seveste, en date du 29 mars. Elle complète les renseignements qui se trouvent dans les lettres datées des 22 et 23 mars, émanées des mêmes commissaires et insérées au *Moniteur* (n°s 85 et 86).

Dans le département des Côtes-du-Nord il ne s'était formé qu'un attroupement un peu considérable, entre Moncontour et Lamballe. Quelques bataillons de gardes nationales suffirent pour disperser les révoltés. Enfin, le 26 mars, deux colonnes formant un total de 900 hommes sortent de Vannes avec de l'artillerie et chassent les insurgés de la petite ville de Rochefort, après leur avoir mis de 150 à 200 hommes hors de combat.

Le 1er avril, des cinq départements de la Bretagne, un seul, celui de la Loire-Inférieure, pouvait encore donner des inquiétudes sérieuses. Encore n'était-ce pas pour la partie située sur la rive droite de la Loire, mais seulement pour celle qui se trouve sur la rive gauche et forme ce qu'on appelle le pays de Retz. Cette contrée, depuis le commencement de l'insurrection, n'avait pas cessé d'être le théâtre de combats sanglants et d'effroyables représailles. Machecoul était devenu le centre de la révolte. Après quelques essais infructueux de conciliation dont nous avons parlé plus haut [1], les Bleus, qu'on avait admis à faire partie du comité de défense, avaient été obligés de se cacher, et les Blancs, Souchu en tête, étaient restés maîtres de la place. Leur premier acte fut de publier la proclamation suivante :

« Le peuple du pays de Retz et pays adjacents, rassemblé de lui-même en corps de nation, dans la ville de Machecoul, pour arrêter le brigandage, secouer le joug de la tyrannie et reconquérir ses droits et propriétés dont il a été dépouillé par la force et la violence des

---

1. Voir t. VI, p. 275.

brigands qui ont usurpé l'autorité légitime, porté leurs mains sacriléges sur la personne du meilleur des rois, et détruit la monarchie, la justice et la religion, déclare à la face du ciel et de la terre qu'il ne reconnaît et ne reconnaîtra jamais que le roi de France pour son seul et légitime souverain, auquel il jure obéissance et fidélité ; qu'il ne reconnaît plus la prétendue Convention nationale, ni les départements, ni les districts, ni les municipalités, ni les clubs, ni les gardes nationales. »

La première attaque, partie du quartier général de Machecoul, est dirigée contre Pornic. Profitant de l'absence des gardes nationaux qui étaient allés dans les environs protéger l'arrivée d'un convoi de blés, les Blancs, au nombre de trois ou quatre mille, arrivent jusqu'aux portes de la ville sans trouver un poste ni une sentinelle. Après une fusillade de quelques minutes, ils y pénètrent ; mais bientôt, oubliant toutes les règles de la prudence, ils se mettent à piller et à boire ; beaucoup tombent ivres-morts au coin des rues et sont incapables d'opposer la moindre résistance, lorsque, à sept heures du soir, se présentent les gardes nationaux sortis le matin : ceux-ci obtiennent facilement raison de ces envahisseurs dispersés et avinés, et en massacrent deux cents [1].

Les survivants de cette échauffourée s'en prirent à leur commandant, le marquis de La Roche-Saint-André, qui eut beaucoup de peine à échapper à leur fureur.

---

[1]. Le lendemain de la prise de Pornic, un jeune chef vendéen, nommé Flaming, trahi par l'hôte auquel il s'était confié, fut amené à Coueffé, commandant de la garde nationale de Pornic. Celui-ci, sans autre forme de procès, le tua d'un coup de pistolet à bout portant.

Charette avait jusque-là partagé avec celui-ci le commandement de tout le pays. Resté seul, il se hâte de venger l'échec subi à Pornic par les siens. Le 27 mars il réoccupe cette petite ville après une assez vive résistance, et le jour même il annonce sa victoire au comité royaliste de Machecoul dans une lettre où, par ironie, il emprunte plusieurs de ses expressions au vocabulaire démagogique :

« Frères et amis, nous avons pris Pornic avec le secours de l'Être suprême, dans une demi-heure. Les brigands de cet endroit s'étant réfugiés dans différentes maisons d'où ils pouvaient nous faire beaucoup de mal, je ne trouvais que le feu qui pût faire sortir ces coquins de leurs cavernes. Vous me trouverez peut-être sévère dans mes expéditions; mais vous savez comme moi que la nécessité est un devoir. La perte de l'ennemi est à peu près de 60 hommes. Nous n'avons eu que deux hommes blessés, encore il y en a un qui l'a été par sa faute. Vous recevrez demain un canon de 18 et un pierrier que nous avons pris à Pornic.

« Nous sommes, frères et amis, dévoués pour la bonne cause jusqu'à la mort.

« Le chevalier CHARETTE, commandant.
« Pornic, 27 mars 1793. »

Pendant ce temps, des bandes de paysans armés battaient la campagne pour s'emparer de tous les Bleus résidant dans le pays et les conduire à Machecoul; mais souvent les prisonniers n'arrivaient pas jusqu'à leur destination. Il y eut notamment quatre patriotes tués à Bourgneuf; quatorze prisonniers venant de Port-Saint-

Père furent égorgés, le 27 mars, à leur entrée à Machecoul, avant même d'être écroués.

Bientôt les prisons sont insuffisantes pour contenir tous les malheureux qu'on y entasse. Une commission instituée et présidée par Souchu[1] s'établit pour les juger ou plutôt pour désigner ceux qui doivent être massacrés. Le 3 avril, jour d'affreuse mémoire pour les contrées de l'Ouest, cinquante-huit prisonniers[2] sont liés les uns aux autres au moyen d'une longue corde qui, comme le disaient les exécuteurs de cette triste tragédie, formait chapelet, conduits dans un champ, où l'on a d'avance creusé une large fosse, et passés par les armes[3].

---

1. Souchu était né à Saint-André-de-Château-Regnault, près de Tours, et avait été procureur fiscal d'une justice seigneuriale appartenant à un parent de Charette. Depuis l'établissement des nouveaux tribunaux, il s'était établi à Machecoul et y cumulait l'emploi d'avoué et celui de chef de bureau du district.

2. Parmi les victimes des massacres de Machecoul, les diverses autorités constitutionnelles eurent leurs représentants, à savoir : 1° Le district : Jaubert, vice-président; Charruau, Bethuis, administrateurs; Hubin-Girardicre, procureur-syndic; Garreau, trésorier. 2° Le tribunal : Caviezel, président; Masson, commissaire national; Charruau, greffier. 3° La municipalité : Baré, maire; Guilbaud, procureur-syndic; Boissy, Gueperoux, Deslandes, Fortineau, Gry, membres du Conseil de la commune; Bezian, greffier. 4° La garde nationale : Vrignaud et Baron, officiers. 5° Le clergé constitutionnel : Marchesse, curé de Bourgneuf.

La plus grande partie des détails que nous donnons ici sont tirés d'un livre plein de faits curieux et de détails intéressants que vient de publier, à Nantes, M. Alfred Lallié, sous ce titre : *Le District de Machecoul, de 1788 à 1793.*

3. L'expression de chapelet a donné lieu à toutes sortes de fables : on a prétendu que les prières connues sous ce nom avaient été, pen-

Ces meurtres ont été par quelques historiens ultra-révolutionnaires mis en parallèle avec les massacres du 2 septembre à Paris, avec ceux ordonnés à Lyon et à Nantes par Fouché et par Carrier. On doit flétrir les uns et les autres de la même réprobation; mais il faut bien reconnaître aussi que, dans chacune de ces trois villes, le nombre des victimes fut à peu près décuple de celui des infortunés qui périrent à Machecoul et dans le pays de Retz. Dans ces affreuses guerres de représailles, où l'on ne se répond les uns aux autres qu'à coups d'atrocités de tout genre, l'historien, pour être équitable, en est réduit à supputer le nombre des victimes et à faire peser la plus grande part de responsabilité sur le parti qui en a le plus immolé.

Du reste, les massacres de Machecoul ne restèrent pas longtemps impunis; Beysser, le lieutenant de Canclaux, s'empara de cette ville moins de quinze jours après les événements que nous venons de raconter. Souchu et ses principaux complices furent saisis, jugés et exécutés dans les vingt-quatre heures qui suivirent l'occupation républicaine [1].

dant l'exécution, récitées par les séides de Souchu; on en a inféré que les assassins avaient voulu placer ces meurtres sous l'égide de la religion. Rien de tout cela n'est vrai; cette expression se retrouve dans le récit de plusieurs massacres de cette époque; nous pourrions citer notamment ceux des Broteaux, à Lyon. Il est naturel qu'on se serve des mêmes termes pour exprimer les mêmes choses. Comme les républicains à Machecoul, les royalistes, aux Broteaux, furent conduits au moyen de longues cordes dans le champ où leur fosse était préparée, et ce fut, là aussi, la fusillade qui égrena ces chapelets humains.

1. Par les lois des 7 et 9 avril, les tribunaux criminels venaient

Dans l'Anjou et dans le bas Poitou, la guerre se continuait avec des chances diverses. La victoire changeait de camp pour ainsi dire tous les jours, favorisant tantôt les Bleus, tantôt les Blancs, suivant que l'une ou l'autre armée savait résister au premier choc de ses adversaires ; car la panique jouait un grand rôle dans toutes les rencontres. Les gardes nationaux n'étaient pas beaucoup plus aguerris au feu que les paysans poitevins; souvent ils lâchaient pied malgré les efforts des vieux officiers qu'on leur avait envoyés de Paris; puis, pour s'excuser, ils accusaient de trahison ces mêmes officiers et les dénonçaient aux représentants du peuple en mission et même, au besoin, à la Convention.

L'armée vendéenne s'était dispersée pendant les fêtes de Pâques (premiers jours d'avril); mais elle reparut bientôt comme par enchantement, plus nombreuse que jamais. A cette reprise d'armes, plusieurs détachements se présentèrent ayant à leur tête d'anciens nobles qui avaient déjà servi : d'Elbée, Bonchamps, Lescure; tandis que d'autres marchaient sous le commandement des premiers chefs de l'insurrection, Stofflet, Cathelineau et autres. Ils se réunirent tous pour attaquer le général Berruyer établi à Chemillé; mais celui-ci les battit et les

---

d'être investis des mêmes pouvoirs que le Tribunal révolutionnaire de Paris. A la première réquisition des administrations de département et, à plus forte raison, des représentants du peuple, ils devaient se transporter dans les chefs-lieux de district pour y juger, conformément à la loi du 19 mars, les individus accusés d'avoir pris part aux révoltes ou émeutes contre-révolutionnaires. Leurs jugements devaient être exécutés dans les 24 heures et sans recours au Tribunal de cassation.

poursuivit jusqu'à Beaupreau. Ils prirent bientôt leur revanche en tombant à l'improviste sur la petite armée de Quetineau, composée en grande partie de gardes nationaux de Maine-et-Loire. C'est dans cette dernière journée que La Rochejacquelin entra en scène pour la première fois à la tête de ses paysans. Il leur avait adressé avant le combat cette parole célèbre, qui peut être le mot d'ordre de tous les militaires sans acception de parti : « Allons chercher l'ennemi. Si je recule, tuez-moi ; si j'avance, suivez-moi ; si je meurs, vengez-moi. »

Il est consolant pour l'historien de pouvoir clore par de telles paroles le récit de tant d'horreurs [1].

---

1. Nous avons voulu apporter notre contingent aux nombreuses publications qui ont été faites sur la guerre de la Vendée. On trouvera, à la fin du volume, un certain nombre de pièces que nous croyons complétement inédites.

LIVRE XXXV

MARAT DÉCRÉTÉ D'ACCUSATION.

I.

Le réquisitoire lancé le 3 avril par Robespierre contre la Gironde[1] avait eu un immense retentissement aux Jacobins et dans les sections qui suivaient aveuglément leur inspiration. On résolut de passer des paroles à l'action. Les sections de Mauconseil et de la Halle-au-Blé se mirent à la tête du mouvement. La première, qui, à cette occasion, prit le nom de Bonconseil, vint directement signifier son programme à la Convention; la seconde, au contraire, s'adressa aux quarante-sept autres sections, pour n'envoyer ses délégués à la barre qu'après avoir recueilli un grand nombre d'adhésions.

Dans la séance du 8 avril, l'orateur de Bonconseil s'exprime ainsi : « Nous demandons à poursuivre dans toutes ses ramifications le complot de l'infâme Dumouriez. Ce n'était pas seulement dans ses légions que le traître avait ses complices. Le peuple n'est-il pas fondé

[1] Voir plus haut, livre XXXIII, p. 29 et suivantes.

à croire qu'il en avait jusque dans votre sein, ne peut-il pas accuser ceux qui voulurent sauver le tyran, ceux qui, par leurs calomnies contre la ville de Paris et les sociétés populaires, voulaient armer les départements contre cette ville? La voix publique vous indique les Brissot, les Gensonné... » A cette désignation nominative, la Montagne et les tribunes applaudissent, la droite s'indigne et demande à grands cris qu'on chasse de la barre les audacieux pétitionnaires.

Le montagnard Mallarmé, s'essayant au rôle qu'il doit jouer le 31 mai, s'élance à la tribune : « Je rappelle, dit-il, l'Assemblée aux principes. Le droit de pétition est un droit sacré. Les pétitionnaires doivent être entendus. N'avez-vous pas d'ailleurs déclaré que les membres de cette Assemblée pourraient être décrétés et renvoyés devant un tribunal extraordinaire? Je crois les accusés innocents, mais lorsque des citoyens ont le courage de vous dire la vérité, il faut les entendre, à condition qu'ils ne dénoncent pas impunément ; c'est pourquoi je demande qu'après avoir été écoutés jusqu'au bout, ils signent individuellement leur dénonciation et que celle-ci soit renvoyée au Comité pour en faire demain son rapport. »

Subjuguée par un pareil raisonnement, la majorité oublie que le premier devoir d'une assemblée est de se faire respecter ; elle laisse l'orateur poursuivre sa harangue et dérouler la liste de proscription dressée par quelques centaines d'émeutiers.

« La voix publique vous désigne les Brissot, les Gensonné, les Guadet, les Vergniaud, les Barbaroux, les

Louvet, les Buzot, etc. Qu'attendez-vous pour les frapper du décret d'accusation? Vous mettez Dumouriez hors la loi et vous laissez ses complices s'asseoir parmi vous! Vous manque-t-il des preuves? les calomnies qu'ils ont vomies contre Paris déposent contre eux. Ils ont peint cette ville comme le foyer de l'anarchie, et cependant eux-mêmes sont en sûreté. »

L'orateur, se tournant vers l'extrême gauche, termine par cette péroraison, digne complément de cet insolent manifeste :

« C'est sur vous que la patrie se repose du soin de désigner les traîtres. Il est temps de les dépouiller d'une inviolabilité devenue liberticide. Levez-vous, livrez aux tribunaux les hommes que l'opinion publique accuse; appelez le glaive de la loi sur la tête de ces inviolables, et la patrie reconnaissante, même quand vous ne serez plus, bénira les jours où vous aurez vécu pour son bonheur. »

Le président Garran-Coulon répond aux pétitionnaires : « Sous le règne de la liberté et de l'égalité tous les citoyens sont soumis à la loi. La Convention a prouvé qu'elle reconnaissait ce principe; mais elle sait aussi que c'est à tous qu'il appartient d'énoncer la volonté générale. La Convention se fera rendre compte de votre pétition. Elle vous invite aux honneurs de la séance. »

A ces derniers mots un effroyable tumulte s'élève dans l'Assemblée. « Non! non! s'écrie-t-on à droite, ils ne les méritent pas. Qu'on chasse de la barre ces insolents! » Mais la Montagne tient à faire constater le droit des pétitionnaires. « C'est la violation d'un principe sacré, s'écrie Marat, qui occasionne cette scène scandaleuse. Pourquoi contester aux pétitionnaires la faculté de dénoncer les mauvais citoyens? Avez-vous refusé d'entendre ceux qui me dénonçaient? avez-vous refusé les honneurs de la séance aux agents de cette cabale qui venaient me calomnier? »

La majorité, qui veut toujours faire preuve d'impartialité, n'ose refuser à Marat sa demande et accorde les honneurs contestés. Cet incident vidé, un autre surgit aussitôt.

« L'accusation que vous venez d'entendre, dit un membre de la droite, ne contient que des imputations vagues; mais il est un mot qu'avant tout il est nécessaire de préciser. Les pétitionnaires vous ont dit : « Nous vous dénonçons Guadet, Vergniaud, *etc*. Je demande qu'ils soient tenus de dire à l'instant quels sont ceux qu'ils entendent comprendre dans cet *etc*... »

Cette proposition est aussitôt adoptée, et le président invite l'orateur des pétitionnaires à répondre à la question si catégoriquement posée :

« Législateurs, dit celui-ci, tous les noms des traîtres ne nous sont pas connus. Il en est qui ont écrit à leurs amis pour faire arrêter vos commissaires; il en est qui ont corrompu l'esprit dans les départements. Nous connaissons les crimes et non les auteurs; voilà ceux que nous avons voulu désigner par *etc.*, etc. »

L'Assemblée dédaigne de prolonger l'incident, et passe à l'ordre du jour. Mais la querelle ne pouvait se dénouer par une fin de non-recevoir; chacun sentait qu'il fallait aller jusqu'au bout et faire expliquer catégoriquement la Convention sur les accusations contradictoires que se renvoyaient les deux partis ; la Gironde résolut cette fois d'entamer elle-même le débat.

II.

Le 10 avril Pétion obtient la parole pour une motion d'ordre et lit à la tribune l'adresse que la section de la Halle-au-Blé faisait colporter dans tout Paris; ce n'était qu'une seconde édition revue et corrigée de la pétition Bonconseil[1].

La Montagne laisse Pétion lire l'adresse tout entière, et en accueille les conclusions par les plus vives acclamations; mais, la lecture terminée, elle veut empêcher l'orateur d'y ajouter ses commentaires. On l'interrompt à chaque mot; on demande à grands cris que l'on entende Cambon, qui a un rapport à présenter au nom du Comité de salut public. Pétion défend son droit avec énergie et déclare que, puisqu'il est à la tribune, il ne cédera la place à personne. Danton l'apostrophe violemment et s'élance de son banc; les Girondins les plus déterminés se précipitent pour lui barrer le passage. Le tribun se tourne alors vers ses adversaires, et leur montrant le poing : « Vous n'êtes que des scélérats, s'écrie-t-il, je demande que vous accordiez à l'adresse que vient de lire Pétion une mention honorable. » Cette

---

1. L'adresse présentée par la section de la Halle-au-Blé à l'approbation de ses quarante-sept sœurs se trouve au *Moniteur*, n° 102.

proposition soulève un tumulte indescriptible. Le président Delmas se couvre, et, lorsque le silence s'est un peu rétabli, il s'exprime ainsi :

« C'est en faisant régner le calme dans vos délibérations que vous sauverez la patrie. Un pareil spectacle, s'il se renouvelait, forcerait les citoyens qui nous entendent à désespérer du salut de l'État. Si Danton veut répondre à Pétion, ajoute-t-il, il aura la parole après lui. Je rappelle les représentants du peuple à leur serment et à leur dignité; j'invite les citoyens des tribunes au respect et au silence. Pétion, tu as la parole. »

L'ex-maire de Paris reprend : « Je ne fais pas aux citoyens de la section de la Halle-au-Blé l'injure de croire qu'une pétition aussi incendiaire, une pétition qui tend si évidemment à la dissolution de l'Assemblée nationale, soit leur ouvrage. On sait assez comment on obtient dans les sections ces adresses avec lesquelles on amène les pillages et la perte de la République. Quoi! citoyens, l'avez-vous bien entendu? ils vous disent qu'ils énoncent le vœu de la France entière, ils vous disent qu'il y a ici des conspirateurs, des monopoleurs; ils vous disent que la majorité de la Convention est corrompue; ils s'adressent à la minorité, lui demandent si elle peut sauver la patrie, et déclarent qu'à son défaut, ils se chargent de la sauver! Avons-nous donc été envoyés ici pour être abreuvés d'outrages, et ne serions-nous pas coupables si nous ne sévissions pas contre de pareils scélérats! Comment prétendent-ils sauver la patrie? Est-ce par des brigandages et des assassinats?... »

Ici l'orateur est violemment interrompu par les clameurs de la Montagne ; mais l'ex-maire de Paris, plus que jamais infatué de sa personnalité, se croit toujours le Pétion qu'on portait en triomphe au moment où le malheureux Louis XVI subissait les derniers outrages, et, sans se déconcerter, il continue en ces termes :

« On corrompt l'opinion par des calomnies ; on espère que le public prendra des vociférations pour des preuves. Quel est l'homme cependant qui dans cette assemblée pourrait me soupçonner ? »

« — Moi ! moi ! s'écrient en se levant plusieurs des membres qui siégent à la crête de la Montagne.

« — On veut nous avilir, on veut nous diviser. Depuis trop longtemps une indulgence coupable enhardit par l'impunité les scélérats à de nouveaux délits. Vous aviez ordonné la poursuite du pillage de février et des conspirateurs du 10 mars. Ces poursuites sont-elles faites ? Vous avez dans votre sein un homme qui vous a prêché le despotisme sous toutes les formes, qui vous a demandé des têtes, qui a conseillé le pillage. Eh bien, il continue à siéger parmi vous et obtient la parole plus facilement qu'un homme connu par sa probité et par ses mœurs. (Murmures ironiques de la gauche.)

« Rappelez-vous ce qui se passait au commencement de la législature : à peine un membre voulait-il s'asseoir à côté de lui ; aujourd'hui lui seul a le droit de dénoncer, de calomnier. »

— « Il a dénoncé Dumouriez, » répond la Montagne.

— « Voulez-vous, poursuit Pétion, qu'un homme qui

n'est nourri que de fiel, qui dénonce tout le monde, ne rencontre pas juste quelquefois? »

L'orateur conclut en demandant que le président et les secrétaires de la section de la Halle-au-Blé soient mandés à la barre, et que, s'ils reconnaissent avoir signé le projet d'adresse, on les renvoie immédiatement au Tribunal révolutionnaire.

Danton se lève alors, et dit : « Pourquoi exigez-vous du peuple ou d'une portion du peuple plus de sagesse que vous n'en avez vous-mêmes? Le peuple n'a-t-il pas le droit de sentir des bouillonnements qui le conduisent à un délire patriotique, lorsque cette tribune semble être continuellement une arène de gladiateurs? Tous les jours il arrive des pétitions plus ou moins exagérées : il faut les juger par le fond. J'en appelle à Pétion lui-même; ce n'est pas d'aujourd'hui qu'il se trouve dans les orages populaires. Il sait bien que, lorsqu'un peuple brise la Monarchie pour arriver à la République, il dépasse son but par la force de projection qu'il s'est donnée. Que doit faire le législateur? Rester immobile et ne pas s'émouvoir des clameurs qui s'élèvent autour de lui. On vous dit que la majorité des membres de la Convention est corrompue. Comment devez-vous répondre à cette calomnie? En sauvant la patrie. Depuis quand vous doit-on des éloges? Qu'avez-vous fait encore? Êtes-vous à la fin de votre mission ? Il vous sied bien de vouloir vous élever contre le peuple, lorsqu'il vous dit des vérités énergiques ! Je dis que la discussion soulevée par Pétion est insignifiante. Je demande que vous passiez à la question préalable; je demande que vous entendiez le rapport du Comité de salut public. »

La parole est donnée à Cambon; mais l'objet dont il entretient l'Assemblée ne se rattache point à la question : il annonce que le ministre de la marine, Monge, vient de se démettre de ses fonctions et que le Comité propose de le remplacer par Dalbarade, un de ses adjoints. Ce choix est approuvé sans débat et la discussion est reprise sur la pétition de la Halle-au-Blé. Fonfrède monte à la tribune pour répondre à Danton.

III.

« Lorsqu'on prépare, dit l'orateur, une pétition insolente qui semble ne vouloir invoquer que l'appui de la minorité de cette assemblée, j'ai le droit de m'adresser à la majorité et de venger la nation des outrages qu'on a osé faire ici à ses représentants. Comme le préopinant, je ne ferai pas au peuple l'injure de croire, de dire au moins que cette adresse soit son ouvrage ; elle est souscrite par quelques individus, et je n'ai pas l'habitude de prendre quelques individus pour le peuple. On accuse la majorité de cette assemblée de corruption ! Qui l'accuse ? C'est Dumouriez, qui veut la dissoudre ; ce sont les royalistes, qui vous redemandent le tyran dont vous avez abattu la tête ; ce sont tous les nobles, tous les prêtres, tous les tyrans obscurs qui versent le sang pour avoir de l'or, et qui sont même trop vils pour aspirer au pouvoir, si le pouvoir ne menait à la fortune.

« Eh quoi ! répondrai-je aux signataires de cette adresse, vous demandez que la nation se lève pour la défense de la République, et vous accusez de corruption la majorité de ses représentants! Vous ne voulez donc pas que les ennemis soient repoussés? Vous demandez que nous donnions une constitution à la France, et vous accusez de corruption la majorité qui doit la créer! Vous ne voulez donc pas de constitution? Vous êtes donc, vous, insolents pétitionnaires, les agents de nos ennemis, car vous parlez et vous agissez comme eux. »

A Fonfrède succède un autre orateur du même parti; c'est celui de tous qui a le plus de verve, mais aussi le plus d'acrimonie :

« On cherche, dit Guadet, à vous environner d'une opinion factice pour vous dérober la connaissance de la véritable. Cette opinion factice est comme le coassement de quelques crapauds. »

« — Tais-toi, vil oiseau ! » répond la voix stridente de Marat.

« — Oui, poursuit Guadet, cette opinion factice est comme le coassement de crapauds que, d'après le rapport de je ne sais quel voyageur, certains sauvages appellent l'expression de la volonté de leurs dieux. Il faut éclairer cette opinion, non par des procédures précipitées qui tendraient à faire absoudre les coupables, mais par la recherche patiente des preuves qui mettront les tribunaux à même de suivre le fil des conspirations. Et, à cette occasion, je demande que l'accusateur public vienne ici nous rendre compte de sa conduite et nous apprenne pourquoi il n'a pas mis le tribunal en état de juger les auteurs et les chefs de la conspiration du 10 mars, au mépris du décret en vertu duquel la poursuite des auteurs de cette conjuration devait occuper les premières séances de ce tribunal[1]. N'en doutez pas, citoyens, la République est perdue, si vous continuez l'indulgence avec laquelle vous avez traité jusqu'ici ceux qui, sourdement, que dis-je! publiquement, provoquent la dissolution de la Convention nationale. Ne sentez-vous pas que les despotes s'avancent au milieu du désordre et de l'anarchie? Ne sentez-vous pas que ceux-là rendent un roi nécessaire au peuple, qui provoquent sans cesse l'anéantissement de la représentation nationale? »

Robespierre avait demandé plusieurs fois la parole pendant que les orateurs girondins occupaient la tribune. Depuis le jour où, par les soins de ses affidés, les sections avaient commencé à s'agiter, il préparait, dans le silence du cabinet, un véritable acte d'accusation contre ses adversaires; l'heure était enfin venue de le produire.

Il entame son réquisitoire en reprochant aux Girondins d'avoir « composé avec Lafayette et Dumouriez, calomnié Paris, voulu l'abandonner au moment de l'invasion prussienne, pactisé avec la cour, cherché à sauver le roi et la royauté; enfin de n'être que des modérés et des Feuillants. »

A chaque instant, la droite l'interrompt par des interpellations, le centre par des murmures. On veut

---

1. Voir t. VI, p. 236 et 238.

qu'avant d'écouter de nouvelles dénonciations, la Convention statue sur la pétition de la Halle-au-Blé ; mais l'orateur jacobin s'est emparé de la tribune : avec l'appui des spectateurs et de la Montagne, il s'impose à ses adversaires. « Les propositions soumises à la délibération de l'assemblée, dit-il, ne peuvent être séparées de l'objet que j'ai à traiter. Quand on veut connaître la conspiration, il faut embrasser l'ensemble des événements, l'objet et les moyens des conspirateurs. Il y a quelque temps que je m'occupe de cet objet, et que, sans faire de lieux communs sur la liberté, je cherche avec lenteur les causes qui la compromettent. »

« Eh bien, s'écrie Vergniaud, qu'on entende Robespierre, mais je demande que ceux qu'il dénoncera aient immédiatement la parole après lui ; quoiqu'ils n'aient pas un discours artificieusement préparé, ils sauront bien le confondre. » Et aussitôt le député de Bordeaux monte au bureau des secrétaires pour jeter sur le papier les notes qui doivent lui permettre de réfuter, séance tenante, le discours du député de Paris.

Robespierre reprend le cours de ses arguments perfides, de ses rapprochements insidieux, de ses déclamations ampoulées. « Oui, dit-il, une faction puissante conspire avec les tyrans de l'Europe pour nous donner un roi avec une espèce de constitution aristocratique et une représentation illusoire composée de deux chambres. Elle espère nous amener à cette transaction honteuse par la force des armées étrangères et par les troubles du dedans. Ce système convient au gouvernement anglais, à Pitt, l'âme de toute cette ligue, l'âme de tous ces complots. Il plaît à tous les aristocrates bourgeois qui ont horreur de l'égalité et qui ont peur pour leurs propriétés ; il plaît même aux nobles, trop heureux de retrouver dans la représentation aristocratique et dans la cour d'un nouveau roi les distinctions orgueilleuses qui leur échappaient. La République ne convient qu'au peuple, aux hommes de toutes conditions qui ont une âme pure et élevée, aux philosophes amis de l'humanité, aux sans-culottes qui se sont, en France, parés avec fierté de ce titre dont Lafayette et l'ancienne cour voulaient les flétrir, comme les républicains sublimes de Hollande s'emparèrent de celui de gueux que le duc d'Albe leur avait donné.

« Le système aristocratique dont je parle était celui de Lafayette, des Feuillants, des modérés ; il a été continué par ceux qui leur ont succédé. Quelques personnages ont changé, mais le but est resté semblable ; les moyens sont les mêmes, avec cette différence que les continuateurs ont augmenté leurs ressources et accru le nombre de leurs partisans. Tous les ambitieux qui ont paru jusqu'ici sur le théâtre de la Révolution ont eu cela de commun, qu'ils ont défendu les droits du peuple, qu'ils l'ont flatté tant qu'ils ont cru en avoir besoin. Tous l'ont regardé comme un stupide troupeau, destiné à être conduit par le plus habile ou le plus fort. Tous ont regardé les assemblées législatives comme des corps composés d'hommes cupides ou crédules qu'il fallait corrompre ou tromper pour les faire servir à leurs projets criminels.

« A l'exemple de leurs devanciers, ils se sont servis des sociétés populaires contre la cour ; mais, dès le moment où ils eurent fait leur pacte avec elle ou qu'ils l'eurent remplacée, ils ont travaillé à détruire ces sociétés; ils ont appelé les amis de la patrie des agitateurs, des anarchistes. Comme leurs devanciers, ils ont de bonne heure épouvanté les citoyens du fantôme de la loi agraire; ils ont séparé les intérêts des riches de ceux des pauvres; ils se sont présentés aux premiers comme leurs protecteurs contre les sans-culottes. Ennemis de l'égalité, maîtres du gouvernement et de toutes les places, dominant dans les tribunaux et dans les corps administratifs, disposant du trésor de l'État, ils ont employé toute leur puissance à arrêter les progrès de l'esprit public, à réveiller le royalisme, à ressusciter l'aristocratie. Ils ont opprimé les patriotes énergiques, protégé les modérés hypocrites; ils ont corrompu successivement les défenseurs du peuple et persécuté ceux qu'ils n'ont pu séduire. Comment la République pouvait-elle naître quand toute la puissance publique s'épuisait pour perdre la vertu, pour récompenser l'incivisme et la perfidie ?

« Ils se sont attribué tout l'honneur de la révolution du 10 août, ils en ont recueilli tous les fruits. Leur premier soin a été de rappeler au ministère leurs créatures : Servan, Clavière, Roland. Ils ont eu soin de faire remettre entre les mains de ces ministres des sommes énormes pour façonner à leur gré l'opinion publique. Ils n'ont cessé de tromper la France et l'Europe sur la révolution qui enfanta la République; ils ont dénoncé chaque jour le peuple de Paris et tous les citoyens énergiques qu' y avaient le plus puissamment concouru. Il fallait détruire ce vaste foyer du républicanisme et des lumières publiques. Ils se sont accordés tous à peindre cette immortelle cité comme le séjour du crime et le théâtre du carnage, à travestir en assassins et en brigands les citoyens et les représentants dont ils redoutaient l'énergie. Ils ont cherché à armer contre la capitale les défiances et les jalousies des départements. Ils n'ont pas osé s'opposer à la proclamation de la République, mais ils se sont appliqués à l'étouffer dans sa naissance. Ils étaient en possession des comités les plus importants de l'Assemblée législative; à l'ouverture de la Convention, ils les firent conserver provisoirement. Ils composèrent bientôt les nouveaux à leur gré; ils s'emparèrent du bureau, du fauteuil et même de la tribune; ils tenaient dans leurs mains le ministère et le sort de la nation. Ils occupèrent sans cesse la Convention de dénonciations contre la municipalité de Paris, contre la majorité des députés de Paris; ils inventèrent, ils répétèrent cette fable ridicule de la dictature qu'ils imputaient à ces citoyens sans pouvoir comme sans ambition, pour faire oublier l'oligarchie qu'ils exerçaient et le projet de tyrannie nouvelle qu'ils voulaient ressusciter. De là, ces éternelles déclamations contre les événements du 2 septembre, contre la justice révolutionnaire qui immola les Montmorin, les Delessart et autres conspirateurs, au moment où le peuple et les fédérés s'ébranlaient pour repousser les Prussiens. Dès ce moment, ils ne cessèrent de remplir les âmes des députés de défiance, de jalousie, de haine et de terreur, de faire entendre, dans le sanctuaire de la liberté, les clameurs des plus vils préjugés et les rugissements des plus furieuses passions. Dès lors, ils ne cessèrent de souffler le feu de la guerre civile et dans la Convention et dans les départements, par leurs journaux, par leurs harangues, par leurs correspondances. »

Robespierre continue longtemps sur ce ton, se posant en homme modeste et sans pouvoir, représentant ses adversaires comme les ennemis du bien public, comme des conspirateurs éhontés, qui donnent la main aux généraux traîtres à la patrie, favorisent les troubles de la Vendée et sèment partout la discorde et l'anarchie. Il termine par cette péroraison où déborde tout le fiel dont son cœur est plein :

« Il doit être prouvé aux yeux de tout homme de bonne foi que si Dumouriez a des complices, ce sont ceux que j'ai désignés ; que s'il existe une faction, c'est celle que j'ai indiquée. S'il eût été en mon pouvoir de prendre les mesures qui seules peuvent donner aux incrédules l'unique genre de preuves qui peut les convaincre, des preuves écrites, émanées des coupables mêmes, si j'avais composé à mon gré le comité diplomatique et de défense générale, si j'avais disposé du ministère, je vous les aurais apportées, ces preuves écrites, auxquelles on n'a pas osé toucher. J'aurais montré tout entier à vos regards ce dépôt caché dans l'antre des Tuileries ; je n'eusse pas donné le temps aux coupables de s'échapper et de mettre à l'abri les papiers qui pouvaient les compromettre [1]. Mais lorsqu'il est

---

1. Allusion à la manière dont l'armoire de fer fut ouverte en pré-

question d'une conspiration politique qui tient aux événements, n'est-il pas d'autres preuves qui peuvent être suffisantes? Les faits notoires, par exemple? Ce sont ces preuves que j'apporte, et si elles ne suffisent pas à tel ou tel individu, elles suffisent au moins à l'opinion publique, à la nation qui, comme l'histoire, juge sans partialité.

« Je demande que les individus de la famille d'Orléans, dite Égalité, soient traduits devant le Tribunal révolutionnaire, ainsi que Sillery, sa femme, Valence et tous les hommes spécialement attachés à cette maison ; que le tribunal soit également chargé d'instruire le procès de tous les autres complices de Dumouriez, sans excepter même messieurs Brissot, Vergniaud, Gensonné, Guadet.

« Je renouvelle, en ce moment, la proposition que j'ai déjà faite à l'égard de Marie-Antoinette d'Autriche. Je demande que la Convention nationale s'occupe ensuite sans relâche des moyens tant de fois annoncés de sauver la patrie et de soulager la misère du peuple.

« Je n'ose pas dire que vous devez frapper du même décret des patriotes aussi distingués que messieurs Vergniaud, Guadet et autres ; je n'ose pas dire qu'un homme qui correspondait, jour par jour, avec Dumouriez doit être au moins soupçonné de complicité ; car, à coup sûr, cet homme est un modèle de patriotisme, et ce serait une espèce de sacrilége que de demander le décret d'ac-

---

sence du seul Roland, alors ministre de l'intérieur. (Voir t. V, p. 493.)

cusation contre monsieur Gensonné. Aussi bien je suis convaincu de l'impuissance de mes efforts à cet égard et je m'en rapporte, pour tout ce qui concerne ces illustres membres, à la sagesse de la Convention. »

IV.

A peine Robespierre a-t-il quitté la tribune que Vergniaud l'y remplace ; aux applaudissements enthousiastes que les spectateurs viennent de prodiguer au député de Paris, succèdent les murmures et les vociférations. Les séides du grand prêtre de la démagogie ne peuvent admettre que l'orateur girondin renvoie à son accusateur la qualification de *monsieur* qui, suivant eux, ne doit désigner que des aristocrates et des modérés.

« J'oserai répondre à monsieur Robespierre, » est-il obligé de répéter plusieurs fois avant d'obtenir le silence ; « j'oserai, dis-je, répondre à monsieur Robespierre, qui, par un roman perfide, artificieusement écrit dans le silence du cabinet et par de froides ironies, vient provoquer de nouvelles discordes dans le sein de la Convention et essayer de vous faire perdre de vue la pétition dénoncée par Pétion. Je répondrai sans méditation, je n'ai pas, comme lui, besoin d'art ; je lui répondrai non pas pour moi, mais pour ma patrie ; et ma voix qui, de cette tribune, a porté plus d'une fois la terreur dans ce palais d'où elle a concouru à précipiter le tyran, la portera aussi dans l'âme des scélérats qui voudraient substituer leur tyrannie à celle de la royauté.

« Je parlerai avec l'énergie d'un homme libre, mais sans passions. Je me garderai bien de seconder le projet des perfides qui, pour faciliter le triomphe des puissances liguées contre la France, jettent sans cesse parmi nous des germes de division et s'efforcent de nous faire entr'égorger comme les soldats de Cadmus, pour livrer la patrie sans défense au despote qu'ils ont l'audace de vouloir nous donner. »

Après cet exorde, l'orateur girondin réfute toutes les inculpations rétrospectives de Robespierre. C'est lui, Vergniaud qui, le premier, dans un discours prononcé le 3 juillet à cette même tribune, a provoqué la déchéance de Louis XVI[1]; c'est lui et ses amis, qui ont été constamment sur la brèche pour saper les fondements de la royauté; au 10 août, alors que ceux qui les accusent aujourd'hui se cachaient honteusement, c'est lui et ses amis qui faisaient adopter à l'Assemblée législative les mesures qui devaient assurer le triomphe de la liberté.

« Monsieur Robespierre, ajoute Vergniaud, nous accuse d'avoir, après le 10 août, calomnié le Conseil général de la Commune révolutionnaire de Paris, qui, suivant lui, a sauvé la République : ma réponse sera simple.

« Pendant l'administration de ce Conseil général, des dilapidations énormes ont été commises sur les biens nationaux, sur le mobilier des émigrés, sur celui trouvé dans les maisons ci-devant royales, sur les effets déposés à la Commune. Pour mettre un terme à ces dilapida-

---

1. Voir t. II, p. 22.

tions, je demandai que ce Conseil fût tenu de rendre ses comptes. Cette demande était juste : un décret ordonna que les comptes seraient rendus. Était-ce calomnier le Conseil général de la Commune? N'était-ce pas plutôt lui fournir une occasion de prouver avec quel zèle il avait administré la fortune publique? Cependant c'est à cette époque principalement que l'on a commencé à me ravir ma popularité. Tous les hommes qui craignaient de voir leurs brigandages découverts se répandirent en calomnies contre moi. Je fus bientôt un mauvais citoyen pour n'avoir pas voulu être le complice des fripons.

« Monsieur Robespierre nous accuse d'avoir calomnié Paris : c'est bien plutôt lui et ses amis auxquels on peut faire ce reproche. J'ai constamment soutenu que les assassinats qui, peu de temps après le 10 août, ont souillé la Révolution, étaient l'ouvrage, non du peuple, mais de quelques scélérats accourus de toutes les parties de la République pour vivre de pillage et de meurtre dans une ville dont l'immensité et les agitations continuelles ouvraient la plus grande carrière à leurs criminelles espérances. Pour la gloire même du peuple, j'ai demandé qu'ils fussent livrés au glaive des lois. D'autres, au contraire, pour assurer l'impunité des brigands, pour leur ménager sans doute de nouveaux massacres et de nouveaux pillages, ont fait l'apologie des crimes commis et les ont tous attribués au peuple ; or, qui calomnie le peuple, ou de l'homme qui le soutient innocent des crimes de quelques brigands étrangers, ou de celui qui s'obstine à imputer au peuple entier la honte de ces scènes de sang? »

« — Ce sont des vengeances nationales! » s'écrie Marat.

Le grand orateur ne daigne pas faire attention au cri rauque de cette hyène et passe à l'examen de sa propre conduite et de celle de ses amis au Comité de défense générale :

« Monsieur Robespierre nous accuse de n'avoir pas voulu prendre les mesures capables de sauver la patrie. Rappelez-vous, citoyens, que vous aviez composé ce Comité des hommes que vous supposiez le plus divisés par leurs haines. Vous aviez espéré que, sacrifiant leurs passions à la chose publique, ils consentiraient à s'entendre, que la raison et le danger commun les auraient bientôt mis d'accord, et que, de là, il résulterait plus de calme dans les discussions de l'Assemblée et plus de promptitude dans les délibérations. Empressés de seconder vos vues, nous nous sommes rendus franchement et loyalement à ce Comité. Robespierre et ses amis n'ont presque jamais paru; mais s'ils ne remplissaient pas la tâche que vous leur aviez imposée, ils en remplissaient une bien chère à leurs cœurs : ils nous calomniaient. Ils ne venaient pas au Comité, nous dit monsieur Robespierre, à raison de l'influence que nous y exercions! Ils sont donc bien lâches, puisqu'ils n'osaient entreprendre de la combattre! Je dois dire comment on a paralysé ce Comité, comment on l'a contraint à se dissoudre. A ses réunions se rendaient habituellement cinquante, cent, quelquefois deux cents membres de la Convention. Ce n'était plus un comité, c'était un club, où il était impossible de travailler, parce que tout le monde y parlait à la fois, et que les membres du Comité étaient ceux qui souvent éprouvaient le plus de difficulté pour obtenir la parole. Qu'arrivait-il si, après avoir surmonté ce premier obstacle, le Comité parvenait à mettre quelque objet important en discussion? Alors un des assistants venait vite à la Convention proposer le décret qui se discutait au Comité, de sorte que, quand le Comité avait fini son travail, il apprenait que la Convention l'avait devancé. On se donnait ainsi le plaisir d'accuser le Comité de ne rien faire. »

A ce récit si véridique de faits encore récents la Montagne oppose d'énergiques dénégations. « On ne voulait pas aller dans un comité où il y avait des conspirateurs », s'écrie un député de la gauche. — Vergniaud lève les yeux et reconnaît dans l'interrupteur l'un des deux administrateurs de la police parisienne qui avaient été envoyés à la Convention en récompense de leurs méfaits de septembre.

« Je répondrai, dit-il, à Panis, qu'avant d'avoir le droit de m'interrompre, il faut qu'il rende ses comptes. »

Sans plus s'émouvoir des cris de rage que pousse le concussionnaire que, d'un seul mot, il vient de clouer au pilori, Vergniaud reprend : « Monsieur Robespierre nous accuse d'être devenus tout à coup des modérés, des Feuillants. Nous, des modérés! Je ne l'étais pas le 10 août, Robespierre, quand tu étais caché dans ta cave. Des modérés! non je ne le suis pas dans ce sens que je veuille éteindre l'énergie nationale. Je sais que la liberté est toujours active comme la flamme; que, dans des temps révolutionnaires, il y aurait autant de folie à prétendre calmer l'effervescence du peuple qu'à commander aux flots de la mer d'être tranquilles quand ils sont battus par les vents. Mais c'est au législateur à prévenir, autant qu'il peut, les désastres de la tempête par ses sages conseils. Si, sous prétexte de révolution, il faut, pour être patriote, se déclarer le protecteur du meurtre et du brigandage, je suis modéré.

« Si, lorsque la statue de la liberté est placée sur les débris du trône, il faut, pour être patriote, approuver les mouvements insurrectionnels qui n'ont d'autre objet que de la renverser, je suis modéré.

« Si, parce que nous n'avons pas pensé que, semblables aux farouches ministres de l'Inquisition, qui ne parlent de leur dieu de miséricorde qu'au milieu des bûchers, nous dussions parler de liberté au milieu des poignards et des bourreaux, il faut être appelé modéré : nous sommes modérés.

« Nous, des modérés ! ah ! qu'on nous rende grâce de cette modération dont on nous fait un crime. Si lorsque, à cette tribune, on est venu secouer les torches de la discorde et outrager avec la plus insolente audace la majorité des représentants du peuple ; si, lorsqu'on s'est écrié avec autant de fureur que d'impudence : « Plus de paix ! plus de trêve entre nous[1] ! » nous eussions cédé aux mouvements de la plus juste indignation, si nous avions accepté le cartel contre-révolutionnaire que l'on nous jetait, on aurait vu accourir de tous les départements, pour combattre les hommes du 2 septembre, des hommes également redoutables à l'anarchie et aux tyrans.

1. Voir le discours de Danton, page 44 de ce volume.

Nos accusateurs et nous, nous serions déjà consumés par le feu de la guerre civile. Notre modération a sauvé la République de ce fléau terrible, et par notre silence nous avons bien mérité de la patrie.

« Tous les jours surgit une nouvelle conspiration : celle du 10 mars, puis celle du comité central, qui devait correspondre avec tous les départements. Tous les jours on annonce le dessein formel de dissoudre la représentation nationale, on insulte à vos décrets. Vous êtes honteusement ballottés de complots en complots. Pétion vient de vous en dévoiler un nouveau. Dans cette pétition de la Halle-au-Blé, on vous prévient que c'est pour la dernière fois que l'on vous dit la vérité; on vous prévient que vous n'avez plus qu'à choisir entre votre expulsion et les ordres qu'on vous donne. Sur ces insolentes menaces, sur ces outrages sanglants, on vous propose tranquillement l'ordre du jour ou même une approbation. Comment voulez-vous que les bons citoyens vous soutiennent si vous ne savez vous soutenir vous-mêmes? S'il ne s'agissait que de votre salut personnel, je vous dirais : Êtes-vous des lâches? eh bien, abandonnez-vous au hasard des événements; attendez avec stupidité que l'on vous égorge ou que l'on vous chasse. Mais vous êtes représentants du peuple; il y va du salut de la République. S'il n'y a plus de Convention, il n'y a plus de République. L'anarchie vous succède, et le despotisme succède à l'anarchie. Vous l'avez bien senti quand vous avez prononcé la peine de mort contre ceux qui provoqueraient la dissolution de cette Assemblée. Rapportez votre décret, ou déclarez que vous êtes les plus vils des hommes et que vous serez les esclaves du premier brigand qui voudra vous enchaîner. »

Vergniaud descend de la tribune au milieu des applaudissements de la majorité. Guadet veut répondre à son tour aux inculpations de Robespierre, mais il est huit heures du soir, et la séance dure depuis dix heures du matin. L'Assemblée ajourne au lendemain la suite de la discussion.

V.

Le lendemain, jeudi 11 avril, l'expédition des affaires courantes, la lecture des dépêches des ministres, des généraux et des représentants en mission, absorbent la journée entière; il faut remettre au soir la délibération sur les propositions contradictoires de Pétion et de Robespierre. Dans ces séances du soir les députés arrivaient animés par les discussions du matin, fatigués par les travaux de la journée, échauffés par le repas dont ils sortaient à peine. Grâce à la demi-obscurité qui régnait dans la salle, la police des tribunes était beaucoup plus difficile. Les hommes avinés qui les encombraient se mêlaient plus librement à la discussion et insultaient les représentants avec plus d'impunité que d'ordinaire. Aussi ces séances étaient-elles toujours très-tumultueuses, mais jamais le désordre ne fut poussé si loin que dans cette occasion.

A la reprise de la séance, la droite réclame pour Guadet la parole qui lui a été promise la veille; mais déjà Marat s'est emparé de la tribune, et, sans tenir compte des injonctions du président Thuriot, il se livre à ses divagations habituelles. La droite fait d'abord preuve de patience, mais bientôt elle s'émeut et lance les apostrophes les plus véhémentes à la Montagne. Celle-ci répond avec sa violence accoutumée. Jusqu'où vont les menaces de part et d'autre? nul ne peut le dire. Tout à coup plusieurs membres du côté droit s'élancent vers les bancs opposés; à leur tête est Duperret, brandissant une canne à stylet.

— « On tire l'épée contre nous, s'écrient les amis de Marat; président, envoyez l'assassin à l'Abbaye. »

Mais Thuriot cherche avant tout à calmer le tumulte, sans avoir l'air de faire attention à l'acte de violence qu'on lui dénonce; les Montagnards, furieux de voir un des leurs montrer tant d'indifférence au moment où le droit et la raison sont pour eux, dirigent contre lui un torrent d'invectives :

Audouin. — « Président, faites votre devoir; rappelez à l'ordre l'assassin.

Panis. — « Président, c'est vous qu'avant tout on doit rappeler à l'ordre.

David. — « Président, envoyez donc à l'Abbaye le scélérat qui a tiré son épée.

Marat. — « Président, je demande la parole contre vous. Je fais une motion d'ordre.

Féraud. — « Et moi, j'en fais une aussi; c'est qu'il n'y ait plus de séance du soir.

Marat. — « Je demande vengeance! je demande justice.

Le Président. — « Marat, vous n'avez pas la parole.

Marat. — « Je vous la réclame.

Le Président. — « Je ne veux pas vous l'accorder.

Marat. — « Vous me la donnerez; je la prendrai.

Le Président. — « Marat, je vous rappelle à l'ordre pour la vingtième fois. »

L'*Ami du peuple* se décide enfin à céder la tribune à Duperret, qui demande à expliquer sa conduite. Ce député était un cultivateur des environs d'Apt; nature rude et franche, courage indomptable, dévouement absolu à ses amis, haine implacable aux démagogues : tels étaient les traits distinctifs de cette physionomie, qui reparaîtra plusieurs fois dans le cours de cette histoire.

« — Je demande, dit-il, à la Convention et aux tribunes... »

« — Vous avilissez la représentation nationale ! » lui crie-t-on à droite.

« — Oui, je demande aux tribunes la grâce de m'entendre, parce que depuis longtemps un membre ne peut parler ici s'il n'en a obtenu la permission des tribunes. Citoyens, il y a dix-neuf mois que, dans l'Assemblée législative, je commençai à lutter contre la cour et les Feuillants; depuis l'ouverture de la Convention, je lutte contre une horde de scélérats qui travaillent à perdre la chose publique. Voilà deux heures qu'un membre qui n'avait pas la parole occupe la tribune; voilà deux heures que ce côté (et il désigne du doigt la gauche) adresse au président les plus violentes interpellations ; je me suis élancé, avec quelques amis, pour prêter main-forte à la loi ; je me suis vu en face d'un membre qui avait un pistolet à la main ; je me suis vu menacé, et, dans un moment de délire, j'ai tiré l'épée. Mais si j'avais été assez malheureux pour porter les mains sur un représentant du peuple, il me restait une arme, je me serais brûlé la cervelle. Voilà ce que j'avais à vous dire. »

On propose l'ordre du jour sur l'incident ; malgré les vociférations des tribunes, il est adopté.

« — C'est un déni de justice ! s'écrie la Montagne, Duperret est un assassin et un calomniateur. »

Robert, Fabre d'Églantine, Robespierre jeune, somment Duperret de nommer le membre qui l'a menacé d'un pistolet. Le tumulte recommence dans la salle et dans les tribunes. Thuriot, à bout de forces, s'écrie : « Je déclare que je ne puis tenir contre une telle tyrannie ! » Et il quitte le fauteuil.

Delmas, président en titre, le remplace et met de nouveau aux voix l'ordre du jour. Il est adopté une seconde fois ; la séance est levée à minuit.

Quels débats et quelles scènes ! La Convention est bien cette arène de gladiateurs dont parlait Danton ; à chaque mouvement qui agite l'Assemblée, on sent toutes les poitrines battre de haine et de colère ; on devine, sous les habits, l'arme dont chacun est porteur et qu'il peut, dans un moment donné, tourner contre ses adversaires ou contre lui-même.

C'était une lutte à mort qui ne pouvait longtemps se prolonger. Tout le monde le sentait. Quels seraient les vainqueurs? Les Girondins avaient le droit pour eux; les Montagnards avaient la force. Mais que peut le droit contre la force? Rien, que protester et mourir.

VI.

Le vendredi 12 avril, une scène presque aussi scandaleuse, bien que moins vive, servit de prélude à la reprise de la discussion. Un membre du comité de la guerre, Poultier, annonça qu'il était chargé de lire l'interrogatoire des généraux Stengel et Lanoue; mais il fit précéder cette lecture des considérations suivantes :

« — Éloigné de la scène où la trahison s'est consommée, séparé des témoins qui peuvent lui fournir des lumières, peu instruit des localités, n'ayant aucune copie d'ordres, votre comité s'est trouvé comme dans une contrée inconnue, et les accusés, au contraire, profitant de notre position, se sont rendus maîtres du champ de bataille. Quelque coupables qu'ils eussent été dans notre conscience, ils sont sortis innocents de nos mains, et nous serions presque tentés, d'après leurs réponses, de leur voter des remerciements. Ce sont les soldats que vous devez interroger sur la conduite des généraux; ce sont eux qui ont souffert ou de leur lâcheté ou de leur intelligence avec l'ennemi, ce sont eux qui peuvent vous éclairer dans ce dédale d'horreurs et de trahisons. Les généraux inculpés et leurs complices vous tromperont toujours; mais les soldats, qui sont le vrai peuple des armées, ne vous tromperont jamais; ils sont les précurseurs de la postérité. Jamais l'histoire n'a appelé de leurs jugements; au contraire, elle a recueilli leur témoignage ingénu pour peindre les Turenne et les Catinat. Je demande donc que vos commissaires auprès de l'armée du Nord fassent une enquête sévère sur la conduite des généraux accusés, qu'ils recueillent toutes les pièces, qu'ils se transportent dans les chambrées, qu'ils écoutent tous les témoins et qu'ils nous mettent à même de renvoyer les coupables au Tribunal révolutionnaire, qui fera prompte et bonne justice des auteurs de nos calamités. Le comité de la guerre a épuisé tous les moyens de connaître la vérité; mais ces moyens sont nuls, et d'ailleurs, vous le savez comme moi, on trouve dans les comités un penchant funeste à l'indulgence, qui fait qu'on a mis la République à deux doigts de sa perte. »

A mesure que Poultier débitait sa harangue, on se regardait étonné; on ne pouvait comprendre comment un comité venait ainsi faire à la tribune une critique amère de ses propres délibérations. Mais tout s'explique lorsque Lecointre, interrompant l'orateur, dévoile la supercherie. Poultier avait donné, comme émanant du comité, des réflexions qui lui étaient propres : ses collègues l'avaient chargé de lire purement et simplement, en l'absence du rapporteur véritable, l'interrogatoire des deux généraux.

Pétion réclame la censure contre le député qui a si étrangement abusé de sa mission.

« — Et moi, répond Robespierre, je propose la censure contre ceux qui protégent les traîtres.

Pétion. — « Je suis le premier à demander que les traîtres et les conspirateurs soient punis !

Robespierre. — « Et leurs complices !

Pétion. — « Oui, et leurs complices, et vous-mêmes. Il est temps enfin que toutes ces infamies finissent; il est temps que les traîtres et les calomniateurs portent leur tête sur l'échafaud. Je prends ici l'engagement de les poursuivre jusqu'à la mort.

Robespierre. — « Réponds aux faits.

Pétion. — « C'est toi que je poursuivrai.

Le président Thuriot. — « Je n'ai pris le fauteuil que parce que le calme régnait dans l'Assemblée. Hier, j'ai présidé pendant huit heures; si le calme ne se rétablit pas, je prie la Convention de me faire remplacer.

Pétion. — « Demandez à la Convention de se tenir dans le calme et la dignité qu'exigent les circonstances, et vous ne serez pas épuisé de fatigue comme vous l'êtes. Il est impossible de tolérer plus longtemps toutes ces infamies. Il est impossible à l'honnête homme de contenir son indignation lorsqu'il se voit insulté avec audace par des êtres flétris du sceau de la réprobation. Oui, je fais le serment de poursuivre les traîtres! Oui, il faudra que Robespierre soit enfin marqué du fer chaud destiné aux calomniateurs. Que signifient ces dénonciations perpétuelles contre des hommes qui ont toujours respiré pour la liberté ? Il faut enfin que le peuple connaisse ceux qui, sous le masque d'un faux patriotisme, le trompent, l'égarent et le poussent dans l'abîme. Je ne serai content que lorsque j'aurai vu ces hommes qui veulent perdre et qui, si on les écoutait, perdraient la République, porter leur tête sur l'échafaud. Nous ne devons pas souffrir qu'on nous menace sans cesse du poignard des assassins... »

A ces mots, l'orage qui gronde sur les sommets de la Montagne, depuis le moment où Pétion est monté à la tribune, éclate par les interpellations les plus violentes.

« — Tu n'as pas toujours tenu ce langage.

« — Tais-toi, dictateur du 10 août ! »

Marat gesticule en vociférant ; David s'élance au milieu de l'hémicycle et, découvrant sa poitrine, s'écrie : — « Je demande que vous m'assassiniez ! »

Pétion dédaigne de répondre à ce maniaque qui a quitté ses pinceaux pour broyer du rouge, suivant sa propre expression [1]. Il revient à Poultier contre lequel il demande la censure pour avoir donné ses propres observations comme celles du comité de la guerre. « Ce sont ces faussaires, ces calomniateurs ; ce sont ces jadis nobles, ce sont ces jadis prêtres...

« — Dites tout de suite ces jadis moines, répond Poultier, je l'ai été, mais depuis dix-huit mois je suis à la frontière.

« — Ce sont tous ces hommes qui prétendent avoir le monopole du patriotisme, et nous, les patriotes de 89 et de 91, nous qui étions sous les poignards le lendemain de l'affaire du Champ-de-Mars, nous sommes relégués

---

[1]. Avons-nous besoin de rappeler que David, après avoir été comblé des faveurs de Louis XVI, dont il vota la mort, après avoir promis à Robespierre de boire la ciguë avec lui, devint premier peintre de S. M. l'Empereur et Roi et accepta le titre de baron ?

au rang des modérés ; on nous traite de royalistes et de traîtres. »

Ces dernières paroles ramenaient le débat à la pétition de la halle au blé et à la dénonciation de Robespierre. L'Assemblée entend les excuses que Poultier vient balbutier à la tribune afin d'atténuer la fraude dont il a été convaincu ; elle renvoie Stengel et Lanoue devant le Tribunal révolutionnaire et accorde la parole à Guadet [1].

1. Stengel et Lanoue furent tous les deux acquittés de l'accusation de trahison que les démagogues, et Poultier en particulier, avaient dirigée contre eux. Voir t. VI, p. 555 et 556.
Puisque nous avons introduit un instant sur la scène le conventionnel régicide Poultier, crayonnons en quelques lignes la biographie de ce moine défroqué ; elle pourra donner une idée de ce que devinrent bon nombre de ces montagnards fougueux qui, oubliant leurs serments républicains, se dévouèrent au salut de tous les régimes comme ils s'étaient dévoués au culte de Marat et de Robespierre. Avant la Révolution, Poultier était génovéfain à Péronne et se faisait appeler Poultier d'Elmotte. A sa sortie du couvent, il s'était lancé dans les rangs de la plus ardente démagogie. On l'improvisa chef d'un bataillon de volontaires du Pas-de-Calais qui tenait garnison à Douai. A force d'intrigues et de harangues ampoulées, l'ex-moine se fit nommer député à la Convention par les électeurs du département du Nord, auxquels il était parfaitement inconnu quelques mois auparavant. Nous venons de l'entendre se vanter d'avoir été pendant dix-huit mois aux frontières ; en tous cas, il n'y avait pas vu le feu, puisque le territoire français ne fut envahi de ce côté qu'en octobre 1792, après la réunion de la Convention. Poultier vota la mort du Roi et siégea toujours sur la crête de la Montagne. Après la session, il fut nommé officier de gendarmerie et, plus tard, commandant de place à Montreuil. Sous l'Empire, il devint le chevalier Poultier, et fut un des serviteurs les plus dévoués de Napoléon Ier. En 1814, il acclama avec enthousiasme le retour de Louis XVIII. Lorsque le frère du roi martyr débarqua à Calais et se dirigea par Montreuil sur Paris, il

VII.

Le compatriote de Vergniaud relève une à une les accusations dont ses amis et lui ont été l'objet, et les réfute avec une forte et pressante logique. Mais Guadet, par tempérament, était beaucoup plus agressif que le grand orateur girondin; aussi, après s'être longuement défendu, porte-t-il l'attaque sur le terrain ennemi. Il prend à partie Danton et Marat. Au premier, il reproche ses liaisons intimes avec Dumouriez : « Lorsque, dit-il, ce général est venu à Paris après sa campagne de l'Argonne, je l'ai vu plusieurs fois au Comité, une seule fois dans une maison tierce, chez Talma. J'y restai une demi-heure seulement; je n'y étais plus lorsque Marat et ses suppôts vinrent lui faire subir l'interrogatoire dont on a tant parlé[1]. Quels sont ceux qui alors lui faisaient cortége, qui l'accompagnaient dans les spectacles? C'étaient Santerre, Fabre d'Églantine et votre Danton.

« — Ah! tu m'accuses, moi! s'écrie ce dernier, tu ne connais pas ma force. »

Au rugissement poussé par Danton, Guadet com-

courut déposer aux pieds du nouveau monarque l'assurance d'un zèle sans bornes; l'année suivante, les Cent-Jours lui rendirent ses affections napoléoniennes; enfin, après Waterloo, il était tout prêt à se consacrer au salut de la deuxième Restauration, lorsqu'à son grand étonnement, il fut remercié et mis à la retraite.

1. Voir le récit de cette scène, t. IV, p. 185.

prend qu'il l'a touché en pleine poitrine; il se retourne alors contre son autre adversaire, Marat; après avoir abattu le lion, il veut écraser le reptile. Pour lui porter un dernier coup et faire partager à l'Assemblée l'horreur que lui inspire le venimeux folliculaire, il lit une adresse émanée du club des Jacobins, signée de l'*Ami du peuple* et qui commence ainsi :

« Amis, nous sommes trahis ; aux armes, aux armes ! Voici Dumouriez qui marche sur Paris pour donner la main à la criminelle faction qui déifiait cet infâme ! Mais ce n'est pas le plus grand des dangers. La contre-révolution est dans le gouvernement, dans la Convention nationale. C'est là que de criminels délégués tiennent les fils de la trame ourdie avec la horde des despotes. Allons, républicains, armons-nous !... »

L'immense majorité de l'Assemblée n'en veut pas entendre davantage et se lève indignée; la Montagne reste immobile; Marat seul est debout; il promène sur toutes les parties de la salle son regard effronté, se croise les bras, et dit : « C'est vrai. »

En entendant le monstre avouer et confirmer cet appel à la révolte, tous ceux qui, dans la Convention, ne sont pas enrôlés sous les drapeaux de la plus violente démagogie, répondent par des cris de fureur : « Marat à l'Abbaye ! — Le décret d'accusation contre Marat ! »

Mais celui-ci s'élance à la tribune; son apparition est saluée par les applaudissements frénétiques des galeries :

« — C'est parce que j'ai dénoncé une conspiration réelle que l'on vient m'accuser d'être à la tête d'une conspiration chimérique; c'est parce que j'ai demandé la tête d'Égalité fils, la tête du prétendu régent, celles de tous les Capets rebelles, que l'on veut me sacrifier. Il est temps que les conspirateurs soient démasqués et qu'ils expirent sous le glaive de la loi. Quant à l'écrit qui vous a été dénoncé, je reconnais qu'il est signé par moi. J'ai été pendant sept à huit minutes président de la société des Jacobins. On m'a présenté un écrit que je n'ai point lu; il portait la signature des secrétaires, et, sans savoir ce qu'il contenait, j'y ai apposé ma signature pour attester qu'il émanait de la société. »

Un immense éclat de rire accueille cette étrange justification.

— « Du reste, poursuit Marat, les principes que contient cet écrit, je les avoue. »

On demande de nouveau, et avec plus de force, le décret d'accusation. Danton et Thuriot réclament, au contraire, le renvoi au Comité de législation, qui examinera les faits, et pourra, dans les vingt-quatre heures, rédiger un rapport.

Lacroix, tout en appuyant cette motion, opine pour que Marat soit mis sur-le-champ en état d'arrestation et envoyé à l'Abbaye. C'est à ce parti que s'arrête l'Assemblée. Mais le débat concernant Poultier, puis Marat, avait pris la journée entière. Il était plus de neuf heures du soir lorsque la Convention put lever la séance.

Aussitôt un groupe de Montagnards entoure l'*Ami du peuple;* ils sont bientôt rejoints par un certain nombre d'habitués des tribunes qui, glissant le long des colonnes ou sautant des galeries, pénètrent dans l'enceinte réservée aux députés. Cette masse compacte se présente à l'une des portes de la salle. Les sentinelles de garde veulent s'opposer à la sortie de Marat. Une rixe est sur le point d'éclater; on court chercher l'officier commandant, qui arrive avec l'expédition du décret qu'il vient de recevoir. Mais on reconnaît que, dans leur empressement, le président de la Convention et le ministre de la justice ont oublié de signer. « Ce n'est qu'un chiffon de papier, disent au représentant de la force publique les amis de Marat; prenez garde de vous rendre coupable d'une arrestation illégale. »

Étourdi des clameurs qui éclatent autour de lui et craignant d'engager sa responsabilité, l'officier laisse passer Marat, qui va se cacher dans sa cave habituelle. Une fois en sûreté, il adresse à la Convention une lettre dans laquelle il la brave et lui déclare qu'il regarde le décret rendu contre lui comme l'effet d'une conjuration liberticide[1]. Cette lettre arrive au commencement de la séance du 13 avril. Après en avoir écouté patiemment la lecture, la Convention passe à l'ordre du jour et donne la parole au rapporteur du Comité de législation, Delaunay jeune.

VIII.

A peine celui-ci a-t-il lu quelques lignes de son exposé, qu'il est violemment interrompu par la Mon-

---

[1]. Cette lettre se trouve *in extenso* au *Moniteur*, n° 106.

tagne. « Je demande, s'écrie Bentabolle, que le rapport ne soit pas fait par les ennemis de Marat. — Je déclare à l'Assemblée, répond Delaunay, que le rapport a été lu en entier au Comité de législation et qu'il a été approuvé à l'unanimité. »

La Convention avait renvoyé à l'examen de son Comité non-seulement la dénonciation de Guadet, mais encore toutes celles qui avaient été faites antérieurement contre Marat, et qui, depuis plus de quatre mois, s'étaient accumulées dans les cartons du Comité. C'est pourquoi l'acte d'accusation portait tout à la fois et sur l'adresse des Jacobins et sur plusieurs passages du journal de Marat. Guadet n'avait lu que le commencement de l'adresse, Delaunay la lit tout entière; puis il rappelle le numéro du journal de Marat, en date du 5 janvier, dénoncé par Chabot comme attentatoire à la dignité de l'Assemblée, celui du 25 février, où l'*Ami du peuple* prêchait ouvertement le pillage des boutiques d'épiciers; ceux enfin où le député de Paris provoquait à la dictature, à l'émeute, et demandait deux cent cinquante mille têtes. Le rapport concluait au renvoi de Marat devant le Tribunal révolutionnaire.

Au moment même où Delaunay descend de la tribune, un grand nombre de Montagnards se lèvent et s'écrient : « Si l'adresse des Jacobins est coupable, nous le sommes aussi. Nous l'approuvons, nous sommes prêts à la signer. David, Thuriot, Dubois-Crancé, Camille Desmoulins s'élancent vers le bureau du président, et apposent leur signature au bas de la pièce incriminée. Leur exemple est suivi par une centaine de députés. Les tribunes applaudissent avec enthousiasme. Robespierre, pour donner une nouvelle sanction à l'adresse démagogique, propose qu'elle soit envoyée aux départements et aux armées.

« Je le demande également, s'écrie Vergniaud, car il faut que l'on connaisse dans les départements ceux qui proclament la guerre civile. »

« — Gardez-vous d'une pareille mesure, objecte Lacroix ; la Convention semblerait donner son approbation à cette adresse ; elle appellerait elle-même sa dissolution et la convocation des assemblées primaires. »

« — Eh bien, oui ; qu'on les convoque », s'écrie-t-on à droite.

Cette proposition, appuyée par Gensonné, jette un grand trouble dans l'Assemblée. Cependant un député de la Plaine, étranger à toutes les factions, Vernier, parvient à se faire écouter : « Je ne suis, dit-il, l'homme d'aucun parti, je ne suis mêlé à aucune querelle, j'ai donc le droit de dire franchement mon opinion. Quand vous avez jugé le ci-devant roi, j'ai eu la simplicité de croire que les opinions étaient libres. Je me suis trompé, je suis un de ces scélérats qui ont été assez grands pour voter, sous les poignards, l'appel au peuple et le bannissement du tyran. Si on voulait décider de quel côté était le vrai courage, on ne pourrait pas s'y méprendre. Je suis un de ces scélérats avec qui l'on ne veut ni paix ni trêve, et, comme je crains d'échapper à cette noble proscription, je viens me dénoncer publiquement. Avant notre réunion, une coalition funeste était déjà formée dans Paris, entre le club des prétendus amis de la liberté, la Commune, la force armée, les corps administratifs; elle a éclaté dès la première séance de cette Assemblée. On ne pouvait remédier au mal qu'avec une sage lenteur, qu'avec une prudente circonspection. Mais des hommes vertueux trop sensibles, trop frappés de ce qu'ils voyaient, ont précipité les mesures; de là les schismes, les divisions, l'esprit de parti; de là les débats éternels au milieu desquels la chose publique a été si souvent oubliée. Ceux-ci veulent faire à tout prix triompher leurs projets insensés, arrivent avec une opinion toute formée, et provoquent un décret avec autant de hauteur que les candidats de César sollicitaient une place; ceux-là, préoccupés d'une défiance, juste peut-être dans son principe, mais trop active, repoussent sans examen les propositions de leurs adversaires.

« Entre ces deux extrémités sont les hommes mobiles, insignifiants, toujours inutiles au salut public. Il en est qui suivent sans réflexion l'impulsion du moment. Il en est qui, par indifférence ou par pusillanimité, adoptent toujours, comme le meilleur, le dernier avis. Mais les plus dangereux, les plus coupables, sont ceux qui accusent sans cesse, sans raison comme sans motifs. Les plus vils et les plus perfides sont ceux qui s'abaissent à aduler le peuple plutôt que de le servir. Puisque nous sommes arrivés à un tel degré de discorde et de défiance réciproque qu'il nous est impossible, au poste où nous sommes, de bien servir la patrie, que les deux partis fassent preuve de civisme et de générosité, que les plus passionnés de part et d'autre, devenus simples soldats, marchent à l'armée pour y donner l'exemple de la soumission et du courage[1]. »

La motion de Vernier fut accueillie assez froidement; l'attention de l'Assemblée était dans ce moment absorbée par une scène qui se passait au bureau des secrétaires. Plusieurs députés, qui s'étaient précipités sur les pas de David et de Dubois-Crancé pour mettre leurs noms au bas de l'adresse des Jacobins, étaient venus prudemment biffer leurs signatures. Sommés de donner les motifs de leur rétractation : « C'était, dirent-ils, parce qu'ils craignaient que l'on ne fît un usage perfide de leur approbation écrite. »

« — Et moi, s'écrie Camille Desmoulins, je m'honore d'avoir apposé ma signature à cette adresse; je ne la retirerai pas. Savez-vous pourquoi on vous parle de l'appel au peuple? C'est parce que les meneurs de la faction savent que les quarante-huit sections de Paris vont venir vous demander l'expulsion de vingt-deux royalistes, complices de Dumouriez ; c'est parce que, se voyant submergés, ils veulent mettre le feu à la Sainte-Barbe. »

Cette révélation soudaine, échappée à l'enfant terrible de la Révolution, soulève les cris d'indignation de la droite.

« A l'ordre, à l'Abbaye, Camille ! Est-ce que les sections de Paris ont le droit de chasser des membres de la Convention ? »

---

[1]. Vernier survécut à la tourmente révolutionnaire. Il partagea, avec Boissy d'Anglas, le dangereux honneur de présider la Convention nationale lors de la journée du 1ᵉʳ prairial; plus tard, il fut, comme lui, appelé au Sénat, puis à la pairie.

A cette protestation de la Gironde les tribunes répondent par des vociférations et des menaces. Un misérable montre insolemment le poing aux membres de la droite; on le désigne au président Delmas, qui donne l'ordre de l'arrêter. Ceux qui l'entourent résistent et cherchent à le faire évader; force enfin reste à la loi.

Lorsque le tumulte est un peu apaisé, Buzot essaye de ramener l'attention de l'Assemblée, et sur le nouvel appel au peuple, proposé par Gensonné, et sur le décret d'accusation contre Marat.

« Si, dit-il, les sections de Paris ont le droit de se convoquer elles-mêmes pour venir demander l'expulsion de quelques membres de la Convention, les départements ne peuvent-ils pas suivre leur exemple pour sauver la chose publique? C'est dans les assemblées primaires que j'appelle les dénonciateurs; c'est là que je les attends; c'est là qu'on jugera entre eux et nous. Mais comme il ne faut pas qu'une loi soit décrétée par lassitude, je demande qu'on ajourne de quarante-huit heures la discussion des propositions faites par Gensonné. Quant à Marat, je le pense et le déclare, la majorité de Paris applaudira au décret qui chassera cet homme impur du sanctuaire de la liberté; dans nos départements, on bénira le jour où vous aurez délivré l'espèce humaine d'un homme qui la déshonore. »

La Montagne demande que l'on renvoie à trois jours la discussion du rapport de Delaunay, mais la droite veut en finir, et insiste pour qu'on en mette immédiatement aux voix les conclusions. En vain Robespierre entreprend-il de défendre Marat, « auquel on ne peut, dit-il, reprocher que des erreurs, des fautes de style »; en vain le représente-t-il comme une sentinelle nécessaire à la liberté, comme le vrai défenseur de la cause du peuple : l'immense majorité s'obstine à réclamer l'appel nominal sur le décret proposé par le Comité de législation.

Robespierre s'écrie : « Quoi! vous voulez rendre sans discussion un décret qui va être le signal de la guerre civile? Ce n'est pas contre Marat seul que l'on veut porter le décret d'accusation, c'est contre vous tous, vrais républicains, dont l'énergie déplaît aux ennemis de la liberté; c'est contre moi-même peut-être. »

« — Comment, ajoute Lecointre-Puyraveau, lorsqu'un tyran couvert de crimes a obtenu un délai de plusieurs semaines, un représentant du peuple ne pourrait en obtenir un de trois jours? »

Les vociférations des tribunes se mêlent à celles de la Montagne, l'agitation est extrême, le président se couvre. Le tumulte continue, mais enfin, de guerre lasse, il s'apaise peu à peu.

A dix heures du soir l'appel nominal commence; il dure jusqu'à sept heures du matin. Pendant neuf heures, les députés défilent à la tribune, motivant ou ne motivant pas leur vote, hués ou applaudis par les spectateurs des galeries, suivant qu'ils se déclarent pour ou contre l'*Ami du peuple*. Depuis les appels nominaux qui avaient prononcé sur le sort de Louis XVI, aucun vote n'avait été émis avec tant de solennité, aucun ne devait plus l'être désormais. Ni les Girondins, ni Danton, ni Robespierre n'eurent les honneurs d'un appel nominal; leur renvoi devant le Tribunal révolutionnaire et, de là, à l'échafaud, fut décidé par assis et levé.

Sur les 749 membres de la Convention, 360 seulement répondirent à l'appel de leurs noms. Il y avait un certain nombre de députés en mission, mais beaucoup d'autres, notamment Barère et Danton, présents à Paris, s'abstinrent de voter. Vergniaud, Guadet, Gensonné, Brissot, Pétion, Kervelégan, Lasource, Salles et Condorcet se récusèrent. Deux ou trois députés proposèrent ironiquement qu'au lieu de déférer l'accusé au Tribunal révolutionnaire, on l'envoyât aux Petites-Maisons. Quelques membres du centre, entre autres Garran-Coulon et Cambacérès, pour ménager l'un et l'autre parti, déclarèrent n'être pas suffisamment éclairés. Lacroix, oubliant qu'il avait la veille provoqué lui-même l'arrestation de Marat[1], s'éleva contre la précipitation du vote ; sa thèse fut soutenue par tous les députés prudents qui voulaient garder leur popularité sans se rendre solidaires de l'*Ami du peuple*. Robespierre invoqua hautement cette inviolabilité parlementaire dont il devait faire plus tard si bon marché à l'égard de ses ennemis, et profita de l'occasion pour se livrer à cette phraséologie ampoulée qui lui était familière.

« La République, dit-il, ne peut être fondée que sur la vertu ; la vertu ne peut admettre l'oubli des premiers principes de l'équité. Dans l'accusation portée contre Marat, il n'y a que partialité, vengeance, injustice, esprit de parti ; elle n'est que la continuation du système

---

1. Voir page 132.

entretenu aux dépens du trésor public par une faction qui, depuis longtemps, dispose de nos finances et de la puissance du gouvernement, qui cherche à identifier Marat, auquel on reproche des exagérations, avec tous les amis de la République qui lui sont étrangers. Dans toute cette affaire, je n'aperçois que l'esprit des Feuillants, des modérés et de tous ces lâches assassins de la liberté, qu'une vile intrigue ourdie pour déshonorer le patriotisme. Je repousse avec mépris le décret d'accusation proposé. »

Lanjuinais présenta la contre-partie de l'opinion de Robespierre et résuma les griefs de la majorité :

« Marat, dit-il, a provoqué directement, expressément, publiquement, de vive voix et par écrit, le rétablissement de la tyrannie en demandant la dictature et le triumvirat. Il a appelé le poignard sur les représentants du peuple ; il a prêché l'anarchie, le pillage et le meurtre ; il s'est fait l'avilisseur perpétuel, le calomniateur banal de tous les fonctionnaires publics. Ces faits ne sont ignorés de personne ; je ne me reconnais pas le droit de faire grâce, je serais un lâche et un traître à la patrie si je ne disais pas : Il y a lieu à accusation. »

De tous les votants, Dubois-Crancé eut seul la juste prévision de l'avenir : « Vous avez, dit-il, en se tournant vers la droite, donné à cet homme, dont l'existence fut longtemps un problème, une consistance qu'il ne cherchait pas. Vous avez cru utile d'effrayer le peuple des départements d'une prétendue secte de *maratistes* pour jeter tout à la fois le ridicule et la calomnie sur le patriotisme de la Montagne, sur cette Montagne que j'habite, sur cette Montagne qui a fait la Révolution et qui la sauvera. Vous avez formulé une dénonciation contre Marat, qu'il fallait laisser seul avec ses lubies, souvent très-lumineuses. Cette dénonciation est absurde, Marat sera absous, innocenté, et le peuple vous le rapportera en triomphe dans cette enceinte. »

L'événement démontra la vérité de cette prophétie, mais l'Assemblée s'était trop avancée pour reculer.

Malgré les vociférations des tribunes qui, pendant neuf heures, ne discontinuèrent pas un instant, deux cent vingt voix se déclarèrent favorables au décret d'accusation, quatre-vingt-douze se prononcèrent contre. Sept députés demandèrent l'ajournement, quarante et un s'abstinrent.

Le décret d'accusation avait réuni les deux tiers des voix.

LIVRE XXXVI.

LE TRIOMPHE DE MARAT.

I.

La menace formulée par Camille Desmoulins ne tarde pas à se réaliser. Le 15 avril, au commencement de la séance, le président Delmas annonce que les commissaires des sections de Paris demandent à présenter une pétition.

« On la connaît déjà cette pétition, s'écrie Fonfrède. Elle a pour but le renvoi de plusieurs membres de cette Assemblée. Je demande que les commissaires soient admis à l'instant, afin de montrer aux départements qu'ils ont le droit d'imiter Paris et de rappeler ceux de leur mandataires qui ont perdu leur confiance. »

Après une assez courte discussion, cette motion est adoptée. Pache et Hébert sont à la tête de la députation. Le maire fait observer que l'adresse qui va être lue par Rousselin a obtenu l'adhésion de trente-cinq sections sur quarante-huit, et, en outre, l'assentiment du Conseil général de la commune [1].

---

1. Parmi les membres de la députation se trouvaient Truchon,

Elle reproduisait toutes les accusations banales lancées depuis deux mois contre la Gironde, réclamait l'expulsion de vingt-deux membres de l'Assemblée [1], et se terminait ainsi :

« Nous demandons que cette adresse, qui est l'exposition formelle des sentiments unanimes, réfléchis et constants du département de Paris, soit communiquée à tous les départements, par des courriers extraordinaires, et qu'il y soit annexé la liste ci-jointe de la plupart des mandataires coupables du crime de félonie envers le Peuple souverain, afin qu'aussitôt que la majorité des départements aura manifesté son adhésion, ils se retirent de cette enceinte. »

---

l'homme des massacres de septembre, et Simon, le futur précepteur de l'orphelin du Temple.

Rousselin était l'ami intime et le confident de Danton. Camille Desmoulins, son *alter ego*, venait de faire paraître son fameux pamphlet : *Histoire des Brissotins*. La main de l'ex-ministre de la justice se retrouve dans tous les incidents de la crise qui se termine par la chute de la Gironde. Qu'on ne prétende donc pas qu'il y est resté presque étranger.

1. Les vingt-deux députés que les sections de Paris désignaient ainsi à l'ostracisme étaient Brissot, Guadet, Vergniaud, Gensonné, Grangeneuve, Buzot, Barbaroux, Salles, Biroteau, Pontécoulant, Pétion, Lanjuinais, Valazé, Hardy, Lehardi, Louvet, Gorsas, Fauchet, Lanthenas, Lasource, Valady, Chambon.

A ce nombre de 22 s'attacha une sorte de fatalité. Les démagogues, qui remanièrent plusieurs fois cette liste, eurent soin de laisser subsister le même nombre en changeant seulement quelques noms. Lors de l'holocauste du 31 octobre, il se trouva encore vingt et une victimes, quoique plusieurs proscrits eussent échappé par la fuite aux vengeances démagogiques. On trouva facilement d'autres coupables pour remplacer ceux qui faisaient ainsi défaut.

Le président annonce aux pétitionnaires que, conformément à un décret qui vient d'être rendu, ils doivent tous signer ce qui a été lu en leur nom [1]. Cette formalité remplie, il les admet aux honneurs de la séance. On fait observer que Pache n'a pas imité l'exemple de ceux qui sont auprès de lui à la barre. Le maire répond : « Je ne suis pas parmi les pétitionnaires. Le Conseil général de la Commune m'a seulement chargé de les accompagner. Au reste, pour éviter tout doute à cet égard, je vais signer. »

Le président profite de la présence du maire pour l'interroger sur l'état des subsistances ; Pache assure que cet état est satisfaisant.

« Il est le même, dit-il, qu'il y a quinze jours ; les alarmes que l'on a répandues dans la population sont exagérées et ont porté beaucoup de citoyens à accumuler chez eux plus de pain qu'ils n'en consomment. Il est encore une autre cause de l'apparente rareté du pain, c'est l'écoulement qui s'en fait de Paris dans les cam-

---

1. Ce décret, rendu sur la proposition de Buzot, était ainsi conçu : « La Convention nationale décrète que la pétition annoncée au nom de la majorité des sections de Paris sera entendue ; qu'après sa lecture, les pétitionnaires seront tenus de la signer individuellement et qu'elle sera ensuite renvoyée aux sections, afin que tous les citoyens qui l'ont faite, ou qui y ont donné leur adhésion, soient tenus d'y apposer leur signature individuelle dans leur section respective. »

Ce renvoi aux sections était aussi maladroit que possible ; il prolongeait l'agitation et donnait prétexte aux meneurs de l'Hôtel de Ville de recueillir de gré ou de force des signatures. Nous verrons, quelques pages plus loin, les moyens de pression qu'ils mirent en usage pour grossir le nombre de leurs prétendus adhérents.

pagnes voisines. J'ai requis le commandant-général de surveiller et d'empêcher cette exportation, de visiter les coches d'eau qui la favorisent, d'arrêter les voitures et charrettes qui l'opèrent [1]. »

Ces explications données, la discussion s'ouvre. Fonfrède demande à dire quelques mots sur l'adresse lue par Rousselin. Jamais le jeune Girondin n'a fait preuve de plus de verve ; jamais il n'a déployé plus d'ironie.

« Si la modestie, dit-il, n'était pas un devoir plutôt qu'une vertu, dans un homme public, je m'offenserais de ce que mon nom n'a pas été inscrit sur la liste honorable qui vient de vous être présentée. »

« Et nous aussi ! tous ! tous ! » s'écrie, en se levant comme un seul homme, l'immense majorité de l'Assemblée.

« Je vois, citoyens, que vous partagez mes sentiments et mes regrets ; que vous êtes, comme moi, jaloux d'être signalés pour avoir bien servi la République. D'un autre côté, je rends hommage au zèle éclairé, à la surveillance active qui a dicté la pétition. Qu'il est heureux pour la République que les pétitionnaires et le maire de Paris veuillent bien vous accorder la faveur de vous soumettre à un scrutin épuratoire ! Oui, c'est bien là le vœu libre, spontané du peuple. Il est impossible qu'aucune intrigue, pas même la prophétie de Camille Desmoulins, l'ait provoquée. Tous les habitants de cette immense cité y ont concouru. Je ne fais nul doute à cet égard.

[1]. Voir, à cet égard, les détails que nous avons déjà donnés t. VI, p. 41.

« Mais je me rappelle que la volonté du peuple ne peut être exprimée que par ses Représentants ou par le Peuple entier. Jusqu'à ce jour, j'ai toujours cru que le Peuple français était composé de vingt-cinq millions d'hommes et que la souveraineté n'existait qu'entre eux tous ; j'ai cru que ceux-là qui voudraient mettre leur volonté à la place du peuple tout entier n'étaient que des tyrans et des usurpateurs. Les pétitionnaires sont, j'en suis certain, pleins de respect pour les droits du Peuple ; mais il ne faut pas confondre le droit de pétition avec l'expression de la souveraineté. Le premier est individuel ; il est à chacun et à tous. L'autre n'appartient qu'au Peuple tout entier. Les individus, les sections, les sociétés populaires, font des pétitions ; le Peuple entier commande, ordonne ; c'est lui seul qui règne sur vous et sur moi. C'est donc aux assemblées primaires qu'il faut envoyer cette pétition, que je suis le premier à appuyer. Ces assemblées devront se réunir et exprimer aussi leurs vœux. Elles vous demanderont aussi des rappels ; peut-être ne vous demanderont-elles pas les mêmes ; peut-être les députés que l'on proscrit ici seront-ils ailleurs déclarés dignes de l'estime publique ; mais peut-être aussi tous ces rappels contradictoires seront-ils le signal de la guerre civile. Ce signal, qui l'aura donné ? Ce ne sera pas moi, mais bien les pétitionnaires-patriotes dont je développe les idées. On dira que les idées que je vous offre, sans méditation et sans art, sont empreintes de fédéralisme. Mais à qui doit-on adresser ce reproche ? A moi ou aux pétitionnaires ?

« Je pose ce dilemme aux provocateurs de cette patriotique pétition, à ceux qui l'ont si fastueusement annoncée : Ou les citoyens de Paris ont usé d'un droit légitime et sacré, et alors vous ne pouvez ravir aux citoyens des départements l'exercice de ce droit, ou ils ont voulu attenter à la représentation nationale et usurper les droits du Peuple, et, dans ce dernier cas, vous devez faire un exemple éclatant de justice et de sévérité. Pour moi, qui révère le droit sacré de pétition, qui ne sais pas sonder les cœurs pour empoisonner les intentions, j'applaudis à la demande des citoyens de Paris, je la convertis en motion, et j'en demande l'examen et l'envoi à son adresse, c'est-à-dire au Peuple. »

Fonfrède venait de faire prompte et bonne justice de la pétition et des pétitionnaires. Le plus sage désormais était d'en rester là, et d'opposer le silence et le mépris aux élucubrations de Chaumette et de ses pareils. Mais Lasource crut que les insolences de l'Hôtel de Ville appelaient une réponse plus péremptoire; le lendemain il proposa le décret suivant :

« Art. 1. Les assemblées primaires se réuniront,
« dans toute la République, le dimanche 5 mai.

« Art. 2. Il sera envoyé à chaque assemblée pri-
« maire des listes imprimées, contenant les noms de
« tous les députés qui composent la Convention natio-
« nale.

« Art. 3. Chacune des assemblées primaires sera
« consultée sur chacun des membres de la Convention
« nationale. A cet effet, le président de l'assemblée pri-
« maire lira les noms contenus dans la liste, un par un,

« et dans l'ordre où ils se trouveront placés, et il inter-
« rogera l'assemblée en ces termes :

« Le député que je viens de nommer a-t-il perdu
« votre confiance, oui ou non ?

« Le vœu de l'assemblée sera exprimé par assis et
« levé, et, en cas de doute, par appel nominal.

« Art. 4. Le procès-verbal de chaque assemblée
« primaire contiendra deux colonnes. Sur l'une seront
« inscrits les membres qui auront obtenu le témoignage
« de la confiance de l'assemblée ; sur l'autre, les mem-
« bres qui ne l'auront pas obtenu. Les procès-verbaux
« seront envoyés, dans les trois jours de leur confection,
« à l'administration du département, qui les fera passer
« sans aucun délai à la Convention nationale.

« Art. 5. Il sera nommé, par la Convention natio-
« nale, une commission pour recevoir, vérifier et recen-
« ser les procès-verbaux de chaque assemblée primaire,
« et le recensement général sera imprimé.

« Art. 6. Les membres qui auront contre eux le
« vœu de la majorité des assemblées primaires seront
« de droit exclus et remplacés par leurs suppléants.

« Art. 7. Il sera fait une adresse aux assemblées
« primaires pour leur exposer les motifs de cette con-
« vocation. »

Lasource, dans cette circonstance, avait agi comme
faisaient souvent plusieurs de ses amis politiques. Il
n'avait voulu partager avec aucun autre la gloire d'une
proposition aussi importante. Aussi qu'arriva-t-il ? Personne ne se leva pour la soutenir.

A la séance du 17 avril, se succédèrent à la barre

deux députations animées d'un esprit bien différent. La première était composée des délégués de la ville de Bordeaux, la seconde des administrateurs du département de Paris. L'une avait pour mission de dénoncer la correspondance envoyée par les Jacobins dans les départements; l'autre venait demander des mesures législatives pour établir la réglementation du commerce des grains et l'établissement d'un maximum. Les Bordelais déposent sur le bureau du président une série de pièces qui prouvent, suivant eux, jusqu'à l'évidence, les complots ourdis contre l'Assemblée nationale. Une de ces lettres annonce, dans le langage cynique du temps, que l'intention des frères et amis est de *faire passer le goût du pain* à plus d'un représentant.

Au moment où un des secrétaires lit ce passage, des applaudissements partent de l'une des tribunes; l'Assemblée frémit d'indignation. « Je demande, s'écrie Doulcet de Pontécoulant, que le procès-verbal constate que des applaudissements se sont fait entendre à l'annonce d'un massacre dans Paris. Il est temps que les départements sachent à quels outrages et à quelles menaces nous sommes en butte. Quant à moi, je le déclare, je ne descendrai de cette tribune que percé de coups. Je brave les poignards des assassins. »

Les honneurs de la séance sont accordés aux Bordelais, et la parole est donnée à Lhuillier, procureur-général-syndic du département de Paris. Pour ramener l'abondance au milieu de la famine, ses amis et lui n'ont rien imaginé de mieux que de demander : 1° la fixation d'un maximum du prix du blé dans toute la République;

2° l'anéantissement du commerce des grains ; 3° la suppression de tout intermédiaire entre le cultivateur et le consommateur ; 4° un recensement général de tout le blé après chaque récolte.

De telles absurdités semblaient n'avoir pas besoin de réfutation. Cependant Vergniaud prend la peine d'expliquer à l'ex-cordonnier transformé en administrateur que ce qu'il réclame est contraire à toutes les règles du bon sens et de la saine politique : « Quoi ! dit-il, vous voulez, d'un seul trait de plume, anéantir le commerce des grains, vous ne voulez plus d'intermédiaire entre l'agriculteur et le consommateur ? Comment s'approvisionnera Paris, qui est obligé de tirer sa subsistance de la Flandre, de la Picardie et de l'Artois ? Vous voulez donc décréter la famine ? Vous dites que vous nous apportez le vœu de vos concitoyens, mais, lorsqu'ils s'égarent, c'est à vous, magistrats du peuple, de les éclairer. »

Lhuillier répond à Vergniaud : « Nous connaissons notre devoir et nous saurons le remplir malgré les calomnies dont on nous abreuve. »

Le renvoi de la pétition au comité d'agriculture est demandé de toutes parts. « Eh bien, ajoute insolemment le procureur-général, allons-y, et l'on verra de quel côté sont l'ignorance et la mauvaise foi. »

C'est en formulant de telles demandes que les meneurs essayaient de faire croire aux masses populaires que la Convention, en vertu de sa toute-puissance, était maîtresse de décréter à son gré l'abondance et le bonheur. Le soir même, Chaumette, le digne acolyte de Lhuillier, répétait les mêmes billevesées à l'Hôtel de Ville ; il dénonçait la manière irrévérencieuse, suivant lui, dont la Convention avait reçu les délégués du peuple parisien, et demandait que le Conseil général se déclarât en état de révolution tant que les subsistances ne seraient pas assurées. Mêlant adroitement toutes les questions à l'ordre du jour, il proposait : 1.° de renvoyer aux sections récalcitrantes la pétition relative à l'ostracisme des vingt-deux, pour qu'elles eussent à y adhérer ;

2° De prendre sous sa sauvegarde tout membre du Conseil, tout secrétaire ou président de section, tout citoyen qui serait frappé pour ses opinions ;

3° De mettre immédiatement en activité le comité de correspondance avec les 44,000 communes de France.

Toutes les propositions du nouvel Anaxagoras furent accueillies avec enthousiasme par le Conseil général et adoptées à l'instant même [1].

II.

Le lendemain, dès l'ouverture de la séance de la Convention, les arrêtés rendus sur le réquisitoire de Chaumette sont dénoncés par Guadet.

« Il faut, dit-il, que nous sachions, une bonne fois pour toutes, si nous sommes la première autorité de la République, ou s'il y en a une au-dessus de nous ; si nous sommes ici pour recevoir des lois ou pour en faire. »

---

1. Voir le *Moniteur* du 24 avril 1793, article *Commune*.

Vergniaud demande que le maire et le procureur de la Commune, et, à leur défaut, deux officiers municipaux, soient tenus d'apporter sur-le-champ les registres des délibérations du Conseil général. Cette proposition est acceptée à l'unanimité.

Pendant qu'on va chercher à l'Hôtel de Ville les preuves de la nouvelle conspiration démagogique, Vergniaud examine les diverses propositions auxquelles a donné lieu la pétition des sections parisiennes, et notamment la motion de Lasource sur la convocation immédiate des assemblées primaires. Il combat cette dernière motion avec toute la vigueur de sa logique, renouvelant ainsi la faute, si souvent reprochée aux Girondins, de mettre le public dans la confidence de leurs dissensions intérieures.

« Par une pareille mesure, dit-il, vous vous mettriez vous-mêmes en suspicion. Vous sembleriez accepter les calomnies de vos ennemis. Cette convocation peut perdre la Convention, la République et la liberté. S'il faut ou décréter cette convocation ou nous livrer aux vengeances de nos ennemis, si vous êtes réduits à cette alternative, n'hésitez pas entre quelques hommes et la chose publique ; jetez-nous dans le gouffre et sauvez la Patrie. Mais si la convocation des assemblées primaires peut avoir des effets désastreux, l'ordre du jour pur et simple, que quelques-uns de nos collègues proposent de prononcer sur la pétition qui nous occupe, peut avoir des effets plus désastreux encore. Je ne l'analyserai pas, vous la connaissez tous ; elle n'est que le commentaire de celle que l'on vous proposait au moment du complot du 10 mars. Ce complot est avorté, mais les auteurs sont demeurés impunis ; aussi ne se sont-ils pas découragés. Ils se sont dit : la Convention forme un faisceau trop robuste pour que nous puissions le briser ; arrachons-en quelques branches, nous l'aurons affaiblie d'autant. Ce premier succès nous en facilitera de nouveaux et annoncera le jour où nous pourrons enfin la fouler aux pieds.

« Maintenant sachez les moyens employés pour faire signer cette pétition. Ses rédacteurs et leurs amis se répandent au même instant dans les sections de Paris. Chaque émissaire dit à la section où il se présente :
« — Voici une pétition qu'il faut signer. — Lisez-la. —
« Inutile, elle est déjà adoptée par la majorité des sec-
« tions. » — Ce mensonge réussit auprès de quelques-unes d'entre elles, où plusieurs individus signent de bonne foi, sans lire. Dans plusieurs, on lit et on refuse de signer. Dans d'autres, on lit et on se contente de passer à l'ordre du jour. Qu'arrive-t-il ? Les intrigants et les meneurs demeurent jusqu'à ce que les bons citoyens se soient retirés. Alors, maîtres de la délibération, ils décident qu'il faut signer la pétition, et ils la signent. Le lendemain, quand les citoyens arrivent à la section, on leur présente la pétition à signer et on se prévaut contre eux de la délibération prise la veille. S'ils veulent faire quelques observations, on leur répond par ces mots terribles : Signez, ou point de certificat de civisme ! Et, comme sanction à cette menace, plusieurs sections, où règnent en maîtres les rédacteurs des listes de proscription, décident que l'on changera les cartes

civiques et refusent d'en accorder de nouvelles à ceux qui ne veulent pas signer la pétition. On ne s'en tient pas à ces manœuvres : on aposte dans les rues des hommes armés de piques pour forcer les passants à signer. Tous ces faits sont notoires ; il n'est personne qui puisse les contredire ; ils seraient attestés par plus de dix mille témoins [1].

« Cette pétition ne fait que ressasser les faits contenus dans la dénonciation de Robespierre. Guadet et moi, nous croyons avoir déjà répondu victorieusement à toutes ces impostures. De deux choses l'une : ou nous vous avons démontré que nous sommes sans reproches, ou notre réponse vous a paru insuffisante et l'accusation de Robespierre digne d'être poursuivie judiciairement. Envoyez-nous devant le Tribunal révolutionnaire,

---

1. Nous trouvons dans un écrit de Lanjuinais quelques traits nouveaux à ajouter au tableau si saisissant que vient de tracer Vergniaud. « Des commissaires de la Commune, accompagnés de secrétaires municipaux, avec table, encre, papier et registres, se promenaient dans Paris au son d'un tambour d'alarme et précédés d'une milice. Ils demandaient et recueillaient les signatures des passants contre les vingt-deux. Il y avait, de temps en temps, des haltes solennelles où on déclamait contre les députés qu'on voulait proscrire. »

Il était tout naturel que les meneurs de l'Hôtel de Ville, après avoir exercé une pression aussi violente dans l'intérieur des sections et même sur la voie publique, suivissent les mêmes pratiques à l'égard des membres du Conseil général. On trouvera à la fin du volume, dans la note relative aux officiers municipaux dénoncés par Tison, des extraits du procès-verbal du Conseil général de la Commune qui nous font connaître la manière dont fut traité par ses collègues le courageux Lepitre, pour avoir osé biffer la signature qu'il avait apposée par erreur au bas de la fameuse pétition.

si nous sommes coupables; imposez silence à la calomnie, si nous sommes purs. »

L'Assemblée presque tout entière se lève et applaudit le grand orateur girondin. Aux voix! s'écrie-t-on de toutes parts. Féraud et Chiappe proposent de déclarer que les membres inculpés n'ont pas cessé d'avoir la confiance de la représentation nationale.

« Non ! s'écrie Penières, ce serait une flagornerie indigne de la Convention. » Et, sur sa proposition, l'Assemblée adopte le décret suivant : « La Convention « nationale improuve comme calomnieuse la pétition « qui lui a été présentée, le 15 de ce mois, au nom de « trente-cinq sections, adoptée par le Conseil général « de la Commune de Paris et tendant à proscrire vingt- « deux de ses membres. »

Comme pour compléter le triomphe de la Gironde, Delaunay jeune vient, un instant après, au nom du Comité de législation, lire l'acte d'accusation contre Marat. Le décret cette fois est rendu sans débat [1].

---

[1]. Cet acte n'était à peu près que la répétition, avec de nombreuses citations à l'appui, du rapport fait déjà par Delaunay jeune, le 13 avril. Voir plus haut, p. 134. Deux représentants du nom de Delaunay siégeaient à la Convention, ils étaient frères et tous deux députés de Maine-et-Loire. L'aîné appartenait à la Montagne; il fut compromis dans l'affaire de la falsification du décret relatif à la Compagnie des Indes, traduit au Tribunal révolutionnaire avec Chabot, Fabre d'Églantine, Danton et Camille Desmoulins, et périt avec eux le 5 avril 1794. Le second, qui fut l'organe du Comité de législation dans l'affaire de Marat, siégeait à la Plaine; il survécut à la tempête révolutionnaire et devint président du tribunal criminel de Maine-et-Loire, puis président de chambre à la cour impériale d'Angers.

Mais la Montagne avait juré de prendre, avant la fin de la journée, sa revanche de la double défaite qu'elle venait d'essuyer ; aussi s'empare-t-elle du premier incident qui surgit, pour montrer une fois de plus à ses adversaires ce que peuvent la persévérance et l'audace.

Obéissant aux ordres de la Convention, Réal, l'un des substituts de Chaumette, et Coulombeau, greffier en chef, se présentent à la barre et déposent sur le bureau du président le registre des délibérations du Conseil général. L'un des secrétaires de l'Assemblée donne lecture des arrêtés pris dans la séance du 15.

Arrivé à un certain passage, il s'arrête et fait observer que les deux dernières lignes du réquisitoire de Chaumette sont fraîchement écrites et paraissent substituées à d'autres. Coulombeau répond qu'au milieu des affaires qui se pressent à la Commune, il n'est pas étonnant qu'il se glisse dans les actes quelques erreurs de rédaction. C'est le greffier-adjoint Dorat-Cubières qui, dit-il, avant de lire le procès-verbal au Conseil, a fait la rectification que l'on signale.

Cette réponse excite de nombreux murmures, mais Robespierre jeune s'élance à la tribune : « Citoyens, dit-il, vous venez d'entendre ces délibérations que l'on voulait incriminer ; qu'y avons-nous vu ? Que la Commune de Paris s'est déclarée en état de révolution. En cela, elle n'a fait qu'imiter la nation tout entière ; le peuple français est en révolution, parce qu'il est en guerre contre les tyrans de l'extérieur et les traîtres de l'intérieur. Le Conseil général n'aurait pas répondu à la confiance du peuple de Paris, il n'aurait pas été à la hauteur des circonstances, s'il n'avait pas pris les arrêtés que l'on vous a dénoncés. On a fait un crime à la Commune d'avoir établi un Comité de correspondance; mais la nécessité d'une pareille mesure n'était-elle pas démontrée par les calomnies que l'on vomit contre elle à cette tribune? On l'accuse de vouloir renverser la Convention et se mettre à sa place. Ne lui doit-il pas être permis de désabuser les départements? N'a-t-elle pas toujours montré, au contraire, le plus grand respect pour la représentation nationale? C'est précisément pour que le respect qui est dû à la Convention nationale lui soit rendu, qu'elle a demandé que la Convention fût purgée, que les traîtres qui ont conspiré contre la patrie, qui ont entretenu des correspondances criminelles avec les conspirateurs, fussent renvoyés de son sein. »

Le frère et le séide du grand prêtre de la démagogie continue longtemps encore à développer les accusations, qu'une heure auparavant la Convention a déclarées calomnieuses. La majorité l'écoute avec patience et longanimité. Elle ne s'émeut que lorsqu'on demande les honneurs de la séance pour les officiers municipaux. — « Ce serait un scandale! » s'écrie Valazé. — « Ce serait contraire à un décret formel, ajoute Lanjuinais. Vous avez décidé qu'aucun accusé ne pourrait être admis à ces honneurs, s'il n'avait fait agréer sa justification par l'Assemblée. »

On propose l'ordre du jour sur la demande d'admission. Une première épreuve paraît douteuse; à la seconde, le président, après avoir pris l'avis des secrétaires, déclare que l'ordre du jour est adopté.

Mais la gauche proteste avec violence ; elle insiste pour que l'on procède à l'appel nominal ; la droite s'y refuse énergiquement. Deux heures se passent dans un tumulte épouvantable. La séance a été ouverte à dix heures du matin, et il est minuit. Qui pourrait résister à une fatigue si prolongée, qui pourrait continuer à vivre dans cette pesante atmosphère où l'air n'est plus respirable ? Les bancs de la droite et des centres se dégarnissent peu à peu. La Montagne reste seule et fait procéder à l'appel nominal ; 149 membres y prennent part, et accordent les honneurs de la séance aux officiers municipaux [1].

Une minorité factieuse et turbulente, qui n'était en définitive que le cinquième de l'Assemblée, l'avait, une

1. Voici comment cette scène fut racontée le lendemain, à la séance du Conseil général de la Commune, par Réal, le futur conseiller d'État de S. M. l'Empereur Napoléon Ier :

« Le Substitut du Procureur de la Commune rend compte de la manière dont il a été reçu avec ses collègues à la Convention nationale ; il expose le tableau de toutes les scènes affligeantes qui ont eu lieu et des efforts employés par un certain parti pour jeter sur la Commune de Paris de la défaveur.

« Il ajoute que toute la partie patriote a donné aux membres du Conseil les marques de la plus franche cordialité et les a amplement dédommagés des petits désagréments qu'ils avaient essuyés de la part des aristocrates.

« Il termine par dire qu'après une agitation de six heures et une lutte des plus indécentes, ils ont été admis à assister à la séance.

« Le Conseil général applaudit aux détails donnés par le citoyen Réal. »

fois encore, par sa hardiesse et sa persévérance, emporté sur une immense majorité. Les énergumènes avaient le secret de leur force : de l'audace, encore de l'audace et toujours de l'audace, tel était le mot d'ordre que Danton leur avait donné. Ils y étaient fidèles.

III.

Marat, qui s'était soustrait pendant une semaine entière au mandat d'arrêt lancé contre lui, se constitue prisonnier la veille du jour assigné pour sa comparution devant le Tribunal révolutionnaire [1]. A peine est-il écroué depuis une heure à la Conciergerie, que plusieurs officiers municipaux et administrateurs de police y accourent pour veiller, disent-ils, à la sûreté de l'*Ami du peuple*. On pourvoit avec une sollicitude toute particulière à ses moindres besoins ; quand il veut souper, on a soin de faire accompagner les plats et de cacheter les carafes, comme si on craignait que quelque Borgia n'eût le dessein d'attenter à une vie si précieuse.

Le 22 avril, la salle du Tribunal révolutionnaire regorge de spectateurs, tous dévoués à l'accusé, tous prêts à venger les outrages qui pourraient être faits « à leur fidèle défenseur [2]. » Dès le premier moment, le

---

1. Nous donnons à la fin de ce volume plusieurs documents inédits sur le procès de Marat.
2. Ce sont les expressions mêmes dont se sert Marat dans *le Pu-*

Tribunal et les jurés reçoivent Marat avec de singulières marques de déférence. C'est lui qui préside, c'est lui qui dirige les débats, c'est lui qui triomphe. Les juges et l'accusateur public ne sont, dans cette ignoble comédie, que des comparses qui donnent la réplique à l'accusé. Celui-ci, après avoir répondu aux questions d'usage, ajoute avec sa modestie ordinaire : « Citoyens, ce n'est pas un coupable qui paraît devant vous ; c'est l'apôtre et le martyr de la liberté. Ce n'est qu'un groupe de factieux et d'intrigants qui a porté un décret d'accusation contre moi. »

Le débat se perd comme à dessein dans des incidents puérils, qui n'ont aucun trait au fond du procès. Les témoins que Fouquier-Tinville a fait assigner ne viennent pas déposer contre l'accusé, mais bien contre les rédacteurs du *Patriote français* qui ont insinué qu'un jeune Anglais s'était suicidé après la lecture d'un numéro du journal de Marat. Que faisait ce suicide, vrai ou prétendu, aux accusations formulées par la Convention contre l'*Ami du peuple* ?

On se sert de ce prétexte pour mander à la barre du tribunal Girey-Dupré, rédacteur en chef du *Patriote*, et Thomas Payne, dans la maison duquel demeurait le jeune Anglais. Marat veut qu'on fasse comparaître Brissot, qui a, selon lui, rédigé cette note, sur laquelle juges et accusé ont eu l'adresse de faire porter le débat.

Naturellement, cette demande est accueillie par le

---

bliciste français, où il raconte fort peu modestement son procès et son triomphe.

Tribunal et transmise par les soins du président à la Convention [1]. L'audience continue néanmoins et le président Montané laisse la discussion s'égarer sur les questions les plus oiseuses et les plus étrangères au procès. L'accusateur public n'adresse aucune interpellation au prévenu; il ne le presse sur aucun point. Le président ayant demandé à Marat s'il a quelque chose à ajouter pour sa défense, celui-ci lit un long discours où il signale à la vindicte publique l'ignorance crasse, l'absurdité, l'iniquité, la perfidie, l'acharnement de ses vils détracteurs. « Le décret de la Convention, dit-il, a été rendu par 210 membres de la faction des hommes d'État contre les réclamations de 92 membres de la Montagne, c'est-à-dire par 210 ennemis de la patrie

---

[1]. La Convention passa à l'ordre du jour sur cette demande et Brissot ne vint pas, comme Marat l'espérait, honorer de sa présence le triomphe de son adversaire.

Nous avons retrouvé la lettre que le président du Tribunal révolutionnaire écrivait au président de la Convention; elle est ainsi conçue:

« Citoyen président,

« La cause de Marat est maintenant soumise aux jurés du Tribunal révolutionnaire. La déposition d'un témoin indique le citoyen Brissot, l'un des membres de la Convention, comme l'auteur d'une note insérée dans *le Patriote français*. Le Tribunal a arrêté, sur les réquisitions de l'accusateur public, que le citoyen Brissot serait invité de se rendre sur-le-champ à l'audience par votre organe. J'ai l'honneur de vous adresser mon vœu et celui du Tribunal.

« Salut et fraternité.

« Le président du Tribunal révolutionnaire,

« J.-B.-M. MONTANÉ.

« A midi moins un quart, ce 24 avril 1793 an IIe, dans le Palais de justice et à l'audience. »

contre 92 défenseurs de la liberté. Il a été rendu au milieu du vacarme le plus scandaleux, durant lequel les patriotes ont couvert d'opprobre les royalistes, en leur reprochant leur incivisme, leurs turpitudes et leurs machinations. Il a été rendu contre la manifestation la plus marquée de l'opinion publique et au bruit des huées continuelles des tribunes [1]. »

Chaque phrase de ce plaidoyer ou plutôt de ce réquisitoire est accueillie avec enthousiasme par le public qui remplit la salle. Le président ne songe pas même un instant à réprimer les bruyantes manifestations de l'auditoire et encore moins à faire justice, par quelques paroles de blâme, des outrages que l'*Ami du peuple* vient de lancer contre l'assemblée souveraine des représentants de la nation. Il se contente de poser au jury la question de savoir si Jean-Paul Marat s'est rendu coupable des délits relevés dans l'acte d'accusation. Les jurés se retirent dans la salle de leurs délibérations, et reviennent quelques instants après avec un verdict d'acquittement.

A peine la foule laisse-t-elle au président Montané le temps de prononcer la formule consacrée. Elle se précipite vers Marat avec des hurlements de joie. Il est entouré, pressé, suffoqué. On semble vouloir l'étouffer

---

1. La peinture que Marat lui-même fait de la séance du 13 avril démontre mieux que tous les documents de l'époque l'effroyable pression à laquelle était en butte la majorité de la Convention, toutes les fois qu'elle avait le courage de ne pas obtempérer immédiatement aux injonctions des démagogues et de leurs affidées en jupons, vulgairement appelées du nom de *tricoteuses*.

sous les embrassades fraternelles et les couronnes civiques. Deux hommes vigoureux l'enlèvent et le placent sur un fauteuil. Des officiers municipaux, des gardes nationaux, des gendarmes, des soldats forment la haie qui protége le triomphateur. Arrivé au haut du grand escalier du Palais, le cortége s'arrête pour que les citoyens rassemblés sur les marches et dans la grande cour aient le loisir de contempler les traits du prétendu martyr.

On se met ensuite en marche vers la Convention. Le long de la route, à chaque pas, les ovations se renouvellent. Le misérable folliculaire reçoit avec une touchante modestie les témoignages d'amour de son peuple. La foule, toujours avide d'émotions, s'entasse sur les ponts, sur les degrés des églises, pour voir passer cette mascarade. Depuis le triomphe des quarante Suisses de Château-Vieux, organisé par Collot-d'Herbois[1], jamais spectacle plus étrange n'avait été offert à la badauderie parisienne.

Pauvres gens qui battez des mains, savez-vous à quoi vous applaudissez? Au triomphe de la démagogie, qui porte dans ses flancs la terreur, la famine et la banqueroute. Ne croyez pas que votre obscurité vous sauvera d'un de ces fléaux. Les hommes des conditions les plus infimes monteront sur l'échafaud aussi bien que les nobles et les aristocrates. La famine, que le manimum, demandé en votre nom, doit nécessairement amener, pèsera lourdement sur vous, sur vos femmes, sur vos enfants. La banqueroute, que prépare la multi-

1. Voir t. Ier, p. 87.

plication insensée des assignats, sera tout entière à votre charge, parce que les habiles se déferont à temps de ces chiffons de papier que votre prudence imprévoyante aura conservés dans l'espérance chimérique de les voir reprendre un jour quelque valeur.

Le cortége arrive enfin aux portes de la Convention. Sur tous les bancs se répand la nouvelle de la visite qui menace l'Assemblée. Beaucoup de députés sortent pour ne pas être témoins du scandaleux triomphe. D'autres demandent qu'on lève la séance. Mais déjà la barre est envahie par les soi-disant pétitionnaires. Rocher, le sapeur, est à leur tête, et porte la parole en leur nom. « Nous vous ramenons, dit-il, le brave Marat. Marat a toujours été l'ami du peuple, le peuple sera toujours pour Marat ; nous demandons l'autorisation de défiler devant l'Assemblée. »

Le président Lasource répond : « Citoyens, vous vous réjouissez de ce que la loi n'a pas trouvé de coupable. Tout bon citoyen doit s'en réjouir ; car les bons citoyens n'en cherchent jamais et s'affligent d'en trouver. La Convention va examiner votre demande. » Roux (de la Marne) insiste pour qu'elle soit immédiatement adoptée : « Le Tribunal, dit-il, a déclaré Marat innocent ; le peuple vous l'amène, la Convention doit se faire honneur d'applaudir au zèle des citoyens qui donnent cette marque de confiance à un représentant du peuple. Il est bon d'ailleurs que les départements aient cette preuve du respect des Parisiens pour la Convention nationale. »

Dans ce moment même, la tourbe qui précède le

triomphateur se précipite dans la salle, aux cris mille fois répétés de : vive Marat! vive la République! vive la Montagne! L'*Ami du peuple* paraît, le front ceint des couronnes civiques qui lui ont été offertes. Il est porté, dans les bras de ses séides, jusqu'à la crête de la Montagne. Arrivé à sa place habituelle, il reste debout, et promène un regard orgueilleux sur ses amis et ses ennemis. L'avorton veut jouer le rôle de Jupiter Tonnant. Après avoir savouré à longs traits l'ambroisie du triomphe, il dépose modestement entre les mains de ses voisins les couronnes dont il est surchargé et se dirige vers la tribune. Une triple salve d'applaudissements l'y accueille ; il est obligé d'attendre que l'enthousiasme de ses admirateurs soit quelque peu apaisé.

« Législateurs, dit-il, les témoignages de civisme et de joie qui éclatent dans cette enceinte sont un hommage rendu à la représentation nationale, à l'un de vos collègues dont les droits sacrés avaient été violés. J'ai été perfidement inculpé ; un jugement solennel a fait triompher mon innocence. Je vous rapporte un cœur pur, et je continuerai de défendre les droits de l'homme, du citoyen et du peuple avec toute l'énergie que le ciel m'a donnée. »

A peine Marat est-il descendu de la tribune, que ses amis le forcent d'y remonter pour écouter la réponse du président. Ils veulent faire constater une fois de plus leur triomphe par un de leurs plus violents adversaires, par Lasource lui-même. Mais celui-ci se tire adroitement de cette position embarrassante.

« L'usage, dit-il, est de ne répondre qu'aux citoyens

qui présentent des pétitions. Or Marat n'est point ici comme pétitionnaire, mais comme représentant du peuple. »

Les Montagnards sont obligés de se contenter de cette réponse évasive. Mais Danton tient à faire boire à ses adversaires le calice jusqu'à la lie. Il réclame pour les braves citoyens qui ont ramené Marat l'honneur de défiler devant l'Assemblée; puis, ce défilé accordé et opéré, il demande que lecture soit faite du jugement qui acquitte l'*Ami du peuple*, que le jugement soit inséré au procès-verbal, ainsi qu'au bulletin envoyé aux départements et aux armées.

La démagogie, comme tous les cultes nouveaux, avait résolu de détrôner tout ce qui, avant elle, était en possession de la vénération publique ; elle n'aspirait à rien moins qu'à remplacer les saints du calendrier catholique par des saints d'une nouvelle espèce. N'ayant pu réussir à en trouver un nombre suffisant, elle se rabattit plus tard sur les plantes, les légumes et les instruments aratoires. Mais, à ce moment, elle était dans toute la ferveur du premier zèle, et, ayant fait de Marat presque un Dieu, elle résolut de canoniser le héros du faubourg Saint-Marceau, Lazouski, qu'une maladie aiguë venait d'enlever en quelques jours.

Le 28 avril, la section du Finistère apporte en grande pompe à l'Hôtel de Ville le corps du capitaine de ses canonniers. Pache, à la tête d'une députation du Conseil général, reçoit, au bas du perron, avec de grandes démonstrations de respect, ces restes précieux. On les porte à bras jusque dans la salle du Conseil; là on entend successivement deux ou trois discours plus emphatiques les uns que les autres, où sont célébrées les vertus du défunt. Sa fille est présentée aux représentants de la Commune, qui déclarent l'adopter ; Chaumette l'embrasse et pose sur sa tête une branche de la couronne dont les canonniers du Finistère ont orné le front de leur ancien commandant.

Le cortége se remet en marche et va ensevelir le prétendu héros du 10 août sur le théâtre même de ses exploits, sur la place du Carrousel[1].

---

1. La possession du cœur du nouveau saint fut disputée entre la Commune, le club des Jacobins et la section du Finistère ; celle-ci finit par l'emporter et le déposa pieusement dans le lieu de ses séances. Nous ignorons ce qu'il est devenu.

A propos de ce héros de la démagogie parisienne, nous devons rectifier une erreur, dans laquelle nous sommes tombé et où étaient tombés avant nous la plupart des historiens de la Révolution. Sur la foi de M*me* Roland, qui a consacré un chapitre tout entier de ses *Mémoires* au portrait de Lazouski, tous ceux qui ont eu à s'occuper du héros crapuleux du faubourg Saint-Marceau l'ont représenté comme ayant été, sous l'ancien régime, un élégant courtisan, un collègue de Roland dans l'inspection des manufactures, un commensal de l'hôtel du duc de la Rochefoucauld-Liancourt. M*me* Roland, qui avait eu, avant 1789, des relations suivies avec le collègue de son mari, mais n'avait probablement jamais vu l'homme des massacres de septembre, a réuni sur une seule tête ce qui concernait deux frères, l'un resté fidèle aux devoirs de la reconnaissance, et qui montra même, après le 10 août, un dévouement sans bornes au duc de la Rochefoucauld-Liancourt ; l'autre qui, après une jeunesse fort orageuse, se jeta dès le commencement de la Révolution dans tous les excès, dans toutes les débauches, et fut à sa mort l'objet des regrets de Robespierre et de ses amis.

Ce sont les Mémoires de Lacretelle jeune (*Dix Années d'épreuves pendant la Révolution,* p. 67 et 110 de l'édition de 1822), qui nous ont fait reconnaître cette erreur. Personne mieux que cet écrivain

Quelques jours plus tard, pour que rien ne manquât aux honneurs rendus à la mémoire de Lazouski, Robespierre prononça son panégyrique dans la principale basilique consacrée au nouveau culte, au club des Jacobins.

IV.

Après les scènes que nous venons de raconter, nous craindrions de fatiguer nos lecteurs en retraçant, jour par jour, tous les incidents de la lutte de plus en plus acharnée de la Gironde et de la Montagne. Il nous est cependant impossible de passer sous silence quelques-uns des épisodes qui marquèrent les séances des 29 et 30 avril et du 1er mai.

Le Comité de sûreté générale avait fait arrêter un député-suppléant des Bouches-du-Rhône, Mainvielle, qui arrivait à Paris pour occuper la place de l'ami de Barbaroux, Rebecqui, que des dégoûts de toutes sortes avaient engagé à donner sa démission. Le mandat d'arrêt avait été motivé sur une prétendue rixe qui avait eu lieu entre Mainvielle et Duprat aîné, président du tribunal de Vaucluse, frère du député de ce nom, mais depuis longtemps brouillé avec lui.

Mainvielle, aussitôt après son arrestation, écrit à

---

n'était à même de savoir ce qu'il en était, puisqu'il vivait dans l'intimité du duc de la Rochefoucauld. Il faut donc, dans l'intérêt de la vérité, dédoubler le personnage de Lazouski et en faire deux individus distincts, l'un digne de toutes nos sympathies, l'autre ne méritant que nos mépris.

la Convention et invoque son inviolabilité. Mais à peine sa lettre a-t-elle été lue par l'un des secrétaires, que Basire s'élance à la tribune. « Un député, dit-il, n'est revêtu de l'inviolabilité parlementaire que lorsque ses pouvoirs ont été vérifiés, et que, après avoir prêté serment, il s'est assis parmi les représentants du peuple. »

L'ordre du jour est vivement réclamé par la Montagne. Mais Guadet demande la parole et n'a pas de peine à réfuter l'hérésie que Basire vient d'énoncer. « Un suppléant est inviolable, dit-il, à l'instant même où son rang l'appelle à remplacer un démissionnaire ; un suppléant tient son caractère, non du procès-verbal de la Convention nationale qui l'admet dans son sein, mais de celui de l'assemblée électorale. S'il en pouvait être autrement, une partie de la Convention, la Convention tout entière pourrait être arrêtée par la première autorité venue, le jour même où elle s'assemblerait pour commencer ses fonctions. Je reviens à la question particulière. On dit que Mainvielle et ses deux amis ont été arrêtés en flagrant délit. Mais, d'après le récit même de Basire, ce flagrant délit n'existe pas. Le Comité de sûreté générale, par une véritable lettre de cachet, est intervenu dans cette affaire qui n'était pas de sa compétence. Sans doute, en instituant le Comité, vous n'avez pas cru l'investir du droit de lancer des mandats d'arrêt à raison de rixes particulières. Vous avez dû croire que, sinon vos décrets, du moins le soin de sa gloire, celui de sa dignité, l'empêcheraient de descendre à des actes dignes tout au plus d'un commissaire de police. »

La Montagne éclate en murmures, mais l'orateur

girondin dédaigne les interruptions dont il est assailli et continue en faisant allusion au récent épisode des obsèques de Lazouski : « Vous prétendez qu'il y a un complot formé pour assassiner les patriotes, et ce sont ces prétendus patriotes qui nous entourent de complots. La postérité sera bien étonnée lorsqu'elle apprendra qu'on a voulu décerner l'apothéose à un homme convaincu d'avoir été à la tête des pillards et d'avoir voulu marcher, dans la nuit du 9 mars, pour dissoudre la Convention. »

« Oui, s'écrie Legendre, on veut assassiner les patriotes ! Lepelletier, Léonard Bourdon ont été égorgés ; on ne sait si Lazouski n'a pas été empoisonné ; ceux qui ont voté l'appel au peuple ont-ils été l'objet du moindre sévice? Lâches conspirateurs, sachez que je n'hésiterai pas à faire rougir le fer avec lequel on marquera l'ignominie sur votre front ! »

Fonfrède prend à son tour la parole : « Je ne suis ni ne veux être le défenseur des assassins et des lâches, mais je suis celui de la représentation nationale. Si quelques individus ont mérité qu'on leur appliquât sur le front le fer chaud de l'infamie, ce sont les agents du Comité, qui, outre-passant leurs pouvoirs, ont non-seulement arrêté les trois citoyens désignés dans le mandat d'arrêt du Comité de sûreté générale, mais encore ont retenu en détention arbitraire quatre membres de la Convention qui se trouvaient par hasard dans le même appartement. Je reviens à la question particulière à Mainvielle. Est-il député? L'est-il par le fait seul de son élection comme suppléant et par la démission de celui qu'il vient remplacer? Oui. Je respecte la Convention, mais je ne tiens ni ne veux tenir d'elle aucun de mes pouvoirs ; ils m'ont été confiés par le peuple. Le procès-verbal de l'assemblée électorale de mon département, voilà mon titre. Vous l'avez vérifié ; c'est une formalité que vous avez remplie, et non une autorité nouvelle que vous m'avez concédée. »

Garnier de Saintes, Marat, Maure, veulent encore soutenir les actes du Comité de sûreté générale; l'Assemblée coupe court à la discussion et déclare que Mainvielle était député au moment de son arrestation. Puis, sur la proposition de deux Girondins, Penières et Barbaroux, désireux de faire preuve d'impartialité dans une cause qui intéresse un de leurs amis, elle décide que le nouveau représentant des Bouches-du-Rhône sera consigné chez lui, que les Comités de législation et de sûreté générale feront incessamment un rapport sur cette affaire, qu'en attendant, Mainvielle sera libre de venir à l'Assemblée avec le garde chargé de le surveiller.

V.

Le lendemain, l'ordre du jour appelait la question des subsistances. Ducos ouvre la discussion en défendant les vrais principes de l'économie politique; il s'élève contre l'idée de taxer les grains ou d'établir un maximum, ce qui est, suivant lui, exactement la même chose. Mais il est sans cesse interrompu par les murmures des Montagnards, qui, ne sachant que flatter les passions de la multitude, épousent tous ses préjugés, préconisent toutes ses erreurs.

Les tribunes se mettent bientôt de la partie ; à chaque phrase prononcée par l'orateur girondin, elles répondent par des cris multipliés : « A bas ! à bas ! »

Guadet s'élance à la tribune et réclame la parole : « Citoyens, dit-il, une représentation avilie n'existe déjà plus. Tout palliatif pour sauver sa dignité est une lâcheté. Il est temps de faire cesser cette lutte entre la nation entière et une poignée de contre-révolutionnaires déguisés sous le nom de patriotes. »

Les murmures de la Montagne et des tribunes accueillent ces paroles ; mais le bouillant orateur n'en continue pas moins : « Oui, j'appelle et j'ai raison d'appeler contre-révolutionnaires ceux qui outragent, avilissent, menacent la Convention. Que peuvent en effet désirer les rois et les tyrans coalisés contre vous ? Rien tant que de vous voir menacés, avilis, outragés. Ils savent bien que, dans cet état, vous ne pourrez donner une constitution au peuple, ou que celle que vous lui donnerez se ressentira nécessairement de l'avilissement dans lequel on veut vous plonger. Eh bien, je vais faire une proposition qui révoltera sans doute tous ceux qui n'ont pas dans le cœur l'amour de la République et de la liberté. Je demande que la Convention décrète qu'elle tiendra lundi sa séance à Versailles. »

Cette proposition inattendue provoque les applaudissements de la droite et les murmures de la gauche.

Un jeune homme se lève : c'est Viger, un nouveau représentant de Maine-et-Loire qui a quitté les rangs de l'armée, où il servait comme simple grenadier, pour remplacer un député démissionnaire. Il n'est pas encore accoutumé à l'insolence des tribunes et aux défaillances de l'Assemblée. Aussi s'écrie-t-il avec la franchise et l'audace qu'il a puisées dans les camps : « Pourquoi ajourner notre départ pour Versailles jusqu'à lundi? Ce serait donner aux malveillants les moyens de l'empêcher. Quant à moi, je demande qu'au premier murmure des tribunes, nous nous retirions tous et marchions à Versailles, le sabre à la main! »

Cette motion est le signal du plus violent tumulte. Le président est, comme la veille, obligé de se couvrir. Sur la demande même de plusieurs Montagnards, notamment de Levasseur et de Danton, l'Assemblée ordonne de faire évacuer la tribune d'où sont parties les vociférations les plus véhémentes. Mais les citoyens qui l'occupent préviennent l'exécution de cet ordre, et abandonnent la place en faisant signe à leurs affidés des autres tribunes d'imiter leur exemple. Le calme se rétablit peu à peu. Ducos peut enfin continuer son discours étincelant de verve et d'esprit.

« Le tumulte scandaleux, dit-il, qui m'a troublé dans le cours de mon opinion, tient non-seulement aux causes habituelles de désordre et d'irrévérence qui agitent les tribunes de cette assemblée, mais encore aux préjugés invétérés du plus grand nombre des citoyens de Paris sur la matière des subsistances, préjugés qui, pour le dire en passant, leur ont été inspirés par le despotisme, quand il donnait autrefois le pain à bon marché au peuple, pour avoir à son tour bon marché de son silence et de sa soumission. La doctrine que je prêche fut de tout temps celle des amis éclairés de la liberté ; celle que je combats n'est autre que le système de gêne, de taxations, de recensements, de visites domiciliaires, d'amendes, d'emprisonnements, pratiqué par les parlements, les intendants, les conseils d'État et tous les agents et sous-agents de l'ancien régime.

« La taxe, pour être équitable, devrait être proportionnée à une foule de frais, d'avances, de salaires dont le prix, variant sans cesse, devrait aussi faire varier chaque jour celui de la taxe. Le commerce libre peut seul suivre tous les degrés de ces variations.

« Si vous voulez fixer le prix du grain, il faut tout taxer ; c'est le seul moyen d'établir une proportion entre le prix des choses et les salaires. Mais, croyez-le, cette proportion s'établira bien mieux par la force des choses que par tous vos calculs. Savez-vous quelle est la cause du renchérissement des denrées ? C'est la surabondance du papier-monnaie, dont les dépenses nécessitées par la guerre vous ont fait faire des émissions considérables. Il n'en est pas de la surabondance du papier circulant comme de la surabondance des monnaies d'or et d'argent ; celles-ci s'exportent soit en nature, soit fondues en lingots ; mais le papier ne s'exporte pas ; car, en sortant du pays où on l'a émis, il est séparé de son gage. Les étrangers ne peuvent apprécier la solide hypothèque que présentent nos assignats. Vous ne pouvez en étendre la circulation au dehors ; hâtez-vous donc de diminuer au dedans la masse de votre monnaie fiduciaire.

« On dit que la taxe que l'on propose d'établir sur les grains ne sera que momentanée, qu'elle est avant tout une mesure révolutionnaire. J'adopte les mesures révolutionnaires qui font vivre, non pas celles qui font mourir de faim. »

Nous n'avons pu résister au plaisir de montrer que, dans ces temps de trouble et d'anarchie, les vrais principes de l'économie politique étaient déjà professés par quelques hommes dont les vues larges, les connaissances variées, faisaient un si singulier contraste avec la stupide ignorance de la tourbe jacobine. Ces quelques hommes payèrent, de leur popularité d'abord, de leur tête ensuite, le tort d'avoir trop raison.

Écoutons maintenant la réponse que des pétitionnaires du faubourg Saint-Antoine firent le lendemain aux discours si sensés de Ducos et de Fonfrède.

« Mandataires du Souverain, disait l'orateur, les hommes du 14 juillet, des 5 et 6 octobre, du 20 juin et du 10 août, et de tous ces jours de crise, sont à votre barre pour vous y dire des vérités dures, mais que des républicains ne rougissent pas et ne craignent pas de dire à leurs mandataires. Rassemblés dans cette enceinte pour opérer le salut public, répondez, qu'avez-vous fait ? Vous avez beaucoup promis et rien tenu. Nous venons aujourd'hui vous demander :

« 1° De faire partir pour l'armée non-seulement tous les militaires qui sont à Paris, mais encore tous les signataires de pétitions anticiviques, tous les gens suspects d'incivisme, tous les célibataires depuis l'âge de dix-huit ans jusqu'à cinquante ans, y compris les ministres du culte catholique, tous les hommes veufs et sans enfants ;

« 2° D'établir dans chaque département une caisse où tous les propriétaires, ayant un revenu net de plus de deux mille livres, seront tenus de verser la moitié du surplus de leur revenu ; d'ordonner que les sommes portées dans cette caisse soient réparties en proportions égales du nombre des nécessiteux de chaque commune et de chaque section ; que cette caisse subvienne également à l'armement et à l'équipement des défenseurs de la patrie

« 3° Qu'un maximum soit établi pour régler le prix de toutes les denrées nécessaires à la vie.

« Mandataires du peuple, voilà nos moyens de sauver la chose publique ; nous les croyons les seuls infaillibles. Si vous ne les adoptez pas, nous vous déclarons, nous qui voulons la sauver, que nous sommes en état d'insurrection ; dix mille hommes sont à la porte de cette enceinte..... »

De violentes rumeurs, parties de tous les points de la salle, empêchent l'orateur de continuer. Mazuyer s'élance à la tribune.

« Les représentants du peuple, dit-il, ne courberont leurs têtes sous aucun joug. Les poignards des assassins ne peuvent rien contre eux ; je ne vous proposerai pas de quitter Paris dans cet instant. »

« — Non, non ! jamais ! » s'écrie-t-on de toutes parts.

« — C'est à Paris, ajoute Fonfrède, c'est à Paris que nous saurons mourir ou faire triompher la liberté ! »

« — En arrivant ici, reprend Mazuyer, nous nous

sommes dévoués à tous les événements, à tous les périls ; mais, en nous dévouant à la mort, sauvons la République ; ne laissons pas les choses arriver à un tel point que si les assassins venaient nous égorger tous, il ne restât pas d'autorité légitime. Ne laissons pas le pouvoir passer entre les mains de Paris, qui a tenté plusieurs fois de l'usurper. Je demande que, dans huit jours, nos suppléants soient réunis à Tours ou à Bourges, et que, dans le cas où la Convention serait anéantie, ils se saisissent à l'instant même de l'autorité. Je demande que le comité de correspondance établi entre la Commune de Paris et les 44,000 municipalités de la République soit cassé, que tous les papiers de ce Comité soient saisis, et que l'examen en soit envoyé à une commission nommée à cet effet. »

La Montagne comprend que ses affidés ont été trop loin ; aussi Brival, Mallarmé, Thuriot, viennent-ils déclarer qu'ils sont autorisés, par la plus grande partie des pétitionnaires rassemblés sur la place Vendôme, à désavouer ce que la pétition peut avoir de trop audacieux. Sur cette assurance, la Convention passe à l'ordre du jour [1]. Elle espérait qu'en faisant à chaque instant des

---

[1]. Nous avons retrouvé le procès-verbal de la séance qui se tint au Comité de salut public le soir même du jour où fut apportée à la barre de la Convention la pétition du faubourg Saint-Antoine. Il est ainsi conçu :

« Comité de salut public,

« Présents : Guyton, Barère, Cambon, Lindet, Delmas, Danton, Lacroix.

« Séance du 1er mai 1793, au soir.

« Le citoyen Lasource s'est présenté et a dit que la Convention

sacrifices aux passions démagogiques, elle parviendrait à les calmer. Déplorable calcul qui devait aboutir à la catastrophe du 2 juin!

Du reste, dans les questions économiques, l'Assemblée ne montrait pas moins de faiblesse qu'en politique. Depuis longtemps, les meneurs de l'Hôtel de Ville représentaient le maximum du prix des grains comme la panacée la plus puissante contre la misère des classes laborieuses ; ils déclaraient que ceux qui s'opposaient à cette mesure étaient les ennemis de la France et les complices des accapareurs. Ils allaient jusqu'à demander que le prix du pain fût fixé à trois sols dans toute la République et qu'on maintînt ce prix au moyen de sols additionnels mis sur les riches seulement.

Malgré les protestations de tous les esprits éclairés,

---

nationale avait été exposée, que le maire et le commandant avaient manqué à leurs devoirs; que ni l'un ni l'autre n'avaient donné avis du mouvement qui avait eu lieu, quoique la salle se soit trouvée investie pendant la séance par plus de 10,000 hommes.

« Le commandant a attesté que Paris avait été tranquille; que fréquemment il se porte autant de monde à la Convention qu'il s'y en est porté aujourd'hui; que le peuple s'est comporté avec décence ; qu'il n'y a pas eu la moindre apparence de trouble, quoiqu'on ait paru vouloir provoquer le peuple ; que, pour lui, il a reçu des assurances par écrit de la tranquillité du peuple et de sa persévérance, malgré les calomnies et les outrages. »

Le Comité, satisfait des explications de Santerre, ne donna aucune suite aux plaintes de Lasource. Notons que celui-ci ne venait pas présenter une réclamation individuelle, mais parlait au nom de la Convention, dont il était alors président. On peut juger, par l'attitude que prit ce jour-là le Comité de salut public, de la manière dont il entendait protéger la liberté des discussions de la représentation nationale.

la Convention se laissa arracher le décret du 3 mai, qui dépassait de beaucoup les pratiques les plus odieuses du plus violent despotisme, et ouvrait la porte à toutes les extravagances du système d'arbitraire et de réglementation que les soi-disant amis de la liberté devaient introniser bientôt dans notre malheureuse patrie.

Visites domiciliaires, confiscations des grains et farines non déclarés, réquisition à tout marchand, cultivateur ou propriétaire, d'approvisionner suffisamment les marchés, au gré des directoires et des municipalités, obligation à tout individu qui se livre au commerce des grains de déclarer, à chaque achat qu'il fait, la quantité dont il s'est rendu acquéreur, peine de mort contre tout individu qui serait convaincu d'avoir méchamment et à dessein gâté, détruit ou enfoui des grains ou farines, récompense de mille livres au dénonciateur : tel était le régime de la nouvelle inquisition établie en France, régime qui plaçait tous les citoyens, quels qu'ils fussent, sous le coup de la délation du premier misérable que tenterait la récompense promise ou qu'animerait une vengeance toute personnelle [1].

---

1. Ce n'est qu'à la fin du décret, à l'article XXV, que le mot *maximum* était prononcé. Ce maximum devait être fixé, dans chaque département et pour chaque mois, par le Directoire, sur le vu des tableaux de recensement des mercuriales. Il devait être décroissant à partir du 1er juin, et essentiellement temporaire. Mais le triomphe de la démagogie vint bientôt rendre définitives et permanentes des dispositions destinées d'abord à n'être que provisoires.

LIVRE XXXVII.

LA CONSTITUTION GIRONDINE.

Quittons un instant cette atmosphère pleine d'agitation et de désordre, et élevons-nous dans une région plus sereine, celle de la pure théorie. Nous ne ferons en cela qu'imiter l'Assemblée dont nous racontons l'histoire. Après les scènes tumultueuses qui venaient si souvent troubler ses séances, elle reprenait la discussion de la constitution, et écoutait pendant des heures entières, avec le plus grand calme, des orateurs de toute nuance qui lui exposaient leurs idées sur la meilleure forme à donner au pouvoir républicain.

Le comité de constitution nommé par la Convention, dans sa séance du 11 octobre 1792, était composé de Sieyès, Thomas Payne, Brissot, Pétion, Vergniaud, Gensonné, Barère, Danton et Condorcet. L'élément girondin y était, on le voit, en très-grande majorité.

Après un travail de plus de quatre mois, le 15 février 1793, son rapporteur, le mathématicien Condorcet, vint exposer ainsi la formule du problème qu'il s'agissait de résoudre :

« Donner à vingt-cinq millions d'individus une Constitution qui, fondée uniquement sur les principes de la justice et de la raison, assure aux citoyens la jouissance entière de leurs droits; combiner les parties de cette Constitution de manière que la nécessité de l'obéissance aux lois, de la soumission des volontés individuelles à la volonté générale, laisse subsister dans toute leur étendue la souveraineté du peuple, l'égalité entre les citoyens, et l'exercice de la liberté naturelle. »

Il se posait les quatre questions suivantes :

A qui appartient, dans la société, la souveraineté de droit ?

A qui doit s'étendre et comment doit s'exercer le droit d'élire ?

Le soin de faire les lois doit-il être confié à une assemblée unique ou à deux assemblées?

Ces lois rendues, qui sera chargé de les faire exécuter? dans quelles conditions, dans quelles limites et sous quelle responsabilité s'exercera le pouvoir de ces autorités individuelles ou collectives?

Il se prononçait très-vivement contre toute idée d'hérédité politique, et déclarait que la force d'autorité légitime devait résider dans la ferme volonté du peuple d'obéir à la loi. Bien loin de manifester quelque tendance au fédéralisme, il repoussait énergiquement l'idée de porter atteinte à cette unité à laquelle la France semblait destinée par les dispositions mêmes de son territoire, par une longue habitude et par les anciennes relations qui liaient entre eux les habitants de ses diverses parties. Ce n'était pas d'ailleurs au bruit des menaces d'une ligue d'ennemis puissants qu'il convenait d'exposer la sûreté de l'État en établissant un système dont un des effets nécessaires serait d'affaiblir les moyens de défense de la nation qui l'adopterait.

La Commission avait donc été unanime pour déclarer que la France devait former une République une et indivisible, et que l'étendue de la République ne permettait qu'une Constitution représentative. Mais, pour savoir si les mandataires de la nation avaient bien ou mal interprété sa volonté, il fallait qu'à tout instant le peuple pût être consulté. Or voici le mécanisme quelque peu compliqué que proposaient Condorcet et ses amis [1] :

« Sur l'initiative d'un seul citoyen, mais à la condition qu'elle soit appuyée par cinquante autres, toute assemblée primaire peut être saisie d'une proposition tendant à provoquer un nouvel examen d'une loi quelconque ou la réparation d'un désordre dont cet unique citoyen est frappé.

« Cette proposition admise, l'assemblée primaire a le droit de la déférer à l'examen de toutes les assemblées d'une des divisions du territoire. Celles-ci l'ayant, à leur tour, admise à la majorité, toutes les assemblées d'une division plus étendue sont convoquées, et si le vœu de la majorité y est encore confirmé, l'assemblée des représentants du peuple est obligée d'examiner si elle croit devoir s'occuper de la proposition. En cas de de refus, l'universalité des assemblées primaires est convoquée sur la question de savoir si la proposition doit

---

[1]. Nous copions textuellement dans la crainte que l'on ne puisse prétendre que notre analyse a nui à la clarté des déductions de l'illustre mathématicien.

être prise en considération; et alors, — ou le vœu de la majorité dans les assemblées primaires se déclare en faveur de l'opinion des représentants, et la proposition est rejetée ; — ou cette majorité exprime un vœu contraire, et l'Assemblée, qui paraît dès lors avoir perdu la confiance du peuple, doit être renouvelée.

« La nouvelle loi, qui est le fruit de la demande faite par les assemblées primaires, est sujette à la même réclamation, soumise à la même censure, de manière que jamais ni la volonté des représentants du peuple, ni celle des citoyens, ne peut se soustraire à l'empire de la volonté générale. »

Par cette combinaison, la commission croyait avoir trouvé le moyen d'empêcher, soit tout empiètement du pouvoir législatif, soit toute insurrection, puisque la volonté générale, avec de la patience, avait la liberté de se produire et la certitude de triompher. C'était faire abstraction de toute passion humaine, ce qui est la plus grande faute que puisse commettre un législateur.

Le pouvoir exécutif était confié à un Conseil d'agents égaux, chargés chacun des détails d'une partie de l'administration. Seulement les résolutions générales devaient être prises par le Conseil tout entier, sur le rapport de celui des agents auquel serait ensuite remise l'exécution de ces résolutions. Le Conseil devait se renouveler chaque année par moitié et être élu, non par le pouvoir législatif, mais directement par le peuple. Les membres de ce Conseil pouvaient être mis en accusation par le pouvoir législatif, mais devaient être jugés par un jury spécial. Dans l'intervalle, les membres du Conseil exécutif accusés devaient être suspendus de leurs fonctions et remplacés par un de leurs suppléants tiré au sort afin d'éviter le soupçon que l'intérêt ou l'ambition d'un suppléant, voulant passer titulaire, ait pu agir sur la décision de l'Assemblée [1].

Chose remarquable, le projet de Constitution républicaine était sur plusieurs points plus favorable à l'autorité du pouvoir que la Constitution de 1791. Ainsi : 1° le nombre des membres du Conseil de département était diminué afin d'éviter, disait le rapporteur, jusqu'à l'apparence d'une représentation départementale, si opposée à l'unité et à l'indivisibilité de la République.

2° Pour augmenter l'activité du gouvernement et en conserver l'unité tout entière, on proposait de substituer au procureur-général-syndic, que la loi de 1791 plaçait auprès de chaque administration départementale, un agent choisi par le pouvoir exécutif, chargé de corres-

---

[1]. Le titre V du projet de Constitution disposait que le Conseil exécutif de la République serait composé de sept ministres et d'un secrétaire; qu'il y aurait un ministre de la législation, un ministre de la guerre, un ministre des affaires étrangères, un ministre de la marine, un ministre des contributions publiques, un ministre de l'agriculture, du commerce et des manufactures, enfin un ministre des travaux, arts, secours et établissements publics.

La trésorerie générale devait être indépendante du Conseil exécutif. Le titre VI décidait qu'il y aurait trois commissaires de la trésorerie nationale, élus comme les membres du Conseil exécutif de la République et en même temps, mais par un scrutin séparé.

Ce mécanisme si compliqué supposait que les sept titulaires et les sept suppléants, élus par le suffrage universel, seraient également aptes à gérer la guerre, la marine, les beaux-arts et les finances, ce qui était une hypothèse impossible à admettre.

pondre avec lui, révocable à sa volonté. Seulement cet agent devait être pris nécessairement parmi les membres du conseil général de département.

3° Pour tous les délits commis dans l'exercice de leurs fonctions, les agents de l'autorité centrale ne pouvaient être traduits devant les tribunaux qu'avec l'autorisation du Corps législatif, les fonctionnaires municipaux, qu'avec celle de l'administration centrale [1].

La peine de mort était abolie pour les délits particuliers ; elle était conservée pour les crimes politiques.

« Le comité de Constitution, disait son rapporteur, secouant tous les préjugés qui avaient mis des restrictions au droit électoral et voulant conserver dans les institutions d'un grand peuple toute l'équité de la nature, appelle à l'exercice des droits politiques tout individu né en France, âgé de vingt et un ans, et n'exige d'autre condition d'éligibilité, pour toute espèce de fonctions, que d'avoir vingt-cinq ans. »

L'élection devait être directe, les deux degrés institués par le législateur de 1791 étant supprimés. Le jury devait être établi en matière civile comme il l'était déjà en matière criminelle. Les jurés devaient être, non pas choisis par un officier public, mais élus par le peuple lui-même, dans les assemblées primaires. « La majorité toute-puissante comme interprète de la volonté générale, ajoutait Condorcet, ne peut, d'après les lois universelles de la justice, étendre son pouvoir sur le

1. On voit poindre ici le système qui aboutira plus tard au fameux article 75 de la Constitution de l'an VIII, sur la responsabilité des agents du pouvoir.

droit individuel d'un citoyen ; il faut donc assurer au jury cette impartialité entière qui forme le caractère distinctif de cette salutaire institution. »

C'est ce que nous appelons, dans notre langage d'aujourd'hui, sauvegarder les droits des minorités. Pour y arriver, les jurés devaient être élus non à la majorité absolue, mais à la simple majorité relative ; ce n'était, il faut le reconnaître, qu'une manière assez illusoire d'assurer à chaque opinion une représentation proportionnelle à ses forces, mais le principe était posé : c'était beaucoup [1].

La Montagne avait résolu d'avance de combattre, quel qu'il fût, le projet Girondin. Sa tactique, pendant plus de quatre mois, eut pour but et, il faut le dire, pour résultat d'en ajourner et d'en entraver la discussion. A peine le rapport est-il distribué qu'Amar dénonce (20 février) à l'Assemblée un crime, suivant lui, irrémissible. Aux documents lus à la Convention, l'imprimeur Baudouin avait eu l'audace d'en ajouter d'autres dont elle n'avait pas eu connaissance, et notamment un projet qui impliquait l'établissement de deux Chambres [2].

---

1. Le projet de Constitution présenté par le comité et les discours de Condorcet, qui en expose les principes, sont reproduits dans le *Moniteur* des 17, 18 et 19 février 1793, n°s 48, 49 et 50.

2. Par la vivacité des paroles d'Amar et par l'assentiment tacite que sembla leur donner la Convention, on peut juger combien était grande, universelle, invincible, la répugnance contre le système des deux Chambres. Ce n'est qu'en 1795, deux ans après, que, vaincue par l'expérience, la Convention consacrera cette division salutaire dans celle de nos constitutions républicaines qui, à cet égard au moins, fut la plus sage, la Constitution de l'an III.

Barère explique que c'est par un excès d'impartialité que le comité de Constitution a cru devoir placer à la suite de son projet les différents modes présentés pour la formation de la loi ; selon lui, il n'y a rien là d'insolite, puisque, le jour même où le rapport avait été déposé, la Convention avait décidé que tous ceux de ses membres qui auraient rédigé des projets de constitution pourraient les faire imprimer aux frais du Trésor public afin que pas un trait de lumière ne restât caché.

Malgré l'insistance de Marat, l'incident n'eut pas de suite, et deux mois furent accordés à tous les membres de l'Assemblée pour publier leurs élucubrations. Le 17 avril, Romme, au nom d'un comité dit des Six [1] qui avait été chargé spécialement d'examiner tous les projets, en présenta l'analyse, et la discussion commença aussitôt.

Elle porta d'abord sur la question de savoir si l'on adopterait provisoirement la déclaration des droits de l'homme contenue dans la Constitution de 1791, ou si on lui en substituerait une autre.

Salles se prononce pour le premier système : « Les circonstances où nous sommes, dit-il, ne sont pas ordinaires. Il est de notre devoir de les envisager en face

1. Ce comité avait été formé le 4 avril ; sa mission était de coordonner les nombreux projets de Constitution présentés non-seulement par les membres de l'Assemblée, mais encore par les particuliers, et de diriger l'ordre des travaux de la Convention pour tout ce qui touchait le pacte constitutionnel. Ce comité, dit des Six ou de l'Analyse, était composé de Jean Debry, Mercier, Valazé, Barère, Lanjuinais et Romme.

pour sauver la liberté. Devons-nous passer deux mois peut-être à rectifier la déclaration des droits? ou convient-il mieux de poser les bases d'un gouvernement républicain et de les faire accepter par le peuple? Après avoir fait l'irréparable faute de temporiser pendant six mois, ne commettez pas celle de passer deux mois à des discussions métaphysiques. Si, pendant ce temps, on tentait de vous dissoudre, si l'ennemi venait à envahir votre territoire, vous perdriez peut-être à jamais la République. Déclarez les principes fondamentaux du nouveau gouvernement; présentez-les au peuple; aussitôt toutes les opinions se réunissent, tous les citoyens se rallient et courent aux frontières pour défendre la République. »

Ducos lui répond : « L'ancienne déclaration des droits contient plusieurs principes erronés, notamment celui-ci : Il n'y a de gouvernement libre que celui fondé sur la distinction des pouvoirs. Or cette distinction n'est qu'une chimère accréditée par l'exemple de l'Angleterre. »

Barère insiste également pour une nouvelle déclaration : « L'œuvre de l'Assemblée constituante est concise, mais elle est incohérente; nous n'avions fait que la révolution de la liberté ; depuis nous avons fait celle de l'égalité. Cette égalité nous l'avons retrouvée sous les débris du trône. Or, s'il est vrai que nous ayons fait des découvertes dans les droits des hommes, s'il est vrai que nous ayons fait des progrès en liberté, il faut les consacrer dans une nouvelle déclaration. »

La Convention accorde la priorité au projet du comité de Constitution et passe tout de suite à la discussion du premier article.

Condorcet n'avait pas le don de l'improvisation ; aussi, après avoir exposé, dans le rapport dont nous avons donné l'analyse, la pensée du comité de Constitution, il avait abandonné au souple et adroit Barère le soin de défendre article par article l'œuvre qu'il avait présentée.

Avant toute discussion, Pomme, député de Cayenne, demande que la Convention reconnaisse l'existence d'un être suprême ; mais Louvet réclame l'ordre du jour motivé sur ce que l'existence de Dieu n'a pas besoin d'être reconnue par la Convention nationale de France.

Les six premiers articles sont adoptés presque sans débat ; ils étaient ainsi conçus :

Art. 1er. Les droits de l'homme en société sont l'égalité, la liberté, la sûreté, la propriété, la garantie sociale et la résistance à l'oppression.

Art. 2. L'égalité consiste en ce que chacun puisse jouir des mêmes droits.

Art. 3. La loi est l'expression de la volonté générale. Elle est égale pour tous, soit qu'elle protége, soit qu'elle réprime.

Art. 4. Tous les citoyens sont admissibles à toutes les places, emplois et fonctions publiques ; les peuples libres ne connaissent d'autres motifs de préférence dans leurs choix que les vertus et les talents.

Art. 5. La liberté consiste à pouvoir faire tout ce qui ne nuit pas à autrui.

Elle repose sur cette maxime : *Ne fais pas aux autres ce que tu ne voudrais pas qu'on te fît.*

Art. 6. Tout homme est libre de manifester sa pensée et ses opinions.

Le septième article était relatif à la liberté de la presse ; il portait : « La liberté de la presse, ou tout autre moyen de publier sa pensée, ne peut être interdite, suspendue ou limitée. »

Durand-Maillane exprime le désir qu'à l'exemple de l'Assemblée constituante, la Convention ajoute à cet article ces mots : Si ce n'est dans les cas déterminés par la loi.

« Non ! point de restrictions, s'écrie Buzot ; je demande la question préalable sur cet amendement. Dans les temps ordinaires, la liberté de la presse ne peut être ni suspendue ni limitée par aucune loi ; car elle est la garantie de la liberté publique et individuelle. Dans les temps de révolution, il n'est pas étonnant de voir la calomnie s'attacher à certains citoyens. Le peuple a besoin de quelques objets de haine, comme il a besoin de quelques objets d'amour. Il faut avoir le courage de braver l'impopularité. Il y a plusieurs mois, j'avais demandé une loi contre les abus de la presse ; alors elle était nécessaire ; mais nous allons élever un édifice durable pour les temps calmes. Si le peuple français est digne de la liberté, comme je le pense, insensiblement les hommes qui calomnient perdront de leur autorité, insensiblement les hommes vertueux recouvreront la confiance publique. Dussent cinq ou six individus être sacrifiés au malheur du moment, il ne faut pas porter la plus légère atteinte à un principe, éternel garant de la liberté. »

Salles répond : « La liberté de la presse, comme toutes les libertés, doit s'arrêter au point ou elle commence à nuire à autrui. Lorsque l'action d'un homme a pour effet d'enlever à un autre citoyen ce qu'il a de plus précieux, son honneur, sa réputation, ses moyens de subsister, il attente au droit de son semblable. Il doit répondre de son méfait. Je propose d'ajouter à l'article ces mots : « Sauf à répondre, devant la loi, des abus qui pourraient être commis.

Robespierre. — « Il faut que la liberté de la presse soit absolue. Il n'y a qu'une exception à faire à ce principe, c'est pour les temps de révolution. La Convention l'a faite en prononçant la peine de mort contre ceux qui, par leurs écrits et leurs discours, attaqueraient l'indivisibilité de la République ou provoqueraient le rétablissement de la royauté. »

Petion. — « Personne ne propose de rétracter les lois faites ou de les modifier. Mais ici de quoi s'agit-il ? D'une déclaration des droits. Vous ne pouvez, sous aucun prétexte, limiter la liberté dont cette déclaration consacre le principe. »

Ainsi, le Montagnard et le Girondin étaient d'accord pour proclamer la liberté illimitée de la presse. Mais tous deux consentaient à jeter un voile sur le principe toutes les fois que le salut public exigerait ce sacrifice; seulement ils se réservaient, chacun à part soi, de désigner ceux contre lesquels on invoquerait l'exception. C'était, comme on l'a dit, la liberté limitée par la guillotine.

En face de ce double assentiment, la Convention

adopte l'article présenté par le comité et passe à la discussion de l'article 8. Il était ainsi conçu :

« Tout homme est libre dans l'exercice de son culte. »

Un membre demande la suppression de cet article. « Le législateur, dit-il, n'a pas le droit d'influencer les rapports qui existent entre l'homme et la Divinité. Quelle est la puissance assez forte sur la terre pour empêcher l'âme de choisir, pour l'objet de son culte et de sa reconnaissance religieuse, l'arbre, le rocher, l'astre à qui il doit ou croit devoir son bonheur? Peut-être viendra-t-il un temps où il n'y aura plus d'autre culte que celui de la liberté et de la morale publique. »

Barère défend l'article, mais Vergniaud l'attaque : « On comprend, dit l'orateur girondin, que l'Assemblée constituante, en présence des préjugés de l'ancien régime, ait proclamé la tolérance. Mais aujourd'hui les esprits sont dégagés de leurs entraves : il n'est plus nécessaire d'introduire, dans une déclaration des droits, des principes absolument étrangers à l'ordre social. L'homme est libre dans sa pensée, libre dans son culte, libre de se tourner vers l'orient ou l'occident pour saluer la Divinité; et cette liberté, vous ne pouvez la consacrer par un article sans laisser soupçonner que, sans votre déclaration, cette liberté n'eût pas existé. »

Danton appuie Vergniaud et se félicite d'être d'accord sur le terrain des principes avec son adversaire habituel. « Oui, dit-il, l'orateur qui descend de cette tribune vous a dit de grandes, d'éternelles vérités. L'Assemblée constituante, embarrassée par un roi, par les préjugés qui enchaînaient encore la nation, par l'intolérance qui s'était établie, n'avait pas osé heurter de front les préjugés reçus et posés en principe; mais aujourd'hui le terrain de la liberté est déblayé. La liberté entière, absolue, est proclamée. Il ne peut s'agir que de lois réglementaires qui ne doivent pas trouver place ici; tout au plus peuvent-elles être insérées dans le chapitre destiné à poser les bases fondamentales de la liberté civile. »

On demande la clôture de la discussion. « Écoutons tout le monde, s'écrie Durand-Maillane. »

« Eussions-nous ici un cardinal, reprend Danton, je voudrais qu'il fût entendu. »

Plusieurs membres résument leur opinion en quelques mots.

Guyomard. — « La suppression de l'article nous mène, par deux chemins, ou au théisme ou à l'athéisme.

Phélippeaux. — « Je demande que la Convention s'interdise des discussions théologiques.

Feraud. — « Par respect pour la Divinité, ne continuons pas cette discussion.

Guyomard. — « C'est parce que je crains les prêtres, le fanatisme et tous les maux qui nous ont déchirés, que je demande qu'on leur arrache la dernière arme qui leur reste et qu'on consacre par un article la liberté des cultes. »

La Convention, se rendant à l'avis de Vergniaud et de Danton, ferme le débat et ajourne l'article jusqu'au moment où, après avoir terminé la déclaration des droits, elle discutera la Constitution elle-même.

Un grand nombre d'autres articles furent encore

adoptés ce jour-là ¹; nous ne nous arrêterons qu'à ceux qui donnèrent lieu à des débats importants. L'article XVII était ainsi conçu : « Le droit de propriété consiste en ce que tout homme est maître de disposer à son gré de ses biens, de ses capitaux, de son revenu, de son industrie. »

Genissieux. — « Le mot disposer est trop vague, il semblerait permettre d'aliéner ses biens par testament. Vous avez aboli le droit de tester; ce droit n'est plus un droit de l'homme, mais une concession de la société.

Rabaut Saint-Étienne. — « On oublie que, dans une déclaration des droits, il faut poser des principes simples, nets, intacts; que, si quelque modification peut y être faite, c'est dans le contrat social qu'il faudra combiner les moyens que la société emploiera pour empêcher que la disposition des propriétés ne tourne à son détriment.

Gensonné. — « Les Romains définissaient le droit de propriété : *Jus utendi et abutendi,* le droit d'user et d'abuser; il faudrait adopter cette définition.

Lanjuinais. — « A mon sens, elle n'est pas admissible, car il est certain que personne ne peut abuser de son bien. »

Après quelques observations de Louvet et de Salles,

1. Le *Moniteur* du 27 avril, n° 117, contient le texte des 30 premiers articles qui furent adoptés par la Convention. En revanche, il ne fait aucune mention des discussions auxquelles ces articles donnèrent lieu. Nous puisons notre récit dans le *Journal des Débats et décrets,* n° 218.

l'article est adopté tel qu'il avait été présenté par le comité.

L'article XXI portait : « Nulle contribution ne peut être établie que pour l'utilité générale et pour subvenir aux besoins publics. Tous les citoyens ont le droit, personnellement ou par leurs représentants, de concourir à l'établissement des contributions. »

Jacob Dupont propose à l'article l'addition suivante : « Elles doivent avoir certaines limites et certaines proportions qui doivent être déterminées par la loi. »

Charlier présente la rédaction suivante : « Chaque citoyen doit contribuer en proportion de ses facultés territoriales ou industrielles. »

Danton pense que, si on adoptait cette dernière rédaction, on tomberait dans une erreur grossière. « En Grèce et à Rome, dit-il, il y avait des citoyens dispensés de l'impôt. Si vous prononciez en principe que l'impôt sera supporté par tous les citoyens en raison de leur fortune, vous ôteriez aux législateurs la faculté d'imposer extraordinairement les riches pour des besoins pressants. L'impôt progressif est dans la justice éternelle, mais je demande que l'on renvoie à la Constitution l'article qui en consacre le principe. »

Ce renvoi est ordonné et l'article est accepté, avec une légère variante.

L'article XXII était ainsi conçu : « L'instruction est le besoin de tous. La société la doit également à tous ses membres. »

Cet article donne lieu aux observations suivantes :

Ducos. — « L'instruction n'est qu'un démembrement de l'éducation publique. L'instruction forme des hommes de cabinet et non des républicains toujours prêts à combattre. L'éducation, au contraire, développe les facultés des hommes; c'est ce que la société doit aux citoyens. Je demande que le mot éducation soit substitué à celui d'instruction. »

Romme. — « L'instruction s'applique à la culture de l'esprit, l'éducation aux mœurs. Ces deux choses sont également nécessaires aux hommes, il faut donc réunir dans l'article ces deux mots, qui expriment des idées différentes. »

Chenier. — « A Lacédémone, l'éducation ne se bornait pas à la jeunesse. Le législateur l'avait étendue à tous les âges; il est vrai de dire que la vie de Lacédémone était une éducation perpétuelle. Législateurs philosophes, imitez cette république célèbre. Je partage l'opinion de Romme. »

Roux. — « Le mot instruction exprime assez ce que tous les hommes doivent connaître pour l'exercice de leurs droits et l'observance de leurs devoirs. »

L'Assemblée partage cette dernière opinion et n'apporte aucun changement à l'article du comité.

L'article XXXIII disait : « Les secours publics sont une dette sacrée de la société. C'est à la loi à en déterminer l'étendue et l'application. »

Oudot trouve cet article insuffisant. « Le premier des droits naturels de l'homme, dit-il, est de subsister des productions du sol où il est né. L'insecte qui éclot sur la feuille a la faculté d'y prendre sa nourriture. Cette faculté est commune à tous les animaux, elle devient un droit pour l'homme en société. Il est temps que l'homme qui possède au delà de ce qui lui est nécessaire apprenne que c'est un devoir pour lui de contribuer sur son superflu à la subsistance de ses concitoyens dont le travail ne suffit pas pour les faire vivre; il faut que le riche cesse de regarder comme une générosité ce qui est un devoir, il faut qu'il sache que ce devoir est une des conditions essentielles sur lesquelles est fondée la protection que la société accorde à ses propriétés. Il faut que le pauvre apprenne ce qu'il gagne dans le nouveau contrat social en respectant les propriétés d'autrui et en se rendant utile à la patrie. Il faut qu'il sache qu'en travaillant, sa subsistance est aussi assurée que sa liberté; il faut enfin qu'il connaisse tous les motifs qu'il a de chérir et de respecter les lois, combien il a d'intérêt à maintenir de toutes ses forces un ordre de choses qui lui est si favorable et qui est si différent de l'ancien régime.

« Je demande que les articles suivants soient substitués à l'article proposé : « 1° Tout homme dont le travail est insuffisant pour subvenir à sa subsistance a le droit de réclamer des secours de la société en lui offrant d'employer ses facultés à son service. La société a le droit de défendre la mendicité, de contraindre l'homme oisif au travail en lui fournissant des secours. — 2° Les secours publics sont une dette de la société à l'égard des enfants et des pauvres invalides. C'est à la loi à en déterminer l'étendue et l'application. »

Robespierre veut qu'on rédige ainsi l'article :

« La subsistance est due à tous, la société doit l'assurer à chacun de ses membres. »

Vergniaud propose la formule suivante : « Tout homme a droit de subsister, soit par son travail, soit par des secours publics. »

Fonfrède repousse le principe : « Si la société, dit-il, assurait la subsistance à tous ses membres, elle s'appauvrirait, elle détruirait l'émulation et l'amour du travail. »

« Parlons d'une manière générique, dit Mallarmé, et disons que les secours publics sont une dette sacrée. Sous cette expression vous comprendrez à la fois les secours aux vieillards, aux invalides, aux victimes de tous accidents possibles. »

L'Assemblée ferme la discussion et adopte, sans modification, l'article du comité.

L'article suivant était obscur à force d'être laconique ; voici comment il était formulé :

« La garantie sociale des droits de l'homme repose sur la souveraineté nationale. »

Carran-Coulon présente une rédaction nouvelle : « La garantie sociale consiste dans l'obligation où est la société de défendre et de protéger les droits de chaque citoyen. Elle repose donc sur la souveraineté nationale. »

« L'article, dit Danton, renferme un grand vice. Les droits des hommes ne peuvent reposer que sur la liberté et l'égalité. Il faut que ces deux bases se trouvent énumérées dans l'article. La garantie sociale est l'action matérielle de tous pour que chacun jouisse de ses droits. La base élémentaire de cette garantie est dans l'égalité, qui est à son tour la garantie de la liberté. »

« — La liberté et l'égalité, répond Guadet, ne peuvent être la garantie de ces droits, puisqu'elles sont elles-mêmes ces droits. Des droits ne peuvent pas se garantir eux-mêmes; il est des droits que la souveraineté nationale ne garantit pas. La résistance à l'oppression, par exemple, est un droit garanti par la nature. Je propose de rédiger ainsi l'article : « La garantie sociale est dans la loi, dans la faculté de résister à l'oppression et dans l'action de tous pour la conservation des droits de chacun. »

On fait observer à Guadet que le principe de la résistance à l'oppression est consacré par un autre article, et, d'un commun accord, l'article est ainsi libellé :

« La garantie sociale consiste dans l'action de tous pour assurer à chacun la jouissance et l'exercice de ses droits. Elle repose sur la souveraineté nationale. »

Barère propose de faire suivre cet article de celui-ci :

« Les hommes réunis en société doivent avoir un moyen légal de résister à l'oppression. »

Garnier ne veut pas de cette disposition : « Le droit d'insurrection, dit-il, est dans la nature; vous l'anéantissez le jour où vous lui donnez un mode légal. »

Salles demande, au contraire, le maintien de l'article additionnel de Barère, parce qu'il a pour corollaire les dispositions relatives à la censure populaire qui font l'objet d'un chapitre subséquent.

« Prenez garde, dit Rabaud-Pommier, que ce moyen légal n'entrave la résistance du peuple. Il faut ajouter à l'article que, lorsque le moyen légal deviendra inutile, le droit de résistance restera dans son entier. »

« Il est impossible, ajoute Gensonné, de conserver la liberté, si les citoyens n'ont pas un moyen convenu de résister à l'oppression sans recourir aux mouvements convulsifs. Ce n'est que quand le moyen légal est inutile, que l'insurrection devient le premier des devoirs. »

Robespierre se charge de dire le dernier mot de la démagogie, qui, elle, ne veut aucune entrave au droit d'insurrection. « Il est ridicule, dit-il, de définir les cas d'oppression, de définir la sensibilité des hommes, d'y poser des bornes, de prévoir les cas où le peuple, trouvant ses lois intolérables, résistera. Il est impossible de régler la marche de la nation dans ces circonstances. »

« — Chez un peuple libre, dit le montagnard Panis, le moyen de résistance à l'oppression n'a pas besoin d'être légal. »

« — Quand le souverain s'est expliqué, répond Gensonné, l'insurrection contre sa volonté devient illégitime. Ce n'est plus que la révolte de la minorité contre la majorité. »

« Ceux qui ont combattu l'article du comité, ajoute Louvet, ont paru lui donner un sens qu'il n'a pas ; car au droit naturel d'insurrection, à ce droit sacré qui existe toujours, le comité joint un moyen légal qui, loin de l'affaiblir, ne fait que l'étendre et en faciliter l'exercice. »

Barère propose et l'Assemblée adopte une nouvelle rédaction de l'article, qui est la reproduction presque textuelle de la motion de Rabaud-Pommier :

« Les hommes, dans toute société libre, doivent avoir un moyen légal de résister à l'oppression ; lorsque ce moyen devient impuissant, l'insurrection est le plus saint des devoirs. »

Interrompue pendant quelques jours, la discussion ne fut reprise que le 24 avril. Elle s'ouvrit par un grand discours de Robespierre, qui, dès le 19, avait annoncé qu'il présenterait plusieurs articles additionnels à la déclaration des droits [1].

Ce discours est, certes, le plus emphatique et le plus ampoulé de tous ceux que prononça dans sa carrière politique le grand prêtre de la démagogie. Il aborde successivement les questions relatives au droit de propriété, à l'impôt progressif, aux rapports internationaux. Il commence par reconnaître que l'égalité des biens est une chimère, et déclare que la loi agraire n'est qu'un fantôme créé par les fripons pour épouvanter les imbéciles : « Il s'agit, dit-il, bien plus de rendre la pauvreté honorable que de proscrire l'opulence. La chaumière de Fabricius n'a rien à envier au palais de Crassus. J'aimerais bien mieux pour mon compte être l'un des fils d'Aristide élevé dans le prytanée aux dépens de la République, que l'héritier présomptif de Xerxès né dans la fange des cours pour occuper un trône décoré de l'avilissement des peuples et brillant de la misère publique. »

Robespierre ne pouvait prendre la parole sans faire le procès à quelqu'un. C'est contre le comité de Consti-

---

[1]. Dans cet intervalle du 19 au 24 avril, Robespierre avait lu aux Jacobins une nouvelle déclaration des droits. La société l'avait adoptée à l'unanimité, elle en avait ordonné l'impression, la distribution aux tribunes et l'envoi aux sociétés affiliées.

tution qu'il dirige cette fois ses attaques ; il lui reproche d'avoir multiplié les articles pour assurer la plus grande liberté à l'exercice de la propriété, d'avoir omis d'en déterminer la nature et la légitimité, enfin de n'avoir pas assigné les droits d'autrui pour limite au droit de propriété : « Votre déclaration, ajoute-t-il, paraît faite non pour les hommes, mais pour les riches, pour les accapareurs, pour les agioteurs et pour les tyrans. »

Pour réformer les vices de cette déclaration, Robespierre propose de consacrer les vérités suivantes :

« La propriété est le droit qu'a chaque citoyen de jouir et de disposer de la portion des biens qui lui est garantie par la loi.

« Le droit de propriété est borné, comme tous les autres, par l'obligation de respecter les droits d'autrui.

« Il ne peut préjudicier ni à la sûreté, ni à la liberté, ni à l'existence, ni à la propriété de nos semblables. Toute possession, tout trafic qui viole ce principe, est illégal et immoral. »

Passant à la théorie de l'impôt, il se déclare partisan de l'impôt progressif. Il n'y a pas, suivant lui, un principe plus évidemment puisé dans la nature des choses et dans l'éternelle justice ; il propose de le consacrer en ces termes : « Les citoyens dont les revenus n'excèdent pas ce qui est nécessaire à leur subsistance doivent être dispensés de contribuer aux dépenses publiques, les autres doivent les supporter progressivement, suivant leur fortune.

« Enfin, dit-il, le comité a encore absolument oublié de proclamer les devoirs de la fraternité qui unissent tous les hommes et toutes les nations, et consacrent leurs droits à une mutuelle assistance. Il paraît avoir ignoré les bases de l'éternelle alliance des peuples contre les tyrans. On dirait que votre Déclaration a été faite pour un troupeau de créatures humaines parqué sur un coin du globe, et non pour l'immense famille à laquelle la nature a donné la terre pour domaine et pour séjour. »

Pour remplir cette lacune, voici les quatre articles que Robespierre voulait ajouter à la Déclaration des droits :

« Art. 1er. Les hommes de tous les pays sont frères, et les différents peuples doivent s'entr'aider selon leur pouvoir comme les citoyens d'un même État.

« Art. 2. Celui qui opprime une nation se déclare l'ennemi de toutes.

« Art. 3. Ceux qui font la guerre à un peuple pour arrêter les progrès de la liberté et anéantir les droits de l'homme doivent être poursuivis par tous, non comme des ennemis ordinaires, mais comme des assassins et des brigands rebelles.

« Art. 4. Les rois, les aristocrates, les tyrans, quels qu'ils soient, sont des esclaves révoltés contre le souverain de la terre, qui est le genre humain, et contre le législateur de l'univers, qui est la nature. »

A Robespierre succède Saint-Just. Son discours n'est, la plupart du temps, qu'un long amas de lieux communs revêtus de formes dogmatiques, de phrases souvent vides de sens, de maximes où apparaissent pêle-mêle les vérités et les erreurs déposées par J.-J. Rousseau dans son *Contrat social*. La seule partie remarquable du travail de Saint-Just est celle qui contient la critique, d'ailleurs assez facile, de l'organisation du pouvoir exécutif telle que l'avait proposée Condorcet.

Nous ne croyons pas devoir nous arrêter aux discours de Robert et d'Edme-Petit, qui renfermaient des vues assez sages, mais qui ne nous apprendraient rien de bien nouveau. Arrivons tout de suite à la profession de foi panthéiste d'Anacharsis Clootz. Voici comment s'exprimait ce baron prussien, qui prétendait avoir mandat de parler au nom de l'humanité :

« Le genre humain, dit-il, est Dieu. Les aristocrates sont des athées. La souveraineté réside essentiellement dans le genre humain entier. Elle est une, indivisible, imprescriptible, immuable, inaliénable, impérissable, illimitée, sans bornes, absolue et toute-puissante. Posons donc la première pierre de notre pyramide constitutionnelle sur la roche inébranlable de la souveraineté du genre humain; notre mission n'est pas circonscrite dans les départements de la France, nos pouvoirs sont contre-signés par la nature entière. »

Clootz résumait tout son système en trois articles ainsi conçus :

« La Convention nationale, voulant mettre un terme aux erreurs, aux inconséquences, aux prétentions contradictoires des conspirateurs et des individus qui se disent souverains, déclare solennellement, sous les auspices des droits de l'homme :

« Art. 1er. Il n'y a pas d'autre souverain que le genre humain.

« Art. 2. Tout individu, toute commune qui reconnaîtra ce principe lumineux et immuable sera reçu de droit dans notre association fraternelle, dans la République des *hommes,* des *germains,* des *universels.*

« Art. 3. A défaut de contiguité ou de communication maritime, on attendra la propagation de la vérité pour admettre les enclaves lointaines. »

Daunou et, quelques jours après, Vergniaud présentèrent des vues générales sur la Constitution, mais ces théories, savamment déduites, éloquemment exposées, ne firent pas faire un pas à la discussion.

Isnard, le 10 mai, proposa le projet bizarre d'un pacte social qui devait être souscrit individuellement par chaque citoyen français. Ce pacte, après avoir été ratifié par tous les associés, devenait obligatoire pour tous pendant trente ans, sans que, durant cet intervalle, personne pût réclamer contre son contenu et se délier de ses engagements. Du reste, ce monument de fraternité prodiguait la peine de mort dans chacun de ses articles et mettait hors la loi non-seulement quiconque tenterait de rétablir en France la royauté, mais encore tous ceux qui, si la royauté était un instant rétablie par la majorité de la nation, consentiraient à être ministres, chefs de corps d'armée, juges, administrateurs, officiers municipaux, fonctionnaires publics ou satellites sous les ordres du tyran.

Personne n'eut la fantaisie de soutenir les élucubrations insensées du député du Var. A celui-ci succéda Robespierre, qui vint encore une fois ressasser les thèses de Rousseau contre l'organisation de la société, mais qui, cependant, dans quelques parties de son discours, exposa des vues plus pratiques et des principes plus véritablement libéraux que ceux que l'on était accoutumé à entendre sortir de sa bouche. Nous qui si souvent avons eu l'occasion d'attaquer ses maximes et ses théories, nous sommes heureux d'avoir à enregistrer les conseils suivants qu'il donne à ses concitoyens :

« Fuyez la manie ancienne des gouvernements de vouloir trop gouverner; laissez aux individus, laissez aux familles le droit de faire ce qui ne nuit point à autrui ; laissez aux communes le pouvoir de régler elles-mêmes leurs propres affaires en tout ce qui ne tient pas essentiellement à l'administration générale de la République ; en un mot, rendez à la liberté individuelle tout ce qui n'appartient pas naturellement à l'autorité publique, et vous aurez laissé d'autant moins de prise à l'ambition et à l'arbitraire. »

Ces conseils étaient excellents, mais Robespierre n'y subordonna pas longtemps sa conduite; ne fut-il pas l'un des plus ardents promoteurs des décrets du 10 octobre et du 10 décembre, qui, en organisant le gouvernement révolutionnaire, rejetèrent la France dans les voies antiques de la centralisation? Interrompues un moment par la Constitution de l'an III, ces traditions despotiques devaient être reprises par le Consulat et l'Empire, et rester au fond de nos institutions comme un invincible obstacle au développement de nos libertés.

Aussitôt après le discours de Robespierre, qui avait traité de tout, excepté de ce qui était spécialement en discussion, la Convention adopta le premier article de la Constitution proposée par le comité. Cet article et le préambule qui l'accompagnait étaient ainsi conçus :

« Le peuple français, fondant son gouvernement sur les droits de l'homme en société qu'il a reconnus et déclarés, adopte la constitution suivante :

« Article 1er. La République française est une et indivisible. »

On remit ensuite au lundi 15 mai la suite de la discussion.

Ce jour-là, Condorcet vint faire, probablement en son nom propre et non comme l'organe du comité de Constitution, une motion incidente qui avait une portée considérable : elle imposait à l'Assemblée un délai fixe pour terminer la Constitution. Voici comment Condorcet motivait sa proposition : « Au moment, disait-il, où les citoyens renouvellent leurs efforts et leurs sacrifices pour la défense de la liberté, il est du devoir de la Convention de leur en montrer le but et le prix. L'incertitude de l'époque où la Constitution sera présentée à l'acceptation du peuple français alimente les espérances des tyrans étrangers, fournit aux conspirateurs de l'intérieur un prétexte de calomnier la représentation nationale et de faire envisager comme durables les maux qui sont la conséquence inévitable du passage orageux et rapide de l'oppression à l'égalité. » En conséquence, il proposait de déclarer que si, avant le 1er novembre, les assemblées primaires n'avaient pas été convoquées pour accepter ou refuser la Constitution, elles le seraient de plein droit ce jour-là pour élire une Convention nouvelle qui devrait ouvrir ses séances le 15 décembre.

Cette proposition assez étrange est accueillie avec faveur sur un grand nombre de bancs de l'Assemblée. Des cris : « Aux voix ! aux voix ! » se font entendre. Mais, après quelques instants de tumulte, Thuriot obtient la parole pour la combattre. « La Convention, dit-il, s'est tracé une marche, et celui-là est coupable qui s'en écarte et jette ainsi une pomme de discorde dans son sein. Le premier mandat de l'Assemblée est de s'occuper de la Constitution. Ce serait une lâcheté que de déserter son poste avant de l'avoir achevée. Croyez-vous donc que des hommes nouveaux, appelés à vous remplacer, puissent accomplir une œuvre devant laquelle vous auriez reculé? Je ne connais pas de plus sûr moyen de faire la contre-révolution que d'adopter une pareille mesure. J'adjure la Convention de rester fidèle à ses principes et à ses serments et de ne pas permettre à ses membres de faire des propositions qui soient de nature à porter l'alarme dans la République. Si on insiste, je demande que, par appel nominal, chaque membre soit tenu de déclarer à la tribune s'il se sent le courage de faire une Constitution, de demeurer à son poste et de sauver la République. »

Il répugnait évidemment à l'Assemblée d'entamer la discussion sur la motion d'ordre de Condorcet. Ce n'était, il faut le dire, qu'une troisième ou quatrième édition des propositions girondines tendant à éloigner d'une manière légale un certain nombre de membres de la Convention et à se débarrasser de la pression toujours croissante que la Commune de Paris prétendait exercer sur elle. La discussion fut renvoyée à deux jours, manière polie de l'écarter, car, à la date indiquée, on n'y revint pas.

Sur la proposition de Lanjuinais, organe de la commission des Six, la première question qui fut soumise à l'Assemblée était celle-ci : « Quelle sera la division politique du territoire ? »

Pendant huit jours cette question fut prise et reprise cinq ou six fois. On parvint cependant à se mettre d'accord sur les principes suivants :

« La distribution actuelle du territoire français en départements est conservée. Il y aura une administration centrale dans chaque département. Il y aura des administrations intermédiaires entre les départements et les municipalités. Chaque département sera divisé en districts. Chaque district sera divisé en cantons. »

Cette manière de discuter à bâtons rompus des questions aussi graves, aussi complexes que celles qui étaient soulevées par chaque article de la Constitution, frappait tout le monde. Aussi on peut dire que Guffroy exprimait l'opinion presque unanime de l'Assemblée lorsqu'à la reprise de la discussion, le 22 mai, il s'écriait : « La précipitation, la légèreté, l'insouciance même semblent dicter toutes les discussions qu'on appelle constitutionnelles. Jamais la méditation, la maturité des discussions ne précèdent les décisions. Nous travaillons comme les constituants, sans ordre, sans plan, sans méthode. »

Mais, au moment même où Guffroy se plaint de la langueur dans laquelle se traîne depuis quelques jours la discussion, le débat se passionne, un Girondin, Rabaut-Pommier, entraîné par la logique de ses déductions, aborde un sujet des plus délicats. On avait à plusieurs reprises, à l'occasion de la division du territoire, soulevé la question des grandes et des petites municipalités. Fallait-il agglomérer en une seule plusieurs communes d'une faible population? Fallait-il diviser les grandes en plusieurs municipalités? Mais rien de précis n'avait été formulé. Le premier, Rabaut-Pommier sort du vague dans lequel plusieurs orateurs étaient précédemment restés et demande que, dans les villes ayant plus de 50,000 âmes, il y ait plusieurs municipalités, et que leur nombre en soit déterminé par le chiffre de la population.

Thuriot s'élève contre cette motion, qui, par les développements que Rabaut-Pommier lui a donnés, était évidemment dirigée contre Paris.

« Si vous divisez, dit-il, les grandes villes en petites municipalités, vous compromettez la liberté. Citoyens, un tyran disait en considérant Paris : « Si j'étais roi de « France, bientôt Paris n'existerait plus. »

« C'est qu'il sentait qu'une grande masse d'hommes réunis dans un petit centre renverserait bientôt le despotisme et que dans son sein naîtrait la liberté. En effet si, dans les premiers jours de la Révolution, les hommes énergiques et courageux n'avaient pas trouvé de point de réunion à la maison commune de Paris, la liberté naissante eût été étouffée par la tyrannie, encore environnée de toute sa puissance. »

Buzot, qu'animait une haine profonde contre Paris [1], répond à Thuriot :

1. Voir les mémoires de Buzot, récemment publiés par M. Dauban, notamment la note de la page 25.

« Il ne faut pas détruire Paris, mais il faut le sauver de cet état d'anarchie qu'on ne doit qu'à l'unité de la municipalité. Paris doit conserver le Corps législatif, mais cette cité doit donner l'exemple du respect des lois, surtout protéger la liberté des législateurs.

« Pourquoi craindre que cette ville, divisée en quatre ou cinq municipalités, soit plus agitée qu'un département divisé en quatre ou cinq districts?

« Je finis par une observation particulière à la ville de Paris : c'est qu'il est impossible que cette cité, si elle demeure organisée ainsi qu'elle l'est aujourd'hui, soit longtemps le séjour du Corps législatif; car cette classe de citoyens, si facile à tromper et à corrompre, s'accoutumerait à l'insulter, et, pour se populariser, la municipalité serait forcée de condescendre à ses désirs. Souvenez-vous qu'un État, qui nous sert d'exemple en matière de liberté, a fait bâtir une ville exprès pour être dépositaire de la représentation nationale.

« Je crois, dit-il en terminant, qu'il faut décréter qu'il y aura un maximum de population pour toutes les municipalités. »

« Ce qui m'étonne, réplique Collot d'Herbois, c'est que cette division en plusieurs municipalités soit proposée par ceux-là mêmes qui se plaignent si souvent de l'esprit de divergence des sections de Paris. Ils ne s'aperçoivent donc pas qu'ils organisent la résistance de diverses municipalités, qu'ils ôtent à l'unité du mouvement commun ce qu'il a de force, et qu'ils ne fortifient que ce qu'il a d'irrégulier.

« On a parlé de la faiblesse du département de

Paris, en raison du pouvoir de la municipalité; mais le département aura à lutter bien davantage contre quarante municipalités que contre une seule, quelque opiniâtre qu'elle soit. Et quand vous voulez donner à Paris plusieurs municipalités, c'est comme si vous disiez que, parce qu'un vaisseau est plus grand qu'un autre, il lui faut quarante gouvernails. »

La discussion fut reprise, le 24, sur cette même question, ainsi formulée : « Y aura-t-il un maximum de population fixé pour les réunions communales? Les villes dont la population excédera ce maximum pourront-elles être divisées en plusieurs municipalités? »

Saint-Just commence la discussion en exposant des considérations générales, mais bientôt il retombe dans la question particulière à Paris; car, aux yeux de tous, c'est là que se trouve l'intérêt du débat. « Vous craignez, dit-il, l'immense population de quelques villes, de celle de Paris. Cette population n'est point redoutable pour la liberté. Vous voulez diviser Paris pour opprimer la France; vous voulez frapper Paris pour arriver jusqu'à elle. Paris n'est point agité; ce sont ceux qui le disent qui l'agitent ou qui s'agitent seuls.

« N'accusons donc point Paris, et, au lieu de le rendre suspect à la République, rendons à cette ville en amitié les maux qu'elle a soufferts pour nous. Le sang de ses martyrs est mêlé au sang des autres Français; ses enfants et les autres sont enfermés dans le même tombeau. Chaque département veut-il reprendre ses cadavres et se séparer? »

Quoi qu'en pût dire le disciple bien-aimé de Robespierre, Paris était fort agité dans les derniers jours de mai, ainsi que nous le raconterons au chapitre suivant. Les séances de l'Assemblée étaient absorbées par l'admission incessante des députations de la municipalité parisienne qui venaient dicter ses volontés à la Convention. Aussi ce débat sur les agglomérations communales n'aboutit pas. On entendit encore quelques orateurs, Lanjuinais, Rouzet, Phelippeaux, Guyomar; mais leurs voix se perdirent dans les clameurs et dans les vociférations de la place publique.

La discussion de l'œuvre girondine n'alla donc pas au delà de la Déclaration des droits. Elle s'arrêta au premier chapitre de la Constitution proprement dite [1]. Un plus ample examen en aurait-il fait disparaître les idées incohérentes et souvent peu pratiques qu'on y trouvait? Cela est douteux ; mais, du moins, convenons, à la louange de ses auteurs, qu'au milieu de bien des erreurs et des utopies, ils surent reconnaître et proclamer les droits individuels, qui sont la substance même de la liberté; qu'ils protestèrent énergiquement contre l'omnipotence des majorités, ce système favori de Rousseau, dont la mise en pratique dans notre pays n'a jamais eu d'autre résultat que d'aplanir les voies à toutes les tyrannies.

1. M. Duvergier de Hauranne, dans le premier volume de son bel ouvrage (*Histoire du Gouvernement parlementaire*), a fait un examen théorique de la constitution girondine. Nous y renvoyons nos lecteurs pour tous les points que le cadre que nous nous sommes tracé ne nous a pas permis de traiter.

LIVRE XXXVIII

LA COMMISSION DES DOUZE.

I.

Le triomphe de Marat avait opéré une réaction salutaire sur l'esprit public. Pendant quelque temps les honnêtes gens se rendent plus assidûment dans les sections, et, reprenant courage, opposent une résistance inusitée aux motions ultra-révolutionnaires. Le procureur général Lhuillier est mal accueilli dans l'assemblée de Bonconseil, où il a coutume de dominer. *L'Ami du peuple*, qui le croirait! s'étant présenté à sa section, est obligé de battre en retraite devant les clameurs que suscite son apparition. Des rassemblements nombreux parcourent presque tous les soirs les principales rues de Paris en criant : « A bas les anarchistes! vive la nation! vive la loi! »

Ce réveil de l'opinion publique est salué avec joie par le *Patriote français*, le principal organe de la Gironde. Girey-Dupré, l'ami et le continuateur de Brissot, y jette en ces termes le défi à ses adversaires :

« Les patriotes doivent-ils craindre un nouveau

mouvement? Non, ils doivent le désirer plus que ceux qui le préparent. Depuis trop longtemps le républicanisme et l'anarchie sont en présence et n'ont fait pour ainsi dire qu'escarmoucher; cet état pénible ne peut plus se prolonger; on nous présente un combat à mort; eh bien, acceptons-le. Républicains, sentez votre force. Quels sont vos ennemis? Une bande de forcenés déclamateurs, Achilles à la tribune, Thersites au combat; une poignée de conspirateurs de caves qui tremblent à la vue de leurs propres poignards, un ramas de brigands sans courage, intrépides massacreurs dans les prisons, mais dont les yeux n'osent rencontrer ceux d'un homme de cœur, enfin un vil troupeau de misérables que la soif du pillage réunit, que la pluie dissipe. — Quels sont vos amis? La grande majorité de la Convention, la grande, l'immense majorité des habitants de Paris, fatigués de l'odieuse et ridicule tyrannie de nos Masaniels en miniature. Républicains, soyez prêts[1]!... »

La section Bonconseil, fière d'avoir secoué la tyrannie de Lhuillier, répond à l'appel de Girey-Dupré et, le 4 mai, adopte une adresse à la Convention qui se termine par un serment ainsi conçu :

« Nous jurons de maintenir la liberté, l'égalité, la République une et indivisible, de ne jamais souffrir qu'il existe un tyran, sous quelque dénomination que ce puisse être, d'obéir à la loi sauf les réclamations qu'elle permet, de nous rallier autour de la Convention nationale, de porter à tous les députés indistinctement le respect

---

[1]. *Patriote français*, n° MCCCLX.

dû à leur caractère, de maintenir la liberté des opinions des représentants du peuple et de ne jamais permettre que qui que ce soit y porte atteinte, de maintenir la sûreté des personnes et des propriétés, de nous rendre tous les jours aux assemblées légales de la section pour y participer aux délibérations, et de ne plus souffrir qu'une poignée d'intrigants, sous le masque du patriotisme, écrase davantage les bons citoyens sous le poids du despotisme populaire. »

Le lendemain dimanche, 5 mai, la députation nommée par la section Bonconseil se présente à la barre de la Convention et lit l'adresse au milieu des applaudissements de la grande majorité de l'Assemblée. Le président, Boyer-Fonfrède, félicite chaleureusement les pétitionnaires des sentiments de patriotisme qu'ils viennent d'exprimer, mais sa réponse est accueillie par les réclamations de la Montagne : « Ce sont des intrigants, ce sont des fauteurs de guerre civile ! » s'écrie-t-on de l'extrême gauche.

Vergniaud s'élance à la tribune : « Je conviens, dit-il, que lorsque des hommes parlent de respecter la Convention nationale, ils doivent être appelés intrigants par ceux qui cherchent sans cesse à l'avilir. Je conviens que lorsque des hommes parlent de maintenir la liberté des personnes, ils doivent être appelés intrigants par ceux qui sans cesse provoquent au meurtre. Je conviens que lorsque des hommes parlent de maintenir les propriétés, ils doivent être appelés intrigants par ceux qui provoquent sans cesse au pillage. Je conviens que lorsque des hommes viennent ici prêter serment d'obéir aux lois, ils doivent être appelés intrigants par ceux qui ne veulent que l'anarchie. »

Marat demande à répondre; mais l'Assemblée lui refuse la parole et ordonne l'insertion au bulletin de la pétition et de la réponse du président.

Les démagogues ne pouvaient consentir à rester sous le poids d'un pareil échec. Aussi dès le soir même essayent-ils de prendre leur revanche. Appel est fait aux frères et amis des sections environnantes, qui accourent de toutes parts à la section Bonconseil [1].

Grâce à ce renfort, les amis de Lhuillier peuvent

---

1. Trois passages du procès-verbal de la section Bonconseil nous font connaître l'espèce d'assurance mutuelle qui existait entre les démagogues de cette section et ceux des sections environnantes :

« En vertu d'un procès-verbal de réunion des deux sections des Lombards et Bonconseil, en date du 12 avril dernier, par lequel lesdites deux sections s'étant promis et juré union, fraternité et assistance, dans tous les cas où l'aristocratie voudrait anéantir la liberté, il s'est présenté une quantité de citoyens de la section des Lombards, justement alarmés du trouble occasionné par des malveillants, pour nous porter aide et assistance. »

« La section des Amis de la patrie envoie une députation nombreuse à celle Bonconseil pour lui faire part des inquiétudes qu'elle avait à l'occasion du trouble qui existait dans le sein de cette section et promet de protéger et de secourir les patriotes dans tous les cas de besoin. »

« Un citoyen demande que douze commissaires soient nommés pour être envoyés dans les sections faire part de l'arrêté fraternel qui lie les sections des Lombards, Bonconseil et des Amis de la patrie, pour leur demander à toutes la même fraternité, la même assistance, donner l'accolade de paix au président de chaque section, et jurer assistance et secours pour terrasser les perturbateurs de l'ordre public, enfin pour employer tous leurs moyens pour éviter la guerre civile que des malveillants veulent allumer dans Paris. »

tenir tête à leurs adversaires. Mais ce n'est pas assez, ils veulent les forcer à déguerpir. Pour cela, ils ne trouvent rien de mieux que de demander aide et protection aux administrateurs de police, qui arrivent aussitôt avec la force armée et expulsent les prétendus agitateurs. Maîtres enfin de la place, les démagogues rédigent, au nom de la section ainsi régénérée, une nouvelle adresse désavouant l'ancienne et demandant que l'on traduise immédiatement au Tribunal révolutionnaire tous ceux qui troubleraient les séances des sections. Cette menace est bientôt suivie d'effet. Les principaux pétitionnaires qui ont paru à la barre de la Convention sont arrêtés. Ils écrivent à l'Assemblée qu'ils sont en prison pour avoir osé lui présenter une pétition qu'elle a eu l'audace d'applaudir.

Vergniaud se rend l'organe de leurs plaintes : « Les pétitionnaires, dit-il, qui réclament votre justice, ont obtenu de vous l'impression d'une adresse qui les honore. Mais il semble que toutes les fois qu'on vous donne des témoignages de confiance et de respect, on commet un crime de lèse-municipalité.

« Eh quoi ! pour être venu à votre barre prêter un serment auquel vous avez applaudi, on peut être arrêté, assassiné ! Je demande que le maire de Paris rende compte, séance tenante et par écrit, des motifs de l'arrestation des pétitionnaires. »

Robespierre cherche à justifier les procédés de la municipalité parisienne; il prétend que ces agitations factices dont les sections sont le théâtre doivent être attribuées à des menées contre-révolutionnaires. « En cherchant à apitoyer l'Assemblée sur le compte des individus arrêtés, on favorise les troubles de la Vendée, on avilit les autorités constituées, on se rend plus coupable que les pétitionnaires eux-mêmes. »

Malgré les clameurs de l'extrême gauche, la proposition de Vergniaud est adoptée ; mais Pache se soucie fort peu de donner à l'Assemblée des explications qui pourraient devenir embarrassantes. Il fait relâcher sous main les individus arrêtés et se dispense ainsi de paraître à la barre [1].

1. Nous avons retrouvé deux pièces qui se rattachent à cette affaire.

« Le 6 mai 1793, l'an 2ᵉ de la République.

« Citoyen maire,

« Nous n'avons aucune connaissance *d'aucune arrestation de pétitionnaires de la section Bonconseil,* comme le dit formellement le décret de la Convention nationale. Il nous est seulement parvenu hier une plainte signée du procureur-général-syndic du département contre le nommé Sagnier, clerc du citoyen Fortin, ci-devant procureur, et ce matin, à trois heures après minuit, un procès-verbal de la section Bonconseil contre Rémond Pagès, qui constate qu'il est prévenu d'avoir troublé la tranquillité publique et élevé une rixe dans l'assemblée de ladite section.

Nous avons décerné contre ledit Sagnier un mandat d'amener et avons ordonné que ledit Rémond Pagès serait déposé en la chambre d'arrêt jusqu'à instruction et interrogatoire, que les circonstances ne nous ont pas permis de faire encore, étant obligés de suivre la rotation de la liberté et de l'égalité.

« Les administrateurs du département de police,

« Marino, Soulès. »

Au président de la Convention.

« Du 10 mai 1793, l'an 2ᵉ de la République une et indivisible.

« Je suis le vice-président de la section Bonconseil, à qui le

II.

Les levées d'hommes et les levées d'argent étaient toujours à l'ordre du jour; pour y pourvoir, les Montagnards ne reculaient devant aucune mesure, quelque arbitraire qu'elle fût. Écoutons les théories émises à cet égard par Robespierre et ses amis, dans la séance du 8 mai:

Robespierre. — « L'aristocratie a osé lever la tête dans ces derniers temps. Si des citoyens que leur incivisme condamnait au silence se sont répandus dans les sections, que sera-ce lorsqu'il sera parti de Paris une armée de patriotes? Il faut que les ennemis de la liberté, sous quelque nom qu'ils se présentent, robins, nobles, financiers, banquiers, prêtres, ne puissent lui nuire. Je demande que tous les gens suspects soient gardés en otage et mis en état d'arrestation; que, pendant ces jours de crise, les intrigants qui affluent dans les sections en soient sévèrement chassés par les patriotes; que la classe

---

serment d'obéir à la loi a valu les honneurs de l'incarcération dans les prisons de la mairie. Le véritable motif de mon arrestation était la pétition que je vous ai présentée; le procès-verbal de mon interrogatoire vous en sera une preuve convaincante. J'ignore si le maire de Paris a satisfait au décret qui lui demandait compte des motifs de mon arrestation; quant à moi, je suis libre et prêt à satisfaire à celui qui me mande à la barre. Je dois à mes collègues, dont l'un est encore prisonnier et les autres dans les liens d'un décret qui les oblige à se cacher, de presser ma comparution. Je prie la Convention de fixer le jour.

« Sagnier. »

estimable et industrieuse puisse y assister journellement, et qu'à cet effet, chaque fois qu'un artisan emploiera un jour de son travail à porter les armes ou à assister à une assemblée publique, il reçoive une indemnité. »

Couthon. — « Il faut mettre en état d'arrestation les gens suspects, mais il faut en tirer parti. Je demande que les gens signalés par leur incivisme soient taxés par leurs sections suivant leurs richesses, et que le produit de cette taxe soit remis aux braves sans-culottes de la section qui partiront pour aller combattre la révolte. »

Camille Desmoulins. — « On a voulu diviser les citoyens en deux classes, les messieurs et les sans-culottes. Eh bien, prenez la bourse des uns et armez les autres. Employez contre les rebelles l'argent des riches et le courage des pauvres. »

Danton. — « Oui, que le riche paye, puisqu'il n'est pas digne le plus souvent de combattre pour la liberté; qu'il paye largement; que l'homme du peuple marche dans la Vendée. Mais il y a telle section où se trouvent des groupes de capitalistes, il n'est pas juste que les citoyens de cette section profitent seuls, comme l'a proposé Couthon, de ce qui sortira de ces *éponges*. Il faut envoyer des commissaires dans chaque section pour hâter le recrutement et répartir les contributions levées sur les riches. »

Mais les extorsions conseillées par les coryphées de la démagogie ne pouvaient pas évidemment suffire aux besoins immenses de la guerre et surtout aux dilapidations et aux gaspillages qui se commettaient avec impudeur dans toutes les branches de l'administration; force donc était de recourir à la planche aux assignats. C'était la seule monnaie que la Convention eût à sa disposition. Elle en usait largement. En février, elle avait voté la création de huit cents millions [1]; en mai elle décrète l'émission de douze cents autres millions; elle a soin, il est vrai, de déclarer que le gage offert aux créanciers de la France, et qui repose sur les biens du clergé et des émigrés, est plus que suffisant pour leur présenter une complète garantie, puisqu'il excède de deux milliards huit cents millions de francs la somme de la monnaie fiduciaire en émission. Seulement le gage n'était pas facilement réalisable, et chaque émission était le signal d'un écart de plus en plus considérable entre l'assignat et le numéraire.

Battre monnaie était autrefois un droit régalien. La Convention avait hérité de ce droit comme elle avait hérité de tous ceux qui étaient jadis les attributs de la royauté. Il ne lui manquait plus, pour mettre le sceau à sa souveraineté, que de prendre possession du palais des Tuileries : c'est ce qu'elle fit le 10 mai.

Presqu'au lendemain du 10 août, la translation de l'Assemblée dans l'antique demeure des rois avait été décrétée; on avait espéré qu'en six semaines on exécuterait les travaux nécessaires d'appropriation. Ils durèrent plus de six mois. Plusieurs fois on changea d'avis, de plan et d'architecte [2]. Cette prise de possession ne

---

1. Voir t. VI, p. 130.
2. On trouvera à la fin du volume une note relative à la transla-

porta pas bonheur à l'Assemblée souveraine de France. Les émeutiers à la solde de la démagogie avaient appris le chemin des Tuileries au 20 juin et au 10 août. Il n'y avait pas un mois que le palais de Catherine de Médicis avait reçu sa nouvelle destination lorsqu'il se vit de nouveau envahi par ces terribles visiteurs.

Mais n'anticipons pas sur les événements et revenons à l'Assemblée, au moment où les députés extraordinaires de Bordeaux se présentent à la barre. Ils déclarent qu'organes de cent vingt mille citoyens et de tous les corps administratifs de cette ville, ils viennent exprimer aux représentants de la nation l'horreur que leur inspire les projets hautement avoués de quelques hommes. L'adresse dont ils sont porteurs est aussi courte qu'énergique. En voici le texte :

« Législateurs,

« Quel horrible cri vient de retentir jusqu'aux extrémités de la République! Trois cents représentants du peuple voués aux proscriptions, vingt-deux à la hache liberticide des centumvirs!

« Législateurs, lorsque nous nous choisîmes des députés, nous les mîmes sous la sauvegarde des lois, de la vertu et de ce qu'il y a de plus sacré sur la terre. Nous crûmes les envoyer parmi des hommes, ils sont environnés de tigres altérés de sang.

« Ces courageux citoyens sont en ce moment sous le poignard des assassins; que disons-nous, hélas! peut-

tion de l'Assemblée aux Tuileries et à l'appropriation du palais à sa nouvelle destination.

être ils ne sont plus. Si ce crime atroce se consomme, frémissez, législateurs, frémissez de l'excès de notre indignation, de notre désespoir... Si la soif du sang nous a ravi nos représentants, l'horreur du crime dirigera notre vengeance, et les cannibales qui auront violé toutes les lois de la justice et de l'humanité ne périront que de nos coups.

« Convention nationale, Parisiens, jadis si fiers et si grands, sauvez les députés du peuple, sauvez-nous de notre propre désespoir, sauvez-nous, sauvez-nous de la guerre civile... Oui, nous organisons sur-le-champ la moitié de notre garde nationale; nous nous élançons sur Paris si un décret vengeur ne nous arrête, et nous jurons de sauver nos représentants ou de périr sur leur tombeau [1]. »

Le président Boyer-Fonfrède répond aux délégués de ses compatriotes : « Si la liste de proscription proclamée à la barre de la Convention a dû alarmer les courageux habitants des rives de la Gironde, le mépris profond dans lequel les bons citoyens ont plongé les proscripteurs au sein même de la ville qui les renferme, a déjà vengé la République de cet attentat. Allez rassurer vos compatriotes, dites-leur que Paris compte un grand nombre de citoyens courageux qui veillent sur les scélérats que Pitt soudoie, et qui sont prêts à périr pour défendre la représentation nationale. La Convention ap-

---

[1]. Plusieurs des signataires de cette courageuse adresse, notamment Duvigneau, l'orateur de la députation, et Saige, maire de Bordeaux, payèrent de leur tête l'honneur d'avoir protesté d'avance contre la tyrannie jacobine.

plaudit à votre dévouement et vous invite aux honneurs de la séance. »

L'adresse bordelaise et le discours du président avaient excité les murmures de la Montagne, les applaudissements de la Droite et des Centres. Plusieurs députés réclament la parole. Rabaut Saint-Étienne l'obtient : « Je demande, dit-il, que, pour la dignité de l'Assemblée, elle témoigne sa satisfaction aux députés et aux citoyens de Bordeaux ; que leur adresse soit envoyée aux départements, imprimée et affichée à Paris, comme une preuve de la confiance que vous avez dans ses habitants. Je demande en outre que les comités de sûreté générale et de législation réunis soient chargés de nous faire un rapport sur les complots tramés contre vous et sur les les moyens que vous devez employer pour en prévenir le retour, car votre vie, votre liberté, votre indépendance ne sont pas à vous, mais au peuple français qui vous a confié sa puissance. »

Legendre réplique : « De jour en jour, nous acquérons la preuve qu'il existe un système bien combiné pour brouiller les départements et Paris. Cette adresse n'émane pas des sections de Bordeaux ; elle n'a été signée que par quelques commis. Si tout l'argent employé pour obtenir une pareille pétition l'eût été pour faire venir les subsistances, le pain ne coûterait que six liards la livre. Ceux qui se plaignent qu'on veut les assassiner, n'ont pas reçu une égratignure. »

Les tribunes applaudissent avec enthousiasme les absurdités débitées par le boucher parisien. Guadet parvient à grand'peine à obtenir un peu de silence. « Citoyens, dit-il, je ne suis pas monté à la tribune pour défendre les Bordelais contre les calomnies que Legendre a cru devoir articuler. Les Bordelais n'ont pas besoin d'être défendus. » — Violente interruption de la gauche. — Guadet reprend :

« Non, ils n'ont pas besoin d'être défendus par des paroles; c'est par des faits qu'ils répondent à leurs calomniateurs. C'est en envoyant quatre mille hommes dans la Vendée, c'est en doublant leurs bataillons aux frontières, c'est en faisant des sacrifices de toute espèce pour la Révolution que les Bordelais prouvent qu'ils savent défendre et qu'ils défendront toujours la liberté.

« On prétend que les six commissaires que cette ville vous a envoyés ne sont que six intrigants qui n'ont point recueilli le vœu de la cité. Ainsi, pour prouver à Legendre que les habitants de Bordeaux professent ces sentiments, il faudrait qu'ils vinssent en masse à Paris. Eh bien, s'il le désire, si telle est l'imminence du danger qui menace la Convention, ils y viendront...

« — Tant mieux ! s'écrient plusieurs membres, nous ne demandons que cela. »

Les interruptions ne font qu'irriter la colère du bouillant Girondin; elle déborde en phrases entrecoupées.

« Est-il si difficile d'apercevoir les causes qui ont réveillé les inquiétudes des Bordelais? Ils ont parlé de complots passés; mais est-il bien vrai que ceux qui veulent étouffer ma voix n'en préparent pas de nouveaux? De grands projets couvent sourdement. Vous ne pouvez les arrêter qu'en prenant des mesures vigoureuses pour envoyer à l'échafaud cette poignée d'assassins. Lisez donc les placards incendiaires où l'on excite au massacre d'une partie de la Convention. Entendez les propos atroces qui retentissent à la tribune des Jacobins. On nous accuse de vous calomnier, habitants de Paris. Ah! notre existence fait votre éloge! Vivrions-nous encore, s'il n'y avait dans votre ville une masse d'excellents citoyens dont l'inaction même effraye les scélérats? Mais, nous dit-on, vous qui parlez sans cesse d'assassinat, montrez au moins une seule blessure. C'est ainsi que Catilina répondait à Cicéron; il lui disait en plein Sénat : « Vous dites que de grands dangers menacent votre vie « et celle des sénateurs, et vous respirez tous. » Cependant Cicéron et les sénateurs devaient tomber sous le fer des assassins la nuit même où ce traître leur tenait ce langage. Je conclus à ce que la Convention décrète l'impression de l'adresse et son envoi aux départements, afin qu'elle serve de contre-poison aux libelles dont on les inonde. Je demande, en outre, que la Convention applaudisse aux sentiments affectueux que lui témoignent les habitants de Bordeaux. »

« — Tous les Français », s'écrie Robespierre jeune.

« — Oui, tous les Français, reprend Guadet, et c'est pour cela que j'adhère aux propositions de Rabaut. »

Elles sont adoptées dans ces termes :

« La Convention nationale décrète l'impression,
« l'envoi aux départements et l'affichage dans la ville de
« Paris de l'adresse des citoyens de Bordeaux réunis dans
« leurs sections et de la réponse de son président. Elle
« applaudit au civisme et au courage des habitants du
« département de la Gironde, ainsi qu'au respect et à la

« fidélité qu'ils témoignent pour la Convention nationale.

« Elle décrète, en outre, que son comité de législa-
« tion réuni au comité de sûreté générale lui fera un
« rapport sur les complots ainsi que sur les moyens de
« satisfaire et aux départements et à la justice qui récla-
« ment la punition des auteurs des conjurations ci-devant
« formées contre les représentants du peuple. »

Chaque jour la Convention recevait des dénonciations contre les actes arbitraires que se permettaient les démagogues, soit à Paris, soit dans les départements. Le 15 mai, Chasset, député de Lyon, signale la création, dans cette ville, d'un tribunal révolutionnaire établi par les affidés des Jacobins sans qu'aucune loi soit intervenue pour l'autoriser. Sur sa proposition, l'Assemblée déclare nulle et non avenue toute érection de tribunal extraordinaire qui aurait pu ou qui pourrait être faite à Lyon ou dans toute autre ville de la République sans un décret formel de la Convention ; fait défense à tous ceux qui auraient pu ou qui pourraient être nommés pour en faire les fonctions d'en exercer aucune à peine de mort, permet aux citoyens que l'on voudrait y traduire de repousser la force par la force, charge la municipalité de Lyon et les corps administratifs sous leur responsabilité de les protéger et de requérir au besoin la force armée, pour soustraire les citoyens aux exécutions que l'on voudrait tenter contre eux.

Le 16 mai, plusieurs députés se plaignent d'arrestations arbitraires et d'entraves mises par la municipalité parisienne à la liberté de la presse. Les montagnards demandent que toutes ces plaintes particulières soient renvoyées aux tribunaux compétents. Doulcet leur répond : « On pourrait comprendre le renvoi, si la hiérarchie des pouvoirs existait encore, si les autorités constituées, si le ministre de l'intérieur faisaient leur devoir. Mais puisque les lois ne sont pas exécutées, il faut bien que les représentants du peuple viennent au secours des opprimés. Quant à moi, je réclame la parole, lorsque la Convention voudra bien m'entendre, pour dénoncer, au nom de mes commettants, la Commune de Paris. »

Cette Commune est encore attaquée quelques moments après, non plus par un Girondin, mais par un Montagnard, à raison des sommes énormes qu'elle réclame à chaque instant au Trésor public : « Ce n'est plus la commune seulement, dit Mallarmé, qui vient demander des avances pour maintenir le prix du pain à bon marché dans la capitale; ce sont les quarante-huit sections qui viennent réclamer d'autres avances pour l'équipement de leurs volontaires; on a accordé un secours de cette nature, par exception, à la section du Panthéon parce qu'elle était populeuse et pauvre; voilà maintenant Bonne-Nouvelle qui réclame de ce chef 100,000 livres, Beaurepaire 60,000, les Droits de l'homme et les Quinze-Vingts chacune 60,000; la section de 1792, 150,000; c'est une véritable coalition entre les sections. Le Trésor national appartient à la République entière; la Commune de Paris demande encore 4 millions pour les subsistances. Votre comité des finances ne sait plus quel moyen trouver pour mettre de l'ordre dans la comptabilité. Depuis le commencement de votre session, Paris a reçu de vous à titre d'avance 25 millions et en demande encore. Je vous invite à n'être plus aussi facile; car autrement, vous aurez bientôt épuisé les 1,200,000,000 que vous venez de créer pour subvenir aux dépenses de la guerre. »

La Convention renvoie au comité des finances toutes ces demandes et toutes les propositions qui en sont la suite, avec ordre de faire son rapport le lendemain.

Mais, le lendemain 17, l'attention de l'Assemblée se détourna sur un autre objet. La question ne fut reprise que le 25 mai; et encore ce jour-là ne reçut-elle aucune solution définitive.

Imitant le système adopté par les démagogues de Bonconseil, ceux de l'Unité avaient fait arrêter, de leur autorité privée, le juge de paix de la section, sous prétexte qu'il avait signé une pétition où l'on avait eu l'audace de tourner en ridicule une divinité du jour, le célèbre Anaxagoras Chaumette. Les amis de l'inculpé viennent dénoncer cette arrestation arbitraire; ils signalent, comme ayant lancé le mandat d'arrêt, le comité chargé spécialement de la surveillance des étrangers, mais qui, étendant le cercle de sa compétence, s'est attribué juridiction sur tous les citoyens indistinctement[1].

Marat soutient les actes arbitraires commis par ses amis; sa défense est naturellement accueillie par les manifestations bruyantes des galeries.

Isnard, qui occupe le fauteuil, se lève avec impétuo-

---

1. Voir t. VI, p. 296.

sité : « Je préviens, dit-il, les citoyens des tribunes que tant que je serai président, je ferai exécuter la loi qui leur défend d'applaudir ou d'improuver. »

« — Il n'y a pas de loi, lui crie Legendre, qui défende au peuple d'applaudir ceux qui le servent. »

A cette réponse de Legendre, les applaudissements recommencent.

« Président, s'écrie Doulcet, faites évacuer les tribunes ou annoncez que la Convention nationale est décidée à sortir de Paris. »

Malgré les récriminations de Thuriot et de Lecarpentier, l'Assemblée donne gain de cause aux amis du juge de paix de la section de l'Unité et ordonne son élargissement provisoire. Cette décision provoque la colère de la Montagne; elle réclame avec fureur l'appel nominal.

« — Oui, l'appel nominal, s'écrie Legendre, afin que l'on connaisse les amis du peuple et les soutiens des conspirateurs. La majorité ne peut faire la loi à la minorité. »

« — Je déclare, reprend Isnard, que le président manque de moyens pour se faire obéir par la minorité de la Convention. »

« — C'est la minorité, s'écrie Audouin, qui a fait la journée du 10 août. »

Le tumulte s'accroît à chaque instant; deux fois le président est obligé de se couvrir. Couthon demande la parole au nom de la patrie. Carrier, Maure, Granet l'enlèvent de sa place et le portent à la tribune, aux applaudissements des spectateurs. Force est de lui donner la parole. Il commence ainsi :

« — Si la bonne foi pouvait habiter parmi nous...

Les murmures de la droite apprennent à l'orateur qu'il ne pourra continuer son discours qu'à condition de modifier son langage acrimonieux.

« Oui, reprend-il, s'il y a de la bonne foi, nous serons bientôt d'accord. De quoi s'agit-il, au fond? Un homme prévenu d'avoir tenu des propos les plus inciviques, d'avoir provoqué le rétablissement de la royauté...

« — C'est faux, lui crient quelques voix.

« — Cet homme a été arrêté par ordre d'une autorité constituée.

« — Non, c'est par ordre d'un comité révolutionnaire.

« — Eh bien! par un comité révolutionnaire, soit. Quelques individus se présentent à votre barre pour réclamer ce citoyen, qu'avez-vous fait? Sans entendre la municipalité, sans entendre votre comité de législation, vous ordonnez que l'inculpé sera provisoirement mis en liberté.

« — Une minorité imposante...

« — Non, s'écrient plusieurs voix.

« — Je répète : une minorité imposante, et j'ajoute respectable, puisqu'elle est de cent cinquante membres au moins, réclame l'appel nominal pour ne pas s'associer à un décret qui met en liberté un contre-révolutionnaire; je demande qu'avant de prononcer sur le sort de l'individu arrêté, vous entendiez la municipalité, je demande également que toutes les fois que cent membres réclament l'appel nominal sur des questions constitutionnelles ou de législation, cet appel soit accordé. »

Couthon est reporté à sa place au milieu des applaudissements de la Montagne et des tribunes. Vergniaud lui répond : « On a prétendu que l'inculpé était détenu en vertu d'un ordre émané d'une autorité constituée. C'est inexact, il ne l'est point en vertu d'un ordre du département ; il ne l'est point en vertu d'un ordre de la municipalité, il ne l'est même pas en vertu d'un ordre du Comité révolutionnaire ; il l'est en vertu d'un ordre de quelques citoyens qui ont délibéré dans leur section après la levée de la séance, qui, sans autre autorité que celle de la force, sans autre droit que celui des tyrans, ont fait violer pendant la nuit l'asile de ce citoyen et l'ont plongé dans les cachots de l'Abbaye. Ainsi dans cette arrestation on a violé une loi bien précieuse, celle qui défend de s'introduire la nuit dans la maison des citoyens, hors le cas du flagrant délit. L'ordre d'arrestation eût-il été donné par le Comité révolutionnaire de la section, la loi aurait encore été violée sous un autre rapport, car la loi ne donne aucun droit aux comités révolutionnaires sur la liberté des citoyens ; elle ne soumet que les étrangers à leur surveillance, lisez-la. »

A ce moment on annonce que le rapporteur du comité de législation arrive de l'Hôtel de Ville ; que la municipalité elle-même a été obligée de reconnaître la parfaite innocence de l'inculpé et d'ordonner sa mise en liberté. Le fait particulier n'ayant plus d'intérêt, Vergniaud s'attache à combattre la théorie de Couthon sur les droits de la minorité.

« C'est, dit-il, la volonté générale du peuple qui seule fait la loi. La minorité doit se soumettre, ou elle est en état de rébellion Si le vœu de la majorité peut devenir illusoire par la résistance de la minorité, il n'y a plus ni gouvernement ni liberté. Voulez-vous donc employer dix années à faire la Constitution? Vous en courez le risque, si vous permettez, sur toutes les questions indifféremment, à un petit nombre de membres qui voudraient paralyser vos travaux, de réclamer sans cesse l'appel nominal. Nous saurons résister à cette nouvelle espèce de tyrannie, nous saurons résister aux violences et aux calomnies. Je déclare, et il est bon que tous les Parisiens m'entendent, je déclare que si à force de persécutions, de menaces et d'outrages, on nous forçait à nous retirer, le département qui m'a envoyé n'aurait plus rien de commun avec une ville qui aurait violé la représentation nationale et rompu l'unité de la République. »

« — Nous faisons la même déclaration, s'écrient un grand nombre de membres. »

Les propositions de Couthon sont écartées par l'ordre du jour. On renvoie au Comité de législation le soin de préciser les cas où l'appel nominal pourra être réclamé et le nombre de membres nécessaires pour l'obtenir.

III.

La séance du 18 s'ouvre par le récit des scènes de violence dont la veille les couloirs de l'Assemblée ont été le théâtre. Des femmes, évidemment apostées, déchiraient les billets donnant entrée aux tribunes affectées aux citoyens des départements. Elles insultaient les sentinelles qui voulaient s'opposer à ces actes de violence. L'un des inspecteurs de la salle, Perrin, annonce que l'on a eu grand peine à avoir raison de ces forcenées. L'Assemblée ne prend cependant aucune résolution à cet égard, car toute son attention est absorbée par l'arrivée d'une députation de la section de la Fraternité, si connue par son courage et son modérantisme. La députation présente à l'Assemblée les volontaires qu'elle envoie contre les rebelles de la Vendée. Son orateur s'exprime ainsi[1] : « Ni le sort ni la taxe n'ont été employés; à la voix de la patrie, ses enfants se sont levés en foule pour la défendre; son autel s'est couvert véritablement d'offrandes dignes d'elle. Le denier de la veuve s'y est confondu avec les dons de la richesse et de l'aisance. Législateurs du peuple, nous avons jusqu'ici respecté

1. Cet orateur n'était autre que Royer-Collard. Voici, en effet, ce que nous avons trouvé sur les registres de la section de la Fraternité aux dates des 16 et 18 mai :

« Le 16 mai, Royer monte à la tribune et lit l'adresse qu'il s'est chargé hier de rédiger, conjointement avec les citoyens Moreau et Grellier (relativement au refus de la section d'adhérer à l'arrêté de la Commune, du 13 courant, proposant d'établir une taxe sur les gens riches). La rédaction de cette adresse est adoptée à l'unanimité; on ordonne l'impression à trois cents exemplaires, l'envoi aux quarante-sept sections, et la présentation à la Convention par les rédacteurs et vingt-quatre commissaires.

« Le 18 mai le citoyen Royer fait, au nom de ses collègues, le rapport de la mission dont ils étaient chargés auprès de l'Assemblée nationale. Il dit que l'adresse a été couverte des plus vifs applaudissements; que la Convention a arrêté à l'unanimité la mention honorable au procès-verbal, l'insertion au bulletin, l'impression et l'envoi

un temps qui appartient à la France entière; le moment est venu de rompre le silence et de nous honorer aussi par une éclatante manifestation de nos principes et de nos vœux. Nous ne connaissons dans la Convention que la Convention elle-même; nous défendrons dans chacun de ses membres le dépôt sacré de la représentation nationale; nous le défendrons et contre les brigands qui ont osé lever l'étendard de la révolte et contre ceux qui, sous le masque perfide du patriotisme, veulent tuer la liberté. Pères de la patrie, défendez-la contre tous ses ennemis. Sondez d'une main prudente mais ferme la profondeur de ses maux, et osez y appliquer des remèdes efficaces. Que le sceptre sanglant de l'anarchie soit brisé; que le règne des lois commence, qu'une constitution ayant pour base la liberté et l'égalité fasse enfin triompher la souveraineté du peuple sur les débris de tous les intérêts, de toutes les passions,

aux départements, et qu'elle a déclaré que la section avait bien mérité de la patrie. »

Nous avons retrouvé également la confirmation de ce fait dans un document où nous étions loin de le chercher. Dans l'interrogatoire que Gardien, l'un des membres de la commission des Douze, subit la veille du jour de sa comparution, et par conséquent de sa condamnation, devant le Tribunal révolutionnaire, le juge interrogateur s'exprime ainsi :

« Lorsque la section de la Fraternité leva la première l'étendard de la contre-révolution, et que, conduite par des prêtres, des robins et des nobles, elle vint dénoncer un projet qu'on supposait avoir été conçu à la mairie contre la Représentation nationale, n'avez-vous pas dit, vous et vos amis, au nommé Royer, qui était à la tête de cette bande de dénonciateurs : « Nous sommes prêts à frapper les agita« teurs des sections, mais il faut que, par les sections elles-mêmes, « vous nous fassiez entourer de l'expression de la force publique? »

de toutes les tyrannies. Cette adresse a été votée à l'unanimité par la section; elle a obtenu l'assentiment des sections de 1792 et de la butte des Moulins. »

Les pétitionnaires sont admis aux honneurs de la séance, l'immense majorité de l'Assemblée les accueille par plusieurs salves d'applaudissements. L'impression de l'adresse, l'insertion au bulletin, l'envoi aux départements et l'affichage dans Paris sont successivement décrétés. »

« Je demande, s'écrie Buzot, que la Convention déclare que les pétitionnaires sont sous la sauvegarde de la loi. » Cette proposition pouvait facilement se motiver sur le traitement subi par les délégués de Bonconseil et de l'Unité, qui avaient été jetés en prison pour avoir exprimé en des termes moins énergiques leur respect et leur dévouement à la Représentation nationale. Cependant on fait observer que tous les citoyens sont sous la sauvegarde de la loi, et que dire que tels citoyens y sont spécialement, c'est déclarer que les autres n'y sont pas. L'ordre du jour sur la proposition de Buzot est adopté et l'Assemblée passe à la discussion du projet de constitution; mais cette discussion est bientôt interrompue par une scène scandaleuse. Une des femmes apostées par les Jacobins, pour faire la police des couloirs, se précipite avec fureur sur un jeune homme qui vient de pénétrer dans une tribune. Les cris de cette mégère mettent en émoi l'Assemblée. Le président ordonne de l'expulser. La gauche demande que l'on annule la mesure qui affecte certaines tribunes à des porteurs de cartes privilégiées. La droite veut que le procès-verbal constate ces mouvements désordonnés, qui n'ont d'autre but que d'avilir la Convention et de l'empêcher de faire la constitution. Les interpellations les plus vives s'échangent de part et d'autre. Le président Isnard se lève, et, d'une voix retentissante, s'exprime ainsi :

« Ce qui se passe m'ouvre les yeux sur des faits qui m'ont été révélés. L'aristocratie française, Pitt, l'Angleterre, l'Autriche, suivent un nouveau plan pour détruire la liberté en France. Législateurs, écoutez, il y va de votre salut. »

Quelques murmures se font entendre.

« — Ah! reprend Isnard, si vous pouviez ouvrir mon cœur, vous y verriez mon amour pour ma patrie. Dussé-je être immolé sur ce fauteuil, je m'écrierais encore : Dieu ! pardonne à mes assassins, ils sont égarés, mais sauve la liberté de mon pays.

« Oui, on veut égarer le peuple, on veut le pousser à l'insurrection, et cette insurrection commencera par les femmes. On veut égorger plusieurs membres de cette Assemblée, on veut la dissoudre ; les Anglais feront une descente et aideront à une contre-révolution. Voilà la déclaration que je devais à mon pays, je l'ai faite ; j'attends les événements ; j'ai acquitté ma conscience. »

La Plaine et la droite applaudissent. Des membres qui votent souvent avec la Montagne se laissent entraîner par l'enthousiasme presque général. Ainsi Meaulle appuie la proposition faite par Vergniaud d'imprimer et d'afficher sur tous les murs de Paris le discours du Président. Il s'écrie : « Déclarons que nous ne nous quitterons pas, que nous ne sommes pas divisés, et que si

quelqu'un doit périr, nous périrons tous ensemble. »
Gamon demande la parole pour exposer les faits qui ont
donné lieu au désordre. « Il est certain, dit-il, que, depuis votre installation dans la nouvelle salle, des femmes
se sont arrogé le droit de faire la police aux portes des
tribunes de la Convention et qu'elles déchirent les billets
en insultant ceux qui en sont porteurs. Plusieurs de ces
femmes ont été amenées devant le Comité. Je les ai interrogées ; elles m'ont déclaré qu'elles se réunissent
dans un local dépendant des Jacobins, sous le titre
de *Dames de la Fraternité;* que là, il a été décidé qu'en
affectant des places aux citoyens des départements, la
Convention avait commis un véritable acte de despotisme ;
qu'en conséquence la Société avait pris un arrêté dont
elles poursuivaient l'exécution. Depuis le commencement de la semaine, les femmes qui viennent faire cette
police singulière sont évidemment salariées par nos ennemis. En effet, presque toutes portent les livrées de la
misère, elles ne paraissent avoir d'autre moyen de subsistance que le produit de leur travail journalier, et cependant elles passent des journées entières dans les corridors et se distribuent avec ordre pour assiéger les portes
de toutes les tribunes. Ces femmes pourraient assister
paisiblement à vos séances, car les places ne manquent
pas. Mais elles aiment mieux entretenir le désordre, afin
de porter obstacle à l'entrée de nos concitoyens dans les
tribunes qui leur sont affectées. »

« Au nom de l'égalité, s'écrie le montagnard Rhul,
je demande que vous supprimiez les billets des tribunes.
Alors ces femmes n'auront plus de prétexte, elles ne re-

viendront plus. » Marat appuie la proposition de Rhul et lance ses injures ordinaires contre ses contradicteurs, qu'il traite d'imbéciles, d'aristocrates, de complices de Dumouriez [1].

Guadet fait sortir la discussion des bas-fonds où *l'Ami du peuple* l'a entraînée et la porte sur la question véritable. Il déclare que de nouveaux complots se trament, qu'à la mairie, dans une assemblée de prétendus membres des comités révolutionnaires, on a résolu de mettre en arrestation tous les hommes suspects, c'est-à-dire, suivant l'expression énergique de l'orateur girondin, « tous ceux qui n'ont pas patente des honorables journées du 2 septembre et du 10 mars. » Les murmures de la gauche et des tribunes empêchent quelque temps Guadet de continuer. Cependant il peut enfin reprendre son discours : « Jusques à quand, citoyens, dormirez-vous sur le bord de l'abîme ? jusques à quand remettrez-vous au hasard le sort de la liberté ? Il en est temps encore, prenez de grandes mesures ; vous sauverez la République et votre gloire compromises. Les autorités de Paris ont souvent dépassé les limites que leur imposaient les lois. Elles se sont permis d'en interpréter le sens. Je demande qu'elles soient cassées. Elles peuvent être remplacées par les présidents des sections. Je demande en même

---

[1]. Malgré son triomphe populaire, Marat était tombé tellement bas dans l'estime de ses collègues, que nous lisons ce qui suit dans le procès-verbal officiel de la séance du 10 mai :

« Un membre, inculpé par Marat, veut repousser ses calomnies ; la Convention refuse de l'entendre et passe à l'ordre du jour motivé sur le décret du 2 courant, qui déclare que les calomnies de Marat ne peuvent offenser personne. »

temps que nós suppléants se réunissent à Bourges dans le plus bref délai, mais qu'ils ne puissent entrer en fonctions que sur la nouvelle certaine de la dissolution de la Convention. Je demande enfin que ce décret soit porté par des courriers extraordinaires dans les départements. Quand ces mesures auront été adoptées, nous travaillerons avec une complète tranquillité d'esprit et comme des hommes qui ont mis en sûreté le dépôt sacré à eux confié. »

Pendant que Guadet était à la tribune, Barère avait demandé la parole au nom du Comité de salut public. Le Comité était trop au courant de ce qui se passait à l'Hôtel de Ville et dans les sections pour ne pas partager les craintes exprimées par l'orateur girondin. Barère reconnaît la vérité des faits allégués par Guadet, mais il conclut autrement.

« Il est vrai, dit-il, qu'il existe à Paris, et, par des ramifications, dans toute la République, un mouvement pour perdre la liberté. Depuis plusieurs jours, je me suis présenté à cette tribune pour faire à l'Assemblée un rapport sur la situation actuelle de la France. Si l'Assemblée avait voulu m'entendre, elle aurait pu prendre des mesures contre les autorités constituées et les citoyens qui peuvent perdre la liberté. C'est l'aristocratie qui est derrière tous ces complots, mais ils n'en existent pas moins. Il y a six jours que des citoyens de la section de l'Oratoire sont venus nous annoncer que quatre-vingts électeurs se rassemblaient dans une des salles de l'évêché et qu'ils y traitaient des moyens de purger la Convention. On nous a dit aussi que quelques hommes se réunissaient dans un certain lieu où ils discutaient sur les meilleurs moyens d'enlever à la Convention vingt-deux têtes. Quoique très-invraisemblables, ces faits doivent fixer votre attention, surtout au moment où les représentants du peuple souverain n'ont pas assez de force pour faire respecter une consigne dans l'intérieur même du lieu de leurs séances.

« Je passe maintenant aux diverses mesures proposées par Guadet, et, sans inculper ses intentions, je les combats. La première : casser les autorités constituées de Paris; si je voulais l'anarchie, j'appuierais cette proposition. Vous m'avez mis à même de voir comment agissaient ces autorités. J'ai vu un département faible et pusillanime; j'ai vu des sections se régissant comme de petites municipalités; j'ai vu à la tête de la Commune un homme nommé Chaumette dont je ne connais pas le civisme, mais qui autrefois était moine. Pour moi, je l'avoue, je n'aime pas à voir à la tête des administrations des ci-devant moines, des ci-devant nobles. J'ai vu une Commune exagérant ou modifiant les lois à sa fantaisie. Je l'ai vue organisant une armée révolutionnaire; je crois que sur cet objet vous devez charger votre Comité de salut public de vous faire un rapport incessamment.

« Ne cassez pas les autorités parisiennes, ainsi que vous le propose le préopinant. Ce serait l'interrègne des lois; mais créez une commission de douze membres dans laquelle les ministres et le Comité de sûreté générale seront entendus et qui sera chargée de prendre les mesures nécessaires pour la tranquillité publique et d'examiner les arrêtés pris par la Commune depuis un mois.

« Quant à la mesure proposée par Guadet, de convoquer à Bourges l'assemblée des suppléants, cette mesure est mauvaise ; c'est par votre courage, c'est par votre fermeté, que vous braverez les orages qui se forment contre vous. D'ailleurs, croyez-vous que si des scélérats parvenaient à dissoudre la Convention, le même coup qui la frapperait ne se ferait pas sentir à vos suppléants ? »

Barère avait raison dans la dernière partie de son argumentation. C'était à Paris qu'il fallait combattre, vaincre ou périr. Mais, pour que cette lutte suprême présentât des chances favorables à la Convention, il fallait qu'elle enlevât à sa rivale la direction de la force armée et de la police, ces deux leviers des sociétés modernes. Guadet et ses amis eurent tort de ne pas insister davantage sur la cassation immédiate des autorités parisiennes. Surprises par ce coup d'autorité, elles n'eussent pu opposer à la Convention qu'une résistance impuissante. C'était la seule mesure efficace à tenter. Au lieu de cela, le décret que Barère fit adopter était une véritable menace, mais n'avait pas de sanction véritable ; il semblait créer une puissance formidable, mais ne lui donnait aucun moyen de se faire obéir. Ce décret ainsi conçu :

« La Convention nationale décrète qu'il sera formé
« dans son sein une commission extraordinaire.

« Cette commission sera composée de douze mem-
« bres ; elle sera chargée d'examiner tous les arrêtés
« pris depuis un mois par le Conseil général de la

« commune et les sections de Paris, de prendre con-
» naissance de tous les complots tramés contre la liberté
« dans l'intérieur de la République. Elle entendra les
« ministres de l'intérieur et des affaires étrangères, les
» comités de sûreté générale et de salut public, sur les
« faits venus à leur connaissance, relatifs aux conspi-
« rations qui ont menacé la représentation nationale, et
« prendra toutes les mesures nécessaires pour se procu-
« rer les preuves de ces conspirations et s'assurer des
« personnes des prévenus.

« Les membres nommés à cette commission seront
« tenus d'opter dans vingt-quatre heures, s'ils sont
« membres d'un autre comité, et seront remplacés par
« leurs suppléants dans le cas où ils n'accepteraient
« pas [1]. »

IV.

La séance du dimanche 19 mai se passa sans incident remarquable; il n'en fut pas de même de celle du lundi 20.

Ramel Nogaret, au nom du Comité des finances,

[1]. Il est à remarquer que d'ordinaire les décrets qui ordonnaient la création de commissions nouvelles ne contenaient pas de dispositions semblables à celles de ce dernier paragraphe. Cette innovation est une preuve de l'importance que l'Assemblée attachait à la création de la commission des Douze, puisqu'elle voulait que les membres qui en feraient partie abandonnassent toute autre mission pour consacrer leur temps à l'œuvre de sûreté publique qui allait être entreprise, hélas! trop tardivement.

avait présenté le projet d'un impôt progressif sur tous les citoyens ayant plus de 600 livres de rente. Cambon proposait d'y substituer un emprunt forcé d'un milliard à prélever sur les riches. Au moment où Barbaroux monte à la tribune pour combattre la motion du financier de la Montagne, des cris : « A bas! à bas! » partent des galeries, et recommencent toutes les fois que le député marseillais essaye de se faire entendre. Force lui est donc de renoncer à la parole et de retourner à sa place. Une vive indignation se manifeste dans une grande partie de l'Assemblée.

Mais Marat ne voit dans ces désordres incessants qu'un sujet de plaisanterie. « Que signifie, dit-il, cette terreur panique à l'aspect de quelques mouvements d'improbation excités par des femmes? L'expérience aurait dû en guérir la Convention. Depuis deux ans, on entend vos lamentations, et vous n'avez pas une égratignure à montrer à vos commettants. »

« — Sommes-nous libres, oui ou non? s'écrie un membre de la droite. Quant à moi, je déclare que, depuis trois mois, je ne le suis pas. Comment pourrait-on se croire libre en entendant chaque jour les vociférations, les cris, les insultes, les menaces des tribunes? »

« — L'homme courageux est toujours libre, ajoute Boissy-d'Anglas; mais le salut public est attaché au respect pour la Convention nationale. Le moyen le plus sûr de la faire respecter est de poser une loi sévère. Je demande qu'au premier murmure des citoyens d'une tribune, elle soit évacuée à l'instant. Je demande que le maire et le commandant général soient mandés pour déclarer s'ils ont les moyens de faire exécuter ce décret ; s'ils répondent négativement, la Convention, dans sa sagesse, verra quelle décision elle doit prendre. »

« — Oui, dit Buzot, il faut bien établir que les tribunes de la Convention appartiennent à tous les citoyens et non à quelques femmes forcenées, avides de meurtre et de sang, qui vont puiser les principes les plus féroces dans des sociétés dépravées. »

« — Comment, reprend Vergniaud, peut-on espérer sauver la République, si on ne parvient à faire cesser ces troubles scandaleux qui arrêtent la marche de vos délibérations, ces ardentes clameurs, ces huées avilissantes qui viennent apporter le désordre au sein de la Convention? Ils sont les ennemis de la liberté, les protecteurs de l'anarchie, les assassins des braves volontaires qui versent leur sang pour la défense de la patrie, puisqu'ils rendent leur dévouement inutile, ceux qui nous empêchent de travailler à la Constitution. » Ici Vergniaud est violemment interrompu par les murmures de la Montagne.

« — C'est toi, monstre, qui es un assassin, lui crie le peintre David, au paroxysme de la fureur. »

Le député de la Gironde dédaigne les invectives de ce maniaque et continue en ces termes : « Citoyens, des imposteurs vous ont souvent accusés de calomnier Paris. Eh bien! je vais vous faire une proposition qui prouvera combien est grande votre confiance dans le peuple de Paris, et avec quel soin vous le distinguez des scélérats qui s'agitent dans son sein, se nourrissent de son sang et de sa substance. Faites une proclamation où vous rendrez compte des projets perfides qui se trament contre la liberté; envoyez cette proclamation aux quarante-huit sections de Paris avec le procès-verbal de la séance d'aujourd'hui; demandez-leur une garde imposante pour maintenir la police dans toutes les parties de l'enceinte du temple de la liberté, y faire exécuter vos décrets et assurer l'indépendance de vos délibérations. »

Robespierre jeune assume sur lui la tâche de répondre au grand orateur girondin. Il déclare qu'il se sent libre, qu'il ne comprend pas ceux qui prétendent qu'ils ne le sont pas. « Quelle liberté leur faut-il donc? ajoute-t-il. Ils n'ont été que trop libres pour faire le mal. Guadet n'a-t-il pas craint, hier encore, de dire que les Jacobins, cette société fameuse par les héros de la liberté qu'elle compte dans son sein, n'était composée que de contre-révolutionnaires? N'est-ce pas le langage de Pitt, de Cobourg, de Dumouriez et des brigands de la Vendée? »

L'Assemblée finit par renvoyer au comité de législation toutes les propositions relatives à la police des tribunes; puis, ayant repris la délibération sur les mesures financières, elle accepte le principe de l'emprunt forcé sur les riches proposé par Cambon.

V.

La création de la commission des Douze avait été votée en principe le 18. La Convention s'était réservé de nommer elle-même les membres qui devaient la composer. Cette élection eut lieu le 20 au soir. La liste présentée par la Gironde passa tout entière à une grande majorité. La Plaine, toutes les fois qu'on procédait au scrutin, assurait la victoire à la droite. Malheureusement il n'en était pas toujours de même lorsque l'on votait par assis et levé. Sept des Douze appartenaient à la Gironde proprement dite : Boyer-Fonfrède, Rabaut-Saint-Etienne, Kervélegan, Boileau, Mollevaut, Henri Larivière, Bergoeing. Quatre autres étaient d'une nuance moins tranchée : Saint-Martin Valogne, Gomaire, Bertrand (de l'Orne), Gardien. Enfin le dernier, Viger, siégeait depuis quelques jours seulement à la Convention. On l'avait choisi justement à cause de cette position neutre que lui donnait sa récente arrivée [1].

Aussitôt qu'ils ont avis officiel de leur nomination, les Douze se rassemblent; ils annoncent, par une lettre adressée au président de la Convention, qu'ils acceptent la mission dont la confiance de l'Assemblée les a honorés. Ils font afficher dans Paris le décret du 18, suivi d'un appel à tous les citoyens de la capitale et des départements, pour qu'ils aient à transmettre à un des membres de la Commission les renseignements qu'ils pourraient avoir sur les complots tramés contre la Convention.

1. Nous avons retrouvé la minute du procès-verbal de dépouillement du scrutin auquel donna lieu la nomination de la commission des Douze; le nombre des votants était de 325. Fonfrède est à la tête de la liste avec 197 voix. L'avant-dernier, Bergoeing, en a 175. Gardien n'en a que 104. Viennent ensuite les candidats de la Montagne, qui ne réunissent que 98 à 63 voix. Les principaux étaient Meaulle, Levasseur (de la Sarthe), Ricord et Mathieu.

Au bas de cette affiche, ils apposent leur signature et indiquent leur adresse, se présentant ainsi à découvert aux poignards des assassins.

Les séances des 21 et 22 mai furent assez paisibles. On s'y occupa exclusivement de la Constitution et des matières de finances.

Le 23, une nombreuse députation de la section de la Fraternité se présente à la barre. Comme trois jours auparavant, elle a à sa tête l'intrépide Royer-Collard, qui dénonce courageusement les réunions que semble protéger la Commune, et dans lesquelles s'élaborent les projets les plus sinistres. Aux termes du procès-verbal dressé par la section de la Fraternité, les conciliabules se tiennent à la mairie; ils sont présidés tantôt par un administrateur de police, tantôt par le maire. La section avait envoyé des commissaires à cette réunion, sans savoir quel en était le but. D'après le rapport de ces commissaires, les assemblées tenues dimanche 19 mai et lundi 20, et composées de délégués des comités révolutionnaires, ont agité de faire une journée du 10 août, qui serait suivie d'un 2 septembre; on devait arrêter, à un jour et une heure convenus, vingt-deux membres de la Convention, les égorger, et publier ensuite qu'ils avaient émigré. A la vérité, dans la séance de lundi, le maire, qui présidait ce jour-là, s'était opposé à ce que ces propositions fussent reproduites, et avait déclaré qu'il romprait l'assemblée si elles étaient mises en délibération. La section a arrêté que ce procès-verbal serait apporté par une députation à la Convention nationale, imprimé et envoyé aux quarante-sept autres sections, et qu'expédition des rapports faits au Comité révolutionnaire serait adressée le jour même à la commission des Douze.

La lecture de ces pièces étant achevée, l'orateur prononce le discours suivant[1] :

« Législateurs,

« Au nom de la France, dont vous êtes la représentation auguste, au nom du peuple de Paris outragé, ne souffrez pas que l'impunité enhardisse plus longtemps les conspirateurs; osez compter sur les bons citoyens qui ont résolu d'affranchir leur patrie du joug infâme qu'on lui prépare; osez vous confier à leur énergie, et déployez enfin celle de la nation contre les brigands qui vous menacent. Plus de mesures timides, elles accroîtraient l'audace des factieux, elles vous aviliraient et vous perdraient vous-mêmes. Songez qu'il ne peut y avoir de transaction entre le bon et le mauvais génie de la République. Il faut que l'un triomphe et que l'autre soit abattu.

« Législateurs, nous ne ferons point de nouveaux serments, mais nous tiendrons ceux que nous avons faits. Nous répondrons de vous à la nation; c'est à vous à lui répondre de son salut et de sa gloire. Nous sauverons la Révolution en la terminant et en la purgeant des scélérats qui la déshonorent; c'est à vous à la consolider par les lois et par les bienfaits d'une constitution républicaine et libre. »

1. La version donnée par le *Moniteur* du discours de Royer-Collard diffère quelque peu de celle qui se trouve au procès-verbal officiel de l'Assemblée. Nous avons donné la préférence à cette dernière, qui est plus complète et plus authentique.

L'Assemblée accueille ce discours par de vifs applaudissements. On demande de toutes parts que Pache soit immédiatement appelé à la barre. Genissieux obtient la parole pour motiver cette proposition. « Le maire de Paris, dit-il, est chargé de veiller à la sûreté des personnes et des propriétés ; non-seulement il a su ce qui se passait, mais il a présidé une assemblée où s'est agitée la motion de porter atteinte à la représentation nationale. Est-il venu vous en avertir? Non. Souvenez-vous que dans une pétition, présentée par le maire lui-même au nom de la majorité des sections, on vous a demandé la proscription de vingt-deux membres ; ce sont les mêmes qu'il s'agit aujourd'hui d'égorger. Où se tiennent ces nouvelles assemblées liberticides? Est-ce dans les repaires où se cachent ordinairement les scélérats? Non, c'est à la mairie [1]. Le maire est donc bien coupable. Il faut qu'il comparaisse immédiatement à la barre et, s'il ne se justifie pas, qu'il soit mis en arrestation. »

« — Le seul complot qui existe, répond Marat, est celui qui se trame chez Valazé; le Comité de sûreté générale est saisi d'une lettre de ce député à son collègue Lacaze, par laquelle il l'invite à se rendre à l'Assemblée avec le plus de collègues qu'il pourra. Personne n'ignore que c'est chez Valazé que se tient le directoire des hommes d'État de la faction liberticide. »

A cette accusation directe, Valazé réplique : « La

---

[1]. Le maire de Paris demeurait, non à l'Hôtel de Ville, mais dans l'ancien palais des premiers présidents du Parlement de Paris (aujourd'hui la Préfecture de police). C'est là aussi qu'était concentrée l'administration de la police.

Convention n'attend pas sans doute de moi que je réponde au roman de Marat. Elle a assez de fois exprimé son opinion sur les calomnies de ce personnage pour que je descende à une justification. Marat a annoncé qu'au Comité de sûreté générale se trouvait un billet de ma main adressé le 21 à l'un de mes collègues, Lacaze. Ce billet, par une infidélité qui n'est pas rare aujourd'hui, a été arrêté, décacheté et porté à la section de Marat. Ce billet, je l'avoue, je le reconnais ; j'en ai écrit trente-huit à quarante pareils ; ce billet est ainsi conçu : « *En armes à la Convention à dix heures précises du matin ; je vous somme d'avertir le plus grand nombre possible de vos collègues. Couard qui ne s'y trouve pas.* » Mon crime est avoué, il ne me reste plus qu'à vous en déclarer le motif. La section de la Fraternité vient de vous le donner. On m'avait annoncé que des scélérats devaient venir le jour même demander à la Convention l'arrestation de trente-trois députés. Cette pétition devait être soutenue par des hommes armés. J'avertissais mes collègues de se mettre en garde pour eux-mêmes et pour la Convention.

« J'ajoute à ma déclaration que plusieurs de mes collègues, animés de l'amour le plus pur de la patrie, se rendent habituellement chez moi. Certes, vous ne voudrez pas me défendre des conférences amicales, surtout quand elles ont pour but de déjouer les trames ourdies par de vils calomniateurs [1].

---

1. Depuis longtemps les réunions qui se tenaient chez Valazé étaient surveillées par la police de la commune. Nous avons retrouvé un rapport, en date du 27 janvier 1793, qui en est la preuve. Naturel-

Lacaze joint sa déclaration à celle de son ami : « Le billet dont il s'agit ne m'est point parvenu. Cela ne m'a point empêché de venir à l'Assemblée avec des pistolets. Je le ferai toujours quand des scélérats menaceront mes jours. Pour avoir ce billet, on a eu l'infamie de corrompre le portier de ma maison. Au reste, je ne crains pas que l'on examine ma correspondance; on n'y verra que les sentiments d'un bon citoyen. »

Buzot ajoute de nouveaux faits à ceux qui ont déjà été dénoncés par la section de la Fraternité. « S'il ne se fût agi dans cette occasion, dit-il, que de la sûreté de quelques personnes, nous ne viendrions pas provoquer des mesures de sûreté générale, nous saurions bien repousser les agressions; mais il s'agit du salut de la Représentation nationale; il faut avoir recours à de grandes mesures, il faut les décréter d'ensemble. Pour cela, il faut qu'elles soient précédées d'un rapport de votre Comité des Douze. Je dois néanmoins dès à présent vous révéler les faits qui sont à ma connaissance. Dimanche, à minuit, le complot devait éclater; les conspirateurs étaient réu-

---

lement cette surveillance devint de plus en plus active, à mesure que les événements se précipitaient. Nous voyons, par la déclaration faite ici par Valazé, que ces réunions comptaient une quarantaine d'adhérents. Dans l'interrogatoire qu'il subit la veille de sa comparution au Tribunal révolutionnaire, Valazé nomme quinze des députés qui assistaient habituellement à ces réunions : c'étaient Lacaze, Duprat, Brissot, Gensonné, Duperret, Hardy, Buzot, Barbaroux, Guadet, Salles, Chambon, Lidon, Bergoeing, Lesage (d'Eure-et-Loire), Mollevault; les six premiers périrent avec Valazé sur l'échafaud du 31 octobre; six autres périrent en province par l'assassinat, le suicide ou l'échafaud; seuls, les trois derniers échappèrent à la proscription, et furent plus tard réintégrés dans leurs fonctions conventionnelles.

nis dans une salle de la mairie; l'Assemblée était convoquée par une lettre du maire de Paris; mais il n'était pas présent. C'est peut-être la cause du retard apporté à l'exécution. Le président de la section de 1792 voulut faire quelques observations, il fut chassé; on s'aperçut que le commissaire de la section de la Fraternité prenait des notes, il fut également chassé; mais, après ces expulsions, on craignit que les deux membres que l'on venait de mettre à la porte ne fussent indiscrets et on s'ajourna au lendemain. Lorsque la commission des Douze aura fait son rapport, je me réserve de faire connaître mon opinion sur Pache et sur Chaumette, sur Chaumette qui a osé dire à la Commission qu'il n'avait jamais été question de conspiration. Sachez-le bien, il faut faire périr par le glaive des lois les traîtres qui vous environnent, ou succomber vous-mêmes sous les coups qu'ils vous porteront. »

Un Montagnard confirme les déclarations des Girondins; il ne peut être suspect : c'est Cambon, et c'est au nom du Comité de salut public qu'il parle. « Avant que la commission des Douze ne fût établie, le Comité de salut public avait été informé du complot ourdi contre la Convention. Il n'y a pas un de ses membres qui n'ait frémi de l'atteinte qu'on voulait porter à la Représentation nationale. Ce Comité écrivit une lettre très-pressante au maire de Paris; dix minutes après, celui-ci s'était rendu à nos ordres. Suivant sa déclaration, les présidents des comités révolutionnaires des sections de Paris s'étaient assemblés chez lui dimanche dernier. Il n'avait pu se rendre à cette réunion, parce qu'il était occupé au Conseil général. Ce jour-là on agita la question de la formation de la liste des gens suspects. Sur la liste qui avait été donnée, se trouvait une partie des membres de la Convention ; mais on s'ajourna, parce que le maire n'était pas présent. Le lundi, le maire se transporta à la réunion, et, quelques individus ayant renouvelé les motions de la veille, le maire déclara qu'il s'opposait avec la plus grande énergie à leur adoption. Le Comité de salut public avait, ainsi que le Comité de sûreté générale, reçu la dénonciation contre Valazé; mais, pour ne pas renouveler de malheureuses discussions, il avait engagé Marat à ne pas vous en entretenir. »

« — On a annoncé à la commission des Douze, dit Fonfrède, que les chefs des brigands qui veulent attenter à la Représentation nationale ont en portefeuille une correspondance fabriquée par eux. Cette correspondance est censée être adressée par Pitt aux députés qu'on devait accuser, et que l'on espère bien encore faire assassiner. »

Legendre lui-même parle dans le même sens que Cambon ; il demande que la Convention rende tous les présidents de sections et de sociétés responsables des motions faites par des hommes égarés, s'ils ne les rappellent pas à l'ordre et ne les livrent pas aux autorités constituées.

VI.

La Convention décrète que la section de la Fraternité a bien mérité de la patrie « en dénonçant les projets liberticides des ennemis de la République. » Elle renvoie aux Douze les autres propositions. Le lendemain 24, Viger vient en leur nom présenter une série de résolutions qu'il motive ainsi :

« Vous avez institué une commission extraordinaire que vous avez investie de grands pouvoirs ; vous avez senti qu'elle était la dernière planche jetée au milieu de l'orage pour sauver la patrie. Pénétrés de l'importance de notre mission, nous avons juré de la remplir, de sauver la liberté ou de nous ensevelir avec elle. Dès nos premiers pas, nous avons découvert une trame horrible contre la République, contre la liberté, contre la Représentation nationale, contre la vie d'un grand nombre de vos membres et d'autres citoyens. Chaque pas que nous faisons nous amène des preuves nouvelles. Quelques jours plus tard, la République était perdue !... vous n'étiez plus. »

Quelques murmures se font entendre à l'extrême gauche ; Viger y répond ainsi :

« Je déclare, sous la responsabilité des membres de la commission, que si nous ne démontrons pas à la France qu'il a existé une conspiration tendant à faire égorger plusieurs d'entre vous et à établir sur les ruines de la République le despotisme le plus horrible et le plus avilissant ; oui, si nous n'apportons pas les preuves de l'existence de ces conspirations, nous sommes prêts à porter nos têtes sur l'échafaud. Nous sommes dégagés de tout esprit de parti ; nous n'avons pas regardé si les conspirateurs siégent là ou là ; nous avons cherché la vérité. Nous tenons déjà plusieurs fils de la conspiration, nous espérons les tenir tous bientôt. Nous aurons de grandes mesures à vous proposer, mais nous vous soumettons, comme mesure préliminaire, le projet de décret suivant :

« Art. 1er. La Convention nationale met sous la sauvegarde des bons citoyens la fortune publique, la Représentation nationale et la ville de Paris.

« Art. 2. Chaque citoyen de Paris sera tenu de se rendre sur-le-champ au lieu ordinaire du rassemblement de sa compagnie.

« Art. 3. Les capitaines feront l'appel de tous les hommes armés de leurs compagnies, et ils prendront note des absents.

« Art. 4. Le poste de la Convention nationale sera composé seulement de deux hommes de chaque compagnie. Aucun citoyen ne pourra se faire remplacer, ni dans ce service ni dans tout autre, s'il n'est fonctionnaire public, employé dans les bureaux d'administration, malade ou retenu par quelque autre cause légitime dont il sera tenu de justifier.

« Art. 5. Tous les citoyens se tiendront prêts à se rendre, au premier signal, au poste qui leur sera indiqué par le commandant de chaque section.

« Art. 6. Jusqu'à ce qu'il ait été légalement nommé

un commandant général de la force armée de Paris, le plus ancien commandant de section en remplira les fonctions.

« Art. 7. Les assemblées générales des sections seront levées tous les soirs à dix heures, et il en sera fait mention sur le procès-verbal de la séance. Les présidents des sections seront personnellement responsables de l'exécution du présent article.

« Art. 8. Aucun individu étranger à la section ne sera admis à prendre part à ses délibérations.

« Art. 9. Dans le cas où les différentes sections auraient des communications à se faire, leurs commissaires respectifs ne seront admis qu'après avoir justifié des pouvoirs qui leur auront été donnés par l'assemblée générale de leur section.

« Art. 10. La Convention nationale charge sa commission extraordinaire des Douze de lui présenter incessamment les grandes mesures qui doivent assurer la liberté et la tranquillité publique.

« Art. 11. Le présent décret sera envoyé sur-le-champ aux quarante-huit sections de Paris pour y être tout de suite solennellement proclamé. »

La Montagne avait accueilli par de violents murmures chacune des phrases du rapport de Viger, chacun des articles de son projet de loi; elle réclame à grands cris l'ordre du jour. La Gironde et la droite demandent à aller aux voix immédiatement.

« Je ne connais, crie de nouveau Marat, qu'une seule conspiration, c'est celle qui se trame chez Valazé.

« — J'en connais une autre plus véritable, lui répond

Lehardy (du Morbihan), c'est celle des hommes de proie. »

Mais Fonfrède s'élance à la tribune et élève la discussion à toute la hauteur de son noble caractère.

« Où en sommes-nous, citoyens? avons-nous perdu la mémoire? N'avez-vous pas décrété hier et aujourd'hui que les trois sections [1] qui ont les premières éclairé les bords de l'abîme ont bien mérité de la patrie? Le maire de Paris, comme le ministre de l'intérieur, ont reconnu l'existence des complots. Les présidents de section ont déposé au comité des Douze leur déclaration écrite, et ont demandé à être entendus comme témoins dans l'instruction de la procédure, et l'on ne veut pas qu'alarmés de tant de périls, vous veilliez enfin avec les citoyens de Paris à votre sûreté! Ah! ceux qui témoignent cette scandaleuse résistance ne craignent-ils pas d'avoir à se présenter devant la France indignée, tout couverts du sang de leurs collègues? On dit que nous calomnions Paris; mais n'est-ce pas des citoyens de Paris que nous demandons à être entourés? Est-ce les calomnier que de déclarer que l'on a confiance en eux? Sauvez Paris, sauvez la République; la patrie alarmée vous en conjure par ma voix. Voyez nos départements : ils sont debout; ils sont armés pour la République, ils sont armés pour la Représentation nationale. Si les vingt-deux députés menacés étaient atteints du fer des assassins, je le déclare du haut de cette tribune, je proclamerais à l'instant une scission funeste, abhorrée

---

[1]. Les sections de 1792 et de la Butte des Moulins avaient adhéré à l'adresse présentée par la section de la Fraternité.

encore aujourd'hui, fatale à tous peut-être, mais que la violation de ce qu'il y a de plus sacré sur la terre aura rendue légitime et nécessaire. Oui, je la proclamerai; les départements ne seront pas sourds à ma voix, et la liberté trouvera encore des asiles.

« Citoyens, ralliez-vous, il en est temps encore; votre faiblesse a failli tout perdre, votre force peut tout sauver. Secondez le zèle des bons citoyens qui veillent sur vous, le zèle des sections qui ont si bien mérité de la patrie. Si vous les abandonniez, ce n'est pas à cette poignée de conspirateurs que la France devrait demander compte de sa liberté, c'est à vous, c'est à vous-mêmes qui l'auriez trahie par votre lâcheté. »

Au milieu des applaudissements qui accueillent la péroraison de Fonfrède, on entend la voix stridente de Marat qui réclame la parole; mais l'Assemblée la lui refuse.

« Je demande, s'écrie Vergniaud, qu'on entende tous ceux qui veulent égorger. »

Le président déclare, après avoir consulté l'Assemblée, que la discussion générale est fermée, et donne la parole à Danton sur le premier article.

« L'objet de cet article, dit l'ex-ministre de la justice, n'a rien de mauvais en soi; mais pourquoi mettre la Représentation nationale sous la sauvegarde de tous les citoyens? N'y est-elle pas? N'y a-t-elle pas toujours été? N'est-ce pas écrit dans toutes les lois? Le législateur s'avilit quand il prend des précautions en faveur de lui-même. Décréter ce qu'on vous propose, c'est décréter la peur. Donnez une garde aux citoyens qui tremblent ici, mais n'annoncez pas que la Convention toute entière se laisse dominer par la crainte. »

Vergniaud répond à Danton : « Quelle étrange position voudrait-on nous faire? Si les agents de la tyrannie pouvaient chaque jour renouveler leurs complots et vous arrêter dans vos mesures de sûreté et de justice, en vous disant : « Vous avez donc peur, puisque vous cherchez à vous garantir de nos coups? » Non, ce n'est pas celui qui se défend contre un assassin qui a peur, c'est celui qui se laisse égorger. Danton vous a dit que les lois existantes suffisent pour garantir votre sûreté. Il faut avoir la mémoire bien courte pour oublier que ces lois n'ont pas été respectées. On a donc oublié les pillages de février? on a donc oublié la conspiration du 10 mars? on a donc oublié que ses auteurs, qui devaient être livrés aux tribunaux, sont encore en liberté? Quel conspirateur a-t-on poursuivi en vertu de votre décret? pas un. Qu'ont fait les autorités constituées pour exécuter vos ordres? rien.

« Depuis le 10 mars, on ne cesse de provoquer publiquement au meurtre contre vous; et, parce que cette nouvelle conspiration n'a pas eu tout le succès que l'on s'en proposait, on vous parle de modération, on vous reproche d'être agités par des terreurs mal fondées.

« Quand remplirez-vous donc la mission qui vous a été confiée? Aurez-vous le courage d'attaquer de front vos adversaires, ou bien voulez-vous attendre lâchement qu'on vienne vous enfoncer le poignard dans le sein? N'est-il pas horrible de voir les membres de la Convention venir à ses séances armés comme s'ils étaient dans une forêt infestée de brigands?

« L'unité de la République tient à la conservation de tous les Représentants du peuple. On ne saurait trop le répéter à cette tribune : aucun de nous ne mourra sans vengeance; nos départements sont debout, les conspirateurs le savent, et c'est parce qu'ils le savent qu'ils veulent presser l'exécution de leurs complots. Sans doute la liberté survivrait à ces nouveaux orages; mais il pourrait arriver que, sanglante, elle fût contrainte à chercher un asile dans les départements méridionaux. Pourquoi vous rendriez-vous coupables de l'esclavage du Nord? N'a-t-il pas versé assez de sang pour la liberté, et ne devez-vous pas lui en assurer la jouissance? Sauvez, par votre fermeté, l'unité de la République. Ici la faiblesse serait lâcheté. »

L'Assemblée, entraînée par l'éloquence de l'orateur girondin, vote les onze articles du projet de décret proposé par Viger au nom de la commission extraordinaire.

Plusieurs de ces articles nécessitent des explications qui nous forcent à faire quelques pas en arrière.

Dès le 8 mai, le général Santerre avait annoncé au Conseil général de la Commune, « qu'à la voix de la patrie en danger, il se disposait à partir contre les rebelles de la Vendée à la tête des contingents parisiens. » L'amour de la gloire, le désir de donner à ses récentes épaulettes de général de brigade le baptême du feu, étaient-ils le principal motif de ce brusque départ? C'est ce dont il est permis de douter. La crainte de se compromettre dans le conflit qui menaçait chaque jour d'éclater entre la Gironde et la Montagne n'entrait-elle pas pour beaucoup dans la résolution de Santerre? Malgré son épaisse enveloppe, le brasseur du faubourg Saint-Antoine était doué d'une certaine finesse; il avait surtout le don de prévoir les crises assez longtemps à l'avance. La responsabilité que les journées des 20 juin, 10 août, 2 septembre et 21 janvier faisaient peser sur sa tête lui semblait assez lourde pour qu'il se souciât peu d'en assumer une nouvelle.

En même temps Santerre proposait pour le remplacer le citoyen Boulanger, commandant en second de la section de la Halle au blé. Le Conseil général de la Commune ratifie ce choix et fait prêter serment au nouveau commandant. Mais cette décision est à peine connue, que les sections réclament leur droit. C'était en effet à elles, et non au Conseil général qu'il appartenait, aux termes de la loi, de procéder à cette nomination. Un grand nombre d'entre elles déclarent qu'elles n'obéiront pas à cet intrus. Devant cette réprobation presque générale, Boulanger donne sa démission. Les sections sont convoquées pour le 21 mai. Les difficultés qui entravaient depuis quelques mois la nomination de la municipalité définitive se renouvellent pour l'élection du commandant de la force armée [1]. Certaines sections votent, d'autres ne votent pas. Le 24, au moment où la commission des Douze faisait son rapport par l'organe de Viger, elle ne savait à qui demander des renseignements, à qui adres-

---

1. Voir plus haut, page 50.

ser ses réquisitions. C'est pour mettre fin à un pareil état de choses qu'elle introduisit dans le décret l'art. 5, qui décernait le commandement au chef de bataillon le plus ancien en grade ; mais il y avait deux officiers de ce grade par section. Pour déterminer auquel des quatre-vingt-seize officiers devait revenir le dangereux honneur de succéder à Santerre, il fallait connaître la date de la nomination de chacun d'eux. Les sections ne se pressèrent pas de donner ce renseignement ; plusieurs jours s'écoulèrent, la crise arriva avant que l'on eût une solution. Le décret proposé par les Douze n'avait fait que déplacer la difficulté, il ne l'avait pas résolue.

Les articles 7, 8 et 9 du décret avaient pour but de réprimer les abus qui se commettaient journellement dans la tenue des assemblées de section. Comme nous l'avons expliqué plusieurs fois dans le cours de ce récit, ces assemblées étaient le théâtre des désordres les plus graves ; elles finissaient souvent fort tard, et les motions les plus violentes étaient toujours adoptées après le départ des citoyens paisibles. Des brigades ambulantes d'émeutiers allaient de quartier en quartier former une majorité factice. On avait soin de consigner les délibérations sur des feuilles volantes pour pouvoir les détruire ou les représenter suivant les circonstances. Mais suffisait-il d'interdire aux sections de prolonger leurs assemblées au-delà de dix heures, de recevoir des étrangers dans leur sein ? Suffisait-il de rendre les présidents responsables de toute infraction aux règles imposées pour la tenue des séances ? Il fallait à ces prescriptions une sanction pénale, il fallait surtout avoir la force en main pour se faire obéir. C'est ce qui avait manqué au conseil exécutif ; c'est ce qui devait manquer aux Douze. Tous les pouvoirs avaient été imprudemment remis aux seules municipalités. Nous savons comment en usait la Commune de Paris.

VII.

Aussitôt le décret rendu, la Commission extraordinaire, forte de l'assentiment que la Convention semble donner à ses premiers actes, prend deux mesures importantes. Elle écrit aux quarante-huit sections une lettre circulaire ainsi conçue :

Citoyens,

La commission extraordinaire des Douze, établie par la Convention nationale le 18 du courant, a été chargée en particulier d'examiner tous les arrêtés pris depuis un mois par le Conseil général de la Commune et les sections de Paris. En conséquence, la Convention vous invite à lui renvoyer les registres contenant les arrêtés pris depuis un mois dans votre section, afin qu'elle puisse les examiner. La Commission tient ses séances permanentes et vous recevra à toute heure. Du reste, durant tout le temps que les registres seront chez elle, ils vous seront toujours ouverts pour les consulter.

MOLLEVAUT, président ; HENRI LARIVIÈRE, secrétaire.

Puis, elle lance deux mandats d'arrêt, l'un contre

Varet, que l'on désignait comme étant l'auteur des motions incendiaires faites aux conciliabules de la mairie; l'autre, contre Hébert, le célèbre auteur du *Père Duchêne*.

Les démagogues étaient déterminés à résister au premier acte d'exécution que tenterait la Commission extraordinaire. Dans les sections où ils sont les maîtres, ils s'entendent pour refuser d'obéir à l'arrêté qui ordonne l'apport des registres; ils décident que l'on ne se dessaisira sous aucun prétexte du « dépôt sacré où se trouvent consignées les décisions du peuple souverain » (c'est ainsi qu'en amplifiant démesurément les choses, on appelait les délibérations d'une des quarante-huit sections de Paris). Mais la Commission extraordinaire n'est pas disposée à se payer de mots; elle envoie deux de ses membres au comité révolutionnaire de la section du Contrat-Social, qu'on lui avait désignée comme voulant s'ériger en comité central destiné à entretenir une correspondance avec toutes les autres sections. Le président Guiraut, après bien des difficultés, livre aux deux délégués de la commission des Douze le registre des procès-verbaux ; mais comme ce registre présente de nombreuses lacunes, il est obligé de leur avouer qu'il existe des feuilles volantes qui contiennent les délibérations non encore consignées sur le livre officiel. Les délégués exigent qu'on remette ces feuilles entre leurs mains et partent après avoir donné au président un reçu des papiers qu'ils emportent pour les examiner à loisir. Dès qu'ils apprennent l'acte de faiblesse dont Guiraut, suivant eux, s'est rendu coupable, les meneurs de la section courent au Comité de sûreté générale, refuge et appui de tous les démagogues dans l'embarras. Le montagnard Osselin se charge de porter leurs doléances à la tribune de l'Assemblée. Il vient en effet dénoncer l'acte de tyrannie par lequel les Douze ont inauguré leur règne. Il les accuse d'avoir outre-passé leurs pouvoirs : « On leur a, dit-il, confié le soin de surveiller les autorités constituées, non d'entraver leurs opérations. » Il demande en conséquence que la Commission extraordinaire soit tenue de renvoyer, sous vingt-quatre heures, au Comité de la section du Contrat-Social, la minute ou au moins la copie des procès-verbaux enlevés. A peine Osselin a-t-il terminé son réquisitoire, que Viger s'élance à la tribune; il déclare qu'il est un des deux commissaires qui se sont transportés à la section du Contrat-Social; il rétablit les faits que son accusateur a singulièrement dénaturés. Sur ce simple exposé, la Convention passe immédiatement à l'ordre du jour.

VIII.

Pache avait été mis en demeure de fournir des explications sur les conciliabules nocturnes de la mairie. Il écrit à la Convention une lettre où il prétend expliquer de la manière la plus plausible les faits qui s'étaient passés. « L'administration de police, y disait-il, craignant de nouveaux mouvements contre-révolutionnaires, demanda aux sections de dresser une liste de suspects, lesquels seraient conduits dans une maison spéciale, en cas de nouveaux troubles. Plus tard, dans une réunion où je n'assistais pas, on proposa d'arrêter immédiatement tous ceux qui seraient désignés comme suspects, et de comprendre dans ce nombre des membres de la Convention qui passent pour méconnaître les intérêts du peuple. Enfin, de motion en motion, on arriva à ce point de dire qu'au lieu de les arrêter, il fallait détruire tous ceux que l'on regardait comme des traîtres. Ces diverses opinions ont soulevé de très-longs débats; on s'est séparé à onze heures et demie, en s'ajournant au lendemain. Je me suis trouvé à cette seconde assemblée; on a agité la question des arrestations. J'ai fait sentir combien une pareille idée devait être rejetée loin de nous, et on s'est séparé tranquillement. Si la Convention, oubliant toute discussion personnelle, toute haine particulière, voulait s'occuper du grand objet de la Constitution, il n'y aurait point de ville où la tranquillité publique fût plus assurée qu'à Paris. »

La lettre de Pache ne donne lieu qu'à un débat assez court, mais très-significatif.

« Vous voyez, s'écrie Legendre, à quoi se réduit ce prétendu complot : ce n'est qu'une motion faite par une tête exagérée. Je demande l'impression de la lettre du maire de Paris.

« — Je la demande aussi, répond Doulcet, mais je propose que l'on charge la commission des Douze de vérifier si la motion dont on parle n'est pas la suite des complots liberticides de ces hommes de sang et de boue qui se sont gorgés de richesses et qui veulent tuer pour en acquérir encore. »

Viger ajoute : « Comment concilier cette lettre de Pache avec celle qu'il a écrite à la commission des Douze, et dans laquelle il montre le peuple de Paris exaspéré du prix excessif des denrées, et annonce qu'il se prépare un grand mouvement pour une époque très-rapprochée? »

L'impression des deux lettres est ordonnée, et l'Assemblée passe à l'ordre du jour sur leur contenu.

Les meneurs de la Commune vont plus loin que Pache. Furieux d'apprendre qu'un certain nombre de sections ont adhéré à l'adresse de la Fraternité, ils payent d'audace. Loin de se défendre, ils attaquent, et envoient à la section de la Fraternité l'ultimatum suivant :

« Le Conseil général, instruit qu'une députation de la section de la Fraternité a dénoncé à la Convention nationale un complot affreux, tendant à faire égorger des représentants du peuple et à faire dire ensuite qu'ils étaient émigrés;

« Considérant qu'il est instant de faire arrêter sur-le-champ les auteurs de complots aussi abominables, invite les rédacteurs et porteurs de cette adresse à venir lui donner les renseignements nécessaires pour qu'il puisse découvrir les traîtres et les livrer ce soir aux tribunaux. »

Deux heures après, la réponse suivante est apportée à la Commune de la part de la section de la Fraternité. Le ton ironique qui y règne nous paraît déceler la plume de Royer-Collard :

« Lecture est faite de l'arrêté du Conseil général de la Commune en date de ce jour. L'Assemblée arrête à l'unanimité qu'il sera répondu au Conseil général que l'administrateur de police qui a présidé dimanche, à la mairie, l'assemblée des membres du Comité révolutionnaire, et le maire, qui a présidé la même assemblée lundi, peuvent lui donner tous les renseignements qu'il désire.

« L'Assemblée s'empresse également d'instruire le Conseil que la Convention nationale a décrété ce matin que la section de la Fraternité a bien mérité de la patrie. »

Le Conseil général, si énergiquement éconduit par ceux dont il espérait une rétractation, se voit obligé de pousser jusqu'au bout ses protestations d'innocence. Il décide que le lendemain tous ses membres se présenteront à la Convention nationale pour demander que les calomniateurs qui ont concouru à la rédaction de l'adresse de la Fraternité soient traduits au tribunal révolutionnaire.

Avant que cet arrêté ait pu recevoir son exécution, le Conseil général apprend une nouvelle qui pour lui est un véritable coup de massue. Hébert vient annoncer que la commission des Douze a décerné contre lui un mandat d'amener. Il déclare qu'il va obéir à la loi, mais il rappelle à ses collègues le serment qu'ils ont fait de défendre tous les opprimés. Ce serment, il l'invoque, non pour lui, dit-il, car il donnerait volontiers sa vie s'il croyait ce sacrifice utile à sa patrie, mais pour ses concitoyens, prêts à retomber dans l'esclavage.

Il termine ses adieux en se jetant dans les bras de Chaumette, son chef et son ami. Cette scène touchante provoque l'enthousiasme général. Le président donne au martyr de la liberté l'accolade fraternelle. Le Conseil décide : 1° qu'il restera en permanence jusqu'à ce qu'il soit rassuré sur le sort de celui qu'on enlève si violemment à ses fonctions ; 2° que, toutes les deux heures, une députation se rendra à l'Abbaye pour avoir des nouvelles du prisonnier. La commission à laquelle est confié le soin de dénoncer à la Convention les calomnies contenues dans l'adresse de la Fraternité est chargée également de demander la délivrance du magistrat ainsi arraché à l'affection et à l'estime de ses collègues [1].

IX.

La séance de la Convention s'ouvre le 25 par la lecture d'une adresse des trente-deux sections de Marseille. Celles-ci dénoncent la conduite étrange des commissaires de la Convention, Boisset et Moyse Bayle, qui n'ont été dans cette ville que les apôtres de l'anarchie

---

[1]. Voici l'écrou d'Hébert que nous avons relevé sur les registres de l'Abbaye :

« 25 mai. — Le citoyen Hébert, substitut du procureur de la Commune, auteur d'une feuille intitulée *le véritable père Duchêne*, dans six numéros de laquelle il attaque ouvertement la Représentation nationale, cherche à l'avilir et à la dissoudre. Ordre de la commission extraordinaire des Douze, Signé Kervélegan, Saint-Martin, Gardien, Boileau, Viger, Mollevault, Rabaut, président. »

et de la discorde. Elles se déclarent prêtes à exterminer sans miséricorde quiconque serait assez audacieux pour attenter à la Représentation nationale.

La discussion s'engage ensuite, et sur les actes du ministre de la guerre, et sur les demandes sans cesse renouvelées des sections parisiennes pour obtenir des avances destinées à habiller leurs volontaires. Il n'y avait pas six semaines que Bouchotte était au ministère, et déjà son incurable incapacité éclatait à tous les yeux. Cambon, Petit, Lidon, Defermon, Bréard, Genissieux, les uns girondins, les autres montagnards, viennent successivement exposer les faits qu'ils connaissent à la charge de Bouchotte. Cambon s'élève surtout contre les effroyables dilapidations qui ont eu lieu sur le chapitre de l'habillement. Depuis neuf mois on a dépensé 551 millions pour cet objet. Cette révélation excite les murmures de l'Assemblée; mais Marat se refuse à voir dans la modification du ministère le remède aux abus dont on se plaint. « Quand vous changeriez, s'écrie-t-il dans son langage trivial, de ministres comme de chemises, la chose publique n'en irait pas mieux. Les dilapidateurs sont protégés par les hommes d'État. Punissez les conspirateurs, et ne vous opposez pas aux intentions patriotiques de la Montagne. »

L'Assemblée éclate de rire, mais Petit (de l'Aisne) apostrophe ainsi les rieurs : « Il est temps que l'Assemblée prenne la dignité qui lui convient. Nous ne sommes point ici *chez Nicolet;* nous n'avons pas été envoyés par nos départements pour entendre les farces d'un pantin comme Marat. Je demande que le premier membre qui se permettra les noms de factieux et de scélérats contre ses collègues soit à l'instant, et par un décret spécial, chassé de l'Assemblée. »

Cette motion, vivement applaudie, est décrétée à une très-grande majorité.

Mais Marat, que n'arrête jamais aucun respect humain, s'écrie : « Ce décret a été rendu par des traîtres à la patrie; il sera foulé aux pieds. »

Bréard lui répond : « J'ai voté pour le décret; je ne me crois pas pour cela traître à la patrie. Marat est un imposteur; je le crois pur, mais égaré. »

« Empêchez, réplique Marat, les hommes d'État de conspirer, vous n'empêcherez pas la vérité de sortir de ma bouche. Je me moque de vos décrets lorsqu'ils sont injustes. »

L'*Ami du peuple* allait peut-être longtemps encore continuer sur ce ton, quand l'apparition à la barre de la députation du Conseil général coupe court à ses insolences. L'orateur de la Commune s'exprime ainsi :

« La section de la Fraternité vous a dénoncé un affreux complot, mais on n'a pas nommé les conspirateurs. Par là on laisse planer le soupçon sur tous les citoyens de Paris...

« — Non, non ! » s'écrie-t-on à droite.

« Je demande, dit Danton, pour la députation de la Commune de Paris, le même silence que pour la députation de Marseille. »

Le délégué de la Commune reprend : « Nous venons réclamer vengeance au nom de nos concitoyens; nous venons demander que la pétition qui vous a été présentée à cette barre par la section de la Fraternité soit envoyée à l'accusateur public du Tribunal révolutionnaire; que le glaive de la loi tombe une fois au moins sur la tête des calomniateurs d'une ville qui a tout sacrifié à la Révolution.

« Un autre objet nous amène devant vous. Les magistrats du peuple, qui ont juré d'être libres ou de mourir, ne peuvent voir sans indignation la violation la plus manifeste des droits les plus sacrés. Nous venons vous dénoncer l'attentat commis par la commission des Douze sur la personne d'Hébert, substitut du procureur de la Commune; il a été arraché du sein du Conseil général et conduit dans les prisons de l'Abbaye. Le Conseil général défendra l'innocence jusqu'à la mort. Il demande que vous rendiez à ses fonctions un magistrat estimable par ses vertus civiques et ses lumières. Du reste, les arrestations arbitraires sont pour les hommes de bien des couronnes civiques. »

Le président Isnard répond : « La Convention, qui a fait une déclaration des Droits de l'homme, ne souffrira pas qu'un citoyen reste dans les fers s'il n'est pas coupable. Croyez que vous obtiendrez une prompte justice; mais écoutez les vérités que je vais vous dire : La France a mis dans Paris le dépôt de la Représentation nationale, il faut que Paris le respecte. Si jamais la Convention était avilie, si jamais, par une de ces insurrections qui, depuis le 10 mars, ne cessent d'environner la Convention nationale, et dont les magistrats ne nous ont jamais avertis que les derniers... »

Isnard est ici violemment interrompu par les murmures de la gauche. « Ce n'est pas là une réponse de président », lui crie-t-on.

« Si, dis-je, reprend le fougueux girondin, par ces insurrections toujours renaissantes, il arrivait qu'on portât atteinte à la Représentation nationale, je vous le déclare au nom de la France...

« — Non, non! » s'écrie-t-on à l'extrême gauche.

« — Oui, oui! dites au nom de la France », réplique le reste de l'Assemblée en se levant comme un seul homme.

LE PRÉSIDENT. « Je vous le déclare au nom de la France entière, Paris serait anéanti; bientôt on chercherait sur les rives de la Seine si cette ville a existé. »

A ces mots éclatent les vociférations de la gauche. Plusieurs orateurs, et notamment Danton, demandent la parole avec fureur. Le Président continue ainsi :

« Non-seulement la vengeance nationale tomberait sur les assassins des représentants du peuple, mais aussi sur les magistrats qui n'auraient pas empêché ce grand crime. Le glaive de la loi, qui dégoutte encore du sang du tyran, est prêt à frapper la tête de quiconque oserait s'élever au-dessus de la Représentation nationale. »

L'orateur de la Commune réplique audacieusement :

« Les magistrats du peuple, qui viennent vous demander la punition des coupables, ont juré de défendre la sûreté des personnes et des propriétés. Ils sont dignes de l'estime du peuple français et de la Convention nationale. »

Une députation de la section de l'Unité (autrefois des Quatre-Nations) vient renchérir en quelque sorte sur celle du Conseil général. Elle déclare que le complot qu'on prétend avoir été tramé contre la Convention nationale n'a jamais existé. Elle demande : 1° que l'on renouvelle le Comité de correspondance de la Convention, et que le nouveau prête serment de donner à l'Assemblée une connaissance fidèle de toutes les pétitions et adresses qui lui seront envoyées; 2° que l'on décrète l'établissement d'un tribunal composé d'un citoyen de chaque département, et chargé, à la fin de la session, de juger ceux des membres de la Convention qui auraient trahi les intérêts du peuple ; 3° que l'on convoque pour le 10 août prochain une nouvelle Fédération républicaine; qu'enfin on organise immédiatement l'armée révolutionnaire, qui doit être payée par les riches.

Toutes ces propositions sont renvoyées aux comités compétents.

Les deux députations sont admises aux honneurs de la séance; Danton obtient la parole.

« Assez et trop longtemps, dit-il, on a calomnié Paris. »

« — C'est faux ! s'écrie-t-on à droite; on n'a jamais accusé Paris, mais les scélérats qui s'y trouvent. »

« — Du reste, reprend Danton, ce n'est pas pour disculper Paris que je me suis présenté à cette tribune, Paris n'en a pas besoin ; c'est pour la République entière. Il importe de détruire auprès des départements l'effet de cette réponse, de cette imprécation du président contre Paris. Il est assez étrange qu'on vienne présenter la dévastation de cette ville par les départements... »

« — Oui, s'écrient un grand nombre de membres, ils le feraient. »

« — Pourquoi supposer qu'un jour on cherchera vainement sur les rives de la Seine si Paris a existé. Loin d'un président de pareils sentiments ! Il ne lui appartient que de présenter des idées consolantes.

« Je ne sais point dissimuler ma pensée. Parmi les meilleurs citoyens, il en est de trop impétueux; mais ne condamnez pas ce qui a fait la Révolution, car s'il n'y eût pas eu d'hommes à grandes passions, si le peuple n'eût pas été violent, jamais il n'eût brisé ses fers. Et moi aussi, je fus au timon de l'État dans le temps des orages. Je défie ceux qui me supposent une fortune immense de m'accuser. On m'a demandé des comptes, je les ai rendus, je demande à les rendre encore de nouveau devant un tribunal révolutionnaire.

« Je reviens à mon premier objet. Je dis que ce qui peut doubler la force nationale, c'est d'unir Paris aux départements; il faut bien se garder de les aigrir contre Paris. Quoi! cette cité immense qui se renouvelle chaque jour, ce centre politique où tous les rayons aboutissent, porterait atteinte à la Représentation nationale? Paris, qui a brisé le premier le sceptre de la tyrannie, violerait l'arche sainte qui lui est confiée? Non, Paris aime la Révolution; Paris, par les sacrifices qu'il a faits à la liberté, mérite les embrassements de tous les Français. Ces sentiments sont les vôtres? Eh bien, manifestez-les; déclarez que Paris n'a jamais cessé de bien mériter de la patrie. Rallions-nous, que nos ennemis apprennent à leurs dépens que la chaleur de nos débats tient à l'énergie nationale; qu'ils sachent que vous serez toujours prêts à vous réunir pour les terrasser; qu'ils sachent que, si nous étions assez stupides pour exposer la liberté, le peuple est trop grand pour la laisser périr. »

L'Assemblée se sépare sous l'impression du discours de Danton, auquel la Gironde commet la faute capitale de ne pas répondre. Par son silence, elle acceptait la responsabilité de l'anathème lancé par le fougueux Isnard : *Bientôt on cherchera sur les rives de la Seine si Paris a existé.*

Cette imprécation, renouvelée du manifeste de Pilnitz, atteignait indistinctement tous les citoyens de la capitale : propriétaires, marchands, ouvriers, tous pouvaient se croire menacés dans leurs intérêts les plus chers aussi bien que dans leur sûreté personnelle. Les démagogues ne manqueront pas d'exploiter les paroles si imprudemment tombées du fauteuil de la présidence. Ils représenteront leurs adversaires comme les irréconciliables ennemis de la capitale, comme s'apprêtant, avec l'aide des départements, à y porter le fer et la flamme. Grâce à ces calomnies, habilement semées dans les quartiers riches comme dans les faubourgs, Paris, au moment de la lutte suprême, sera, pour l'imprévoyante Gironde, hostile ou du moins indifférent.

X.

Le 26 mai était un dimanche, jour presque exclusivement consacré aux pétitions. La séance présente peu d'incidents remarquables. Un membre, au nom du Comité de législation, propose un décret qui ordonne la levée des scellés mis sur les papiers de plusieurs citoyens de la section de l'Unité, et l'élargissement d'un autre citoyen de cette même section. Un dernier article, statuant d'une manière générale, défend aux Comités établis pour la surveillance des étrangers de prendre le titre de Comités révolutionnaires, et d'excéder les pouvoirs qui leur sont attribués par la loi du 21 mars, sous les peines portées au Code pénal contre les auteurs d'actes arbitraires.

Un peu plus tard paraissent à la barre les délégués de seize sections de Paris, réclamant la mise en liberté d'Hébert.

Leur orateur s'exprime ainsi :

« Citoyens Représentants,

« Nous venons au nom du peuple de Paris réclamer un de ses plus chers magistrats, arraché arbitrairement à ses fonctions. Nous venons redemander le citoyen Hébert, substitut du procureur de la Commune, emprisonné à l'Abbaye depuis trois jours. On a violé en sa personne la liberté des citoyens et la souveraineté nationale. Les sections, justement effrayées de ces premières tentatives de tyrannie exercées par la commission des Douze contre un de leurs plus ardents défenseurs, vous dénoncent cet attentat. Hébert a été arrêté par une commission à qui vous n'avez pas donné le droit terrible de mander, d'amener et d'incarcérer les citoyens; la loi a donc été violée. Il a été incarcéré pour avoir énoncé ses opinions dans ses écrits; les droits de l'homme ont donc été foulés aux pieds. Une des premières magistratures a été violée; on a donc attaqué le peuple dans son mandataire.

« Législateurs, quelles seraient les suites funestes de cet attentat, si vous ne vous hâtiez d'arrêter à sa naissance cette puissance inquisitoriale, ce duodécemvirat effrayant? Songez, législateurs, que nous n'avons pas brisé le sceptre de la tyrannie pour courber la tête sous le joug de ce nouveau despotisme. Nous savons que depuis longtemps Paris est l'objet des plus odieuses calomnies; que des hommes pervers sèment les torches de la guerre civile et animent les Français contre les Français. Nous savons que les dénonciations les plus absurdes sont accueillies jusque dans cette enceinte. Le peuple, fier de sa conscience, pourrait cependant vous demander quels sont ces complots et où sont ces conspirateurs? Par quels rassemblements, par quelles émeutes, par quelles violations des propriétés, par quelles atteintes portées aux personnes, ces conspirations ont-elles éclaté? Non, citoyens représentants, interrogez votre conscience, vous n'y croyez pas vous-mêmes. Voyez cette grande cité, le berceau de la Révolution; au milieu de ces calomnies, elle *a resté (sic)* calme et dans le silence. Un contingent de douze mille hommes formé en quelques jours, ces nombreux bataillons combattant dans nos armées et attachant leurs noms à tous nos succès, a été la seule réponse qu'elle a faite à ses détracteurs. Mais aujourd'hui, elle garderait un coupable silence si elle ne se hâtait de réclamer les droits de sa liberté violée.

Vous ne souffrirez pas ces attentats, législateurs, si vous êtes véritablement dignes de la confiance dont vous êtes investis. Nous vous redemandons notre magistrat; jamais sa surveillance ne nous fut plus utile que dans les dangers qui menacent en ce moment la patrie. Tel est le vœu de seize sections de Paris, qui, aussitôt qu'elles ont eu la connaissance de l'attentat commis envers leur magistrat, se sont levées spontanément, sans attendre le vœu d'un plus grand nombre, pour réclamer sa liberté et celle des autres patriotes opprimés par le même despotisme [1] »

Marat, Billaud-Varennes, Legendre, profitent de l'occasion pour demander que l'on casse la commission des Douze. Mais, loin d'accueillir la motion des trois montagnards, l'Assemblée renvoie à cette commission même l'examen de la pétition, pour lui en faire un rapport le lendemain.

Le soir, aux Jacobins, Marat, Couthon et surtout Robespierre sonnent la cloche d'alarme et donnent à tous les patriotes rendez-vous à l'Assemblée pour le lendemain, afin d'avoir enfin raison « de l'infâme commission des Douze. »

[1]. *Le Moniteur* n° 148, le *Journal des Débats et Décrets* n° 254 ne contiennent qu'une analyse tout à fait tronquée de l'adresse des seize sections. Cette adresse, bien que remplie de lieux communs, nous a paru mériter d'être mise in extenso sous les yeux de nos lecteurs. Elle donne bien l'idée de la popularité factice dont on voulut entourer, comme d'une auréole, l'ignoble auteur du *Père Duchêne*, cet Hébert que, dix mois plus tard, Robespierre fit saisir, juger et guillotiner, en quelques jours, sans exciter dans Paris autre chose qu'un immense mouvement de satisfaction.

Un grand nombre de sections et la Commune elle-même avaient obéi à l'injonction de la commission extraordinaire ordonnant l'apport des registres ; mais quelques-unes y avaient opposé un refus absolu.

Le faubourg Montmartre avait déclaré que, les registres des délibérations des sections n'étant autre chose « que le recueil sacré des vœux et de la volonté du souverain dans ses différentes fonctions, elle ne les porterait ni ne les communiquerait à aucune commission quelconque, et que, si la Convention nationale, comme représentant la souveraineté générale de la nation, en exigeait la communication par un décret, la section entière les lui porterait et ne les abandonnerait jamais. »

La section de l'Unité, encore plus audacieuse, avait pris un arrêté ainsi conçu :

« Sur la communication donnée à l'Assemblée d'un décret de la Convention qui défend, sous la responsabilité du président, de tenir ses assemblées passé dix heures, et qui enjoint de porter les registres et les arrêtés à la commission des Douze, l'Assemblée passe à l'ordre du jour motivé sur ce qu'il est permis de résister à l'oppression ! »

La section de la Cité avait imité l'exemple du faubourg Montmartre et de l'Unité. C'est sur elle que tombe la colère des Douze. Comme l'on avait contesté la légalité de l'arrestation d'Hébert, accomplie par leurs ordres seuls, ils invitent le ministre de la justice à lancer un mandat d'amener contre le président et le secrétaire de cette section, qui ont refusé de livrer leurs registres. Gohier ne met que trop de zèle à exécuter les ordres de la commission; il fait arrêter pendant la nuit les deux inculpés, fournissant ainsi, contre les Douze, un nouveau grief que la Commune saura habilement exploiter [1].

Le 27 mai, l'Assemblée devait s'occuper exclusivement de la Constitution; mais cela ne faisait le compte ni de Marat ni de ses amis. Peu après l'ouverture de la séance, l'*Ami du peuple* demande la parole pour une motion d'ordre.

« Il est incontestable, dit-il, que, depuis l'instant où la tête du tyran a roulé sur l'échafaud, les royalistes, les suppôts de l'ancien régime se sont coalisés pour rétablir la royauté. Des troubles ont éclaté sur tous les

---

[1]. L'écrou de Dobsen, président de la section de la Cité, se trouve ainsi inscrit sur les registres de l'Abbaye :

« 26 mai. — Dobsen, président de la section de la Cité. Ordre du ministre de la justice, signé Gohier, d'après un mandat de la commission extraordinaire des Douze. — Motifs non énoncés. »

Même écrou pour Protien fils, secrétaire de la même section.

Aussitôt que la commission des Douze apprit que ses ordres avaient été si étrangement exécutés, elle adressa au président de la Convention la lettre suivante, dont nous n'avons trouvé trace ni au *Moniteur*, ni au *Journal des Débats et Décrets*, ni au procès-verbal.

Commission extraordinaire des Douze.

« Citoyen président,

« La commission extraordinaire des Douze, ayant appris ce matin que l'arrestation des citoyens président et secrétaire de la section de la Cité avait été faite de nuit, quoique le mandat d'arrêt eût été envoyé hier matin au ministre de la justice, a écrit sur-le-champ à ce ministre pour lui témoigner son mécontentement de cette infraction à la loi. Nous vous prions d'en faire part à la Convention nationale.

« Ce 27 mai 1792, 2ᵉ année de la République.

« MOLLEVAULT, président. »

points de la République. Une partie de ces troubles est due aux libelles scandaleux d'écrivains mercenaires qui siégent au milieu de nous. D'accord avec Roland, ils nous ont représentés comme des anthropophages; ils ont décrié nos commissaires auprès des populations ; ils ont trompé le peuple en prétendant qu'il existait un complot pour les assassiner, et pas un d'entre eux n'a reçu une égratignure. Comment avez-vous pu nommer une commission extraordinaire pour connaître ce qui se passe dans les sections? Je vais vous signaler une nouvelle illégalité qu'elle vient de commettre : cette nuit, le président et le secrétaire de la section de l'Unité ont été incarcérés par ordre de la commission des Douze ; vous invoquez la loi, et vous la violez toutes les fois que vous le croyez utile à vos projets. Si les patriotes se portent à une insurrection, ce sera votre ouvrage; je demande que la commission des Douze soit supprimée, comme ennemie de la liberté, et comme tendant à provoquer l'insurrection du peuple, qui n'est que trop prochaine, par la négligence avec laquelle vous avez laissé porter les denrées à un prix excessif.

« — Voudriez-vous donc prétendre, s'écrie Viger, que c'est la commission des Douze qui est en cause? »

Marat reprend : « Ce n'est pas seulement à la commission des Douze que je fais la guerre, mais aux hommes d'État; si la nation était témoin de vos prévarications, si elle connaissait votre conduite liberticide, elle vous ferait conduire à l'échafaud. »

De violents murmures éclatent à droite.

« Je vous rappelle à la pudeur, s'écrie l'*Ami du*

peuple; si la pudeur peut encore exister dans vos âmes, si votre conscience n'est pas fermée à la bonne foi, joignez-vous à moi pour demander la suppression immédiate de cette infâme commission. »

On pourrait croire que les rôles ont été distribués d'avance dans la comédie qui va se jouer. A peine Marat est-il descendu de la tribune, que paraît à la barre une députation de la section de la Cité. Son orateur s'exprime ainsi :

« Un attentat contre la liberté vient d'être commis. Ce sont les mandataires d'un peuple républicain qui s'en sont rendus coupables. Notre section vient réclamer deux de ses concitoyens. Votre commission des Douze a fait enlever nuitamment notre président et notre secrétaire. C'est une violence qui surpasse toutes les lettres de cachet de l'ancien régime. Le temps de la plainte est passé; nous venons vous avertir de sauver la République, ou la nécessité de nous sauver nous-mêmes nous forcera à le faire; il en est temps encore. Punissez une commission infidèle, envoyez-la au tribunal révolutionnaire; songez qu'il s'agit de venger la liberté presque au tombeau. Le peuple vous accorde la priorité. La section de l'Unité demande à défiler dans votre sein. »

Isnard répond à cet insolent défi :

« Citoyens, la Convention nationale pardonne à l'égarement de votre jeunesse... »

De violents murmures s'élèvent à l'extrême gauche, mais le président ne s'en laisse pas troubler.

« Les représentants du peuple veulent bien vous

donner des conseils. Vous voulez être libres? Eh bien, sachez que la liberté ne consiste pas dans des mots et dans des signes; sachez que la tyrannie, soit qu'elle se cache dans une cave ou qu'elle se montre dans les places publiques, qu'elle soit sur le trône ou à la tribune d'un club, quelle porte un sceptre ou un poignard, qu'elle se montre toute brillante de dorure ou qu'elle se déguise en sans-culotte, qu'elle porte une couronne ou un bonnet, n'en est pas moins la tyrannie. Le peuple français a juré de n'en souffrir aucune. La Convention, organe de la volonté nationale, ne se laissera influencer par aucune violence; elle prêchera toujours obéissance aux lois, sûreté des personnes et des propriétés, guerre aux aristocrates et aux anarchistes. »

A peine Isnard a-t-il achevé sa réponse, que Robespierre réclame la parole au nom, dit-il, du salut public; mais le président semble ne pas avoir entendu la demande du député de Paris, et, s'adressant de nouveau aux pétitionnaires :

« La Convention, dit-il, est occupée à la discussion de la Constitution, elle examinera votre pétition dans un autre moment.

« — Non! s'écrie l'extrême gauche, il faut avant tout entendre Robespierre. »

Bourdon (de l'Oise). — La liberté d'un citoyen passe avant la Constitution.

Chasles. — La résistance à l'oppression est un droit de l'homme. Les droits de l'homme sont avant la Constitution.

Marat. « — Vous ne parlez pas de Constitution

lorsque vous recevez à la barre des aristocrates qui viennent déclamer contre les patriotes. »

Sans s'inquiéter des vociférations montagnardes, Isnard met aux voix la question de savoir si Robespierre sera entendu. Un décret formel refuse la parole au grand-prêtre de la démagogie. De violents murmures s'élèvent à gauche.

« Nous demandons l'appel nominal !

« — Oui, s'écrie Bourdon de l'Oise, nous voulons savoir si on refusera d'entendre un représentant du peuple qui réclame la liberté d'un citoyen arrêté arbitrairement.

« — Eh bien, oui ! s'écrie Vergniaud, l'appel nominal, pour savoir si les assemblées primaires seront convoquées.. »

A cette proposition, la droite et les centres se lèvent en signe d'adhésion, mais la Montagne redouble de fureur.

« Je demande, s'écrie un membre de la droite, qu'il soit constaté dans le procès-verbal que, toutes les fois qu'on discute la Constitution, on élève des incidents.

« — Et moi, s'écrie Couthon, je demande que le président soit cassé pour avoir compromis sciemment la liberté publique.

« — Oui, s'écrie-t-on à gauche, c'est un infâme tyran, c'est le perturbateur de l'Assemblée. »

On s'apprête à faire l'appel nominal ; mais sur quoi portera-t-il ? sera-ce, ainsi que le demande la gauche, sur le rapport du décret qui refuse la parole à Robespierre ? sera-ce sur la convocation des assemblées primaires, ainsi que le demande la droite? La Convention est en proie à un désordre indescriptible. Chacun des deux partis veut faire poser la question telle qu'il l'entend. Le Président est obligé de se couvrir. Au moment où le calme commence à se rétablir, Danton, debout sur son banc, donne le signal d'un nouveau tumulte.

« Je vous le déclare, dit-il, en montrant le poing à la droite, tant d'impudence commence à nous peser; nous vous résisterons. »

On demande à droite que la déclaration de Danton soit consignée au procès-verbal.

« Je le demande moi-même, dit Danton toujours debout, mais je réclame la parole.

« — Non! pas de privilége, s'écrie-t-on à droite. Danton ne peut être entendu dans ce moment.

Le président. « — Danton a fait une déclaration; comme elle doit être insérée au procès-verbal, il demande à la répéter.

Danton. « — Je déclare à la Convention et à tout le peuple français que, si l'on persiste à retenir dans les fers des citoyens dont tout le crime est un excès de patriotisme; si l'on refuse constamment la parole à ceux qui veulent les défendre, je déclare, dis-je, que s'il y a ici cent bons citoyens, nous vous résisterons. La commission des Douze détient à l'Abbaye des magistrats du peuple sans vouloir faire faire aucun rapport. »

Plusieurs membres de la droite : « C'est faux ! Le rapporteur de la commission des Douze a demandé la parole. »

Danton, fidèle à la tactique adoptée par son parti

et qui consiste à empêcher les organes de la Commission extraordinaire d'approcher de la tribune, continue longtemps encore, aux applaudissements des tribunes, à s'élever contre la tyrannie des Douze.

A Danton succède Thuriot :

« Citoyens, dit-il, je demande la parole contre le Président. C'est lui qui cherche, par ses réponses incendiaires, à allumer le feu de la guerre civile ; c'est lui qui, pour soulever les habitants de Paris, les alarmer sur leurs propriétés, les armer les uns contre les autres, répondait à des pétitionnaires que l'on chercherait la place où cette cité célèbre a existé ; c'est lui qui favorise les aristocrates et refuse la parole aux patriotes ; et dans quel moment Isnard se conduit-il ainsi ? c'est lorsque l'on craint une explosion sur les frontières, que la guerre de la Vendée s'étend de tous les côtés. Je fais la motion que le Président quitte le fauteuil. »

Isnard, attaqué si personnellement, veut aller à la tribune pour se défendre ; ses amis s'y opposent.

« Président, s'écrie Lanjuinais, ne vous abaissez pas à répondre ; laissez parler Guadet, qui a demandé la parole. »

La gauche, dont les orateurs ont été entendus, réclame à grands cris la clôture de la discussion.

Basire se précipite au bureau du Président et tente de lui arracher un papier que celui-ci tient à la main ; mais plusieurs membres de la droite l'empêchent d'accomplir ce dessein. Cette scène porte naturellement le désordre à son comble. Isnard est pour la seconde fois obligé de se couvrir.

Aussitôt qu'il est possible de se faire entendre, deux montagnards viennent insolemment faire les déclarations suivantes :

Bazire. « — Je voulais arracher au Président le signal de la guerre civile écrit de sa main.

Bourdon de l'Oise. « — Si le Président est assez audacieux pour proclamer la guerre civile, je l'assassine. »

XI.

Cependant l'appel nominal commence, mais il est bientôt interrompu par les réclamations de divers députés. « Les consignes, disent-ils, sont violées. Un grand nombre de citoyens stationnent dans les couloirs et obstruent les avenues de la salle. » D'un autre côté, Marat annonce que plusieurs compagnies de la section de la Butte des Moulins sont rangées en bataille devant le palais, sans qu'elles puissent exciper d'aucun ordre émanant des autorités constituées.

On mande à la barre le commandant de ce bataillon; il produit l'ordre qu'il a reçu de son chef hiérarchique, et qui lui prescrit d'envoyer aux Tuileries un fort détachement. « Cet ordre, ajoute-t-il, a été donné sur la réquisition de la commission des Douze, et conformément à une lettre du maire; mais je dois à l'Assemblée le récit d'un épisode qui vient de se passer.

« Aussitôt que je suis arrivé aux Tuileries, le chef de poste m'a demandé des hommes pour faire évacuer les couloirs. J'exécutais cet ordre. Marat, que je ne connaissais pas, s'est présenté à moi avec un ordre bien supérieur, avec un pistolet; il m'a demandé mes instructions. Je lui ai dit que je ne les montrerais qu'au Président. »

Le commandant (il se nommait Raffet) est admis aux honneurs de la séance, et l'incident n'a pas d'autres suites. Mais il était dit que tous les actes du programme arrêté par les démagogues s'exécuteraient de point en point. Après les violents viennent les endormeurs; ce sont toujours les mêmes, Barère et Garat. Barère, dans de longues phrases sonores, rappelle l'attitude pleine de dignité que, dans des circonstances analogues, a tenue l'Assemblée constituante. Puis, après avoir tonné contre les démagogues, il conclut à ce que les bataillons nouvellement appelés par les Douze soient renvoyés dans leurs sections respectives.

Garat fait un long rapport plein de contradictions dans lequel il excuse tout, il justifie tout.

« J'ai, dit-il, instruit le Comité de salut public et la Commission extraordinaire de ce qui est parvenu à ma connaissance. Aujourd'hui, à six heures, on est venu m'avertir qu'il y avait un grand rassemblement autour de la Convention. J'ai voulu voir les choses de mes propres yeux. La force armée était plus considérable que l'attroupement. Je n'ai pas pu, il est vrai, entrer à l'Assemblée par la porte à laquelle je me suis d'abord présenté, et la force armée a été impuissante à m'ouvrir un passage. Mais dans tout cela il n'y a rien de grave; la Convention n'a rien à craindre... »

Ici le ministre est vivement applaudi par les tribunes.

« Croyez-vous, ajoute-t-il, que ces sans-culotte qui applaudissent aux assurances que je donne de leurs sentiments, y applaudiraient s'ils avaient dans leurs cœurs des intentions criminelles? Je termine par cette observation : J'ai interrogé les sentiments secrets de chacun des membres de la commission des Douze. Eh bien! ils ont tous l'imagination frappée; ils croient qu'ils doivent avoir un grand courage, qu'ils doivent mourir pour sauver la République. Ils m'ont paru dans des erreurs qui sont pour moi incompréhensibles. Je les crois des gens vertueux, des hommes de bien; mais la vertu a ses erreurs, et ils en ont de grandes. Je le répète à la Convention, elle n'a aucun danger à courir; vous reviendrez tous en paix dans vos domiciles. En vous parlant ainsi, je sais que je fais tomber sur moi toute l'horreur d'un attentat qui serait commis. Eh bien, j'appelle cette responsabilité sur ma tête. Voilà ce que j'avais à dire à la Convention. »

Cette responsabilité, que Garat assumait si légèrement dans une circonstance si grave, a été à peine invoquée contre lui par les historiens qui nous ont précédé. Nous n'aurons pas de pareils ménagements. Pour nous, nous ne pouvons que frapper d'une flétrissure éternelle ce ministre qui, par faiblesse ou impéritie, livra aux outrages de la multitude la représentation nationale qu'il était chargé de protéger, pactisa avec toutes les tyrannies et toutes les usurpations, et termina le cours de ses palinodies en acceptant de l'Empire le titre de comte et de sénateur.

XII.

La Montagne était résolue à n'épargner aucun effort, à ne reculer devant aucune violence pour briser la Commission des Douze avant la fin de la séance. Ses affidés envahissent de plus en plus les abords de la salle, et par leurs clameurs rendent presque impossible toute espèce de délibération. Succombant à la fatigue, Isnard prie Fonfrède de le remplacer en sa qualité de Président sortant d'exercice. Mais l'apparition du jeune et courageux député de la Gironde est le signal d'un redoublement de cris et d'invectives.

« C'est un scélérat! c'est un membre de la Commission. A bas le Président! » crient en chœur la Montagne et les tribunes.

Fonfrède désespère de dominer le tumulte et cède le fauteuil à Hérault-Séchelles. Aussitôt l'agitation s'apaise comme par enchantement; les députations de la Commune et des sections se succèdent pour demander d'une manière de plus en plus impérative l'immédiate cassation de la commission des Douze.

C'est d'abord Pache, qui vient déclarer que tout ce que l'on a dit du complot tramé à l'évêché n'est qu'imaginaire. C'est ensuite une députation de vingt-huit sections de Paris, dont l'orateur fait le plus magnifique éloge de l'ignoble Hébert : « Rendez-nous, dit-il, notre frère, notre ami, celui qui est investi de notre confiance, celui qui nous a toujours dit la vérité, celui que nous avons toujours cru. Rendez-nous de vrais républicains; détruisez une Commission tyrannique et odieuse, et que, séance tenante, la vertu triomphe. »

Le président Hérault-Séchelles répond à la députation par cette phrase amphigourique devenue célèbre : « Citoyens, la force de la raison et la force du peuple sont la même chose; vous venez en ce moment réclamer la justice, c'est le plus sacré de nos devoirs que de vous la rendre. »

Survient une seconde et une troisième députation, envoyées par les Gravilliers et la Croix-Rouge. L'orateur des Gravilliers, s'adressant nominativement à la gauche, s'exprime ainsi : « Députés de la Montagne, vous avez écrasé de votre chute la tête du tyran : nous vous conjurons de sauver la patrie (*Oui, oui, nous la sauverons!* s'écrient plusieurs membres). Si vous le pouvez et que vous ne le vouliez pas, vous êtes des lâches et des traîtres. Si vous le voulez et que vous ne le puissiez pas, déclarez-le! cent mille bras sont armés pour vous défendre. Nous demandons l'élargissement des patriotes incarcérés, la suppression de la commission des Douze et le procès de l'infâme Roland. »

La Croix-Rouge formule les mêmes demandes dans des termes presque identiques.

Toutes ces députations avaient amené avec elles beaucoup d'hommes armés et non armés. Les bancs affectés aux pétitionnaires ne suffisant plus, les nouveaux arrivés s'étaient insensiblement assis sur les siéges réservés aux députés. Beaucoup de ceux-ci, soit fatigue, soit indignation, s'étaient retirés; il était plus de minuit.

Le moment était propice pour enlever le vote tant désiré. En vain Henri Larivière, au nom de la Commission des Douze, demande-t-il la parole; sa voix courageuse s'éteint au milieu des hurlements de la démagogie. C'est alors que Lacroix convertit en motion la demande des pétitionnaires. Hérault-Séchelles met aux voix l'élargissement d'Hébert et consorts et la cassation de la commission des Douze. Quelques députés se lèvent à l'épreuve, quelques autres à la contre-épreuve. Les émeutiers, assis sur les bancs des législateurs, votent comme s'ils étaient revêtus des fonctions de ceux dont ils occupent la place [1]. Hérault-Séchelles déclare que les deux décrets sont adoptés, et se hâte de lever la séance.

1. Pendant que la commission des Douze succombait ainsi sous les efforts réunis de l'astuce et de la violence, elle écrivait du lieu de ses séances à la Convention cette nouvelle lettre. Les Douze ne pouvaient laisser un plus noble monument de leur courage et de leur persévérance.

Commission extraordinaire des Douze.

« Citoyen président,

« Tout entière à l'exécution de votre décret, la commission extraordinaire s'occupe de votre sûreté, de celle de Paris et de la fortune publique. Elle apprend que, tandis qu'elle travaille à remplir vos ordres avec une activité infatigable, on la calomnie auprès de vous. Elle commence à tenir les fils de la conspiration qui tend à dissoudre la représentation nationale; aussi n'épargne-t-on rien pour dissoudre votre commission elle-même : on la calomnie, parce qu'on craint la lumière qu'elle veut répandre; elle espère que vous ne prononcerez rien avant d'avoir entendu son rapport. Quand elle a accepté la mission périlleuse dont vous l'avez chargée, elle a résolu de la remplir, de veiller pour la fortune publique, pour vous et pour Paris, ou de mourir. On l'a menacée de venir l'attaquer au lieu de ses séances

Dans tout ceci, Danton n'avait pas paru, mais il avait confié le soin d'escamoter le vote à deux de ses amis intimes, Lacroix et Hérault-Séchelles. Ceux-ci avaient merveilleusement accompli cette tâche. Danton avait été longtemps à prendre sa résolution; il sentait vaguement que l'abîme qui s'ouvrait pour ses adversaires pourrait bien ne se refermer qu'après l'avoir dévoré lui-même. Habitué aux orages révolutionnaires, il avait le pressentiment que la tempête qu'il soulevait ne s'arrêterait pas aux premiers obstacles, mais balayerait impitoyablement tout ce qui tenterait de s'opposer à sa fureur. Les avances qu'à plusieurs reprises il avait faites à la Gironde avaient été repoussées avec dédain. A chaque fois, le spectre de septembre s'était dressé entre lui et ses anciens adversaires. Après la séance du 27 mai, les rôles furent intervertis : quelques députés girondins essayèrent de ramener le terrible tribun à des sentiments plus conciliants; mais son parti était pris irrévocablement. A ces tardives ouvertures il répondit : *Ils n'ont pas confiance,* témoignant ainsi tout à la fois et de sa résolution immuable et de ses regrets impuissants.

ses papiers sont en sûreté, et ses ennemis seront trompés au moins à cet égard. Vous pouvez casser votre commission, mais elle n'aura rien à se reprocher envers la patrie, et ce n'est pas votre commission qu'il faudra plaindre.

« Mollevault, président; P. Rabaut, secrétaire.

« 27 mai au soir 1793, an 2ᵉ de la République. »

LIVRE XXXIX

LE 31 MAI.

I.

Le Conseil général accueille avec des transports de joie la nouvelle de la cassation des Douze et de l'élargissement d'Hébert. Bientôt celui-ci paraît dans la grande salle de l'Hôtel de Ville. Il est salué par des applaudissements frénétiques. On se précipite vers lui, on l'embrasse, on le porte de bras en bras jusqu'à sa place. Chaumette lui offre une couronne; mais Hébert la dépose modestement sur le buste de Rousseau, en disant que « ce n'est qu'après leur mort que l'on peut juger les hommes[1]. »

---

1. Hébert profita de son triomphe pour mettre à contribution son ami Bouchotte. Il se fit délivrer par le ministre de la guerre, sur les fonds de la trésorerie, 135,000 livres pour prix de numéros du *Père Duchêne*, destinés, disait-on, à être distribués dans les armées, afin d'y raviver l'esprit public. Hébert ne gagnait sur cette fourniture que 75 pour 100. Camille Desmoulins, dans son *Vieux Cordelier*, signala au public, quelques mois après, ce beau coup de filet (page 99 du 5e numéro). « Le 2 juin, s'écriait le spirituel ami de Danton, le 2 juin, tandis que tout Paris avait la main à l'épée pour défendre la Convention, Hébert va mettre la main dans le sac. »

Six mois durant, Hébert avait criblé d'attaques violentes et de

Les sections où domine l'esprit ultra-révolutionnaire célèbrent leur triomphe à l'envi les unes des autres; elles s'envoient des messages, des félicitations, des encouragements pour mieux braver la Convention. Elles prolongent leur séance jusqu'au milieu de la nuit, malgré les termes formels du décret du 24 mai.

La Gironde ne pouvait accepter si facilement sa défaite. Aussi, dès l'ouverture de la séance du 28, au moment même où un des secrétaires, Osselin, lit la rédaction des décrets rendus la veille, à la fin de la soirée, l'intrépide Lanjuinais réclame la parole.

« Citoyens, dit-il, il n'y a pas eu de délibération, il n'y a pas eu de décret rendu, et, s'il y en a un, j'en demande le rapport. Eh quoi! vos commissaires dans les départements ont commis en deux mois plus d'actes arbitraires, ont ordonné plus d'arrestations illégales que le despotisme en trente ans. Des hommes prêchent ouvertement l'anarchie; ils manifestent l'intention de renouveler les scènes de septembre. Une commission investie de vos pouvoirs les fait arrêter, et un décret ordonnerait

---

sarcasmes acrimonieux le ministre Roland, qu'il accusait d'avoir consacré des sommes considérables à soudoyer des journaux réactionnaires, à « graisser », suivant ses propres expressions, « la patte à ces vils fabricants et fripiers de journaux, remplis de mensonges, de calomnies, d'atrocités contre les meilleurs patriotes. » Cette vertueuse indignation était, on le voit, toute de circonstance; Hébert ne dédaignait pas, lui aussi, de recueillir la manne que semaient les mains ministérielles. Il fallait bien, comme il le disait, « mettre de la braise dans les fourneaux du *Père Duchêne.* » Allusion à la gravure qui était en tête de chaque numéro de cet ignoble journal, et qui représentait l'auteur au milieu de ses fourneaux, une pipe à la bouche et le sabre à la main.

qu'ils fussent relâchés! vous seriez déshonorés si vous pouviez souffrir qu'un pareil décret souillât vos registres... »

Ici Legendre apostrophe violemment l'intrépide Breton. « Il y a, dit-il, un complot formé pour faire perdre la séance. Si Lanjuinais ne cesse pas de parler, je déclare que je me porte à la tribune et que je le jette en bas! »

Le député d'Ille-et-Vilaine se contente de jeter un regard de mépris sur son interrupteur, et il conclut en demandant que la Convention passe à l'ordre du jour motivé sur ce qu'elle n'a pu délibérer légalement, parce que les pétitionnaires étaient confondus avec les représentants et ont voté avec eux.

« C'est faux, répond Levasseur (de la Sarthe); avant qu'on allât aux voix, les pétitionnaires se sont retirés dans le passage. Il n'y a eu que les membres de l'Assemblée qui ont pris part à la délibération. Je déclare, moi, que la commission des Douze avait été formée, non pour découvrir les complots, mais pour en mettre un à exécution. On a agité les sections, on est parvenu à en dominer quelques-unes, on a créé la commission des Douze; on lui a adroitement renvoyé des pétitions préparées à l'avance ; on a dit : « Les aristocrates ont été massacrés dans les prisons au mois de septembre, il faut à notre tour faire massacrer les patriotes. » Tels sont les motifs des arrestations qui ont ému tous les républicains, tel est le complot. »

Osselin insiste pour l'adoption immédiate du procès-verbal qu'il a présenté; il déclare le bureau unanime pour reconnaître que le décret a été rendu. « Il est urgent, ajoute-t-il, qu'il soit mis immédiatement à exécution, car le peuple l'attend avec impatience. Si vous retardez, vous serez coupables du mouvement qui pourra arriver.

« — Je demande, dit Barbaroux, que les déclarations d'Osselin et de Legendre soient consignées au procès-verbal. »

La Montagne y consent volontiers, car elle est décidée à ne reculer devant aucune violence.

Hérault-Séchelles atteste qu'il a mis aux voix le décret et qu'il a été adopté.

« Je ne conteste pas, répond Guadet, qu'on ait proclamé le décret hier soir, mais je demande qu'il soit rapporté. Je ne puis reconnaître qu'un décret a été légalement rendu lorsque les législateurs, consignés dans le lieu de leurs séances, après la dispersion de leurs gardes, ont délibéré au milieu des outrages, des violences et des menaces; lorsque plusieurs membres de la représentation nationale, Pétion et Lasource entre autres, ont été dans l'impossibilité de percer une foule menaçante et de se rendre à leur poste...

« — Il ne fallait pas qu'ils s'absentassent, crie ironiquement un montagnard.

« — Lorsque la salle, reprend Guadet, se trouvait, au moment de la délibération, pleine de pétitionnaires, lorsque le président (ce n'était pas Isnard) osait à peine les inviter à sortir, tandis qu'il aurait dû leur intimer l'ordre d'évacuer l'enceinte des lois. Un décret rendu dans de semblables circonstances n'en est pas un.

« — Il est étrange, répond Jean Bon Saint-André, que l'on méconnaisse avec une telle audace des principes que l'on a avancés dans un autre temps. A l'époque à jamais mémorable qui a rendu la liberté à la France, qui a fait de ce vaste empire une république, quand il fut question dans l'Assemblée législative de prononcer la suspension, Ramond et ses semblables opposèrent à cette mesure les mêmes raisons qui viennent de vous être présentées. Ils prétendaient aussi qu'ils n'avaient pas été libres de se rendre à l'Assemblée, et ils voulaient infirmer les décrets parce qu'ils n'y avaient pas pris part.

« On prétend que le ministre de l'intérieur a reconnu lui-même qu'il n'avait pu pénétrer dans cette enceinte. Le ministre n'a point articulé ce fait, mais le ministre et le maire de Paris ont couvert d'opprobre cette commission des Douze.

« — Ils en ont menti! s'écrie-t-on à droite.

« — Ils ont dit de grandes vérités, reprend Jean Bon Saint-André ; est-il permis de prétendre que les décrets de la majorité puissent être infirmés parce que quelques membres n'auront pas voté? On a cité des noms. Est-ce que c'est là une autorité pour la Convention? Ceux du même côté qui étaient présents n'ont-ils pas, pendant deux heures, par leurs trépignements indécents et des pieds et des mains, donné le scandaleux exemple de troubler les délibérations de l'assemblée et de l'empêcher de prononcer le décret? On ne peut donc arguer de l'absence de tel ou tel membre. Nous devons tous être à notre poste; ceux qui ne s'y trouvent pas, c'est à leur conscience à les juger. La commission des Douze est une autorité monstrueuse, contraire à tous les principes. La Convention nationale se doit à elle-même de maintenir le décret qu'elle a rendu hier. Si, dans un moment d'erreur, on a pu créer cette commission, le moment où on la renverse est un triomphe pour la liberté[1]. »

La Convention ferme la discussion et décide à l'unanimité :

1° Que la question sera ainsi posée : Le décret qui casse la commission des Douze sera-t-il rapporté?

2° Qu'il sera procédé au vote par appel nominal.

Cet appel donne les résultats suivants[2] :

Votants, 517 ; majorité, 259 ;

Pour le rapport du décret 279, contre 239.

La Montagne accueille cette décision par une explosion de fureur.

« — Vous venez de décréter la contre-révolution, s'écrie Collot d'Herbois ; je demande que la statue de la liberté soit voilée.

« — Votre décret d'hier soir, ajoute Danton, avait satisfait à l'indignation publique. Vous aviez fait un grand acte de justice. J'aime à croire qu'il sera reproduit avant la levée de la séance. Mais si la commission con-

---

1. Le farouche montagnard Jean Bon Saint-André devint préfet sous l'Empire. On le voit figurer dans l'*Almanach impérial* sous le titre de baron de Saint-André, préfet à Mayence.

2. Nous avons retrouvé la minute de cet appel nominal et avons pu constater que parmi les députés de la droite et des centres il y eut un certain nombre d'abstentions, voire même quelques votes en faveur du maintien de la cassation, notamment ceux de Condorcet, Carra, Daunou, Morisson, Cambacérès et Rabaut-Pommier.

serve le pouvoir tyrannique qu'elle a exercé et qu'elle voulait, je le sais, étendre sur les membres de cette assemblée, si le fil de la conjuration n'est pas rompu, si les magistrats du peuple, si les bons citoyens ont encore à craindre des arrestations arbitraires, alors, après avoir prouvé que nous surpassons nos ennemis en prudence, en sagesse, nous les surpasserons en audace et en vigueur révolutionnaire.

« — Oui, oui! tous! tous! s'écrient les membres de l'extrême gauche.

« — Il est temps que le peuple ne se borne plus à une guerre défensive. Il est temps qu'il attaque tous les fauteurs de modérantisme. Nous avons montré de l'énergie un jour et nous avons vaincu, Paris ne périra pas. Aux brillantes destinées de la République se joindront celles de cette ville fameuse que les tyrans voulaient anéantir; Paris sera toujours la terreur des ennemis de la liberté; ses sections, dans les grands jours, lorsque le peuple s'y réunira en masse, feront toujours disparaître ces misérables Feuillants, ces lâches modérés dont le triomphe ne peut être que d'un moment. »

Rabaut Saint-Étienne, rapporteur de la commission des Douze, demande à répondre à Danton.

« — La délicatesse, s'écrie Thuriot, ne permet pas que la commission ait la parole. Elle a été inculpée. Il serait curieux de voir des accusés devenir accusateurs et juges. »

Plusieurs membres de la commission des Douze insistent pour que l'on écoute son rapport, puisqu'on l'a rétablie. Rabaud est encore à la tribune ; mais toutes les fois qu'il essaye de se faire entendre, sa voix est couverte par les vociférations de la Montagne et des tribunes. Le président se couvre, et par ce moyen obtient un moment de silence. Il veut en profiter pour donner la parole à Rabaut, aussitôt les cris recommencent.

« — Nous demandons la priorité pour le canon d'alarme, » s'écrie le montagnard Laplanche.

« — Au nom du salut public, écoutez-moi », répond Rabaut.

« — Je demande vengeance, dit le girondin Lahaye, aux départements, non au peuple des tribunes. »

Mais la droite et surtout la Plaine faiblissent visiblement sous la pression effroyable qu'elles subissent depuis plusieurs heures; elles se contentent de réclamer l'impression du rapport, puisque l'on s'oppose si énergiquement à sa lecture. Fonfrède, toujours prompt à saisir les moyens de conciliation, propose lui-même de voter l'élargissement des prisonniers, et, comme cela était arrivé plus d'une fois, cette journée, qui avait commencé par une victoire de la Gironde, finit par sa défaite.

II.

Les démagogues connaissaient et mettaient en pratique la fameuse maxime : Rien n'est fait tant qu'il reste quelque chose à faire. Ils s'étaient juré d'avoir, d'une manière ou d'une autre, raison de la commission des Douze. Pour être plus sûrs du succès, ils préparent deux machines de guerre qui, faites pour agir séparément, mais pouvant s'unir au besoin, doivent triompher de tous les obstacles, vaincre toutes les résistances. La mise en mouvement de ces deux machines est confiée à des agitateurs différents. Les uns doivent être censés recevoir leurs pouvoirs directement des sections parisiennes, les autres, des autorités constituées du département. Les premiers doivent montrer dès l'abord une attitude essentiellement révolutionnaire, les seconds une attitude soi-disant modératrice. Les rôles ainsi distribués, ce sont les violents qui prennent l'initiative; la section de la Cité, celle-même dont le président et le secrétaire venaient d'être arrêtés, puis presque aussitôt relâchés, se déclare en permanence; elle invite chacune des autres sections à nommer deux commissaires pour délibérer sur les dangers dont la patrie est menacée. Le rendez-vous est d'abord donné dans l'église Notre-Dame, le 29, à quatre heures. Mais, bientôt, les meneurs se ravisent; ils pensent, non sans motif, qu'à raison des confidences qui doivent s'échanger dans cette réunion, il est préférable de choisir un local plus retiré. Ils désignent la salle capitulaire de l'évêché, où se sont tenus plusieurs fois des conciliabules du même genre [1].

A cette assemblée se présentent des commissaires ayant reçu de leurs sections des pouvoirs plus ou moins illimités. Un certain nombre se sont nommés eux-mêmes de leur autorité privée. *Mais ils sont bons patriotes, prêts*

1. Cette délibération est signée par le fameux Maillard en qualité de vice-président de la section de la Cité. Ce nom était assez significatif.

à *tout faire*. Cela seul suffit pour les faire admettre et pour rendre leurs pouvoirs excellents[1]. Dès la première réunion, on renouvelle les propositions faites la semaine précédente dans ces conciliabules de la mairie; on adopte ces mêmes motions que Paché avait désavouées d'une façon si énergique. On déclare nettement que Paris va se mettre en insurrection contre les factions aristocratiques, oppressives de la liberté[2].

1. Dans les sections qui n'étaient pas sûres, on usa d'un excellent moyen pour avoir des commissaires sur lesquels on pût compter. Ce moyen est très-naïvement indiqué dans la délibération suivante prise par la société dite patriotique de la section de la Butte des Moulins, qui, tout uniment et sans mandat, se substitue à la section elle-même.

Extrait des registres des procès-verbaux de la société patriotique de la section de la Butte des Moulins.

« 30 mai 1793.

« Un membre a représenté qu'il était urgent de nommer deux commissaires pour se joindre à ceux des quarante-huit sections assemblés à l'Évêché, attendu que la majorité de la section, connue par son incivisme et son esprit contre-révolutionnaire, avait, dans cette circonstance, comme dans celle où il fallut nommer des commissaires pour se rendre à l'invitation de nos frères les Cordeliers, refusé obstinément de répondre à cette invitation. La société, convaincue de la vérité de cet exposé, bien assurée que la majorité de la section, ou se refuserait à cette nomination, ou nommerait des commissaires qui n'auraient pas la confiance des patriotes, a délibéré de nommer deux commissaires qui, investis de toute la confiance des patriotes de la section, pussent concourir au salut de la patrie de concert avec les commissaires des autres sections, et, en conséquence, elle nomme les citoyens Jean-Baptiste Loys et Michel Boissière commissaires des patriotes de la section de la Butte des Moulins, et leur donne des pouvoirs illimités, à l'effet d'aviser aux moyens de sauver la patrie.

« BUQUIER, président par intérim. »

2. Comme on peut le croire, il ne fut pas tenu procès-verbal ré-

LIVRE XXXIX.   309

Pendant que ces résolutions étaient prises à l'évêché, le département de Paris, fidèle au programme qui avait été secrètement convenu, invitait les quarante-huit sections et les districts de Saint-Denis et de Bourg-Égalité (Bourg-la-Reine) à nommer des commissaires pour délibérer également sur les dangers de la patrie. Le rendez-vous était fixé au vendredi 31 mai, neuf heures

gulier des résolutions de l'assemblée de l'Évêché. Mais nous savons ce qui s'y passa par ces deux documents que nous avons retrouvés, l'un sur le registre de la section de la Fraternité, l'autre sur celu du Conseil général de la Commune.

Section de la Fraternité.

« Les commissaires nommés hier pour se trouver à l'assemblée de la section de la Cité ont fait rapport de leur mission, duquel il résulte qu'ayant entendu faire des propositions dans le genre de celles faites dans l'assemblée réunie à la mairie la semaine dernière, ils ont cru prudent de se retirer avant même de faire vérifier leurs pouvoirs.

« L'assemblée, après avoir approuvé la conduite de ses commissaires, a passé à l'ordre du jour. »

Conseil général de la Commune.

« Le maire, de retour de l'évêché, fait son rapport; il annonce qu'il s'est fait représenter les arrêtés pris dans cette assemblée, portant que les citoyens réunis se sont déclarés en insurrection et doivent fermer les barrières.

« Le maire et ses collègues ont fait aux citoyens toutes les représentations possibles pour suspendre, au moins jusqu'après la conférence qui doit avoir lieu demain aux Jacobins, l'exécution des mesures extrêmes et qui doivent être profondément mûries, vu leur importance.

« Les citoyens assemblés ont paru persister dans leurs arrêtés, et le citoyen maire a cru devoir se rendre à son poste. »

Voilà, il faut en convenir, un maire bien respecté et aussi bien vigilant. Il donne des avis, on ne les écoute pas; il ne prend aucune mesure, laisse faire et n'avertit pas le pouvoir exécutif.

du matin, dans la salle des Jacobins[1]; ainsi le but était le même, mais la composition de l'assemblée et le choix du local étaient différents. Différents aussi devaient être les moyens d'action à employer par les deux réunions.

[1]. Voici le texte même de l'arrêté pris par le Conseil général du département :

« Le Conseil général, le procureur-général-syndic entendu, arrête que toutes les autorités constituées du département et les sections de Paris seront convoquées par commissaires vendredi 31 du présent mois, à neuf heures précises du matin, dans la salle de la société des Amis de la liberté et de l'égalité, séant auxdits Jacobins, rue Saint-Honoré, pour délibérer sur les mesures de salut public qu'il convient de prendre, dans les circonstances actuelles, pour maintenir la liberté et l'égalité fortement menacées, et sur les moyens à employer pour repousser toutes les calomnies qui ont été répandues contre les citoyens et les autorités constituées du département de Paris, dans les autres départements; détromper tous les citoyens qui auraient pu être égarés, afin de détruire le complot évidemment formé de perdre la ville de Paris en aliénant d'elle tous les départements, et de porter ainsi atteinte à l'unanimité et à l'indivisibilité de la République, qu'elle a juré de défendre contre tous ses ennemis.

« Arrête en conséquence que les Conseils généraux des districts de Saint-Denis et du bourg de l'Égalité, ceux des communes de ces deux districts et le Conseil général de la commune de Paris sont invités à nommer respectivement dans leur sein et à envoyer à cette assemblée le nombre de commissaires qu'ils jugeront convenable; que les quarante-huit sections de Paris sont également invitées à nommer chacune deux commissaires parmi les membres de chacun des comités de surveillance, attendu que ces comités, par la nature de leurs fonctions et la confiance qui les y a appelés, ont acquis des renseignements et des instructions dont les commissaires réunis profiteront dans la discussion qui aura lieu.

« Arrête en outre que tous commissaires qui seront nommés par les autorités constituées et les sections se muniront de pouvoirs afin qu'ils puissent être admis dans l'assemblée.

« Signé : NICOLEAU, président; RAISSON, secrétaire général

Les préparatifs de l'insurrection prirent toute la journée du 29 et presque toute celle du 30. Comme la veille des plus violents orages, tout respirait une trompeuse sérénité ; Paris était tranquille ; le calme régnait dans les rues. A la Convention, pas le moindre scandale. C'est seulement le 30 au soir que l'Assemblée commence à ressentir les premiers contre-coups des mesures prises depuis ces deux jours par les diverses autorités légales ou illégales qui se disputent la conduite du mouvement.

Les démagogues parisiens avaient eu une bonne fortune. Pendant qu'ils cherchaient des griefs contre la commission des Douze, la municipalité de Blois adressait à celle de Paris deux lettres de Gardien, l'un des membres de cette commission. Ces lettres, déjà très-anciennes (1790), n'annonçaient pas un très-chaud partisan de la Révolution. Aussitôt le Conseil général de la Commune envoie ces deux lettres au président de la Convention. Les Montagnards saisissent avec empressement l'occasion de frapper de suspicion un de leurs adversaires. Ils font décider que Gardien sera mis en arrestation provisoire et que les scellés seront apposés sur ses papiers[1]. Mais cette petite vengeance exercée sur un des Douze ne pouvait satisfaire la haine des ennemis de la commission extraordinaire. Un instant après, Bourdon de l'Oise vient la dénoncer parce qu'elle a osé prendre l'arrêté suivant :

« La commission des Douze invite le commandant

---

[1]. Le lendemain 31 mai, Basire vint lui-même annoncer, au nom du Comité de sûreté générale, qu'examen fait des papiers de Gardien, on n'y avait trouvé que des preuves éclatantes de son civisme.

du poste de la Convention à investir l'hôtel Breteuil[1] d'une force suffisante pour maintenir la sûreté de ses papiers.

« Mollevaut, président ; Saint-Martin, secrétaire. »

Lanjuinais prend la défense de la commission :

« — Le complot que je vous signale depuis quelques jours, dit-il, est sur le point d'éclater. Je connais les repaires dans lesquels il a été ourdi. Le chef-lieu de la conspiration est l'évêché. C'est là que se réunissent les plus audacieux meneurs des Jacobins. Cette assemblée a formé un comité d'exécution revêtu de pouvoirs dictatoriaux. Je demande que la commission des Douze soit mandée, afin qu'elle nous rende compte des renseignements qu'elle a reçus aujourd'hui sur la conspiration qui nous entoure. »

Mais le courageux Breton prêche dans le désert. Aucun de ses amis ne lui vient en aide. L'Assemblée est très-peu nombreuse. Les quinze jours de la présidence d'Isnard sont expirés et l'on procède au scrutin pour le choix de son successeur. Trois Girondins, Lasource, Fonfrède, Isnard, avaient été successivement appelés au fauteuil depuis six semaines. La majorité veut faire acte d'impartialité et porte ses suffrages sur un Montagnard. Mallarmé est élu président par 189 voix. Cette élection donne tout espoir aux démagogues. A peine le résultat en est-il proclamé, qu'une députation de la majorité des sections parisiennes (27 sur 48) se présente à la barre ;

---

1. L'hôtel de Breteuil était situé au fond de la place du Carrousel, sur l'emplacement où ont été construites les écuries du palais.

elle somme la Convention d'avoir à sacrifier sa commission des Douze à la vengeance de la Commune. C'est Rousselin, le confident le plus intime de Danton, qui est à la tête de la députation.

« — Mandataires du peuple, dit-il, une commission injuste, arbitraire, despotique, a opprimé les patriotes, les a jetés dans les fers, a voulu les faire égorger. Nous venons vous demander de rapporter tous les décrets rendus sur la proposition de cette infâme commission, de traduire ses membres devant le Tribunal révolutionnaire, de décréter une nouvelle fédération républicaine pour le 10 août prochain, afin de resserrer entre Paris et les départements les liens de l'unité et de l'indivisibilité que la commission des Douze a voulu rompre. »

A cette députation en succède une autre ; mais celle-ci est animée d'un tout autre esprit. Elle est composée des mandataires de la ville de Rouen, qui se déclarent profondément indignés de l'état d'avilissement dans lequel on plonge la représentation nationale, et tout prêts à accourir au premier appel de la Convention pour défendre la liberté et les lois.

Voulant jusqu'au bout se montrer impartiale, l'Assemblée vote l'impression des deux adresses, puis clôt la séance à minuit sans prévoir que le lendemain elle aura à soutenir de plus rudes assauts, à subir de plus violentes sommations.

III.

Au moment où la Convention se séparait, le Comité de salut public mandait le maire et le ministre de l'intérieur, pour qu'ils lui rendissent compte de l'état de la capitale. Garat se contente de donner sur l'assemblée de l'Évêché des renseignements connus de tous. Pache est plus explicite, quoiqu'il s'applique à rester toujours dans un certain vague : « Aucune puissance, dit-il, ne peut déranger les mesures prises, mais elles seront grandes, sages et justes; l'ordre sera maintenu et la représentation nationale respectée. »

Le Comité de salut public était bien et dûment averti. Néanmoins, soit connivence, soit indifférence coupable, il suspend sa séance en donnant l'ordre de convoquer la Convention le lendemain matin à la première heure.

Apprenant qu'on leur a laissé le champ libre, les conspirateurs de l'Évêché se déclarent en permanence, commandent de fermer les barrières, de faire battre le rappel dans toutes les sections et de sonner le tocsin. Pendant ce temps le Conseil général de la Commune attendait à l'Hôtel de Ville, avec la docilité d'un complice, les ordres de l'assemblée révolutionnaire de l'Évêché. Il avait été convenu d'avance que l'on jouerait la même comédie qui avait si bien réussi dans la nuit du 9 au 10 août; qu'en conséquence on briserait au nom de l'insurrection les autorités constituées, et qu'on les rétablirait un instant après. C'était un excellent prétexte pour leur attribuer des pouvoirs illimités qui leur permettraient de commettre à leur gré toutes les illégalités imaginables.

A six heures du matin Dobsen se présente à l'Hôtel de Ville. La commission des Douze, en ordonnant son arrestation, en avait fait un personnage considérable. Aussi la présidence du Comité central révolutionnaire lui avait-elle été décernée d'une voix unanime.

La plupart des membres de ce comité l'accompagnent. Ils sont reçus avec les marques du plus profond respect par le Conseil général. Dobsen s'assied au bureau et s'exprime en ces termes :

« Le peuple de Paris, blessé dans ses droits, vient de prendre les mesures nécessaires pour conserver sa liberté. Il retire les pouvoirs de toutes les autorités constituées. »

A l'appui de cette déclaration, Dobsen présente les pouvoirs de la majorité des sections. Le vice-président du conseil lui répond par une harangue où il fait parade d'un courage parfaitement inutile, puisque le dénoûment de la comédie lui était connu d'avance.

« Citoyens,

« Nous n'avons de fonctions que dans Paris. Les seuls citoyens de cette ville sont nos commettants ; c'est leur confiance qui nous a faits magistrats ; si leur confiance vient à cesser, notre magistrature cesse à l'instant même, car nous n'avons plus alors ni autorité, ni force, ni moyens quelconques pour défendre les intérêts de la Commune, pour opérer aucun bien.

« Il n'est aujourd'hui personne qui ose révoquer en doute que du peuple vienne la toute-puissance, et que c'est pour lui seul et en son nom qu'elle doit être exercée; de là aussi cette conséquence universellement avouée que si le peuple a le droit d'instituer, il a aussi celui de destituer. Mais ce droit, qui est incontestable pour tous, ne l'est pas pour quelques-uns seulement; son usage partiel ne peut avoir lieu : il exige une majorité réelle, évidente, et légalement obtenue.

« Si vous avez cette majorité, citoyens, si vous en justifiez, nous vous remettrons aussitôt nos pouvoirs qui n'ont plus d'existence. Vouloir les retenir ne serait de notre part ni courage ni vertu, ce serait témérité et crime.

« Mais, à défaut de cette majorité telle qu'il ne puisse y avoir d'incertitude sous aucun rapport, n'attendez pas de nous une complaisance qui ne serait que pusillanimité. Prêts à céder, comme c'est notre devoir, à la volonté de tous, nous saurons par devoir aussi résister au caprice du petit nombre. Il serait une tyrannie, et nous avons juré de n'en jamais souffrir aucune.

« Citoyens, vous auriez beau prononcer sans droit notre destitution, vous ne nous la feriez point accepter. La menace et la violence même seraient vaines; on pourra nous arracher de nos siéges, on ne pourra jamais nous en faire descendre. Je lis dans les yeux et dans les cœurs de tous mes collègues qu'il n'est pas un seul d'entre eux qui ne soit résolu à mourir, s'il le faut, sur son banc, comme je la recevrais sur ce fauteuil[1]. »

Chaumette requiert la lecture et la vérification des pouvoirs des commissaires. Le bureau du conseil ferme les yeux sur les irrégularités que présente un grand nombre des pièces déposées et proclame que trente-trois sections ont donné à leurs nouveaux délégués un mandat illimité.

En conséquence, le procureur de la Commune demande que le vœu de la majorité soit proclamé à l'instant même, et que le Conseil général remette ses pouvoirs au peuple souverain.

Dobsen est invité à occuper le fauteuil. Le vice-président du Conseil général lui adresse le discours suivant :

« Citoyen président, dit-il, et vous, citoyens membres de la commission révolutionnaire, agissant au nom du peuple,

« Vos pouvoirs sont évidents; ils sont légitimes. C'est maintenant que, sans faiblesse et sans honte, nous allons cesser nos fonctions. Puisque le peuple l'ordonne, nous le devons; qu'il nous soit seulement permis, au moment où nous descendons de nos siéges, de vous demander non une faveur, mais une justice.

« Rendez-nous le témoignage que nous trouvons dans nos consciences que, depuis que nous sommes en place, nous avons montré constamment l'assiduité au travail, le zèle, le courage et même la dignité que nous

---

[1]. Nous avons copié textuellement sur le registre du Conseil général cette phrase, d'un français plus que douteux.

ont commandés les circonstances difficiles où nous nous sommes trouvés.

« Que d'autres, avec plus de lumières et plus de talents, remplissent mieux ce que le peuple a droit d'exiger dans l'état présent des choses, c'est l'objet de nos vœux les plus ardents; mais déclarez que nous n'avons pas démérité de nos concitoyens, et il n'est rien dont ne nous console et ne nous dédommage cette récompense, digne salaire de tous bons magistrats du peuple. »

Dobsen déclare « au nom du peuple » que les pouvoirs de la municipalité sont annulés. Les membres de la commission révolutionnaire et ceux du Conseil général se lèvent, s'embrassent. Pleins d'enthousiasme, ils prêtent le nouveau serment que les meneurs de l'Évêché viennent de fabriquer et qu'ils vont imposer comme signe de ralliement à toutes les autorités et à tous les citoyens qui s'associeront à leurs projets[1].

Les membres du Conseil général se retirent. Mais à peine la porte est-elle fermée sur eux, que Dobsen propose à ses collègues, les commissaires de l'Évêché, de réintégrer dans leurs fonctions le maire, le procureur

---

1. Ce serment avait été à dessein rédigé de manière à ce qu'il pût être facilement prêté par toutes les sections, même les plus modérées. Il était ainsi conçu :

« Je jure d'être fidèle à la République une et indivisible, de maintenir de tout mon pouvoir et de toutes mes forces la sainte liberté, la sainte égalité, la sûreté des personnes et le respect des propriétés, ou de mourir à mon poste en défendant les droits sacrés de l'homme. Je jure de plus de vivre avec mes frères dans l'union républicaine; enfin je jure de remplir avec fidélité et courage les missions particulières dont je pourrai être chargé. »

de la Commune, ses substituts et tous les membres de l'ancien conseil. Cette proposition est adoptée. Pache, Chaumette, Hébert et leurs amis n'étaient pas loin; aussi répondent-ils au premier appel qui leur est fait. Dobsen, toujours au nom du peuple, leur déclare qu'ils ont été jugés dignes de continuer les fonctions dont ils étaient revêtus. Ils reprennent gravement leurs places et remercient de leur confiance les membres de la commission révolutionnaire. A peine si un intervalle de cinq minutes avait séparé leur rentrée de leur sortie, leur rétablissement de leur cassation [1].

[1]. Une comédie à peu près identique s'était jouée à l'égard du Conseil du département; seulement on y avait mis un peu moins de façon. Le Comité central révolutionnaire se contenta de lui envoyer un délégué pour lui apprendre qu'il était destitué, puis réintégré dans ses fonctions. Voici les trois pièces dont ce délégué était porteur :

« Paris, le 31 mai 1793.

« L'an II de la République française, au nom du peuple souverain, au Directoire et au Conseil général du département de Paris.

« Les membres composant le Directoire et le Conseil général du département de Paris sont suspendus.

« VARLET, président provisoire; FOURNEROT, secrétaire. »

« Paris, le 31 mai 1793, l'an 2ᵉ de la République.

Le Comité, délibérant en vertu des pouvoirs qui lui ont été délégués par les commissaires des sections réunis à l'Évêché, a arrêté que le citoyen Wendling sera chargé de se rendre au département, à l'effet de suspendre le Conseil du département et le Directoire.

« Fait et arrêté en comité.

« VARLET, président provisoire, FOURNEROT, secrétaire. »

« Paris, le 31 mai 1793.

« L'an II de la République française, au nom du peuple souve-

En vertu de son baptême révolutionnaire, le conseil tranche d'urgence une question qui était en suspens depuis huit jours. Sans égard pour le décret de la Convention, qui appelle au commandement général de la force armée le plus ancien chef de bataillon, il nomme à cette fonction Henriot, commandant de la section des Sans-Culottes[1].

rain, au Directoire et au Conseil général du département de Paris.

« Les membres composant le Directoire et le Conseil général du département de Paris sont réintégrés provisoirement dans leurs fonctions ; ils prêteront le serment, entre les mains des commissaires, de remplir exactement les fonctions qui leur sont confiées et de communiquer avec le Comité révolutionnaire des Neuf, séant à l'Évêché.

« VARLET, président provisoire ; FOURNEROT, secrétaire. »

1. Nous empruntons à M. Michelet le portrait qu'il trace d'Henriot :

« Le général Henriot, laquais et mouchard sous l'ancien régime, avait fait maintes campagnes dans les foires et marchés, en costume de général, comme les charlatans en portent et les arracheurs de dents. Il avait, de longue date, paradé sur les tréteaux avec l'épaulette, l'épée et le panache. Il n'y avait pas un homme qui s'entendît de si loin ; c'était (il faut dire le mot) *une gueule* terrible, à faire taire toute une place. Ses campagnes n'avaient pas été sans revers ; quel capitaine n'en a pas ? Fait prisonnier (par la police), il avait passé du temps à Bicêtre, et c'est justement ce qui fit sa fortune révolutionnaire. On le prit pour une victime ; on le jugea, sur l'habit, un vrai militaire. Le pauvre peuple du faubourg Saint-Marceau, qui, dans ses grandes misères, a toujours besoin d'un amour, avait perdu Lazouski ; il adopta Henriot. Le quartier de la rue Mouffetard (section des Sans-Culottes) l'avait pris pour capitaine. Dans la nuit du 31 mai, l'Évêché le fit général par cette seule considération que c'était en quelque sorte le successeur de Lazouski, un homme dont le quartier le plus pauvre était engoué.

Il y avait cependant à cela un inconvénient, c'est que ce grand aboyeur n'était qu'une voix en réalité, du reste une tête de bois,

Il invite le comité d'exécution à délivrer des mandats d'arrêt contre les principaux amis de la Gironde qui ne sont pas couverts par l'inviolabilité parlementaire, notamment contre l'ex-ministre Roland et deux ministres en exercice, Clavière et Lebrun[1].

Il envoie saisir à la poste toutes les lettres qui peuvent paraître suspectes, qu'elles viennent de l'intérieur ou de l'étranger, donne l'ordre d'arrêter les courriers

---

absolument vide. L'eau-de-vie seule lui donnait l'attitude et les paroles : aux grands jours qui demandaient de la présence d'esprit, Henriot avait soin d'être ivre ; il fut presque ivre au 2 juin, ivre au 9 thermidor. Dans cet état, le général devenait vraiment dangereux ; disant indifféremment non pour oui et oui pour non, il pouvait faire des malheurs sur ses amis mêmes. Au 2 juin, sa section, qui lui était fort dévouée, lui envoyant un orateur, il l'insulta grossièrement. Un tel homme à la tête de cent cinquante bouches à feu pouvait, en se trompant d'ordre, foudroyer impartialement la Montagne et la Gironde. » *(Histoire de la Révolution,* t. V, p. 603 et 604, 1re édition.)

M. Louis Blanc (*Histoire de la Révolution*, t. VIII, p. 466) est plus court, mais non moins explicite dans son appréciation du même personnage :

« Le fils d'un pauvre habitant de Nanterre, un ancien domestique que son maître avait cassé aux gages, un commis aux barrières compromis pour avoir aidé à les brûler. »

1. Non-seulement ces deux ministres furent arrêtés malgré les inhibitions formelles du Comité de salut public, mais la section des Piques s'avisa, de son autorité privée, de se saisir de la personne du ministre de la justice Gohier. Cette dernière arrestation n'était pas dans le programme des meneurs de l'Hôtel de Ville. Aussi ne fut-elle pas maintenue ; mais personne n'osa se plaindre de l'énormité commise par la section des Piques, pas même celui qui en avait été victime.

Nous donnons à la fin de ce volume diverses pièces concernant ces arrestations. Elles montrent à quel degré d'abaissement étaient tombés les pouvoirs légaux devant les usurpations successives de la Commune.

en partance et consigne dans leurs bureaux les administrateurs et principaux employés de ce service.

IV

Depuis l'aube du jour, le tocsin retentissait à toutes les églises. Les députés, réveillés par ce bruit lugubre, se rendent peu à peu à leur poste. A six heures du matin, il se trouve une centaine de membres dans la salle. Un des anciens présidents, Defermon, monte au fauteuil. La mémorable séance du 31 mai commence.

Plusieurs députés dénoncent l'extrême agitation qui règne dans la capitale; déjà, dit-on, plusieurs sections se sont déclarées en état d'insurrection. Le tocsin a sonné et sonne encore; on parle de tirer le canon d'alarme. La Convention décrète que toutes les autorités constituées de Paris se réuniront aux Tuileries pour être plus à portée de recevoir ses ordres [1].

1. Voici le texte même du décret :
« Sur le rapport du Comité de salut public, la Convention nationale décrète :
« Que les membres du Conseil exécutif du département de Paris et du Conseil général de la Commune de la même ville *se réuniront à l'instant près du lieu des séances de l'Assemblée,* dans un local qui leur sera indiqué par le Comité d'inspection de la salle, pour y *recevoir les ordres de l'Assemblée,* les transmettre aux autorités constituées et rendre compte au Comité de salut public de ce qui se passe dans les divers quartiers de Paris. Elle charge le Comité de salut public de lui en faire un rapport d'heure en heure et de lui présenter les mesures qu'il croira utile de prendre. »
Ainsi c'était bien le Conseil général de la Commune tout entier

Le ministre de l'intérieur arrive le premier et fait son rapport à l'Assemblée. Mais que peut-il lui dire si ce n'est qu'un pouvoir révolutionnaire règne à l'Hôtel de Ville? Que lui conseille-t-il? La cassation définitive de la commission des Douze, digne conclusion de toutes les lâchetés que, sans le vouloir, sans le savoir, Garat avait accumulées depuis quinze jours.

Les administrateurs du département, Lhuillier en tête, viennent à leur tour rendre compte de l'état de la capitale. Ils annoncent qu'il ne s'agit que d'une insurrection morale qui a pour but la réparation des nombreuses calomnies depuis longtemps répandues contre Paris. Ils assurent que l'ordre sera maintenu, que les personnes et les propriétés seront respectées; que d'ailleurs dans le courant de la journée les diverses autorités constituées du département reparaîtront à la barre pour faire leur profession de foi politique et demander justice des outrages qu'on a prodigués à la ville de Paris [1].

C'était une allusion assez transparente à la réunion

que la Convention entendait avoir sous la main; mais les meneurs de l'Hôtel de Ville étaient trop habiles pour quitter leur quartier général ordinaire et se mettre à la discrétion de l'Assemblée. Ils firent semblant de ne pas comprendre, et envoyèrent des délégués qui devaient rendre compte heure par heure de ce qui se passait aux Tuileries. Comme cela n'était arrivé que trop souvent, la Convention se contenta de l'apparence de la soumission, et n'exigea pas l'exécution du décret. Ce fut une faute considérable, car si la Convention eût tenu la main à ce que, dans ce jour de trouble, les autorités de Paris et surtout la Commune fussent réunies autour d'elle, cela aurait pu changer de beaucoup la face des choses.

1. Ce discours de Lhuillier se trouve en extrait dans le procès-verbal de la séance. Le *Moniteur* n'en dit pas un mot.

que le département avait lui-même convoquée par son arrêté de l'avant-veille, et à l'aide de laquelle il comptait se mettre à la tête du mouvement.

Pache paraît enfin à la barre. Il avait bien failli ne pas venir, car le Conseil général révolutionnaire avait eu l'idée de le consigner à la Mairie, comme la commune du 10 août y avait consigné Pétion; mais on avait besoin de sa feinte candeur pour surprendre la simplicité de plus d'un représentant, et, après l'avoir mis sous la sauvegarde de tous les bons citoyens, on l'avait laissé partir en le faisant accompagner d'une députation prise dans le sein du Conseil.

Il raconte avec une naïveté apparente, et comme s'il s'agissait des choses du monde les plus simples, toutes les illégalités successives dont l'Évêché et ensuite l'Hôtel de Ville ont été le théâtre. C'est lui, du reste, qui a fait doubler les postes placés aux prisons, à la Trésorerie et même à la Convention; il a fait de même doubler le poste du Pont-Neuf, afin d'empêcher que l'on ne tirât le canon d'alarme.

Le maire en était là de sa harangue, lorsque le président Mallarmé, qui depuis quelques instants a repris le fauteuil, donne lecture d'une lettre du commandant de la force armée du Pont-Neuf. Cet officier annonce qu'il a reçu un ordre d'Henriot qui lui prescrit de faire tirer le canon d'alarme; qu'il a refusé; mais il veut être, dit-il, couvert par un décret de la Convention.

Valazé s'élance à la tribune et demande qu'on décrète d'accusation ce prétendu commandant général de la force armée; mais les vociférations des tribunes l'empêchent de continuer. Mathieu (de l'Oise), qui siége sur les bancs de la gauche, obtient un peu plus de silence : « Il s'agit, dit-il, de savoir si la liberté existe encore en France ; à l'instant où la délibération est influencée par le despotisme le plus insolent, la représentation n'existe plus. Je demande que le président, pénétré de sa dignité, se rappelle qu'il a l'honneur de présider la première assemblée humaine, qu'il tient peut-être dans sa main les destinées du monde ; je demande qu'à tous ces titres il fasse respecter la Convention. »

Cambon, comme membre du Comité de salut public, prend la parole. Dans le peu de mots qu'il prononce, on sent toute l'hésitation qui règne au sein du Comité, on peut pressentir toute l'incohérence des mesures qu'il proposera plus tard.

« La Convention, dit-il, doit être respectée. Toute la France est pénétrée de cette vérité ; mais nous sommes dans une circonstance critique. Il y a deux partis en présence ; une étincelle peut allumer un immense incendie. »

Valazé s'empare de ces demi-aveux de Cambon. « Oui, les circonstances sont vraiment extraordinaires, on veut obscurcir ce qui est éclatant comme le soleil. Depuis la levée de notre séance d'hier soir, le tocsin sonne, la générale bat. En vertu de quel ordre ? il faut que nous le sachions. Henriot a envoyé au commandant de la force armée du Pont-Neuf l'ordre de faire tirer le canon d'alarme ; c'est un crime manifeste contre lequel la peine de mort est portée. Je demande qu'il soit mandé à la barre; je demande également que la commission des Douze, tant calomniée pour nous avoir mis sur la trace des complots qui se dessinent aujourd'hui, soit appelée pour rendre compte des renseignements qu'elle a recueillis.

« — Eh bien, moi, répond Thuriot, je demande la cassation immédiate de cette infâme Commission.

« — Aux voix! aux voix! s'écrie la Montagne. »

A ce moment, le canon d'alarme se fait entendre [1]; un moment de stupeur succède au tumulte. La Convention comprend qu'il n'est plus temps d'empêcher; qu'elle peut tout au plus réprimer et punir. Vergniaud s'élance à la tribune : « Un combat, dit-il, s'il s'en engageait un dans Paris, compromettrait éminemment la République et la liberté. Celui-là est le complice de nos ennemis extérieurs qui désirerait le voir s'engager, quel que dût en être d'ailleurs le succès. Si la commission des Douze a commis des actes arbitraires, qu'on la casse; mais, avant de la condamner, qu'on l'entende. Pour sa dignité, il faut que la Convention prouve à la France qu'elle est libre; pour le prouver, il faut qu'elle ajourne à demain cette discussion; mais il faut avant tout savoir qui a donné l'ordre de sonner le tocsin, de tirer le canon d'alarme. Je demande que le commandant

---

1. La Convention, tardant à rendre le décret qui devait annuler les ordres d'Henriot, et le commandant, qui était allé prendre ceux de l'Assemblée, ne revenant pas, un nouvel ordre du Conseil général révolutionnaire mit fin aux hésitations de l'officier subalterne auquel le commandement avait été remis provisoirement. Il était une heure après midi.

général soit mandé à la barre et que nous jurions tous de mourir à notre poste. »

L'immense majorité de l'Assemblée se lève et répète le serment prononcé par Vergniaud.

Danton s'élance à la tribune pour répondre à l'orateur de la Gironde.

« La cassation de la commission des Douze, dit-il, est bien plus urgente, bien plus importante que de mander le commandant général à la barre. Il faut, avant tout, que Paris obtienne justice de cette Commission qui a jeté dans les fers les amis du peuple. Le canon a tonné; mais si Paris n'a voulu donner qu'un grand signal pour vous apporter ses représentations; si Paris, par une convocation trop solennelle, trop retentissante, n'a voulu qu'avertir tous les citoyens de vous demander une justice éclatante, Paris a encore bien mérité de la patrie, vous devez justice au peuple.

« — Quel peuple? lui crie-t-on à droite.

« — Je vous parle de ce peuple immense de Paris, qui nous entoure, et qui est la sentinelle avancée de la République. Les départements, comme Paris, exècrent le lâche modérantisme, aussi avoueront-ils ce grand mouvement qui doit anéantir tous les ennemis de la liberté; ils applaudiront à votre sagesse.

« Supprimez la commission des Douze, supprimez-la sous le rapport politique et sans rien préjuger ni pour ni contre; ensuite vous entendrez le commandant général, vous prendrez connaissance de ce qui est relatif à ce grand mouvement et vous finirez par vous conduire en hommes qui ne s'effrayent pas des dangers. »

Danton, en parlant du courage de la majorité, faisait un véritable appel à la peur. Salles dévoile l'artifice : « Nous savons bien, lui crie-t-il, que tout ceci n'est qu'un simulacre. Les citoyens courent sans savoir pourquoi.

« — Vous sentez, reprend Danton, qui ne veut pas laisser le dernier mot à ses adversaires, vous sentez que s'il est vrai que ce ne soit qu'un simulacre, quand il s'agit de la liberté de quelques magistrats, le peuple fera pour sa liberté une insurrection tout entière. Sauvez le peuple de ses ennemis, sauvez-le de sa propre colère. Je demande qu'on mette aux voix par appel nominal la révocation de la Commission. »

Rabaut remplace Danton à la tribune. « J'attends, dit-il, de la justice de l'Assemblée, qu'elle ne prononcera pas avant de m'avoir entendu.

« — Aux voix la suppression ! la suppression avant tout ! » hurle la Montagne.

Rabaut reprend : « Il faut, avant tout, éviter ce qui fait l'objet des vœux de nos ennemis, les divisions. Que dirait-on d'une assemblée qui refuserait d'entendre une commission chargée par elle de découvrir les complots contre la République, contre l'intégrité de la représentation nationale, et ce, au moment même où on demande sa cassation ?

« On accuse la Commission parce qu'on sait qu'elle doit accuser. Je demande qu'il soit constaté au procès-verbal que je n'ai pu me faire entendre lorsque j'ai dit la vérité. »

Le président annonce qu'une députation de la Commune sollicite la permission d'être admise à la barre pour rendre compte de la situation de Paris.

La Montagne veut qu'elle soit introduite à l'instant; la droite insiste pour qu'elle soit renvoyée au Comité de salut public.

On crie à Rabaut, qui occupe toujours la tribune, de conclure.

« Eh bien, dit-il, je conclus à ce qu'il n'y ait plus de commission des Douze, parce que je veux qu'il y ait un centre unique. Je demande que le Comité de salut public soit chargé de toutes les recherches, et qu'il soit investi de toute votre confiance. »

C'était déserter son poste au moment du danger. En pareille occasion, il faut savoir mourir sur la brèche.

V.

Pendant que la députation envoyée par les meneurs de l'Hôtel de Ville se présente à la barre, quittons un instant la salle de la Convention et parcourons Paris, que nous avons laissé se réveillant au bruit du tocsin. La force armée des sections se réunissait machinalement aux lieux ordinaires des rassemblements; on s'interrogeait; personne ne pouvait expliquer ce qui se passait ni prévoir ce qui allait se passer. Dans la plupart des sections, beaucoup de défiance, très-peu d'enthousiasme.

On blâmait la Gironde à raison des paroles imprudentes qu'avaient lancées contre la capitale plusieurs de ses membres. Un grand nombre de Parisiens attachés au parti modéré étaient effrayés des paroles d'Isnard, qui avait prédit la ruine totale de Paris ; ils se demandaient ce que deviendraient, dans ce cataclysme, leurs maisons, leurs boutiques et leurs marchandises. On était également mécontent de la Commune, qui entretenait dans Paris une agitation factice, prenait à tâche de faire exclure par ses affidés les citoyens paisibles des réunions de quartiers, et venait de faire un acte d'autorité qui déplaisait fort, en investissant Henriot du commandement général sans consulter les sections [1]. On flottait indécis, on attendait une impulsion venant de l'Hôtel de Ville ou des Tuileries. On envoyait simultanément à la Commune et à la Convention des députations, afin d'obtenir des renseignements exacts sur les causes et l'objet d'un pareil mouvement.

Pour utiliser cette force armée considérable que l'on avait réunie à grand renfort de tambours, chaque section multipliait les patrouilles dans sa circonscrip-

[1]. Parmi les sections qui montraient très-peu de propension à accepter aveuglément ce qui s'était passé le matin à l'Hôtel de Ville, nous citerons celles du Marais, de Molière et Lafontaine, de la Butte des Moulins, de l'Observatoire, de la Fraternité, de 1792, des Lombards, des Invalides et du Finistère, autrefois les Gobelins. Cette dernière, qui n'était cependant pas suspecte d'un trop grand modérantisme, prit un arrêté pour dénoncer à la Convention l'existence du Comité central révolutionnaire et demander l'arrestation de ses membres. Elle eut le courage de faire notifier cet arrêté au Conseil général de la Commune.

tion. Sur la place du Carrousel, dans le jardin des Tuileries, sur les boulevards, s'entassaient des curieux inoffensifs. Il faisait un temps admirable. Les femmes, assises devant les portes pour voir passer l'émeute, s'impatientaient de ce qu'elle tardait tant. Rien ne paraissait, rien ne bougeait.

Les meneurs de l'Hôtel de Ville avaient compté recevoir une grande force de la réunion que le Conseil général du département avait convoquée deux jours auparavant, pour le 31, dans la salle des Jacobins. Conformément au programme arrêté, les commissaires des autorités constituées du département et des quarante-huit sections s'y réunissent et nomment une commission de onze membres autorisés d'avance à prendre toutes les mesures de salut public qu'ils jugeraient nécessaires, et à les mettre directement à exécution. Aussitôt après leur nomination, ces nouveaux commissaires se transportent à l'Hôtel de Ville; ils y sont reçus à bras ouverts [1]. Tous les éléments de la

---

1. Un autre concours avait été offert au Conseil général de la Commune par une députation de citoyennes de la Société républicaine, qui demandaient à être admises à délibérer avec le Comité révolutionnaire. Le Conseil fit répondre à ces dames que le Comité n'était pas un club, mais qu'il était composé des députés des quarante-huit sections.

Ces citoyennes ne se rebutèrent pas. Le 2 juin, elles se présentèrent à la Convention pour l'entretenir d'un objet important, disaient-elles. Mais l'Assemblée était alors trop occupée pour faire droit à leur requête. Les lettres, pouvoirs et adresses émanés de ce club féminin, qui avait son siége dans l'une des salles du couvent des Jacobins, sont signés : Pauline Léon, présidente. C'est un nom qui doit être conservé à l'histoire.

conspiration se trouvaient ainsi réunis. On se met à l'œuvre à l'instant même, on s'empresse de réparer le temps perdu. Ce qu'il y avait de plus urgent, c'était de réchauffer le zèle des sections, qui, généralement, se montraient assez tièdes. On envoie dans chacune d'elles des commissaires chargés de répandre des nouvelles alarmantes que l'on prétend avoir reçues de Lyon, de la Vendée et des armées [1].

VI.

Mais revenons à la Convention et écoutons la députation de la Commune que nous avons laissée à la barre.

« Législateurs, dit l'orateur des pétitionnaires, le Conseil général provisoire...

« — Nous ne le reconnaissons pas, s'écrie la droite avec énergie.

« — Au nom du salut public, qu'on les entende! hurle le boucher Legendre.

---

1. Le Pouvoir exécutif fut obligé, dans la journée du 31 mai, de prendre l'arrêté suivant pour empêcher la propagation des fausses nouvelles :

« Le Conseil, informé qu'il se répand des bruits de prétendues défaites essuyées par les armées de la République, soit dans la Vendée, soit aux frontières du Nord, arrête qu'il sera publié à l'instant un placard en forme d'avis pour démentir ces faits faux et annoncer aux citoyens qu'il n'est parvenu aucune nouvelle fâcheuse d'aucune des armées de la République. »

« — Je m'y oppose, s'écrie Defermon. Rappelez-vous donc ce que vous a dit ce matin Pache lui-même. Rappelez-vous que ces prétendus commissaires ont destitué le Conseil général de la Commune et l'ont ensuite rétabli provisoirement. Ce sont ces mêmes hommes que vous voyez à la barre. Je demande qu'ils ne soient pas entendus. »

Basire propose un terme moyen. « La Convention peut, dit-il, déclarer nul tout ce qui s'est fait cette nuit à l'Hôtel de Ville et admettre comme à l'ordinaire les magistrats municipaux.

« — Qu'avant tout, s'écrie Guadet, les pétitionnaires fassent connaître leur caractère et justifient de leurs pouvoirs.

« — Nous ne sommes nommés, répond l'orateur de la députation, par aucun Comité révolutionnaire. Nous tenons nos pouvoirs des Assemblées générales de nos sections. Nous sommes des mandataires directs. Le but de notre nomination était de chercher les traces d'un complot que nous avons découvert et de prendre les mesures propres à sauver la chose publique. Le Conseil général de la Commune a adopté les mesures que nous avons proposées, et nous a chargés, comme faisant partie de l'Assemblée générale du Conseil de la Commune, de venir vous les communiquer. »

Ces étranges explications sont tacitement acceptées par la Convention. L'orateur est admis à lire l'adresse dont il est porteur. Elle débute ainsi :

« Un grand complot vient d'éclater contre la liberté et l'égalité. Les commissaires des quarante-huit sections ont découvert les fils de ce complot; ils en feront arrêter les auteurs et les mettront sous le glaive de la loi. » La pétition annonce ensuite que la Commune a mis toutes les propriétés sous la responsabilité des vrais républicains, c'est-à-dire des sans-culottes, et ajoute cette phrase qui contient à elle seule tout le secret de l'insurrection : « Comme la classe estimable des ouvriers ne peut se passer de son travail, le Conseil général a arrêté qu'ils recevront quarante sous par jour jusqu'à ce que les projets des contre-révolutionnaires soient déjoués. »

Ce que ne disaient pas les envoyés de la Commune, c'est qu'elle avait l'intention d'imputer ces quarante sous sur les fonds de l'État et de faire solder par la Convention les frais de l'émeute qui devait la décimer.

Le président Mallarmé ne trouve rien à répliquer à cet aveu de l'insurrection et des moyens d'y pourvoir; il accorde aux pétitionnaires les honneurs de la séance.

Mais Guadet est à la tribune. Nul mieux que lui ne sait manier l'arme de l'ironie; ses adversaires l'ont souvent éprouvé. Dans cette circonstance, il se surpasse lui-même.

« Les pétitionnaires, dit-il, qui viennent de paraître à la barre ont parlé d'un grand complot. Ils ne se sont trompés que d'un mot, c'est qu'au lieu d'annoncer qu'ils l'avaient découvert, ils auraient dû dire qu'ils avaient voulu l'exécuter. Que viennent nous dire les pétitionnaires? qu'ils sont les représentants de toutes les sections de Paris? Les pouvoirs qu'ils ont déposés sur le bureau du président n'émanent que de vingt-six sections.

« — C'est faux! répond-t-on à gauche, ils sont envoyés par les quarante-huit sections.

« — Que ceux, reprend Guadet, qui ne veulent pas me croire viennent eux-mêmes examiner les pouvoirs. D'ailleurs, de quel droit ces sections de Paris nomment-elles des commissaires pour aviser aux moyens de sauver la patrie? N'ont-elles pas, elles aussi, des représentants dans le sein de la Convention? Forment-elles une nation à part au milieu de la France? Ne font-elles pas partie intégrante de la France? Ont-elles le droit de nommer des commissaires pour prendre des mesures de sûreté générale? »

Bourdon (de l'Oise) lui crie de sa voix avinée : « Elles n'ont pris des mesures que pour Paris. Tout ce que dit ce girondin, ce conspirateur, est inutile, ce n'est que du galimatias. »

Guadet ne fait nulle attention à des injures parties de si bas et exprimées si grossièrement. Il continue ainsi son argumentation :

« Est-ce que les lois n'appartiennent pas à la République tout entière? N'est-ce pas les violer que d'établir une autorité qui se prétend au-dessus d'elles? Or ceux-là ne sont-ils pas au-dessus de la loi qui ont fait sonner le tocsin, qui ont fait tirer le canon d'alarme? Je suis loin d'imputer aux sections de Paris cette infraction criminelle à la loi; ce sont quelques scélérats...

« — Vous calomniez Paris, lui crie-t-on de l'extrême gauche.

« — L'ami de Paris, répond Guadet, c'est moi, l'ennemi de Paris, c'est vous. Je sais par qui a été formée cette chaîne de conspirations dont nous sommes environnés; je sais de quels moyens on s'est servi pour pouser les citoyens de Paris à des mouvements désordonnés. Un décret porte que les assemblées des sections seront terminées à dix heures. Les bons citoyens se retirent à cette heure et les intrigants restent. Ce sont ces intrigants, ces agitateurs par qui les pouvoirs de ces commissaires ont été donnés. Les manœuvres n'appartiennent qu'à une poignée de factieux... »

Depuis le commencement du discours de Guadet les tribunes frémissaient de colère et poussaient d'effroyables hurlements. La droite réclame l'évacuation des galeries; sur son insistance, Mallarmé se détermine enfin à faire acte de président. « Je déclare, dit-il, au nom de la Convention...

« — Au nom du peuple! » lui crie-t-on des tribunes.

Mallarmé reprend : « Je déclare au nom de la loi, au nom de la Convention, au nom du peuple français, que si les citoyens des tribunes n'ont pas pour la représentation nationale le respect qui lui est dû, je ferai usage de l'autorité qui m'est confiée pour que la Convention ne soit pas avilie. »

L'intervention du président, quoique bien tardive, rétablit le calme pour un instant, et Guadet en profite pour conclure en ces termes :

« Vous ne pouvez laisser subsister une autorité rivale, un Comité révolutionnaire qui se permet de faire des lois. Je demande que vous ajourniez toute discussion jusqu'à ce que vous sachiez par quel ordre les barrières ont été fermées, le tocsin a été sonné, le canon d'alarme a été tiré, la circulation des postes a été interrompue. Je demande que les autorités légitimes soient réintégrées et les autres anéanties. »

Couthon, l'ami et le confident de Robespierre, obtient la parole pour répondre à Guadet.

« En nommant, dit-il, dans un moment de crise, des commissaires pour prendre des mesures extraordinaires, Paris n'a fait qu'user de son droit. En ordonnant de sonner le tocsin, la municipalité n'a pas outre-passé ses pouvoirs, du moment qu'elle en avertissait immédiatement la Convention. C'est ce qu'elle a fait. »

Après avoir longtemps encore fait le panégyrique de la Commune et rejeté sur la commission des Douze la responsabilité de tout ce qui arrivait, de tout ce qui pouvait arriver, Couthon adresse un appel à tous les amis de la liberté et les adjure de se réunir pour sauver la République.

A peine Couthon a-t-il cessé de parler, que Vergniaud s'élance à la tribune. « Citoyens, dit-il, on vient de convier tous les bons citoyens à se rallier. Certes, lorsque j'ai proposé aux membres de la Convention de jurer qu'ils mourraient tous à leur poste, j'invitais tous les membres de la Convention à se réunir pour sauver la République. Je suis loin d'accuser la majorité ni la minorité des habitants de Paris. Ce jour montre combien Paris aime la liberté. Il suffit de parcourir les rues, de voir l'ordre qui y règne, les nombreuses patrouilles qui y circulent, pour décréter que Paris a bien mérité de la patrie.

« — Oui! oui! aux voix! » s'écrie-t-on dans toutes les parties de la salle.

Vergniaud lit la rédaction du décret qu'il a préparé; elle est adoptée sans débat.

« La Convention nationale décrète à l'unanimité
« que les sections de Paris ont bien mérité de la patrie
« pour le zèle qu'elles ont mis aujourd'hui à rétablir
« l'ordre, à faire respecter les personnes et les pro-
« priétés, et à assurer la liberté et la dignité de la
« représentation nationale.

« La Convention invite les sections de Paris à con-
« tinuer leur surveillance jusqu'à l'instant où elles
« seront averties, par les autorités constituées, du re-
« tour du calme et de l'ordre public,

« Décrète que le présent décret sera publié, affiché,
« sur-le-champ et envoyé aux quarante-huit sec-
« tions [1]. »

---

[1]. Nous avons retrouvé la minute même du décret écrit de la main de Vergniaud. On y reconnaît les traces de l'émotion qui agitait le grand orateur girondin au moment où il le rédigeait. La première phrase présente à elle seule trois retouches importantes : 1° avant de s'arrêter à cette expression : rétablir l'ordre, Vergniaud avait essayé de trois autres, *protéger, maintenir, assurer;* 2° il avait hésité à déclarer que les sections de Paris avaient bien mérité de la patrie; au lieu du mot section, il avait d'abord mis citoyens; 3° enfin après les mots *assurer la liberté et la dignité de la Représentation natio-nale,* il avait ajouté ceux-ci : dans la crise qui agite encore cette cité; puis il les avait effacés pour ne pas avouer aux yeux de la France et de l'Europe que c'était sous la pression des événements qu'il avait proposé une pareille déclaration si contraire à ses discours antérieurs.

Nous avons également retrouvé les dépêches écrites, souvent d'heure en heure, à la Commune par ses délégués. Ces dépêches ne

VII.

Le décret proposé par Vergniaud n'était pas le cri de la peur, comme le dit Louis Blanc [1]; c'était un moyen peut-être trop habile de jeter la division entre la Commune et les sections. Les jours précédents, un grand nombre d'entre elles avaient, par des déclarations

rapportent, il est vrai, que des faits consignés au *Moniteur* et dans les autres journaux. Nous ne les aurions pas données si elles ne faisaient connaître en même temps la physionomie de l'Assemblée et les impressions que ressentaient les commissaires de la commune à mesure que les événements se déroulaient devant eux.

« Citoyens frères,

« Nous vous instruisons que, d'après la mission dont vous nous avez chargés auprès de la Convention nationale, elle a rendu le décret dont vous trouverez ci-joint une copie exacte.

« Nous vous prévenons aussi que, sur la proposition de Vergniaud, ce qui vous étonnera peut-être, la Convention nationale vient de décréter à l'instant que les sections de Paris, dans les mesures par elles prises pour sauver la chose publique, avaient bien mérité de la patrie. Nous vous enverrons une copie de ce décret aussitôt que nous aurons pu nous le procurer. Ainsi donc, d'après l'intention du Conseil général et le décret de la Convention nationale, notre poste est ici pour recevoir tout ce que vous voudrez faire parvenir à la Convention et vous instruire de tout ce qui s'y passera.

« Nous devons aussi vous rassurer sur la majorité des opinions qui se manifestent dans la Convention; elles sont satisfaisantes pour tous ceux qui désirent le triomphe de la liberté et de l'égalité.

NAUDIN, GARELLE, CAVAIGNAC, HENRY.

« Au comité des inspecteurs de la salle, ce vendredi, à trois heures. »

1. Tome VIII, p. 434.

publiques, manifesté la ferme volonté de se rallier à la Convention et de la défendre contre toutes les menaces et toutes les attaques dont elle pourrait être l'objet. Depuis le matin, malgré tant d'excitations de tout genre, elles étaient restées immobiles chacune dans sa circonscription; elles n'avaient répondu que par leur impassibilité aux lugubres appels du canon d'alarme et du tocsin. En faisant l'éloge des sections, le décret passait la Commune sous silence. Cette omission assez significative, le vulgaire ne la comprit pas.

La droite, qui s'était associée à la pensée conciliatrice de Vergniaud, ne pouvait cependant pousser le pardon des injures jusqu'à abandonner toute poursuite contre les auteurs de l'insurrection. Camboulas se fait l'organe des ressentiments de ce côté de l'Assemblée en demandant que le pouvoir exécutif soit chargé de rechercher ceux qui ont fermé les barrières, sonné le tocsin et tiré le canon d'alarme.

Une pareille motion dans un tel moment excite la fureur des tribunes : « C'est nous! c'est nous! » crient à Camboulas un grand nombre de spectateurs.

Robespierre jeune vient avouer hautement tous ces faits et en revendiquer l'honneur pour ses amis.

« Vous voulez savoir, dit-il, qui a fait sonner le tocsin. Je vais vous le dire : c'est la trahison de nos généraux; c'est la perfidie qui a livré le camp de Famars; c'est le bombardement de Valenciennes; c'est le désordre que l'on a mis dans l'armée du Nord; ce sont les conspirateurs de l'intérieur, dont plusieurs sont dans le sein de la Convention; c'est la commission des

Douze où il n'y a que des contre-révolutionnaires. »

Malgré les protestations de la Montagne, le décret proposé par Camboulas est adopté, mais ce fut le dernier triomphe de la Gironde.

La journée s'avançait ; il fallait en finir.

Des députations nouvelles de la Commune et des départements envahissent la barre et assiégent les abords de l'Assemblée.

L'adresse de la Commune est un véritable ultimatum. Elle demande :

1° La formation, dans toutes les villes de la République, d'une armée révolutionnaire composée de sans-culottes, soldée, sur la taxe des riches, à raison de quarante sols par jour, et dont la mission unique sera de protéger les patriotes contre les ennemis de l'intérieur ;

2° Le décret d'accusation contre la commission des Douze et contre les vingt-deux députés déjà dénoncés par les sections de Paris et par la grande majorité des départements ;

3° La fixation du prix du pain à trois sols la livre dans tous les départements, au moyen de sous additionnels prélevés sur les riches ;

4° Le licenciement de tous les ci-devant nobles qui ont des grades supérieurs dans l'armée ;

5° L'envoi dans les départements du Midi où se sont produits des mouvements contre-révolutionnaires, de commissaires chargés de resserrer les liens qui doivent les unir avec tous les autres citoyens de la République ;

6° Une proclamation qui venge les patriotes de

Paris de toutes les calomnies que des écrivains stipendiés ne cessent de répandre contre eux pour allumer la guerre civile;

7° L'arrestation dans le jour même des ministres Clavière et Lebrun.

L'adresse du département est surtout une réponse aux paroles imprudentes échappées quelques jours auparavant à Isnard : « Législateurs, nous venons démasquer l'impudeur et confondre l'imposture; nous venons vous dénoncer ces hommes qui veulent anéantir Paris. Ils sentent parfaitement qu'en détruisant ce centre de lumière ils anéantiraient la force et l'harmonie de la République, puis détruiraient facilement un département par l'autre, et vendraient ensuite au premier tyran les lambeaux sanglants de leur patrie. Ce projet impie, vous le ferez avorter. Vous ne voudrez pas engloutir à la fois tant de richesses amassées par la plus laborieuse industrie et détruire l'asile des arts et des sciences. Vous respecterez, vous défendrez vous-mêmes ce dépôt sacré des connaissances humaines; vous vous souviendrez que Paris fut le berceau et qu'il est encore l'école de la liberté. Il est temps de terminer cette lutte. La raison du peuple s'irrite de tant de résistance. Que ses ennemis tremblent, sa colère majestueuse est près d'éclater; qu'ils tremblent, l'univers frémira de sa vengeance. »

A ces insolentes menaces, Grégoire, qui occupe un instant le fauteuil à la place de Mallarmé, ne répond que par de misérables banalités.

« Citoyens, dit-il, la liberté est dans la crise de

l'enfantement, une constitution populaire en sera le fruit, et contre elle se briseront les efforts impies des brigands couronnés, de nos ennemis extérieurs et intérieurs. Le moment approche où le peuple en masse les écrasera par sa puissance et sa majesté.

« Estimables citoyens, l'absurdité des calomnies répandues contre Paris couvre de honte ses inventeurs ; la Convention nationale vient encore de vous venger en décrétant que Paris, qui a fait tant de sacrifices pour faire triompher la Révolution, a bien mérité de la patrie. Non, elle ne disparaîtra pas du globe, cette illustre cité qui, dans les décombres de la Bastille renversée par son courage, a retrouvé la charte de nos droits. Elle les a reconquis, elle défendra son ouvrage, et Paris, sous l'empire de la liberté, deviendra plus brillant qu'il ne le fut jamais sous le sceptre du despotisme.

« Vainement les aristocrates, les royalistes, les fédéralistes essayent de nous diviser, nous jurons de rester unis ; nous serons, pour ainsi dire, agglutinés dans le sein de la République une et indivisible, et les orages de la Révolution ne feront que resserrer les liens de famille qui unissent les Parisiens à leurs frères des départements. »

Après un pareil discours il n'y avait plus qu'à inviter la députation aux honneurs de la séance. Grégoire n'y manque pas. Mais avec la députation se précipite dans la salle une foule de citoyens qui, suivant l'expression du *Moniteur*, se confondent fraternellement avec les membres du côté gauche. L'introduction de cette cohue dans l'enceinte réservée aux députés excite l'indignation d'une grande partie de l'Assemblée.

« Nous protestons, s'écrient plusieurs membres de la droite, contre toute délibération dans l'état où se trouve la Convention ; elle n'est pas libre. »

La force de la vérité arrache au montagnard Phélippeaux cette exclamation : « Afin de ne pas donner matière à calomnier les décrets de l'Assemblée, je demande que le président invite les pétitionnaires à se retirer. »

Un autre montagnard, Levasseur (de la Sarthe), propose un expédient qui semble laisser à la Convention sa liberté en maintenant tacitement la pression qu'exercent sur elle les affidés des Jacobins.

« Afin, dit-il, de ne pas interrompre les délibérations, j'invite les députés de la Montagne à passer au côté droit ; leur place sera bien gardée par les pétitionnaires. »

Les Montagnards se hâtent d'opérer le mouvement stratégique commandé par Levasseur, et les pétitionnaires s'établissent en masse sur les gradins de la gauche.

L'impression de l'adresse présentée par les délégués de la Commune est alors mise aux voix et, naturellement, adoptée.

Les positions étaient prises ; l'investissement de l'Assemblée était complet ; Barère demande la parole au nom du Comité de salut public, et l'obtient immédiatement de Mallarmé qui a repris le fauteuil.

Il propose un décret ainsi conçu :

« La Convention nationale, après avoir entendu le

« rapport de son Comité de salut public, décrète :

« Art. 1. La force publique du département de
« Paris est mise jusqu'à nouvel ordre en réquisition
« permanente. Les autorités constituées rendront compte
« à la Convention nationale, tous les jours, des me-
« sures qu'elles auront prises pour la sûreté des per-
« sonnes et des propriétés et le maintien de la tran-
« quillité publique.

« Art. 2. Le Comité de salut public s'occupera, de
« concert avec lesdites autorités constituées, de suivre
« la trace des complots qui ont été dénoncés à la barre
« dans cette séance et qui peuvent avoir été faits contre
« la sûreté de la République et de la représentation
« nationale.

« Art. 3. La commission extraordinaire des Douze
« est supprimée.

« Art. 4. Tous les actes et papiers de cette com-
« mission seront déposés par trois de ses membres au
« Comité de salut public, après avoir été inventoriés et
« paraphés en leur présence par trois commissaires de
« de la Convention, pour le rapport en être fait dans
« trois jours.

« Art. 5. Il sera fait, dans le jour, une proclama-
« tion adressée à tous les citoyens de la République ;
« elle sera envoyée par des courriers extraordinaires,
« ainsi que les décrets rendus dans cette séance, aux
« départements et aux armées.

« Art. 6. Il y aura une fédération générale et ré-
« publicaine à Paris le 10 août 1793.

« Art. 7. Le présent décret sera imprimé, affiché

« et proclamé solennellement sur-le-champ par les
« autorités constituées de Paris. »

VIII.

Le Comité de salut public, on le voit, avait introduit dans le décret la plus grande partie des dispositions formulées une heure auparavant par la Commune : la cassation de la commission des Douze, la fédération du 10 août, la proclamation à adresser aux départements et aux armées. La seule chose qu'il eut encore ce jour-là le courage de refuser, ce fut de laisser décimer la Convention en livrant trente-deux de ses membres aux vengeances de la démagogie.

L'article 1er du décret contenait une équivoque. Il mettait en réquisition permanente la force publique du département de Paris. Mais ce droit de réquisition appartiendrait-il à la Convention ou à la Commune?

Vergniaud veut forcer Barère à s'expliquer à cet égard. Il demande que, conformément à l'article proposé, le commandant de la force armée soit mandé à la barre de l'Assemblée pour y recevoir ses ordres.

Barère ne répond pas. La gauche insiste pour que l'on vote le décret par acclamation; la droite s'indigne que l'on veuille faire délibérer l'Assemblée au milieu des sicaires qui l'entourent et la cernent de toutes parts.

« Nous ne pouvons, s'écrie Vergniaud, délibérer dans l'état où nous sommes; je demande que l'Assemblée aille se joindre à la force armée qui est sur la place et se mette sous sa protection. »

Si la motion eût été comprise par la droite et par les centres, cette démarche, qui fut tentée sans succès deux jours plus tard, pouvait sauver l'Assemblée. D'un seul coup elle avait le double effet de la soustraire à l'effroyable pression des émeutiers, et de consacrer au profit de la Convention le droit de réquisition immédiate de toute la force armée de Paris et des départements.

Malheureusement Vergniaud n'est suivi que de quelques députés. La stupeur cloue la majorité à sa place. « Je demande l'appel nominal, s'écrie Chabot, afin de connaître les absents. » Mais Robespierre est à la tribune[1]. « Citoyens, dit-il, ne perdons pas ce jour en

---

1. La seconde depêche des délégués de la Commune qui relate cet incident est ainsi conçue :

« Citoyens frères et amis,

« Le département de Paris, accompagné de plusieurs membres des municipalités de ce département, vient de faire lecture à la barre de la Convention nationale d'une adresse pleine d'énergie et de courage. L'orateur de la députation (Lhuillier, procureur général-syndic du département, dont le patriotisme vous est connu), après avoir développé les principes que nous professons tous, ceux de la liberté et de l'égalité, a rappelé à la Convention l'attentat commis par Isnard à la loyauté des braves Parisiens dans les moments de sa présidence. Il a rappelé les forfaits dont s'est rendue coupable la commission des Douze, et l'indignation que ces individus s'étaient attirée de la part de tous les braves patriotes de Paris. Il a conclu par demander le décret d'accusation contre ces individus qui avaient sans doute médité la perte de Paris. Lebrun, ministre des affaires étrangères, et Clavière, ministre des contributions publiques, sont compris,

vaines clameurs et en mesures insignifiantes; » et, jetant un regard dédaigneux sur Vergniaud, qui en ce moment rentre dans la salle avec les quelques amis qui l'ont suivi, « ne nous occupons pas de la fuite ou du retour de ceux qui ont déserté leur poste. Occupons-nous du décret qui vous est proposé. J'adopte la suppression des Douze ; mais cette mesure est-elle suffisante pour contenter les amis inquiets de la patrie? Non : déjà cette commission a été supprimée et le cours de ses trahisons n'a pas été interrompu, car le lendemain on a osé rapporter le décret salutaire qui avait été rendu, et l'oppression a pesé sur la tête des patriotes. Supprimez donc cette commission, mais en même temps prenez des mesures vigoureuses contre les membres qui la composent. » Robespierre s'élève ensuite contre l'idée de mettre la force armée à la disposition de l'Assemblée. De son argumentation, pleine de réticences, se dégage cependant un aveu précieux dans la bouche du grand prêtre de la démagogie, c'est que si on reconnaît à la Convention le droit de requérir directement la force armée, on remet, par le fait, la toute-puissance entre les mains de la Gironde. Celle-ci, en effet, ne dispose-t-elle pas de l'Assemblée?

Nous retrouvons bien là, formulée en principe, la

---

comme vous devez le penser, dans la demande du décret d'accusation.

« La Convention nationale a sur-le-champ ouvert la délibération sur l'objet de cette pétition ; Robespierre l'aîné parle dans ce moment sur le même objet; nous vous ferons part du résultat de cette délibération aussitôt qu'elle sera terminée. »

révolte des minorités contre les majorités. Même sous le régime de la souveraineté nationale, lorsque les minorités ne sont pas retenues par le respect des lois, elles en appellent à la force brutale pour s'emparer d'un pouvoir qu'elles n'ont pu conquérir par la raison et la justice.

Robespierre semble vouloir revenir sur tous les griefs qu'il a si souvent ressassés. Mais il est violemment interrompu par Vergniaud.

« — Concluez donc! lui crie le député de Bordeaux.

« — Oui, reprend le député de Paris, je vais conclure et contre vous : contre vous qui, après la révolution du 10 août, avez voulu conduire à l'échafaud ceux qui l'ont faite ; contre vous qui n'avez cessé de provoquer la destruction de Paris; vous qui avez voulu sauver le tyran; vous qui avez conspiré avec Dumouriez; vous dont les vengeances criminelles ont provoqué des cris d'indignation dont vous voulez faire un crime à ceux qui sont vos victimes. Eh bien, cette conclusion, c'est le décret d'accusation contre les complices de Dumouriez et contre tous ceux désignés par les pétitionnaires. »

La Convention se refuse à suivre Robespierre dans la voie où il veut l'entraîner et adopte le décret proposé par Barère [1].

---

[1]. La troisième missive des délégués de la Commune est ainsi conçue :

« Citoyens frères et amis,

« Nous vous instruisons, avec une satisfaction que vous éprouverez sans doute, que la Convention vient, par les décrets ci-après, de se rendre digne d'un peuple républicain.

Aussitôt le décret rendu, un grand nombre de membres, épuisés de fatigue, accablés de douleur, demandent à grands cris qu'on lève la séance. Profitant de cet impatience fébrile qui ne permet aucune discussion, la gauche fait adopter deux motions qui confirment et assurent sa victoire. On déclare libre l'entrée de toutes les tribunes de la Convention. On confirme l'arrêté par lequel la Commune assure quarante sous par jour aux ouvriers qui resteraient sous les armes jusqu'au rétablissement de la tranquillité publique. C'était consacrer

« Elle vient de décréter (suit le résumé des articles).

« Nous ne pouvons pas vous dissimuler, citoyens, que l'Assemblée nationale n'a pu parvenir à prendre les mesures ci-dessus, que le bien et le salut public exigeaient d'elle, qu'après que les perturbateurs de l'Assemblée, connus sous la dénomination du côté droit, se sont rendus assez de justice pour voir qu'ils n'étaient pas dignes d'y participer, et ont eu évacué l'Assemblée, après de grands gestes et les imprécations dont vous les savez susceptibles.

« Il ne faut pas vous laisser ignorer le grand miracle qui s'est opéré par l'effet de cette désertion si salutaire : c'est que d'un mouvement spontané, et vraisemblablement pour purger tout le local du sanctuaire des lois, la sainte montagne s'est transportée dans l'extrémité du côté droit, aux acclamations et aux applaudissements de toutes les tribunes, pour faire place aux pétitionnaires qui se succédaient en abondance.

« Il a été décrété de plus que tous les décrets de ce jour seraient imprimés dans la nuit et envoyés dans tous les départements par des courriers extraordinaires, et que la proclamation en serait faite dans la journée de demain dans la ville de Paris, avec la pompe et la majesté que leur importance exige.

« Voilà, citoyens, le compte que vous nous avez chargés de vous rendre, et dont nous nous acquittons en frères qui ne désirent rien tant que de se rendre dignes de votre confiance.

« HENRY, CAVAIGNAC, BORELLE.

à la fois le triomphe des tricoteuses de la Convention et des émeutiers de la rue.

Au moment de lever la séance, l'Assemblée est avertie qu'une touchante réconciliation vient de s'opérer entre les sections de Paris qui professaient les principes les plus opposés; on lui demande de venir sanctionner par sa présence cet heureux événement. Les députés se hâtent de mettre fin à cette interminable séance et se rendent dans le jardin du Palais-Royal, où fraternisent les sections des faubourgs et celles des quartiers aristocratiques.

Que s'était-il donc passé entre elles? Des fauteurs d'émeute, revêtus de l'écharpe municipale, avaient parcouru dans l'après-midi les faubourgs Saint-Antoine et Saint-Marceau et y avaient répandu le bruit que la section de la butte des Moulins et plusieurs sections environnantes avaient arboré la cocarde blanche. Cette nouvelle émeut naturellement les rudes habitants des faubourgs qui étaient sous les armes depuis plusieurs heures. Ils se mettent immédiatement en marche pour réprimer l'insolence des soi-disant contre-révolutionnaires. Le Palais-Royal leur est désigné comme le quartier général de la rébellion. Ils s'y rendent avec leurs canons, mèche allumée, et s'apprêtent à en faire le siége. Le bataillon de la butte des Moulins, apprenant qu'il va être attaqué, s'est retranché dans les cours et dans le jardin avec les détachements que les sections voisines ont envoyés à son secours. Les grilles sont fermées ; les canons braqués aux principales entrées. Les faubouriens se rangent en bataille sur la place du Palais-Royal et disposent leur artillerie de manière à riposter vigoureusement à celle des assiégés. Le moment est critique : un seul coup de feu peut amener une conflagration générale. Mais ne doit-on pas s'expliquer avant de s'entr'égorger? C'est la réflexion que font plusieurs artilleurs sans-culottes. Ils proposent d'aller en parlementaires trouver leurs frères égarés et de vérifier les faits qu'on leur a dénoncés. Cette demande est acceptée, et une députation de trente volontaires se présente à la grande porte du Palais-Royal. Les assiégés la laissent pénétrer sans difficulté dans la cour et de là dans le jardin. Qu'y voit-elle? La cocarde tricolore à tous les chapeaux ; le drapeau tricolore en tête de tous les bataillons.

Les cris de : Vive la République ! éclatent de toutes parts. On se jette dans les bras les uns des autres; on échange mille protestations d'amitié éternelle. Les grilles s'ouvrent, le flot des faubouriens se mêle aux gardes nationaux qu'ils s'apprêtaient à combattre. Une fête civique s'improvise. Enfin, après bien des libations et au moment de se séparer, les ci-devant assiégés déclarent qu'ils entendent reconduire chez eux les habitants des faubourgs qui sont venus les visiter avec des intentions quelque peu hostiles, mais qui leur ont témoigné depuis tant de cordialité. Les sections entremêlées se mettent en marche en entonnant des chants patriotiques ; les rues qu'elles traversent s'illuminent de proche en proche, la fête recommence au faubourg Saint-Antoine et dure presque jusqu'au matin.

Telle fut la journée du 31 mai 1793. Elle avait commencé au bruit du tocsin et de la générale, elle se termina au milieu des cris les plus joyeux, des acclamations les plus fraternelles. Comme plus d'une journée dans l'histoire de notre pays, elle mérite d'être appelée la journée des Dupes. Les honnêtes gens furent trompés par les coquins; on leur persuada qu'en sacrifiant définitivement la commission des Douze, on apaiserait toutes les agitations et toutes les colères, et que, cette cassation obtenue, le Comité de salut public serait une barre de fer qui ferait plier la Commune. Nous verrons dans le livre suivant ce qu'il advint de ces promesses [1].

1. Les procès-verbaux officiels des séances des 27, 28 et 31 mai, avaient été rédigés et adoptés lorsque la Convention était encore maîtresse d'elle-même; mais ils contenaient trop visiblement l'indication des violences exercées sur l'Assemblée par les émeutiers du dedans et du dehors, pour que les vainqueurs voulussent laisser subsister cette preuve irrécusable de leurs méfaits.

Dès le 13 juin, la rédaction du procès-verbal de la séance du 28 mai fut critiquée par un montagnard comme l'œuvre exclusive du girondin Penières, alors un des secrétaires de l'Assemblée. La Convention passa toutefois à l'ordre du jour, motivé sur ce que cette rédaction avait été approuvée après quelques retranchements. Les démagogues ne se tinrent pas pour battus. Lorsque après le meurtre de Marat ils devinrent tout-puissants dans l'Assemblée, ils firent disparaître les trois procès-verbaux dont le texte trop véridique les offusquait et leur en substituèrent d'autres, que les membres du bureau, alors en exercice, furent appelés à signer; car on n'osa pas requérir, pour cette falsification, la complicité des représentants qui avaient siégé comme président et secrétaires lors de la première et authentique rédaction. C'est ainsi que Jean Bon-Saint-André et Robespierre, qui présidaient l'Assemblée en juillet et en août, ont apposé leur signature au bas de ce faux audacieux, et en ont assumé, par cela même, la responsabilité devant l'histoire.

LIVRE XL

LE 2 JUIN.

I.

Aussitôt après la levée de la séance de la Convention, les Tuileries et leurs abords étaient devenus déserts; l'agitation s'était reportée au Palais-Royal et, de là, dans les faubourgs. Lorsque, vers onze heures du soir, Mme Roland, qui venait dénoncer à l'Assemblée le mandat d'arrêt lancé contre son mari, se présenta sur la place du Carrousel, elle trouva les portes du palais fermées; quelques canonniers veillaient autour de leurs pièces et devisaient des événements de la journée.

Quel revirement des esprits avait amené ce calme après une journée si tumultueuse?

Mme Roland s'approche du groupe des canonniers, affectant, comme elle le dit elle-même, le ton des dévotes de Robespierre :

« Eh bien, citoyens, cela s'est-il bien passé?

« — A merveille! ils se sont embrassés et l'on a

chanté l'hymne des Marseillais, là, devant l'autel de la liberté.

« — Est-ce que le côté droit s'est apaisé?

« — Parbleu! il fallait bien qu'il se rendît à la raison!

« — Et la commission des Douze?

« — Elle est f..... dans le fossé.

« — Et les Vingt-Deux?

« — Ah! la municipalité les fera arrêter.

« — Bon! est-ce qu'elle le peut?

« — Jarnigué! est-ce qu'elle n'est pas souveraine?

« — Mais les départements seront-ils bien aises de voir leurs représentants...

« — Les Parisiens ne font rien que d'accord avec les départements; ils l'ont dit à la Convention...

« — Cela n'est pas trop sûr, car, pour connaître leurs vœux, il eût fallu les assemblées primaires.

« — Est-ce qu'il en a fallu le 10 août? Et les départements n'ont-ils pas approuvé Paris? Ils feront de même cette fois. C'est Paris qui les sauve.

« — Ce pourrait bien être Paris qui les perd[1]. »

Voyant qu'elle n'avait plus de secours à attendre d'une assemblée qui ne savait pas même se protéger elle-même, Mme Roland regagne son domicile. Elle y est arrêtée quelques heures après. A défaut du mari, qui s'était retiré en lieu sûr, les meneurs de l'Hôtel de Ville se saisissent de la femme et la jettent dans les prisons de l'Abbaye[2].

1. Mme Roland, *Appel à la postérité*.
2. La section Beaurepaire, ci-devant des Thermes-de-Julien, sur

LIVRE XL. 357

Mais si la Convention s'était séparée, croyant que tout était fini, on veillait à l'Hôtel de Ville, aux Jacobins, dans les sections ; on se transmettait des arrêtés et des mots d'ordre ; on se préparait à recommencer l'agitation le lendemain. On gourmandait l'apathie de ceux qui s'étaient chargés de diriger le mouvement [1].

le territoire de laquelle demeuraient M. et Mme Roland, les avait pris sous sa sauvegarde. Il fallut que le Conseil général de la commune envoyât six commissaires à cette section pour l'engager à donner suite au mandat d'arrêt.

L'écrou de Mme Roland est ainsi consigné sur les registres de l'Abbaye :

| Ordre de Marquet, président par intérim, et Clémence, secrétaire de la Commission. 31 mai. | Municipalité de Paris et Comité révolutionnaire central, d'après un arrêté pris par la Commission. | 1er juin. La citoyenne Roland, épouse du ministre, entrée en prison le 1er juin. |

1. Voici notamment comment s'exprimait la section des Piques, à laquelle appartenait Robespierre, et qu'il ne cessa de diriger plus ou moins ouvertement : « Les hommes qui ont déterminé le peuple, fatigué de trahison, à s'insurger pour recouvrer enfin ses droits, se sont conduits de manière à faire croire qu'ils sont d'intelligence avec les ennemis du peuple. La Commune anéantie, ce matin, par la volonté souveraine du peuple, et malheureusement recréée aussitôt par l'effet de la confiance que le peuple de Paris a cru pouvoir mettre en elle, confiance à laquelle elle a si mal répondu, semble avoir considéré son anéantissement comme un rêve, et, à peine recréée, oubliant son créateur, elle agit comme si elle existait de toute éternité, indépendamment de la volonté du peuple souverain.

« L'insurrection excitée aujourd'hui par le son du tocsin et le canon d'alarme, et terminée sans aucune espèce d'avantage pour la chose publique, ne fait que donner de nouvelles armes à nos ennemis

II.

Le 1ᵉʳ juin, la Convention nationale ouvre sa séance à dix heures du matin, sous la présidence de Mallarmé. Les premiers moments sont consacrés à la lecture de a correspondance et à l'adoption de plusieurs mesures financières. Le président donne connaissance d'une lettre de Roland, qui rappelle à la Convention le décret formel qu'elle a rendu, et aux termes duquel, si ses comptes ne sont pas apurés dans quinze jours, il pourra sortir de Paris. Ces quinze jours sont expirés. L'ex-ministre de l'intérieur demande à user du bénéfice du décret.

Defermon appuie cette réclamation. Jean-Bon-Saint-André répond que si le comité des finances n'a pu faire son rapport dans le terme indiqué, c'est qu'il a été accablé de travaux extraordinaires. Collot d'Herbois va plus loin : « Il ne suffit pas, dit-il, que Roland ait rendu ses comptes pour cesser d'être responsable. Il est un

et leur procurer le moyen d'ajouter le ridicule de la plaisanterie aux calomnies déjà versées à pleines mains sur la ville de Paris.

« On a proposé en conséquence d'arrêter que la Commission révolutionnaire et le nouveau Conseil général de la commune sont indignes de la confiance de la section. Si, dans vingt-quatre heures, la patrie n'est pas sauvée, les sections seront invitées à nommer de nouveaux commissaires dignes de leur confiance, qui se réuniront à l'Évêché, et qui, revêtus de pouvoirs illimités, seront chargés de prendre les grands moyens qui peuvent seuls sauver la chose publique. »

autre compte que la nation exige de lui depuis longtemps. Cet ex-ministre est écrasé sous le poids de la malédiction publique, il ne s'en tirera qu'avec un décret d'accusation. »

Defermon appelle ensuite l'attention de l'Assemblée sur la violation du secret des lettres. Legendre réplique que le peuple s'étant levé pour arrêter les complots tramés contre lui, il est tout naturel qu'il ait étendu sa surveillance sur le directoire aristocratique des postes. L'ordre du jour est adopté sur cette double réclamation. La parole est accordée aux commissaires de la Convention dans les Bouches-du-Rhône, Boisset et Moïse Bayle, si violemment incriminés par les adresses marseillaises. Après avoir fait l'apologie de leur conduite, ils dénoncent les sections qui se sont emparées de tous les pouvoirs et le tribunal révolutionnaire qu'elles ont installé de leur autorité privée. Barbaroux leur répond que le tribunal a cessé ses fonctions aussitôt qu'il a eu notification officielle du décret, mais que son dernier acte a été de faire arrêter deux individus chez lesquels on a trouvé cent cinquante-quatre marcs d'argenterie volée dans les églises. La Convention renvoie le rapport de ses commissaires et les dénonciations de Barbaroux à son Comité de salut public[1].

---

[1]. Nous continuons à donner les récits transmis à la Commune par ses délégués. Le *Moniteur* est très-laconique sur toute cette partie de la séance.

Séance du samedi, 1ᵉʳ juin 1793.

« Citoyens frères et amis,

« Les commissaires nommés pour vous rendre compte du résul-

L'Assemblée ne prêtait qu'une oreille distraite à toutes ces discussions préliminaires. Elle attendait avec impatience que le Comité de salut public, seule autorité qui subsistât encore depuis la suppression définitive de la commission des Douze, lui fît connaître les mesures qu'il avait cru devoir prendre pour assurer la liberté des délibérations. Ces mesures se bornaient à la rédaction

tat des délibérations de la Convention nationale se sont rendus à leur poste au moment de l'ouverture de la séance et vont vous rendre compte de ce qui s'y est passé jusqu'à ce moment.

« Mallarmé occupe le fauteuil.

« La rédaction de la séance d'hier a été adoptée malgré le regret de tous ceux qui sont en deuil de la cassation de la commission des Douze. La discussion s'est ouverte ensuite sur le mandat d'arrêt décerné par la municipalité contre Roland et sa femme. La Convention nationale a passé à l'ordre du jour, toutes choses demeurant en état.

« On s'est ensuite plaint de la violation du secret de la poste et du retard porté dans la distribution des lettres; l'on demandait que le directoire des postes fût mandé à la barre pour rendre compte des motifs de ces plaintes; mais, sur l'observation faite par Thuriot, que ces administrateurs étaient plus nécessaires à leur poste le matin que le soir, la Convention a renvoyé la demande des instructions à prendre sur ce sujet au Comité de salut public, et a décrété que le directoire viendrait rendre compte ce soir au Comité de salut public après la clôture de ses travaux.

« Les commissaires envoyés à Marseille ont ensuite fait, à la tribune, lecture de leur rapport, dans lequel la Convention n'a pu méconnaître l'ardeur d'un patriotisme républicain et des faits trop puissants pour élever encore aucun doute sur la pureté de leur conduite. Néanmoins le fameux Barbaroux a voulu répondre à ces faits par des allégations qui lui avaient vraisemblablement été soufflées par des gens de son espèce; le tout a été renvoyé au Comité de salut public pour en faire son rapport. — Il est une heure.

« HENRY, CAVAIGNAC. »

d'une adresse que Barère vint lire à la tribune et qui n'était autre chose que la glorification de l'insurrection de la veille.

« Français, y disait-on, un grand mouvement s'est fait dans Paris. Les ennemis de la République vont se hâter de vous le peindre comme un grand malheur ; ils vont vous dire que le tocsin et le canon d'alarme ont, pendant une nuit et un jour, tenu cette ville immense dans l'épouvante, que des milliers d'hommes armés, sortis confusément de toutes les sections, se sont précipités autour de la Convention nationale et lui ont dicté leurs volontés pour lois de la République. Français, vos représentants sont persuadés que le bonheur des empires ne peut être fondé que sur la vérité, et ils vont vous la dire.

« Des mesures plus rigoureuses que celles qui conviennent à la liberté, dans une république naissante, avaient excité du mécontentement; on a cru les droits de l'homme violés; les sections d'une ville qui s'est insurgée deux fois, avec tant de gloire, se sont levées encore; mais, avant de se lever, elles ont mis les personnes et les propriétés sous la sauvegarde de tous les bons républicains. Si le tocsin et le canon d'alarme ont retenti, du moins aucune terreur, aucun trouble n'ont été répandus; le bruit des ateliers n'a point été interrompu et le cours des affaires a été le même. Toutes les sections, couvertes de leurs armes, ont marché, mais pour se déployer dans le plus grand ordre et avec respect autour des autorités constituées et des représentants du peuple. La liberté des opinions s'est encore montrée dans la chaleur même des débats de la Convention. En demandant le redressement de leurs griefs avec quelques exagérations inséparables du zèle civique, mais avec cette fierté qui caractérise l'homme libre, les pétitionnaires ont juré de mourir pour le maintien de la loi, pour l'unité et l'indivisibilité de la République et pour la sûreté de la représentation nationale.

« La Convention, qu'on avait voulu alarmer jusque sur la vie de plusieurs de ses membres, a vu ses alarmes disparaître au moment même où l'agitation est devenue plus générale, et c'est au milieu de ce mouvement qu'elle a senti, qu'elle a décrété que les sections de Paris avaient bien mérité de la patrie.

« Tandis que dans l'enceinte de la représentation nationale la réparation honorable des torts préparait la réconciliation des cœurs, au dehors tout présentait l'image, non pas de la confusion et du désordre, mais celle d'un peuple énergique qui défendait ses droits et sa liberté.

« C'est ainsi que, chez une nation digne d'exercer elle-même sa souveraineté, les orages qui menacent la liberté la rendent plus pure et plus indestructible, et que l'ordre social se perfectionne à travers les infractions passagères qu'il reçoit.

« Telle a été cette journée; elle a inspiré un instant des inquiétudes, mais tous ses résultats ont été heureux; elle a présenté l'étonnant spectacle d'une insurrection dans laquelle la vie et les propriétés ont été aussi sûrement protégées que dans le meilleur ordre social. »

Cette adresse est accueillie par les applaudissements de la Montagne et par les murmures de la droite.

« Je demande, s'écrie Louvet, l'improbation de ce projet de mensonge!

« — On a peint, répond Levasseur (de la Sarthe), la journée d'hier sous des couleurs criminelles; on a répandu l'alarme dans les départements, et maintenant on ne veut pas que cette adresse y porte la vérité et la confiance. Voilà le fait.

« — Je demande, dit Vergniaud, que, pour toute adresse, on se borne à l'envoi du décret portant que les sections ont bien mérité de la patrie. »

Lasource propose un autre projet d'adresse ainsi conçu :

« Des conspirateurs, travestis en patriotes pour égarer le peuple et perdre la liberté, ont fait tirer le canon d'alarme et sonner le tocsin. Les citoyens de Paris, dignes de la République et d'eux-mêmes, se sont réunis, ont pris les armes pour faire respecter les lois, protéger la Convention nationale et maintenir l'ordre. Le calme le plus profond règne à Paris. La Convention nationale veille. Elle prendra des mesures qui ne laisseront aux conjurés que la honte, le mépris et la mort. »

Autant l'adresse proposée par Barère avait soulevé l'indignation de la droite, autant celle-ci excite la rage de la Montagne. Chabot s'élance à la tribune : « Lasource vous propose, dit-il, une adresse très-courte, mais qui renferme de très-longues perfidies; d'après lui, ce sont des conspirateurs qui ont sonné le tocsin. Eh bien, je vais lui dire quels sont ces conspirateurs; ce sera un supplément à son adresse. Les conspirateurs, c'est d'abord Lasource lui-même, ce sont les complices de Dumouriez, ce sont ceux qui ont gardé le silence sur les mouvements de la Vendée; c'est cette Commission inquisitoriale qui voulait apaiser les mânes de Louis en opprimant les patriotes les plus ardents; ce sont ceux des membres de la Convention qui, par les lettres les plus insidieuses, les plus criminelles, levaient sur les commissaires dans les départements les poignards des assassins; ce sont les mandataires infidèles qui voulaient diviser Paris et les départements. »

Puis, faisant allusion à la sortie de Vergniaud et de ses amis, sortie qui avait duré quelques minutes à peine, l'ex-capucin s'écrie avec une infernale perfidie : « Comment les hommes qui hier abandonnaient lâchement leur poste après avoir fait serment d'y mourir, comment des hommes qui n'ont pas assisté à toute cette séance seraient-ils chargés d'en faire le récit dans une adresse? Lasource livre les conjurés au mépris et à la mort. Eh bien! que cette prédiction retombe sur lui-même. »

Vergniaud demande à répondre à Chabot :

« On parle sans cesse, dit-il, d'étouffer les haines, et sans cesse on les rallume. On nous reproche aujourd'hui d'être des modérés, mais je m'honore d'un modérantisme qui peut sauver la patrie quand nous la perdons par nos divisions. Est-ce que c'est le peuple de Paris qui a opéré le mouvement d'hier? Ce mouvement est l'ouvrage de quelques intrigants, de quelques factieux. Vous en faut-il la preuve? Un homme en écharpe, j'ignore s'il avait le droit de la porter, est allé dire aux habitants du faubourg Saint-Antoine : Quoi ! vous restez tranquilles quand la section de la Butte-des-Moulins est en contre-révolution, que la cocarde blanche y est arborée? Alors les généreux habitants de ces faubourgs, toujours amis de la liberté, sont descendus avec leurs canons pour détruire ce nouveau Coblentz. Cependant on excitait à la défense les habitants de la section de la Butte-des-Moulins; bientôt on est en présence; mais on s'explique, on reconnaît la ruse, on fraternise, on s'embrasse. Les sentiments du peuple sont bons, tout nous l'a prouvé; mais des agitateurs l'ont fait parler. Il ne faut rien dire qui ne soit vrai. Je demande la priorité pour l'adresse de Lasource. »

Le cauteleux Barère cherche à réfuter la pressante argumentation de Vergniaud.

« Citoyens, dit-il, le Comité de salut public n'a eu qu'une pensée en vous proposant l'adresse que je vous ai présentée en son nom, c'est d'étouffer toutes les mauvaises interprétations qu'on pourrait donner aux événements d'hier, de prévenir le poison que certaines correspondances répandent déjà; car si on ouvrait toutes les lettres, on pourrait voir si toutes sont opposées au fédéralisme. »

« — Ouvrez-les, nous y consentons, s'écrient plusieurs membres.

« — Qu'est-ce, au reste, reprend Barère, que ce dont Vergniaud vous a parlé? des mouvements particuliers qui ne doivent pas faire juger la révolution qui vient de s'effectuer. Avez-vous demandé au 14 juillet, au 10 août, quels étaient les individus qui avaient sonné le tocsin? Avez-vous demandé compte de quelques abus, de quelques excès, de quelques horreurs qui ont souillé la journée du 14 juillet? Avez-vous été, à la manière des inspecteurs de police, rechercher ceux qui s'en étaient rendus coupables? Ne faisons jamais le procès aux révolutions, mais cherchons à en recueillir les fruits.

« Dans la circonstance actuelle, soyez d'accord avec vous-mêmes; vous avez décrété que les sections avaient bien mérité de la patrie; de quoi se compose Paris, si ce n'est de ses quarante-huit sections? Je finirai par cette observation : si je voulais sonner le tocsin, j'adopterais l'adresse de Lasource; si je voulais rallier tous les départements à Paris, j'adopterais l'adresse du Comité. »

Le président met aux voix le projet présenté par Barère et le déclare adopté; mais le côté droit demande l'appel nominal. L'Assemblée décide qu'il va y être procédé. Toutefois, à peine est-il commencé, qu'il est interrompu. Les timides de l'Assemblée (et ils sont en grand nombre) voient déjà cet appel transformé en liste de proscription. Un député obscur, Dewars, se fait l'organe de la pusillanimité de ses collègues.

« L'appel nominal, s'écrie-t-il, est une mesure terrible; il peut amener la guerre civile. Consultons l'intérêt de la patrie et demandons une autre rédaction au Comité séance tenante. »

Mais l'Assemblée veut en finir à tout prix. Elle sait que la Commune s'apprête à lui envoyer une nouvelle sommation sous forme d'une seconde adresse. Elle a hâte de se séparer avant l'arrivée de la députation qu'elle n'ose renvoyer et qu'elle craint d'entendre. Après une deuxième lecture, elle approuve sans changement ni modification l'adresse présentée par Barère. La séance est levée à six heures du soir [1].

III.

La Commune avait siégé en permanence depuis le matin. Elle savait heure par heure, par ses commissaires, ce qui se passait à la Convention et s'occupait des moyens d'amener sa rivale à subir ses dernières volontés.

Une nouvelle adresse est élaborée; le Conseil général décide qu'elle sera portée à l'Assemblée par douze commissaires choisis, six parmi les membres de la municipalité, six parmi ceux du Comité révolutionnaire; mais, au moment même où ils vont quitter l'Hôtel de Ville, on apprend que la Convention a levé la séance,

---

[1]. Toute la fin de la séance du 1ᵉʳ juin au matin est tronquée dans le *Moniteur*. Aussi l'auteur des *Mémoires* apocryphes de Levasseur (de la Sarthe), et M. Louis Blanc, qui suit les errements de ce singulier guide, prétendent-ils que les Girondins n'ont fait aucune opposition à l'adresse de Barère et l'ont subie, sinon acceptée. On peut voir ce qu'il en est, d'après les discours de Lasource et de Vergniaud. M. Louis Blanc se serait épargné une erreur capitale dans le récit d'un épisode si important, s'il avait consulté le *Journal des Débats et Décrets*, n° 258, et le procès-verbal de la Convention, deux documents imprimés et à la disposition de tous.

force est donc de surseoir à la présentation de l'adresse et d'attendre le retour de Pache, qui a été appelé par le Comité de salut public.

Pendant ce temps, le tocsin sonnait de nouveau, la générale rappelait les citoyens à leur section. Les ateliers avaient été ouverts toute la journée; mais le 1ᵉʳ juin étant un samedi, jour de paye, on se hâtait de laisser l'ouvrage pour s'enquérir de ce qui se passait. Des rassemblements nombreux se formaient au coin des rues et sur les places. On y répandait les bruits les plus alarmants. Quant aux volontaires payés à quarante sols par jour, ils étaient déjà enrégimentés, car on n'exigeait ni armes ni uniforme. On les avait presque exclusivement recrutés parmi ces individus qui pullulent dans les grandes villes et y vivent au jour le jour, en quête d'agitation et de désordre.

Pache s'était rendu au Comité de salut public. Il était accompagné du président, du procureur général-syndic et de plusieurs autres membres du département. Il y trouve Marat qui était venu gourmander l'inertie de ses collègues et leur arracher une convocation de l'Assemblée qui permît aux démagogues d'en finir le soir même.

Le maire de Paris expose « que toutes les sections sont réunies, que les citoyens sont fatigués des calomnies d'une faction puissante et demandent unanimement justice de ses manœuvres, qui ont pour but de provoquer l'hostilité des départements contre Paris, de diviser la République et d'établir le fédéralisme. »

Sur l'interpellation qui lui est adressée, Pache reconnaît que depuis deux jours il existe à l'Hôtel de Ville un Comité révolutionnaire. « Ce Comité, ajoute-t-il, a été élu par le peuple du département de Paris. Il se composait primitivement de dix membres nommés par les commissaires réunis à l'Évêché. Depuis, on leur a adjoint quinze autres membres nommés par les délégués des autorités constituées du département, rassemblés dans la salle des Jacobins; en tout vingt-cinq membres. Ils sont, du reste, autorisés à prendre toutes les mesures de sûreté qu'ils croiront convenables [1]. » Jamais encore on n'avait avoué officiellement, d'une manière aussi explicite, l'existence de ce nouveau pouvoir révolutionnaire et les attributions exorbitantes qui lui avaient été confiées. Cependant le Comité de salut public s'abstient de protester contre cette création illégale; il voudrait louvoyer entre tous les partis et surtout ne pas augmenter l'influence déjà trop grande des meneurs de la Commune.

Sur l'insistance de Pache et de Marat, il leur promet de convoquer l'Assemblée pour le soir même; mais il se garde bien d'accomplir sa promesse, et laisse aller au hasard les événements que son devoir était de diriger.

En sortant du Comité, le maire de Paris et *l'Ami du Peuple* se rendent de compagnie à l'Hôtel de Ville. Pache annonce au Conseil général que, grâce à son intervention, la Convention va être convoquée pour le soir même, et que l'adresse préparée le matin pourra

---

[1]. Nous copions ici presque mot à mot le procès-verbal de la séance du Comité de salut public, que nous avons eu le bonheur de retrouver.

lui être présentée dans cette séance extraordinaire. Puis il cède modestement la parole à Marat, en le remerciant de vouloir bien honorer la Commune de sa présence et de ses conseils. *L'Ami du Peuple* fait la théorie de l'insurrection et invite ses auditeurs à la mettre tout de suite en pratique.

« Lorsqu'un peuple, et un peuple libre, dit-il, a confié son bonheur et ses intérêts à une autorité constituée par lui, ce peuple doit sans contredit s'en rapporter à ses mandataires, respecter leurs décrets, ne point les troubler dans leurs délibérations, et les tenir pour inviolables dans l'exercice de leurs fonctions. Mais si ces représentants du peuple trahissent sa confiance, si le peuple, trouvant sans cesse à se plaindre, s'aperçoit qu'il s'est trompé dans son choix, ou que ceux qu'il a choisis ont été corrompus; si, en un mot, la représentation nationale met la chose publique en danger au lieu de la sauver, alors, citoyens, le peuple doit se sauver lui-même; il n'a plus de ressources que dans sa propre énergie.

« Levez-vous donc, peuple souverain; présentez-vous à la Convention, lisez votre adresse, et ne désemparez pas de la barre que vous n'ayez une réponse définitive, d'après laquelle vous agirez d'une manière conforme au maintien de vos lois et à la défense de vos intérêts. Voilà le conseil que j'avais à vous donner. »

Ce discours est couvert d'applaudissements. Marat se retire au milieu des marques du plus vif enthousiasme. A sa suite, la députation précédemment nommée quitte l'Hôtel de Ville pour aller intimer à la Convention les volontés du peuple souverain.

V

L'attitude prise par la Plaine dans la séance du 1ᵉʳ juin, l'adoption de l'adresse présentée par le Comité de salut public, pouvaient faire présager aux Girondins de quelles défaillances ils allaient être les témoins et les victimes. Ils n'avaient pas l'espérance d'obtenir de l'Assemblée cette force et cette continuité de volonté qui seules l'auraient arrachée aux étreintes de son audacieuse rivale. Il fallait donc prendre un parti définitif : ou attendre et subir, quel qu'il fût, le sort que les souverains de l'Hôtel de Ville leur réservaient, ou quitter Paris et aller demander aux départements la réalisation de la promesse si souvent répétée de se lever en masse pour assurer l'indépendance et l'intégrité de la représentation nationale.

Pendant que Marat et Pache donnaient de nouveau à l'Hôtel de Ville le signal de l'insurrection, que le tocsin et la générale faisaient entendre leur son lugubre, la plus grande partie des députés inscrits sur les tables de proscription étaient réunis chez Meillan, rue des Moulins, à quelques pas des Tuileries, et délibéraient sur ce que leur dictait non leur propre intérêt, mais celui de la patrie.

Louvet entame le premier la discussion.

« Désormais, dit-il, nous ne pouvons plus rien. La Montagne et les tribunes ne nous permettront plus de dire un mot. Notre présence ne servira plus qu'à augmenter l'audace de nos ennemis; car ils seront sûrs de pouvoir saisir leur proie d'un seul coup. Il n'y a plus rien à faire dans Paris, dominé par la terreur qu'inspirent les conjurés maîtres de la force armée et des autorités constituées. L'insurrection départementale peut seule sauver la France. Cherchons individuellement quelque asile pour cette soirée et quelques jours encore; donnons-nous rendez-vous soit à Bordeaux, soit dans le Calvados, mais surtout évitons de demeurer en otages entre les mains de la Montagne, et pour cela ne retournons pas à l'Assemblée. »

Fuir! ne serait-ce pas faire l'aveu implicite de leurs prétendus crimes? attiser la guerre civile dans les départements? ne serait-ce pas porter une atteinte mortelle à la République? Ceux qui se vantaient de l'avoir fondée devaient-ils lui porter les premiers coups? Seraient-ils maîtres du mouvement qu'ils allaient soulever? Ne verraient-ils pas se ranger derrière eux les débris des anciens partis qu'ils avaient si fort contribué à abattre? La campagne que l'on commencerait au nom des principes républicains ne pourrait-elle pas aboutir au rétablissement de la royauté? Telles étaient les objections que plusieurs des amis de Louvet lui opposèrent. La discussion se prolongea longtemps, et, comme cela n'arrivait que trop souvent, elle n'aboutit pas. Il fut convenu qu'on ne prendrait pas encore ce soir-là de parti définitif, qu'on laisserait passer cette nuit et la matinée du lendemain sans paraître à l'Assemblée, que les membres, dont les noms n'étaient pas inscrits sur les listes fatales, iraient recueillir les nouvelles et les rapporteraient aux proscrits, qui resteraient en permanence dans l'asile que leur avait offert Meillan.

V.

Quoique le Comité de salut public n'ait pas accompli la promesse qu'il a faite à Pache et à Marat, il se trouve vers neuf heures du soir une centaine de députés dans la salle des Tuileries. On est loin d'être en nombre pour délibérer; néanmoins, on installe au fauteuil l'ex-président Grégoire. On demande que le Comité de salut public vienne donner des explications; on veut savoir pourquoi le tocsin sonne de nouveau. Cambon se présente au nom du Comité; il annonce que le maire et les autorités constituées du département sont venus réclamer la convocation immédiate de la Convention, à l'effet de recevoir la nouvelle pétition de la Commune; mais qu'on n'a pas cru devoir obtempérer à cette demande, « le Comité, dit Cambon, n'ayant pas voulu paraître favoriser tel ou tel parti qui se serait rendu plus tôt à son poste. »

Cambon avait à peine donné ces explications assez étranges, que la députation municipale se présente pour être admise à la barre. Plusieurs membres font observer que l'on n'est pas en nombre et qu'on ne peut ouvrir une délibération régulière. Legendre leur répond :

« Quand un vaisseau est en rade et que le vent est bon, le matelot n'hésite pas à partir. Ainsi, lorsque la générale bat, tout fonctionnaire public, tout législateur, tout soldat doit être à son poste. Vous y êtes, vous avez bien mérité de la patrie et de la liberté. Qu'importe que d'autres individus n'y soient pas, les patriotes y sont ; nous y resterons et nous délibérerons. »

L'Assemblée, séduite par la poétique métaphore de l'ex-boucher, ordonne que la députation de la Commune soit introduite sur-le-champ.

« Représentants du peuple, dit l'orateur, les quarante-huit section de Paris, les corps constitués du département sont venus vous demander le décret d'accusation contre la commission des Douze, contre les correspondants de Dumouriez, contre ces hommes qui provoquent la haine entre les habitants des départements et les habitants de Paris, contre ces hommes qui veulent établir un système fédératif quand le peuple veut une République une et indivisible. Le peuple est levé, il est debout ; il nous envoie auprès de vous comme il nous a envoyés auprès de l'Assemblée législative pour demander la suspension du tyran. Nous demandons le décret d'accusation contre les députés ci-après nommés (ils étaient au nombre de vingt-sept). Législateurs, il faut en finir ; il faut que tous les conspirateurs tombent sous le glaive de la loi sans aucune considération ; il faut que tous ces traîtres mordent la poussière. »

Les pétitionnaires sont, comme d'habitude, invités aux honneurs de la séance.

Les bancs de la droite étaient presque entièrement dégarnis. En l'absence de ses amis, le vieux Dussaulx se fait l'organe de leurs pensées et prononce ces belles paroles :

« Je m'estime heureux d'être associé aux députés qui vous ont été dénoncés par les quarante-huit sections de Paris. Cet honneur ajoutera, je l'espère, un nouvel éclat à la gloire que j'ai acquise en écrivant pour la liberté depuis trente ans. »

Mais cette courageuse déclaration touche peu Legendre, qui trouve que la table de proscription n'est pas assez étendue.

« Citoyens, dit-il, tant que des conspirateurs siégeront dans la Convention, jamais nous n'aurons une Constitution libre et républicaine. Or, ici, quels sont ces conspirateurs, si ce ne sont ceux qui ont voté l'appel au peuple? Il faut que la Convention prenne un parti digne d'elle; il faut que tous ceux qui ont voté cet appel soient mis en état d'arrestation jusqu'à ce que leurs suppléants soient arrivés. Alors on prendra les mesures qui conviendront. »

Cambon reconnaît qu'aux vingt-sept membres dénoncés on pourrait en adjoindre quelques autres, mais qu'il faut aussi savoir respecter la liberté des votes et des consciences. « Où en serions-nous, s'écrie-t-il, si, pour une opinion erronée, on faisait tomber la tête à un député? Nous n'oserions plus parler. Comme, du reste, l'objet discuté est de la dernière importance, j'en demande l'ajournement.

« — Si les appelants étaient mus par l'amour de la

patrie, ajoute Laignelot, ils ne devraient pas balancer à donner leur démission. De toutes parts nous arrivent des nouvelles désastreuses de la frontière du nord aussi bien que de la Lozère. Le temps presse. Je demande que, sous trois jours, le Comité de salut public soit tenu de faire un rapport sur les moyens qu'il croit propres à sauver la France de ses ennemis intérieurs et extérieurs. »

Marat, qui venait de provoquer à l'Hôtel de Ville la reprise de l'agitation, semble d'abord vouloir s'effacer modestement. « Ayant été, dit-il, le premier poursuivi par la faction dénoncée, mon intention était de m'abstenir de prendre la parole, car je ne voudrais pas que l'on pût m'accuser d'avoir dirigé ce mouvement; mais la liste contient plusieurs noms qu'il ne paraît pas nécessaire d'y placer. Cette erreur redressée, il faut poursuivre sans relâche les chefs qui ont voué à l'exécration publique la députation de Paris et la Commune. Ces hommes qui voulaient écraser la Montagne, ce boulevard de la Liberté, il faut les poursuivre pour leurs longues machinations et leur système de calomnie; il faut que demain nous nous occupions de purger la Convention et que le peuple ne quitte les armes qu'après l'acte épuratoire. »

Barère succède à Marat; évitant de se compromettre, il affecte l'impartialité et débite une série d'axiomes généraux, tels que ceux-ci : « La liberté des opinions doit être sacrée; le salut du peuple est la suprême loi; un législateur ne doit pas toujours obtempérer aux mouvements populaires; dans les grandes révolutions, il n'y a d'inviolable que la nation. » Puis, venant aux circonstances actuelles, il reconnaît que le peuple de Paris a bien fait de s'insurger parce qu'on avait attenté à la liberté d'un de ses magistrats. « Le Comité de salut public, dit-il, est prêt à recevoir les dénonciations, mais il ne pourra faire de rapports que si on lui fournit la preuve des faits qu'on allègue contre les membres inculpés. »

Le Comité de salut public devenait ainsi l'arbitre suprême entre les partis qui divisaient la Convention; il pouvait espérer les annuler l'un par l'autre. Le décret proposé par Barère et adopté par l'Assemblée était ainsi conçu :

« La Convention nationale décrète que le Comité
« de salut public présentera dans trois jours les moyens
« qu'il croit propres à défendre la République de ses
« ennemis intérieurs et extérieurs ;

« Qu'il sera fait dans le même délai un rapport sur
« les membres de la Convention dénoncés par les auto-
« rités constituées de Paris ; que la commune de Paris
« et le département seront tenus de déposer au Comité
« de salut public les actes et pièces qui peuvent appuyer
« leur dénonciation. »

La séance est levée à minuit et demi.

VI.

Que venait-on parler à la Commune de délais à subir, de preuves à présenter? Depuis qu'elle avait vu sa pétition déclarée calomnieuse par un décret solennel, elle était à la recherche de faits propres à étayer ses accusations; depuis six semaines, elle n'avait pu rien articuler de pertinent; dans ses sommations successives, elle restait toujours dans le vague et semblait croire que des déclamations ampoulées devaient, dans un procès politique, remplacer les preuves que tout juge exige pour la constatation du moindre délit.

Aussitôt qu'elle apprend la décision dilatoire de la Convention, elle redouble d'ardeur et d'activité, elle se déclare en permanence, ordonne aux quarante-huit sections de dresser la liste des sans-culottes de leurs arrondissements respectifs et de l'envoyer dans les vingt-quatre heures à l'Hôtel de Ville. A chacun de ceux qui seraient inscrits sur cette liste, on devait compter un écu de six livres.

C'était, sous l'apparence d'un rappel de solde, une prime allouée par la Commune à quiconque s'enrôlerait sous ses drapeaux le matin même du 2 juin. Ces ouvriers de la dernière heure devaient, comme dans l'Évangile, être récompensés à l'égal de ceux qui avaient déjà paru dans les deux journées précédentes. Puissant appât pour ceux que l'on allait enrégimenter, puissant levier pour remuer les masses! En vue de compléter ses largesses, la Commune décide que les sections feront marcher à la suite de leurs bataillons des voitures chargées de vivres, afin, dit l'arrêté, de nourrir ceux de nos frères qui pourraient en avoir besoin. Quant aux fonds qui serviraient à solder les six livres par tête et la nourriture de cette armée improvisée, on devait les demander à l'Assemblée. Ne s'agissait-il pas d'une dépense d'intérêt général? N'était-il pas de bonne guerre de faire voter par la représentation nationale l'argent destiné à compléter son oppression et à consacrer son ignominie?

On envoie des commissaires à toutes les sections pour réchauffer leur zèle et leur donner ce mot d'ordre : « Il faut en finir! » On mande Henriot pour savoir si toutes ses dispositions sont prises. « Le peuple, répond le commandant de la force armée, le peuple est levé, il ne se rassoira que quand les traîtres seront mis en état d'arrestation. »

L'agitation s'était entretenue tant bien que mal toute la nuit. Si on n'avait pu retenir dans les rangs les citoyens ayant un domicile et une famille, on avait facilement conservé les sans-culottes soldés auxquels, jusqu'au jour, on avait servi vins et victuailles, et qui, dès le matin, se trouvaient fort échauffés. On les installe aux abords du palais des Tuileries, on les entasse sur la place du Carrousel; on leur donne les postes principaux. Ne doivent-ils pas avoir le principal rôle dans le dernier acte de la comédie qui va se jouer? Ne sont-ils pas chargés d'y représenter le peuple souverain? On leur adjoint les soldats allemands de la légion de Rosenthal, que l'on a fait venir de Courbevoie, où ils sont casernés en attendant leur départ pour la Vendée. Ces soldats ne comprennent pas un mot de français; ils n'en sont que mieux disposés à exécuter tous les ordres de leurs chefs. Ceux-ci sont à la dévotion de la Commune, qui, à prix d'or, s'est assuré leur concours.

Quant aux sections armées, dans les rangs desquels pourraient se glisser des individus suspects de modérantisme, il est convenu qu'on les tiendra à distance ; elles ne seront là que pour faire nombre.

Le 2 juin était un dimanche, et, le décadi n'ayant pas encore été inventé, les ouvriers, les uns par habitude, les autres par conviction, observaient le repos de ce jour. Les ateliers ne s'ouvrant pas, les boutiques étant fermées, la population se dirige naturellement vers les Tuileries pour savoir qui l'emportera définitivement, de la Convention ou de la Commune ; mais il n'y a aucune animation, aucune colère dans la foule ; on va assister à un spectacle, et on y apporte l'indifférence d'un public déjà blasé.

A l'Hôtel de Ville, le Conseil général révolutionnaire ouvre sa séance à neuf heures[1] et entend le

1. On trouve au *Moniteur* du 6 juin, n° 157, un article que les historiens jusqu'ici n'ont pas relevé, à notre connaissance du moins, et qui cependant méritait de fixer leur attention, puisqu'il renferme en peu de mots toute la théorie de l'insurrection. Cet article est ainsi conçu :

« Commune de Paris. — Note du rédacteur des articles *Commune*.

« Depuis le 31 mai, nous commettons une erreur dans le cours du récit des opérations du Conseil général de la commune ; c'est à tort que nous disons *Conseil général* de la commune, puisqu'il a été cassé par le peuple. L'assemblée qui siége à la maison commune de Paris n'y est pas établie en vertu d'une loi ordinaire, en vertu du code municipal, mais bien en vertu d'une loi qui a toujours existé, qui existera toujours et qui n'a pas besoin pour exister d'être proclamée par des législateurs : l'insurrection du peuple, le salut de la patrie.

« Les arrêtés qu'il a fait publier portent le titre de Conseil général

rapport de sa commission extraordinaire, qui lui fait part des mesures qu'elle a prises pendant la nuit, et surtout des arrestations qu'elle a opérées. Ce rapport est approuvé au milieu des applaudissements, ainsi que le projet d'une nouvelle adresse à la Convention. On annonce que les citoyens de garde au poste des Feuillants ont arrêté un courrier envoyé de Marseille à Barbaroux. On espère trouver dans les papiers qu'on a saisis sur lui les preuves tant cherchées de la conspiration contre Paris. On nomme immédiatement deux commissaires pour se transporter au Comité de salut public, où le courrier a été consigné, et assister au dépouillement de ses dépêches. Mais à tant d'impatience le Comité oppose les lenteurs de la légalité ; il ne veut ouvrir le paquet qu'en présence du destinataire Barbaroux. Le jeune député de Marseille se trouvait chez Meillan, rue des Moulins ; c'est là qu'un ami vient l'avertir de ce qui se passe. Barbaroux déclare que, mandé au Comité de salut public, il doit s'y rendre, sous peine de compromettre gravement le serviteur fidèle qui lui apporte des nouvelles de ses amis de Marseille. Il s'arrache aux étreintes de ses collègues et court aux Tuileries.

Le Comité de sûreté générale s'était réuni au Comité de salut public. Dès que la présence de Barbaroux peut donner une apparence de légalité à l'ouverture des paquets, on y procède ; mais les résultats en sont diamé-

révolutionnaire ; ainsi, autant pour nous conformer à ses intentions que pour dire les choses comme elles sont, nous dirons désormais le Conseil général révolutionnaire. »

tralement opposés à ceux qu'en attendent les dénonciateurs. Les lettres, successivement décachetées par Barbaroux, sont lues à deux reprises, sans que l'on y trouve rien de contre-révolutionnaire. Les deux Comités, pour aller au devant de tous les bruits qui pourraient circuler au sujet de cette correspondance violée avec tant d'apparat, décident qu'elle sera imprimée et distribuée aux membres de la Convention.

VII.

La séance de la Convention s'ouvre à l'heure ordinaire, dix heures du matin. Aussitôt après l'adoption du procès-verbal, un secrétaire lit une lettre du ministre des finances, Clavière, qui informe l'Assemblée qu'il a été obligé de s'enfuir de son domicile pour éviter d'être mis en arrestation, et qui demande à être placé sous la protection de la loi, afin de pouvoir continuer ses fonctions. Le montagnard Batelier, ennemi personnel du ministre des finances, s'écrie ironiquement : « La section des Piques, qui a lancé ce mandat d'arrêt contre Clavière, est composée de patriotes; on doit dès lors être rassuré sur le sort de celui-ci. Je demande le renvoi de la lettre au Comité de salut public. »

La Convention, sans plus s'émouvoir de l'arrestation d'un des principaux membres du pouvoir exécutif et des entraves qui en peuvent résulter dans la marche des services dont il est chargé, adopte la proposition de Batelier[1] et passe à l'ordre du jour. On lit les adresses émanées de deux bataillons de l'armée du Rhin et transmises par les commissaires près de cette armée, Ruamps, Haussmann et Duroy. Ces adresses réclament la punition des traîtres et des modérés. En les présentant dans ce moment, en leur accordant un tour de faveur, les Montagnards veulent montrer que leurs adversaires sont proscrits non-seulement par Paris, non-seulement par les départements, mais encore par l'armée que l'on faisait ainsi intervenir pour la première fois dans les dissensions de l'Assemblée. A la lecture de ces adresses succède celle des lettres des autorités de la Vendée, du Finistère et du Cantal, qui toutes apportent des nouvelles désastreuses. Le chef-lieu du département de la Vendée, Fontenay-le-Comte, a été pris par les rebelles; les autorités constituées de ce département ont été obligées de se réfugier à la Rochelle. Les départements de la Bretagne se plaignent de ne recevoir aucun secours des ministres de la guerre et de la marine. Le département de la Lozère est en feu. Marvejols et Mende sont sur le point d'être occupés par les insurgés. A ces nouvelles Jean-Bon-Saint-André en ajoute une autre. « A Lyon, s'écrie-t-il, huits cent patriotes ont été égorgés; l'aristocratie y marche sur les cadavres ensanglantés des amis de la liberté. » Le député montagnard en prend

---

[1]. Nous reproduisons à la fin de ce volume la correspondance échangée entre les deux ministres arrêtés (Lebrun et Clavière) et le Comité de salut public. On y verra dans quelle position étrange étaient placés ces agents du pouvoir exécutif, qui, malgré leur arrestation, étaient obligés de continuer leurs fonctions.

occasion pour demander que l'Assemblée adopte de grandes mesures révolutionnaires et en appelle aux lois de la guerre, les seules, dit-il, qui puissent être invoquées au milieu des dangers qui menacent la patrie. Sur sa proposition, la Convention décrète : « Que les autorités constituées, dans toute l'étendue de la République, seront tenues de faire saisir et mettre en état d'arrestation toutes les personnes notoirement suspectes d'aristocratie et d'incivisme; qu'elles rendront compte à la Convention nationale de l'exécution de ce décret et demeureront personnellement responsables des désordres que pourrait occasionner leur négligence »

Les choses ainsi préparées, les directeurs secrets de l'insurrection pensent qu'il est temps de faire paraître la députation de la Commune, pour qu'elle renouvelle devant la Convention, régulièrement assemblée, les demandes qu'elle a formulées la veille devant une chambre incomplète. Des bancs de la Montagne, on réclame à grands cris l'admission des pétitionnaires. Lanjuinais s'élance à la tribune et demande à faire une motion d'ordre.

« Je viens, dit-il, vous entretenir des moyens d'arrêter les mouvements qui se manifestent dans Paris; il n'est que trop notoire que, depuis trois jours, vous ne délibérez plus avec liberté; une puissance rivale vous commande, elle vous environne, au dedans, de ses salariés; au dehors, de ses canons. Je sais bien que le peuple déteste l'anarchie et les factieux, mais il est leur instrument forcé. Des crimes que la loi déclare dignes de mort ont été commis, une autorité usurpatrice a fait tirer le canon d'alarme ; il semblait qu'un voile officieux dût être jeté sur tout ce qui s'était passé, mais le lendemain le désordre continue, le surlendemain il recommence... »

Lanjuinais avait mis le doigt sur la plaie, aussi mille invectives viennent-elles l'assaillir.

THURIOT. — « Vous calomniez Paris !

DROUET. — « Vous êtes un imposteur !

LEGENDRE. — « Vous conspirez à la tribune !

GUFFROY. — « Entendons les pétitionnaires plutôt que ce traître, qui veut allumer la guerre civile ! »

Un autre montagnard monte les degrés de la tribune et adresse à l'orateur des paroles qui ne parviennent pas à l'Assemblée. Mais Lanjuinais n'hésite pas à répéter tout haut les menaces qui lui sont faites à voix basse.

« Comment voulez-vous, dit-il, assurer la liberté de la représentation nationale, lorsqu'un député, un collègue, vient me dire à cette tribune : « Jusqu'à ce que nous ayons justice des scélérats qui te ressemblent, nous remuerons et nous agirons ainsi. »

Cette révélation ajoute encore à la fureur de la Montagne, qui exige à grands cris l'admission des pétitionnaires. Le Centre et la Plaine demandent que la parole soit maintenue à l'orateur. Les plus vives interpellations s'échangent de part et d'autre. Enfin Lanjuinais reste maître du terrain et continue ainsi :

« Une assemblée usurpatrice non-seulement existe, non-seulement délibère, mais elle agit, mais elle conspire. C'est elle qui a fait sonner le tocsin hier jusqu'à onze heures du soir, c'est elle qui l'a fait sonner encore aujourd'hui. Le secret des lettres a été violé et n'est pas rétabli. Vous savez quelles odieuses manœuvres ont été employées pour armer les citoyens les uns contre les autres. Les Comités révolutionnaires de section, que vous avez réduits à la simple surveillance des étrangers, ont fait sans scrupule arrêter des citoyens français. Le commandant provisoire nommé par une autorité illégale continue ses fonctions, et donne des ordres. On présente de nouveau une pétition traînée dans la boue des rues de Paris.

« — Vous calomniez Paris, vous insultez le peuple jusque dans l'exercice de son droit de pétition, lui crie-t-on de la gauche.

« — Non, je n'accuse pas Paris, réplique Lanjuinais ; Paris est bon, Paris est opprimé par quelques scélérats. »

Mais les démagogues semblent résolus à ne pas en entendre davantage. Ils redoublent leurs vociférations.

Legendre escalade la tribune et cherche à en précipiter l'orateur. « Descends, ou je t'assomme ! » lui crie-t-il en accompagnant sa menace d'un geste qui ne trahit que trop son ancienne profession. C'est alors que Lanjuinais lui lance cette apostrophe, une des plus sanglantes ironies que l'histoire nous ait léguées :

« Legendre, fais d'abord décréter que je suis un bœuf ; tu m'assommeras après. »

Legendre, décontenancé, recule. Drouet, Robespierre jeune, Jullien de Toulouse donnent le signal d'un nouvel assaut. Aidés de quelques dignes acolytes, ils s'efforcent d'arracher Lanjuinais de la tribune. Celui-ci s'y cramponne. Plusieurs membres de la droite volent à son secours. Une lutte corps à corps s'engage. On ne peut prévoir quelle en sera l'issue, lorsqu'enfin le président, Mallarmé, qui jusque-là est resté muet en présence d'un tel désordre, se décide à intervenir. Il rappelle l'Assemblée au calme et Lanjuinais à la question. Le député d'Ille-et-Vilaine conclut ainsi :

« Je demande que toutes les autorités révolutionnaires de Paris, notamment l'assemblée de l'Évêché, le Comité central, ainsi que tout ce qu'ils ont fait et arrêté depuis trois jours, soient cassés. Je demande que le Comité de salut public rende compte après-demain de l'exécution de ce décret. Je demande enfin que tous ceux qui voudront s'arroger une autorité nouvelle ou contraire à la loi soient déclarés hors la loi, et qu'il soit permis de leur courir sus. »

VIII.

La courageuse résistance de Lanjuinais avait fait attendre les prétendus représentans du peuple souverain. L'Assemblée s'empresse de réparer cette irrévérence et d'admettre à sa barre la députation de la Commune.

« Délégués du peuple, dit l'orateur, depuis quatre jours le peuple de Paris n'a pas quitté les armes ; ses mandataires, auprès desquels il n'a cessé de réclamer ses droits indignement violés, se rient de son calme et de sa persévérance. Le flambeau de la liberté a pâli ; les colonnes de l'égalité sont ébranlées ; les contre-révolutionnaires lèvent la tête. Qu'ils tremblent ! la foudre gronde ; elle va les pulvériser.

« Représentants, les crimes des factieux de la Convention vous sont connus ; nous venons pour la dernière fois vous les dénoncer. Décrétez à l'instant qu'ils sont indignes de la confiance de la nation, mettez-les en état d'arrestation provisoire ; nous en répondons tous, sur nos têtes, à leurs départements. Le peuple est las de vous voir ajourner son bonheur ; il est encore entre vos mains ; sauvez-le, ou il se sauvera lui-même. »

Le président Mallarmé répond :

« C'est, dites-vous, au nom du peuple de Paris que vous venez de parler ; les autorités constituées, les bons citoyens mettront sans doute au premier rang de leurs devoirs le respect pour la représentation nationale. S'il y a des traîtres parmi nous, il faut qu'ils soient découverts, jugés, et qu'ils tombent sous le glaive de la loi. Vous venez de faire à la Convention une demande que vous dites être la dernière. La Convention l'examinera ; elle pèsera les mesures que sa sagesse lui commandera, et fera exécuter avec courage celles qui lui paraîtront nécessaires.

« La Convention vous invite aux honneurs de la séance. »

Certes, cette réponse à l'insolent ultimatum de la Commune n'était pas celle qu'aurait dû dicter à son président le sentiment de la dignité de l'Assemblée. Néanmoins elle témoignait des hésitations qu'éprouvait même une partie de la gauche à livrer des membres de la représentation nationale aux proscripteurs de la Commune. Aussi la députation se montre-t-elle très-médiocrement satisfaite. Elle reste toutefois à la barre pour connaître la détermination que prendra l'Assemblée.

Billaud-Varennes, Tallien, Turreau, demandent le renvoi de la pétition au Comité de salut public, pour qu'il fasse le rapport séance tenante et sans désemparer; mais le renvoi pur et simple et sans fixation de délai est adopté.

Devant cette décision, la députation se retire en poussant des cris : « Aux armes ! sauvons la patrie ! » Les tribunes applaudissent avec fureur à cet appel à la force. Les affidés des Jacobins sortent précipitamment et vont grossir les rangs des émeutiers qui assiégent les abords de l'Assemblée.

A la faveur de ce tumulte, plusieurs représentants se glissent dans les escaliers, malgré ceux qui les gardent, et parviennent à quitter les Tuileries sans être arrêtés. De ce nombre sont Gorsas et Meillan, qui courent rue des Moulins retrouver leurs amis.

Ceux-ci étaient déjà instruits de la résistance héroïque de Lanjuinais; ils avaient décidé de se rendre en masse à la Convention, et, au risque d'être immolés sur le seuil de l'Assemblée, de protester jusqu'au dernier moment contre la violation flagrante des lois. Mais Gorsas, épouvanté par les menaces qu'il vient d'entendre, par les préparatifs militaires qu'il a vus en traversant la cour des Tuileries, supplie ses collègues de ne pas écouter un entraînement généreux, de ne pas s'offrir en victimes aux vengeances de leurs ennemis. Meillan joint ses instances à celles de Gorsas.

Les malheureux Girondins cèdent aux conseils de leurs timides amis, s'embrassent, se dispersent et laissent ainsi échapper l'occasion de racheter, par un trépas héroïque, et leurs fautes passées et leur incurable imprévoyance.

La Commune apprend avec indignation le peu de succès que semble devoir obtenir son adresse; mais elle se rassure lorsqu'un membre du Comité révolutionnaire annonce que ses collègues et lui ont en main les sommes nécessaires pour payer les quarante sous par jour aux citoyens peu fortunés qui sont sous les armes. Certaine de ne pas manquer du nerf de la guerre, elle applaudit avec enthousiasme lorsque Henriot lui déclare que toutes les mesures sont prises et que le peuple saura bien se sauver lui-même. Cependant, pour conserver quelque apparence de légalité, elle défère aux injonctions que lui fait transmettre le Comité de salut public, en décidant que ceux-là seuls siégeront comme membres du Comité révolutionnaire qui y auront été appelés par une délégation des autorités constituées, mais, par un faux-fuyant qui annule de fait cette mesure, elle donne à ce Comité le droit de se choisir lui-même des adjoints, sauf à en aviser, pour la forme, le Conseil général [1].

---

[1]. De tous les membres de la Commune, celui qui, depuis trois jours, semblait, dans ses discours, le plus disposé à ne pas sortir de la légalité, c'était Chaumette; il était le plus en vue. Le Conseil délibérait sur ses réquisitions, et, en cas d'insuccès, la plus grande

Dès le matin, Henriot avait fait investir les Tuileries d'une manière formidable. Il avait ordonné à toutes les sections de mettre sur pied leurs bataillons complets sans faire battre la générale, sans faire sonner le tocsin ni tirer le canon d'alarme.

A mesure que les bataillons arrivent, il les distribue suivant le degré de confiance qu'il a en eux; il a déjà placé dans les cours des Tuileries et dans le jardin les sans-culottes soldés; il leur adjoint les sections dont il est sûr; il relègue les autres sur la place du Carrousel, sur les quais et dans les Champs-Élysées.

responsabilité devait peser sur lui. Aussi usait-il d'avance de précaution en jouant la comédie, en se montrant désespéré des mesures violentes que l'on adoptait, en prenant ses collègues à témoin de ses protestations impuissantes. Cette conduite ambiguë lui fut plus tard reprochée lorsqu'il fut traduit au Tribunal révolutionnaire et que sa disgrâce donna le signal des dénonciations. Nous avons retrouvé la lettre suivante qui exagère peut-être un peu l'attitude de Chaumette dans ces circonstances, mais dont le fond est vrai, puisque l'on rencontre dans les procès-verbaux de la Commune la trace de ces prétendues protestations du procureur-syndic.

Comité de surveillance du département de Paris. — Marchand à l'accusateur public près le Tribunal révolutionnaire.

« Frère et ami,

« Obligé de partir à l'instant pour l'approvisionnement d'Orléans,
« je crois de mon devoir de déclarer :

« Que, comme membre du Comité central révolutionnaire au
« 31 mai, j'ai vu Chaumette faire tous ses efforts pour entraver cette
« révolution glorieuse, dénoncer à chaque instant toutes les mesures
« que le salut public exigeait, crier, pleurer, s'arracher les cheveux
« et faire les plus violents efforts pour persuader que le Comité cen-
« tral opérait la contre-révolution. Sa conduite était telle qu'on l'eût
« pris dans des moments pour un furieux... »

Elles sont destinées à faire masse dans le lointain. Quant aux dépendances intérieures de l'Assemblée, aux vestibules, aux escaliers, aux corridors, ils sont occupés par les habitués ordinaires des tribunes, hommes et femmes, qui depuis longtemps ont le privilége des injures et des violences, et dont la consigne est de ne laisser sortir qui que ce soit avant que les demandes de la Commune n'aient été converties en décret [1].

[1]. On lit dans les *Mémoires* de Garat que lui, Lebrun et Grouvelle, tous trois membres du Conseil exécutif, ayant voulu aller prendre l'air un instant dans une des petites cours intérieures du palais, des hommes armés de sabres et de pistolets leur ordonnèrent de repasser le guichet, et ils durent obéir.

Dans son compte rendu à ses commettants, Saladin (de la Somme) raconte que plusieurs députés, et notamment Grégoire, ayant absolument besoin de sortir de la salle, furent entourés par quatre fusiliers, conduits, attendus et ramenés par cette escorte.

Dans son précis des événements du 2 juin, Edme Petit, député de l'Aisne, rapporte qu'ayant vu Marat, qui avait naturellement ses entrées et ses sorties libres, quitter la salle, il avait voulu le suivre, mais qu'il fut arrêté par Henriot. « Marat a-t-il donc des priviléges? » demanda Petit; et il dut à cette insistance de pouvoir sortir un instant.

Mais le témoignage le plus irrécusable de cette effroyable pression est celui que l'on trouve dans le journal même des séances des Jacobins. On y lit ce qui suit :

Séance du 2 juin 1793.

« Le peuple occupe toutes les avenues de la Convention, les intrigants seront décrétés d'accusation ; si le décret n'est pas rendu, nous le rendrons nous-mêmes..... Il est une circonstance qui mérite toute l'attention de la société. La Convention était réellement entourée d'une force formidable, tous les députés étaient entourés au point qu'ils ne pouvaient sortir, même pour faire leurs besoins. »

IX.

Nous avons laissé la Convention au moment où elle venait de renvoyer la pétition de la Commune au Comité de salut public; malgré ce renvoi, la discussion continue sur ce sujet, le seul qui, pour le moment, répondît aux pénibles et secrètes préoccupations de l'Assemblée.

Un membre de la Plaine, Richon (de l'Eure), est le premier à donner le signal de la débandade qui va laisser les Girondins seuls aux prises avec leurs adversaires. « Vous avez entendu, dit-il, les magistrats du peuple vous porter son vœu impérieusement émis; ils vous ont parlé des dangereuses conséquences d'un plus long ajournement. L'orage gronde, il menace; sauvez le peuple de lui-même, sauvez vos collègues, décrétez au nom du salut public l'arrestation provisoire des membres de cette assemblée que les magistrats accusent. Organes de l'opinion publique, ils vous ont promis leur sûreté. Ils en ont répondu sur leur tête. Ainsi le veulent les circonstances [1]. »

A cette motion pusillanime, La Reveillère-Lépaux répond avec indignation :

---

[1]. L'acte de lâcheté commis par Richon ne le sauva pas de la persécution jacobine; le 3 octobre, il fut décrété d'arrestation à la demande de son collègue de députation, Duroi. Traîné de prison en prison pendant dix-huit mois, il apprit par lui-même jusqu'où peut conduire le premier pas fait dans la voie des proscriptions.

« Si vous décrétez cette mesure, nous irons tous en prison partager les fers de nos collègues. »

La droite appuie cette protestation généreuse en se levant tout entière et en s'écriant d'une voix unanime : « Nous irons tous! »

Malgré ces bruyantes démonstrations, le cri de *sauve qui peut*, lancé par Richon, avait frappé au cœur l'Assemblée; on sait quelle funeste influence exerce un pareil cri sur des troupes déjà à demi démoralisées; l'effet n'en fut pas moins soudain à la Convention. Revenant sur le décret rendu par elle une heure auparavant et en vertu duquel le Comité avait trois jours pour faire son rapport, elle décide qu'il sera mandé à l'instant même pour donner des explications sur les mesures qu'il prépare. Cependant on est bien obligé de lui laisser le temps de rassembler ses éléments d'information et de formuler son avis. Un Montagnard doué d'une faconde de bas étage, Levasseur (de la Sarthe), se charge, en attendant, d'occuper la tribune et d'empêcher tout membre suspect de modérantisme de tenter la moindre protestation contre ce qui se passe au dedans et au dehors de l'enceinte du palais national. Loin de se piquer d'une intempestive générosité, ce chirurgien de campagne applique brutalement le fer et le feu sur les blessures de ses collègues. Son thème est celui-ci : la loi veut que tous les gens suspects soient mis en arrestation. Or qui est suspect au premier chef, sinon ceux qui ont constamment calomnié Paris, voté l'appel au peuple, cherché à allumer la guerre civile par leur garde départementale? Qui est suspect, sinon ceux qui étaient d'accord avec le tyran et Dumouriez et qui prétendent aujourd'hui que l'Assemblée n'est pas libre?

« — Non! non! nous ne sommes pas libres, s'écrie-t-on à droite.

« — La preuve, ajoute un député, c'est que les portes de la salle sont gardées par des individus armés. La liberté existe peut-être pour certains représentants; mais nous, depuis trois jours, nous ne pouvons ni entrer, ni sortir, ni opiner. Je demande que le président donne des instructions pour que les issues de la salle soient débarrassées. »

Mallarmé assure qu'il a donné les ordres nécessaires. Le commandant du poste est appelé à la barre et reconnaît que des femmes se sont placées aux portes du côté droit et empêchent les représentants de sortir. Il annonce que, s'étant avancé vers elles, il leur a parlé le langage de la loi et qu'elles ont obéi.

« Non! les femmes n'obéissent pas, s'écrie un député. Président, faites votre devoir, ou je vous rends responsable des malheurs qui peuvent arriver.

« — Il y a, ajoute un autre député, soixante mille hommes dans Paris qui ont juré de s'armer pour défendre la liberté des représentants du peuple. Je demande que l'Assemblée les appelle près d'elle; sinon, elle encourrait une terrible responsabilité.

« — Tout ceci, repond Marat en ricanant, n'est qu'un stratagème pour abuser l'Assemblée et calomnier Paris! » Le président renouvelle ses protestations et affirme qu'il saura maintenir envers et contre tous la liberté des représentants du peuple.

Robespierre, depuis le commencement de la séance, était resté muet et impassible à son banc. Mais les réclamations de la droite commencent à l'importuner. Pour les étouffer, il demande la clôture de l'incident. Ses vœux sont accomplis.

A ce moment le Comité de salut public fait connaître qu'il est prêt à obéir aux ordres de l'Assemblée. Le Comité avait divisé les rôles entre ses deux organes habituels, Lacroix et Barère. A Lacroix était échue la mission de proposer à l'Assemblée les mesures militaires qui paraissaient nécessitées par les exigences de la Commune; à Barère, le soin de contenter les meneurs de l'Hôtel de Ville, sans cependant imposer à l'Assemblée l'humiliation de se décimer elle-même.

Le projet présenté par Lacroix comportait l'organisation d'une armée soldée conformément à ce qui avait été adopté en principe quelques jours auparavant[1]. Cette armée devait être de six mille hommes. Jusqu'à la paix, les citoyens en activité de service ou en état de réquisition contre les rebelles ne pouvaient en faire partie. Les places étaient ainsi exclusivement réservées aux sans-culottes parisiens. Pour toute garantie, on leur demandait un certificat de civisme délivré par la section, condition facile à remplir pour tous les mauvais sujets et les émeutiers de la capitale. Vu la cherté des vivres, on leur allouait quarante sols par jour. Enfin, par une habileté de langage assez habituelle au Comité de salut public, les dépenses de cette nouvelle

---

[1]. Voir plus haut, page 344.

troupe étaient mises à la charge du Trésor public. En revanche, le ministre de la guerre n'avait que des pouvoirs très-limités sur l'organisation et la direction de ces soldats d'une espèce particulière. Il devait recevoir le contrôle des enrôlés des mains de la Commune, qui elle-même le recevait des mains des sections. Quant au droit de réquisition, il était par le fait implicitement réservé à la municipalité [1].

L'Assemblée accepte sans mot dire le décret présenté par Lacroix, et, après quelques incidents de peu d'importance, elle accorde la parole au second rapporteur du Comité de salut public.

Barère avait depuis longtemps toute honte bue; mais, dans cette circonstance, il se surpasse lui-même. Rien de plus embarrassé que son discours, rien de plus lâche que ses conclusions :

« Je viens, dit-il, obéir au décret par lequel vous avez ordonné hier à votre Comité de salut public de vous faire un rapport sur vingt-deux membres de cette Assemblée. Le court délai que vous nous avez laissé ne nous a pas permis de nous entourer de tous les renseignements nécessaires pour donner à ce rapport la clarté dont il était susceptible. Il nous a été impossible d'entendre aucun témoin; mais votre décret était précis, nous avons dû obéir.

---

[1]. Les articles 4 et 5 du décret étaient ainsi conçus : « L'organisation de cette force armée, sa formation en compagnies et en bataillons seront les mêmes que celles des bataillons de volontaires nationaux. Les lois et règlements décrétés pour le service de la force armée qui existait ci-devant à Paris seront provisoirement suivis. »

« Pour être impartial dans cette affaire, le Comité a dû se placer au milieu des passions et des intérêts; il a dû examiner la position morale et politique de la Convention. Il n'a pas cru devoir adopter la mesure de l'arrestation, il a pensé qu'il devait s'adresser au patriotisme et à la générosité des membres accusés et leur demander la suspension de leurs pouvoirs, en leur représentant que c'est là la seule mesure qui puisse faire cesser les divisions qui assiégent la République et y ramener la paix.

« Ce serait s'aveugler que de voir dans la mesure que je propose une mesure pénale. Le Comité s'est refusé à l'arrestation, précisément parce que cette mesure avait ce caractère. Il a pris du reste toutes ses précautions pour placer les membres dont il s'agit sous la sauvegarde du peuple et de la force armée de Paris. »

Après ce bel exposé, Barère présente un projet de décret en vertu duquel les députés dénoncés par les autorités parisiennes sont invités à *se suspendre* volontairement de leurs fonctions pour un temps déterminé.

Ainsi c'est le Comité auquel l'Assemblée a remis ses pleins pouvoirs, le Comité spécialement chargé du soin de veiller à la sûreté de l'État et par conséquent à celle de la représentation nationale, qui vient lui-même faire l'humiliant aveu de son impuissance. Se voyant ainsi abandonnée, trahie par ceux-là mêmes qui avaient mission de la défendre, la majorité s'affaisse sur elle-même. Tout à l'heure elle s'indignait de l'odieuse pression que les affidés des jacobins prétendaient exercer sur elle; elle se promettait de résister jusqu'à la mort à l'insolent ultimatum de Pache et de ses acolytes; elle couvrait de murmures la pusillanime proposition de Richon; maintenant, sous le coup des tortures morales les plus effroyables, des besoins physiques les plus impérieux, elle semble prête à accepter des mains de la Commune les tables de proscription où sont inscrits ses membres les plus illustres.

Mais tout dépend encore de l'attitude que vont prendre les proscrits eux-mêmes. Par suite de l'abstention funeste que leurs amis leur ont imposée, bien peu sont à leur poste. Celui qui se présente d'abord à la tribune c'est Isnard, ce même représentant qui, par ses paroles imprudentes, a le premier soulevé la tempête. A l'heure décisive, lorsque la tourmente éclate et l'enveloppe, il se sent défaillir. Esprit faible et par conséquent porté à l'exagération; athée un jour, mystique le lendemain; s'abandonnant sans mesure à toute la fougue méridionale, puis fléchissant tout à coup sous le poids d'un fardeau trop pesant pour lui, Isnard perd en une minute l'estime des gens de bien et se condamne à l'indifférence de l'histoire.

« Quand dans la même balance, dit-il, on met un homme et la patrie, je penche toujours pour la patrie. Si mon sang était nécessaire pour sauver la patrie, sans bourreau, je porterais ma tête sur l'échafaud. Le Comité de salut public vous présente la suspension des membres désignés comme la seule mesure qui puisse éviter les grands maux dont nous sommes menacés. Eh bien! je me suspends, moi, et je ne veux d'autre sauvegarde que celle du peuple, pour qui je me suis constamment sacrifié. Que l'on ne dise pas que je fais en cela une action lâche. Je crois avoir fait preuve de courage jusqu'ici, et je pense que ce dernier acte est digne du caractère de représentant du peuple. »

Lanthenas, autrefois le confident le plus intime de Roland, renchérit sur les paroles d'Isnard et fait lui-même le procès à ses amis.

« Nos passions, dit-il, nos divisions ont creusé sous nos pas un abîme profond. Les vingt-deux membres dénoncés doivent s'y précipiter, si leur sort, quel qu'il soit, peut le combler et sauver la République. »

Après Lanthenas, c'est un évêque constitutionnel qui, en consentant à se démettre, avilit la double dignité dont il est revêtu. Fauchet déclare qu'il souscrit à la suspension de ses pouvoirs et que sa vie est à la République.

Le vieux Dussaulx offre également sa démission. Déjà quatre des vingt-deux étaient venus accepter l'humiliante transaction proposée par le Comité de salut public. Heureusement pour l'honneur de la Gironde, deux autres de ses membres revendiquent hautement les droits de la représentation nationale et se refusent à abdiquer volontairement les fonctions dont les a revêtus la confiance de leurs concitoyens.

« Si mon sang, dit Barbaroux, était nécessaire à l'affermissement de la liberté, je demanderais qu'il fût versé. Si le sacrifice de mon honneur était nécessaire à la même cause, je dirais : Enlevez-le-moi; la postérité me jugera. Enfin, si la Convention croit la suspension de nos pouvoirs nécessaire, j'obéirai à son décret. Mais comment de moi-même déposer des pouvoirs dont j'ai été investi par le peuple? Comment puis-je croire que je suis suspect, quand je reçois de mon département, de trente autres et de plus de cent sociétés populaires, des témoignages de confiance, des témoignages consolateurs de l'amertume dont je suis abreuvé chaque jour ici? Non! n'attendez de moi aucune démission. J'ai juré de mourir à mon poste, je tiendrai mon serment. »

Lanjuinais se prononce d'une manière plus énergique encore :

« Si j'ai montré jusqu'à présent quelque courage, je l'ai puisé dans l'ardent amour qui m'anime pour la patrie et la liberté. Je serai fidèle à ces sentiments, je l'espère, jusqu'au dernier souffle de ma vie. Ainsi n'attendez de moi ni suspension ni démission. »

Les injures pleuvent sur les deux courageux girondins. Chabot, le plus lâche des hommes, se distingue entre tous par ses misérables quolibets. Lanjuinais lui impose silence par cette noble apostrophe : « Je réponds à mes interrupteurs, et surtout à Chabot qui vient d'injurier Barbaroux : on a vu conduire les victimes à l'autel en les ornant de fleurs et de bandelettes, mais le prêtre qui les immolait ne les insultait pas.

« N'attendez de moi ni démission ni suspension momentanée, n'attendez aucun sacrifice. Je ne suis pas libre pour en faire, et vous ne l'êtes pas vous-mêmes pour en accepter.

« La Convention est assiégée ; les canons sont dirigés

sur elle; des consignes criminelles vous arrêtent malgré vous aux portes de la salle; tout à l'heure on vient de faire charger les fusils contre vous; il n'est pas permis, sans risquer sa vie, de se montrer seulement aux fenêtres... »

Lanjuinais n'exagérait rien. En ce moment même, Henriot achevait ses derniers préparatifs. Toutes les issues étaient gardées par ses séides. Les députés qui s'y présentaient étaient repoussés avec mépris, quelquefois même frappés. Ils se plaignaient à leurs collègues, mais la Montagne les accusait d'imposture, et la Plaine, terrifiée, feignait de ne s'apercevoir de rien.

« Puisque j'ai encore, reprend l'intrépide girondin, la faculté de faire entendre ma voix, j'en userai pour vous donner un conseil qui peut vous couvrir de gloire et sauver la liberté : osez manier avec vigueur le sceptre des lois déposé entre vos mains; cassez dès ce moment toutes les autorités que les lois ne reconnaissent pas; défendez à toute personne de leur obéir; énoncez la volonté nationale. Ce ne sera pas en vain : les factieux seront abandonnés des bons citoyens qu'ils abusent. Si vous n'avez pas ce courage, c'en est fait de la liberté. »

La majorité reste muette à cet appel suprême; Lanjuinais comprend qu'il n'a plus qu'à se voiler la tête et à attendre son sort; seulement, avant de quitter la tribune, il lance à ses collègues cette prophétie qui devait sitôt et si cruellement se vérifier :

« Je vois la guerre civile s'allumer dans ma patrie, étendre partout ses ravages et déchirer la France. Je vois l'horrible monstre de la dictature s'avancer sur des monceaux de ruines et de cadavres, vous engloutir successivement les uns les autres et renverser la République[1]. »

X.

A partir de ce moment la parole appartient exclusivement aux promoteurs de la journée. De tous le plus pressé de constater la victoire de la Montagne, c'est Marat. Comme les triomphateurs antiques, il pose sur son front la couronne de laurier; comme les potentats de l'ancien régime, il dispense ses grâces et rectifie à son gré la liste de proscription.

« La proposition du Comité ne peut, dit-il, être acceptée; elle accorde à des hommes accusés de conspiration les honneurs du dévouement. Il faut être pur pour offrir des sacrifices à la patrie. C'est à moi, vrai martyr de la liberté, à me dévouer; j'offre donc ma suspension, et je la donnerai au moment où vous aurez ordonné la détention des contre-révolutionnaires. Il convient d'ajouter à la liste Defermon et Valazé, qui n'y sont pas, et d'en retrancher Ducos, Lanthenas et Dussaulx, qui n'y doivent pas être. Dussaulx n'est qu'un

---

[1]. La fin du discours de Lanjuinais n'est donnée ni par le *Moniteur* ni par le *Journal des Débats et Décrets*, il était trop compromettant pour être reproduit par les journaux le lendemain du 2 juin. Nous avons emprunté cette péroraison au texte publié par Lanjuinais lui-même quelques jours après ces événements. Un tel homme peut être cru sur parole.

vieillard radoteur, Lanthenas un pauvre d'esprit, qui ne mérite point qu'on pense à lui; Ducos n'a contre lui que quelques opinions erronées dont on ne saurait lui faire un crime. »

Billaud-Varennes va plus loin encore :

« La Convention, dit-il, ne doit pas excéder ses pouvoirs ; elle n'a pas le droit de provoquer la suspension d'aucun de ses membres, mais elle peut renvoyer devant les tribunaux les députés qu'elle juge coupables. Je demande donc la question préalable sur le projet proposé par Barère et le décret d'accusation, par appel nominal motivé, contre les membres dont il s'agit. »

Ici la délibération est interrompue de nouveau par les plaintes qui éclatent de tous côtés contre les brutalités dont sont victimes les députés qui essayent de sortir de la salle. Boissy-d'Anglas a été pris à la gorge par les forcenés qui gardent les abords de la Convention ; il rentre et se précipite à la tribune en montrant sa cravate et sa chemise en lambeaux. Lacroix lui-même, l'un des membres du Comité de salut public, vient se plaindre de violences pareilles. « Je me suis présenté, dit-il, à cette porte pour sortir, on m'a refusé ; j'ai montré ma carte de député, même refus. Je me suis transporté au Comité d'inspection pour savoir d'où émanait l'ordre ; il m'a été protesté que la consigne n'avait point été donnée. Il faut que l'officier commandant la force armée soit mandé à la barre.

« — Oui, ajoute Grégoire, qui a subi il y a deux jours les mêmes sévices, que l'on sache de lui qui a donné l'ordre, et que le coupable, quel qu'il soit, soit puni sur-le-champ du supplice du tyran. »

Danton, qui veut aussi décliner toute responsabilité dans ces actes de violence, demande que la Convention charge son Comité de salut public de remonter à la source de cet ordre. « Vous pouvez, dit-il, compter sur son zèle à vous présenter les moyens de venger vigoureusement la majesté nationale outragée en ce moment. »

Duperret vient ajouter un nouveau fait à tous ceux qui ont déjà été produits. Deux soldats lui ont fermé le passage; il les a fait consigner. La Convention décrète que ces deux hommes seront mandés à la barre; mais un huissier annonce qu'ils ont disparu. Bientôt arrive le commandant de la 2e légion, de garde auprès de l'Assemblée nationale. Il déclare qu'il n'est point le commandant du poste et qu'il n'a pas donné la consigne dont on se plaint. Un autre officier fait savoir qu'il avait mis des sentinelles aux issues de la salle et qu'elles ont été relevées par un des bataillons de garde extraordinaire. Cette garde n'était autre que la tourbe des enrôlés à quarante sous qu'Henriot avait placée à tous les postes importants. Lacroix, qui, il y a une heure à peine, a fait voter l'organisation de cette garde, mais qui craint maintenant que le principe posé par lui n'entraîne des conséquences qu'il n'a pas prévues, Lacroix demande formellement que la Convention ordonne à la force armée de s'éloigner du lieu de ses séances. « Elle n'est, dit-il, ici que pour nous protéger; elle ne doit pas entrer dans notre propre enceinte. »

Le décret proposé par Lacroix est adopté par acclamation, Immédiatement un huissier est chargé d'aller le notifier au commandant général. Henriot lui répond : « Dis à ton f... président que je me f... de lui et de son Assemblée, et que si, dans une heure, elle ne me livre pas les vingt-deux, je la ferai foudroyer. »

XI.

Le cercle de fer qui étreignait la Convention de toutes parts était si resserré que le Comité de salut public prend peur. Il avait été d'abord presque de connivence avec les meneurs de l'Hôtel de Ville; mais il trouvait que maintenant on allait trop loin. Si on faisait quelques pas de plus dans la voie de la violence, la Commune ne se contenterait peut-être pas de la proscription de vingt à trente députés; elle pourrait bien se passer la fantaisie de faire sauter par les fenêtres la représentation nationale tout entière. Il faut parer à ce danger. Le Comité envoie de nouveau Barère à la tribune pour relever le courage de l'Assemblée, qui, dans l'état de prostration où elle se trouve, court grand risque de se laisser égorger sans proférer une plainte ou un cri. A la vivacité du langage de Barère, on croirait entendre un membre de la Gironde; c'est que l'orage qui, d'abord, semblait planer sur cette seule partie de l'Assemblée menace maintenant la Convention elle-même et peut la submerger d'un moment à l'autre.

« Ce n'est pas, dit-il, à des esclaves à faire des lois;

la France désavouerait celles d'une Assemblée asservie. Comment vos lois seraient-elle respectées si vous ne les faisiez qu'entourés de baïonnettes? Nous sommes en danger, car des tyrans veillent sur nous. Leur consigne nous entoure. La représentation nationale est près d'être asservie par elle. Cette tyrannie réside dans le Comité révolutionnaire où siègent des étrangers et notamment l'Espagnol Guzman[1]. Elle est aussi dans le Conseil général; il n'est pas un de ses membres dont je voulusse répondre. Ce sont ces hommes qui ont retenu les bataillons qui devaient partir pour la Vendée; ce sont eux qui font distribuer sous nos yeux, aux bataillons qui nous entourent, des assignats de cinq livres; ils ne sont que les agents de nos ennemis de Londres, de Madrid et de Berlin. Représentants du peuple, ordonnez votre liberté; suspendez votre séance; faites abaisser devant vous les baïonnettes qui vous entourent. Pour prouver que nous sommes libres, allons délibérer au milieu de la force armée qui sans doute nous protégera. »

La majorité de l'Assemblée se lève à la voix de Barère. Le président Hérault-Séchelles, auquel Mallarmé a cédé le fauteuil, se couvre en signe de deuil, descend du bureau et donne le signal du départ. Les tribunes défendent à grands cris à leurs amis de la Montagne

1. Guzman fut arrêté par ordre du Comité de salut public, vers midi, le 2 juin, et tenu pendant plusieurs heures au secret. Ce fut peut-être le seul acte de vigueur que le Comité se permit ce jour-là; mais, les conspirateurs ayant enfin complétement triomphé, il fut mis en liberté le soir même et vint remercier sa section (celle des Piques) de l'intérêt qu'elle avait pris à sa détention.

de se joindre à cette démonstration. Les tricoteuses, qui occupent le premier rang des galeries, s'élancent à mi-corps et prennent au collet plusieurs députés pour les empêcher de sortir. Cependant la honte de paraître abandonner leurs collègues au moment du danger, la crainte de voir la Commune abuser de sa victoire et peut-être aussi le besoin de respirer un air plus pur, déterminent la plupart des membres de la gauche à se joindre au cortége; à peine reste-t-il dans la salle trente à quarante montagnards.

Hérault-Séchelles et la Convention à sa suite descendent le grand escalier des Tuileries et arrivent sans rencontrer de résistance jusqu'à la porte d'entrée qui ouvre sur la cour du Carrousel. C'est là que se trouve Henriot et son état-major. C'est là que va se renouveler cette lutte du droit et de la force, que, pour la honte et le malheur de la France, nos annales ont eu plusieurs fois à enregistrer.

Mais, jamais peut-être, elle ne s'est présentée sous un aspect plus dramatique et plus saisissant. Essayons d'en esquisser le tableau.

Nous sommes sur le seuil de l'antique palais des rois, de ce palais que Louis XVI a quitté, il y a dix mois à peine, pour accomplir les tristes étapes qui devaient le conduire à l'échafaud. Sous la voûte qui sépare la cour du jardin, sur les dernières marches de l'escalier, se pressent quelques centaines de députés; le front découvert, ils viennent, pour ainsi dire, en suppliants, réclamer la faculté de délibérer librement sur les intérêts de vingt-cinq millions d'hommes. L'intérieur de la cour est occupé par quelques milliers d'anciens soudards ou d'émeutiers émérites qui, depuis quatre ans, ont le privilége de figurer dans toutes les insurrections et d'y représenter le Peuple parisien dont ils ne sont que la honte et la lie; plus loin, mais hors de la portée des paroles qui vont s'échanger et seulement pour la mise en scène, apparaissent les sections armées que, depuis trois jours, on tient dans une excitation fébrile et qui demandent, avant tout, un prompt dénoûment à tant de trouble et d'agitation.

Sur la place du Carrousel, six canons sont en batterie ; des grils sont allumés pour faire chauffer les boulets; les feux qu'ils projettent éclairent d'une lueur sinistre le fond du tableau. Enfin, sur le premier plan, face à face, deux hommes, Henriot et Hérault-Séchelles : l'un, espèce de colosse dont la tête est aussi vide que le cœur, et qui porte sur son ignoble visage les traces d'une vie de débauche et de crapule; sa voix rauque trahit son ancien métier de saltimbanque et ses habitudes invétérées d'intempérance; l'autre, un des plus beaux hommes de son temps, a conservé, au milieu du désordre général des toilettes, ces manières et cette tournure qui le faisaient remarquer, quelques années auparavant, dans les salons de Versailles et de Trianon. Sa physionomie reflète une dignité impassible, signe distinctif de la caste parlementaire où il est né. C'est entre ces deux personnages si différents de langage, d'origine et de position, que s'établit le dialogue suivant :

Après avoir lu à haute voix le décret qui ordonne la levée des consignes et la retraite de la force armée :

« Henriot, dit Hérault-Séchelles, je te somme d'obéir ! »

Le commandant général. « — Je ne connais que ma consigne. »

Le Président. « — Que demande le peuple?..... la Convention n'est occupée que de son bonheur..... »

Le commandant général. « — Hérault, nous savons que tu es un bon patriote, que tu es de la Montagne ; réponds-tu sur ta tête que les vingt-deux membres seront livrés sous vingt-quatre heures ? »

Le Président. « — Non. »

Le commandant général. « — Le peuple ne s'est point levé pour écouter des phrases, mais pour donner des ordres souverains. »

Le Président. « — Au nom de la nation et de la loi, j'ordonne aux soldats d'arrêter ce rebelle. »

Le commandant général. « — Vous n'avez point d'ordres à donner. Retournez à votre poste et livrez les députés que le peuple demande. »

Les députés les plus rapprochés du président s'écrient tous d'une même voix :

« On veut des victimes ! Qu'on nous immole tous. »

Henriot, d'une main enfonçant son chapeau sur sa tête, et de l'autre saisissant son sabre, recule de quelques pas et hurle l'ordre sinistre :

« Canonniers, à vos pièces ! »

Le désordre se met dans les rangs de l'Assemblée. Quelques députés entraînent Hérault-Séchelles sous la voûte qui conduit au jardin. Les allées sont désertes, les issues soigneusement gardées. Les sans-culottes qui occupent les postes reçoivent les députés aux cris de :

« Vive la Montagne! à la guillotine Brissot, Guadet, Vergniaud! purgez la Convention! tirez le mauvais sang[1]! L'Assemblée continue tristement sa marche à travers la grande allée. Cette espèce de promenade funèbre est signalée par quelques incidents. Un homme, portant l'écharpe municipale, s'approche de Basire, et le prenant par le bras : « Voilà comme vous êtes, lui dit-il, pourquoi sortiez-vous? avec vos demi-mesures vous faites manquer tous les coups. » Pendant ce temps, Meillan et quelques-uns de ses amis étaient montés sur la terrasse du bord de l'eau. Le quai était rempli de sectionnaires armés; ignorant ce qui se passe et pleins de déférence pour les représentants du peuple, ils les invitent à venir au milieu d'eux. « Oui! oui! nous allons vous voir aussi », leur crie Meillan, et aussitôt lui et ses compagnons courent rejoindre leurs collègues qui, déjà, étaient arrêtés au pont tournant[1]. Le pont est fermé, et le chef du poste déclare qu'il a les ordres les plus formels pour ne pas ouvrir. Pendant qu'Hérault-Séchelles parlemente avec lui, arrive Marat. Fatigué d'attendre que les députés vinssent reprendre le cours de

---

1. Le procès-verbal officiel, rédigé après coup par les vainqueurs, renferme cette phrase qui peut être considérée comme un aveu implicite des outrages dont la Convention fut abreuvée pendant sa funèbre promenade à travers le jardin des Tuileries : « Toutes les troupes et les citoyens assistants ont accueilli la Convention avec des démonstrations d'honneur et de bienveillance, parmi quelques propos inconsidérés. »

1. Ce pont était jeté sur les fossés qui séparaient dans ce temps-à les Tuileries de la place Louis XV. Il en est souvent question dans l'histoire de la Révolution.

leurs délibérations, craignant qu'un accord ne s'établît entre l'Assemblée et ceux qui ont mission de la tenir sous l'oppression, il accourait suivi d'une troupe d'enfants déguenillés, qui lui faisaient cortége et criaient à tue-tête : « Vive Marat! vive la Montagne! » — « Au nom du peuple, dit à Hérault l'ignoble tribun, je vous somme de rentrer à votre poste que vous avez lâchement déserté. » Les représentants hésitent. « Que les députés fidèles retournent à leur poste », répète Marat.

A cette nouvelle injonction de *l'Ami du peuple*, quelques membres appartenant à la Montagne rebroussent chemin et abandonnent leur collègues. Bientôt, malgré quelques protestations individuelles, la masse des députés, la tête basse et la mort dans le cœur, s'ébranle et se dirige vers les Tuileries. Elle y rentre humiliée, vaincue, condamnée désormais à subir pendant quatorze mois le joug qu'elle vient de se laisser imposer.

XII.

La démarche de la Convention lui fut aussi funeste que l'avait été, dix mois auparavant, celle que l'on avait fait tenter à Louis XVI, le matin du 10 août. Vergniaud l'avait proposée le 31 mai, mais n'avait pu entraîner ses collègues[1]. Ce jour-là, elle eût été le commentaire le plus habile du décret que l'Assemblée avait voté sur ses instances, et qui proclamait que les sections de Paris

---

1. Voir plus haut, page 347.

avaient bien mérité de la patrie. A ce moment, la Commune n'était pas en mesure de dicter ses lois à la Convention ; elle n'avait pas encore rassemblé et encore moins soldé ses fameux sans-culottes à quarante sous par jour ; elle n'avait pu préparer cette mise en scène au moyen de laquelle elle persuada aux députés que les Tuileries étaient assiégées par quatre-vingt mille hommes, tous animés du même esprit, et lui imposant une même volonté. Les Girondins étaient alors à leur poste. En se présentant résolûment aux masses, toujours si mobiles et si impressionnables, ils auraient pu réveiller de vieux enthousiasmes, reconquérir leur ancienne popularité ; mais, pendant les trois jours qui venaient de s'écouler, les conspirateurs de l'Hôtel de Ville et de l'Évêché avaient eu le temps d'anéantir, par la lassitude et la calomnie, les dernières velléités de sympathie qu'une partie de la population parisienne pouvait avoir encore pour la Gironde.

Des hommes qui voient leurs travaux suspendus, leurs affaires arrêtées, la banqueroute à leurs portes, se laissent facilement persuader qu'avant tout il faut en finir ; qu'une solution, quelle qu'elle soit, vaut mieux qu'une agitation perpétuelle et stérile ; que le salut de quelques individus ne peut être mis en balance avec l'intérêt public. D'ailleurs, les députés dont la Commune demandait l'expulsion étaient-ils donc si intéressants ? N'était-ce pas eux qui avaient, à plusieurs reprises, appelé contre Paris la vengeance des départements et menacé la capitale d'une destruction complète ? Il ne s'agissait, en somme, que d'épurer la Convention par une insurrection morale qui respecterait la vie des hommes et la sûreté des propriétés; il ne s'agissait que de contraindre au silence ceux des membres de l'Assemblée qui faisaient seuls obstacle à l'entente générale, à la félicité universelle. Ces députés une fois mis hors d'état de nuire, par une arrestation provisoire qui ne durerait probablement que quelques semaines, le calme renaîtrait dans les délibérations; la Constitution s'achèverait comme par enchantement; on verrait la prospérité revenir, le prix des denrées de première nécessité diminuer; les travaux de toute nature reprendre avec une activité toute nouvelle. C'est avec ces misérables appâts, ces mensonges grossiers, que l'on trompe les masses ignorantes, qu'on obtient leur indifférence, si ce n'est leur complicité.

Le droit venait de succomber devant la force et la ruse associées. Il n'y avait plus qu'à formuler l'arrêt. C'est Couthon, le confident le plus intime de Robespierre, qui se charge de ce soin. Pendant qu'Hérault-Séchelles remonte au fauteuil, que les membres de la Convention regagnent silencieusement leurs bancs, le montagnard cul-de-jatte s'est fait porter à la tribune; sa physionomie est douce; son regard placide; mais son front est d'airain. Sa sérénité n'a d'égale que son impudence. Il débite les mensonges les plus éhontés, les principes les plus sanguinaires avec une voix tendre et mélancolique. On croirait qu'il récite une idylle.

« Citoyens, dit-il, tous les membres de la Convention doivent être maintenant rassurés sur leur liberté. Vous avez marché vers le peuple; partout vous l'avez trouvé bon, généreux, incapable d'attenter à la sûreté de ses mandataires, mais indigné contre les conspirateurs qui veulent l'asservir. Maintenant donc que vous êtes libres dans vos délibérations, je demande, non pas, quant à présent, le décret d'accusation contre les vingt-deux membres dénoncés; mais que la Convention décrète qu'ils seront mis en état d'arrestation chez eux, ainsi que les membres du comité des Douze et les ministres Clavière et Lebrun. »

La Montagne et les tribunes appuient cette proposition de leurs acclamations; le reste de l'Assemblée se contente de murmurer. Quelques députés, un peu plus courageux, somment le président, au nom de la Convention et de la France entière, de rapporter les demandes qu'il a adressées à Henriot et les réponses qu'il en a reçues. Héraut-Séchelles feint de ne pas entendre. Quelques protestations s'élèvent encore de la droite; mais les démagogues les couvrent de leurs cris. De minute en minute on sent l'Assemblée faiblir.

Dans toute réunion un peu nombreuse, rien n'est plus contagieux que la lâcheté. Rien n'est plus fréquent que les capitulations de conscience. Sur les bancs mêmes de la droite, on se dit tout bas : « Après tout, les proscrits ne sont pas bien à plaindre d'être obligés de rester paisiblement chez eux, ils y seront en sûreté; d'ailleurs, le peuple le veut ainsi, et il vaut mieux se résoudre à un mal minime que s'exposer à de grands malheurs[1].

---

1. Meillan, dans ses *Mémoires,* atteste qu'il a entendu de ses propres oreilles énoncer ces propos par des collègues qui siégeaient, comme lui, à la droite.

Un membre de la Plaine déclare qu'il préfère se dispenser de voter que de trahir sa conscience. En énonçant cette opinion, il croit faire un grand acte de courage. Ce moyen terme est tacitement adopté comme règle de conduite par la majorité de l'Assemblée.

Pendant ce temps on lit la liste des députés dont l'arrestation est réclamée. Legendre fait observer que deux des membres de la commission des Douze, Fonfrède et Saint-Martin, se sont opposés aux mandats d'arrêt qui ont soulevé la colère du peuple de Paris, et, par conséquent, méritent de ne pas être confondus avec leurs collègues.

Marat obtient définitivement qu'on raye de la liste Dussaulx, Lanthenas et Ducos. Le président prévient qu'il va consulter l'Assemblée sur le décret ainsi amendé; quelques voix timides renouvellent la proposition d'attendre la démission volontaire des députés dénoncés;— « Non! aux voix le décret! » répond la Montagne. Deux ou trois députés se lèvent pour déclarer qu'ils ne sont pas libres, qu'ils ne consentiront jamais à voter, entourés de canons et de baïonnettes. Quelques membres demandent l'appel nominal ; malgré leurs réclamations, on vote par assis et levé. Le plus grand nombre des représentants reste immobile à l'épreuve et à la contre-épreuve. Seule, l'extrême gauche, et avec elle les insurgés qui siègent pêle-mêle avec les députés, prennent part au vote. Le président déclare que le décret est rendu[1].

---

1. Le procès-verbal officiel, rédigé par les vainqueurs eux-mêmes, constate que de nombreuses protestations furent faites à l'instant même contre l'adoption du décret.

A la confusion qui y règne, aux redites qui s'y trouvent, on peut juger du trouble qui agitait les esprits des rédacteurs eux-mêmes.

Il est ainsi conçu :

« La Convention nationale décrète que les députés, ses membres, dont les noms suivent, seront mis en état d'arrestation chez eux, et qu'ils y seront sous la sauvegarde du peuple français et de la Convention nationale, ainsi que de la loyauté des citoyens de Paris.

« Les noms des députés mis ainsi en état d'arrestation sont :

1. Gensonné.
2. Guadet.
3. Brissot.
4. Gorsas.
5. Pétion.
6. Vergniaud.
7. Salles.
8. Barbaroux.
9. Chambon.
10. Buzot.
11. Birotteau.
12. Lidon.
13. Rabaud-Saint-Étienne.
14. Lasource.
15. Lanjuinais.
16. Grangeneuve.

Ce procès-verbal est ainsi conçu :

« Le décret a été à peine prononcé, qu'un grand nombre de députés sont venus au bureau réclamer contre et ont signé diverses déclarations pour qu'il constate qu'ils n'approuvent point ce décret, et qu'ils n'ont pas pris part à sa délibération. »

A la fin de ce volume, on trouvera réunies les protestations qui furent faites le 2 juin et les jours suivants par des membres de la Convention, soit collectivement, soit individuellement; nous avons cru devoir faire suivre ces protestations de fragments de la correspondance de plusieurs députés, relative aux mêmes événements. Ces fragments donnent une idée aussi exacte que possible de la physionomie de l'Assemblée en ces terribles circonstances.

17. Lehardy.
18. Lesage (d'Eure - et - Loir).
19. Louvet (du Loiret).
20. Valazé.
21. Clavière, ministre des contributions publiques.
22. Lebrun, ministre des affaires étrangères.

« Auxquels il faut joindre ceux des membres de la commission des Douze, à l'exception de ceux d'entre eux qui ont été dans cette Commission d'un avis contraire aux mandats décernés par elle. Les noms des premiers sont :

23. Kervelégan.
24. Gardien. Rabaud-Saint-Étienne[1].
25. Boileau.
26. Bertrand.
27. Vigée.
28. Mollevaut.
29. Henri Larivière.
30. Gomaire.
31. Bergoing.

« Les deux autres exceptés sont :
Fonfrède.   Saint-Martin. »

Levasseur, de la Sarthe, demande que, par un article additionnel, il soit décrété « qu'Isnard et Fauchet qui, pour la paix et la tranquillité publique, ont consenti à leur suspension, ne seront pas mis en état d'arrestation, mais seulement ne pourront sortir de Paris. »

Cette proposition est adoptée. Un instant après, le président annonce qu'il vient de recevoir une lettre ainsi conçue :

---

[1]. Rabaud-Saint-Étienne était déjà nommé dans la première partie de la liste; les rédacteurs du décret ne firent pas attention qu'ils le proscrivaient deux fois.

« Citoyen Président,

« Le peuple entier du département de Paris nous députe vers vous pour vous déclarer que le décret que vous venez de rendre est le salut de la République. Nous venons offrir de nous constituer en otages en nombre égal à celui des députés mis en état d'arrestation, pour répondre à la France entière de leur sûreté [1]. »

Barbaroux répond qu'il n'a pas besoin d'otages pour garantir sa vie; que ses otages sont la pureté de sa conscience et la loyauté du peuple de Paris. Lanjuinais, au contraire, insiste pour que l'offre soit acceptée, parce que c'est le seul moyen d'empêcher la guerre civile et de maintenir l'unité de la République.

L'Assemblée n'ose se prononcer sur cette question des otages et se contente d'ordonner l'impression de la lettre; puis, pour montrer que, débarrassée de toute entrave et de toute discussion personnelle, elle se dispose à prendre un essor plus grand et plus rapide, elle décide que la semaine qui va suivre sera employée à délibérer sur les mesures financières les plus urgentes, et qu'à partir du lundi 9 juin, six heures, chaque jour, seront consacrées à discuter la Constitution jusqu'à son complet achèvement.

[1]. Nous avons retrouvé l'original même de cette lettre. Elle est signée par trois membres du Comité révolutionnaire : les sieurs Laugier, Loys et Dunouy. Voilà les trois individus sans nom, sans valeur, sans consistance, qui se donnaient pour les représentants du peuple de Paris, qui s'offraient en otages pour répondre de la vie des plus illustres membres de la Convention, des Vergniaud, des Gensonné, des Rabaud-Saint-Étienne !

Le président Mallarmé, qui a repris le fauteuil, déclare la séance levée. Il est près de onze heures du soir. Mais ce n'est pas tout que de lever la séance ; il faut aussi lever les consignes. Les membres du côté droit trouvent fermées les portes par lesquelles ils sortent habituellement. On court avertir le président de cet étrange incident. Mallarmé, sans oser regarder en face ses interlocuteurs, et feignant de chercher des papiers sur son bureau, répond qu'il *n'a pas à se mêler de cela*. Un huissier annonce naïvement qu'on a été chercher à la Commune l'ordre de lever la consigne. Quelques minutes après, l'ordre arrive. Les malheureux députés, retenus prisonniers depuis douze heures, peuvent enfin se retirer et aller rassurer leurs familles sur leur sort.

XIII.

La nouvelle de l'adoption du décret de proscription est naturellement bien accueillie par le Conseil général de la Commune. Pour fêter dignement cette belle journée, on décide que les sans-culottes qui sont sous les armes depuis trois jours seront payés sur-le-champ ; que dans la semaine on mettra à exécution le décret qui fixe le maximum du prix des grains ; qu'immédiatement l'armée révolutionnaire sera organisée et l'emprunt forcé levé sur les riches. Pour terrifier les quartiers aristocratiques qui seraient tentés de protester contre les événements du jour, on ordonne d'y activer le désarmement et l'arrestation des suspects. On envoie dans chaque section des commissaires pour présenter la violation de la représentation nationale sous les couleurs les plus bucoliques. Ils ont mission d'annoncer que l'Assemblée a été constamment l'objet du respect de tous ; que si elle s'est rendue en corps dans le jardin des Tuileries, ce n'a été que pour achever de prendre les mesures de salut public que lui a dictées son patriotisme ; qu'enfin la plus entière liberté n'a cessé de présider à toutes ses délibérations [1].

1. Quelques jours après le 2 juin, le Conseil général de la Commune et le Comité central révolutionnaire firent l'un et l'autre imprimer une apologie de cette journée. Ces deux morceaux d'éloquence sont trop longs pour que nous puissions les donner *in extenso*. Nous nous bornerons à détacher les passages suivants du factum de la Commune ; au style ampoulé de cette pièce on reconnaît la plume du secrétaire-greffier-adjoint Dorat-Cubières, qui, dans ses élucubrations ultra-révolutionnaires, avait des réminiscences de son ancien métier de poëte de cour et de faiseur de bouquets à Chloris :

« Après une discussion orageuse et de vives inquiétudes exprimées par ceux qui craignent le peuple parce qu'ils sentent avoir mérité sa haine, la Convention se lève tout entière, sort de la salle, traverse les bataillons qui remplissaient le jardin des Tuileries et harangue cette multitude imposante, qui lui répond par les cris de : Vive la République! vive la Liberté! justice des traîtres!

« On ne sait si l'histoire offre quelque part un tableau plus grand ou plus majestueux. Le représentant et le représenté en présence, des milliers d'armes dans des mains intrépides et pas un trait lancé!... Le crime s'entourant de la vertu pour braver l'indignation publique, et l'indignation publique contenue par l'idée de la représentation nationale. La force enchaînée par l'opinion, déployant un appareil dont elle a juré de ne pas faire usage ; le peuple enfin, oui, le peuple, car, certes, tous les départements étaient représentés parmi les réclamants, et plus d'un peut-être ne l'était pas dans la réunion des

Toutes ces mesures prises, tous ces mensonges artistement arrangés, le Conseil général se sépare avec la conviction que désormais ses volontés, toutes les fois qu'elle les signifiera à la Convention, ne rencontreront plus de résistance sérieuse. Seul veillait encore le Comité de salut public. Il avait joué un rôle assez misérable

---

législateurs, le peuple éloquent dans son silence et fier dans son attitude, stipulant pour tous les Français : liberté, Constitution, égalité.

« La Convention rentre couverte d'applaudissements et convaincue par ses propres yeux que ce grand appareil n'est pas dirigé contre elle. De nombreux applaudissements précèdent, annoncent et suivent son retour...

« Tel est, frères et amis, le récit fidèle de cette troisième révolution, la plus calomniée peut-être et en même temps la plus belle de toutes, puisqu'elle n'a pas coûté une goutte de sang, pas une larme. Si elle en avait besoin, son apologie est dans la suite même des faits qui offrent aux hommes de bonne foi l'éloge le plus complet de la patience, de la générosité, des vertus enfin de cette masse de patriotes que des scélérats ne rougirent pas de vous représenter comme des brigands et des assassins...

« Ils nous connaissent bien peu, ils vous connaissent bien peu vous-mêmes ceux qui, comptant sur le fruit de leurs efforts sacriléges auprès de vous, osent nous menacer de votre colère... Nous le jurons par la patrie, par la liberté, par l'égalité, notre idole commune, le jour qui vous amènera dans nos murs sera pour nous un jour de fête, il remplira un besoin que nos cœurs éprouvent depuis longtemps : celui d'une fédération républicaine où seront resserrés les nœuds de cette sainte coalition, qui doit faire de tous les hommes libres, quelque terre qu'ils habitent, une seule nation, une seule ville, une seule famille. Ce jour-là, des guirlandes de fleurs orneront le seuil de nos portes ; ce jour-là, nous foulerons tous ensemble le gazon qui croit auprès du chêne que nous plantâmes ensemble ; ce jour-là peut-être, le scélérat qui aura invoqué des vengeurs, frémira d'avoir appelé des juges ! »

durant toute cette journée et s'était laissé traîner à la remorque des meneurs de l'Hôtel de Ville. Au lieu de diriger les événements, il les avait subis. Il se sentait débordé comme l'avait été la Commission extraordinaire de l'Assemblée législative, dans la journée du dix août. Les coups lancés de l'Hôtel de Ville avaient passé par-dessus sa tête et étaient allés frapper en plein cœur la représentation nationale, comme neuf mois auparavant ils avaient abattu la royauté.

Pour faire acte de virilité, après tant d'hésitations et de défaillances, le Comité de salut public avait mandé le maire et le commandant de la force armée. Afin de dégager sa responsabilité, il s'apprêtait à réclamer de ces deux représentants du pouvoir municipal des explications rétrospectives sur ces événements qu'il avait vus se dérouler devant lui sans qu'il pût les prévoir ou les prévenir. Aux membres du Comité s'étaient réunis les ministres Garat, Bouchotte, Lebrun et le secrétaire du conseil, Grouvelle. On commence à échanger de mutuelles récriminations; c'est l'usage; lorsqu'on est mécontent de soi, on s'empresse de rejeter sur les autres la responsabilité de sa déconvenue. Cambon se plaint au ministre de la guerre de la conduite de plusieurs employés principaux de ses bureaux, que l'on a reconnus à la tête des groupes. Barère se répand en reproches amers contre la Commune, et déclare qu'il faut savoir, une fois pour toutes, si c'est la Convention ou la Commune qui représente la République française. Delmas et Treilhard appuient les observations de Barère; Bréard va plus loin et qualifie de scélérats ceux qui ont osé opprimer la Convention. Lacroix est embarrassé; Danton inquiet et honteux[1]. A ce moment survient le maire de Paris. Deux membres du Comité révolutionnaire et un aide de camp de Henriot l'accompagnent; ils ont mission, maintenant que la Commune a triomphé, de faire toutes les soumissions possibles aux autorités dont elle a su se passer pendant l'action, mais derrière lesquelles elle compte bien se mettre à couvert après la victoire. Ils entassent mensonge sur mensonge, protestations sur protestations, et finissent en disant que le Comité central révolutionnaire est disposé à abdiquer les pouvoirs dont la confiance du peuple l'a revêtu.

Le Comité de salut public, qui, un instant auparavant, était plein de feu contre les usurpations de la Commune, n'ose plus reprocher aux véritables vainqueurs de la journée les moyens qu'ils ont mis en œuvre pour assurer leur triomphe; il accepte aveuglément toutes les promesses que les dictateurs de l'Hôtel de Ville daignent lui faire; il n'a pas une seule parole de blâme contre ceux qui l'ont joué si cruellement; il congédie avec des éloges les ambassadeurs de la Commune[2].

1. Voir les Mémoires de Garat.
2. Afin de montrer à quel degré d'abaissement était tombé ce jour-là le Comité de salut public, nous transcrivons ici, avec toutes ses incorrections et ses obscurités, le procès-verbal de sa séance.

« Les délégués de la Commune exposent :

« Qu'ils ont employé tous les soins pour prévenir dans la journée du 2 juin toute confusion, tout désordre; que les citoyens ont manifesté unanimement l'intention persévérante de veiller à la sûreté du dépôt confié à la ville de Paris, la représentation nationale; que les sentiments qu'ils ont exprimés aux représentants du peuple, lorsqu'ils

Une telle faiblesse inspire, non la pitié, mais le mépris; s'il est dur d'être avili, il est honteux de s'avilir soi-même.

XLV.

Jusqu'au dernier moment, les Girondins eurent la majorité dans la Convention; c'est ce qu'atteste la

se sont présentés dans la cour et le jardin du palais national, ont été les mêmes qu'ils ont constamment exprimés dans tous moments de l'insurrection. Qu'il ne faut imputer qu'à un mouvement irrésistible leur approche du palais national, qui avait donné lieu de dire qu'ils voulaient empêcher les représentants du peuple de sortir du lieu de leur séance; que la municipalité, que le Comité révolutionnaire avaient donné les ordres les plus précis aux citoyens armés de se tenir éloignés du palais national; qu'au surplus, ils n'ont pas pénétré dans les pièces du palais; que la garde de l'intérieur n'a pas été plus nombreuse que la garde ordinaire, *que si les citoyens ont dit dehors et à leur poste aux députés qui voulaient sortir pendant la séance,* cela ne doit s'attribuer qu'au vœu de tous de sortir de l'état d'incertitude dans lequel on était, et de voir ces mouvements calmés par un décret digne de la sagesse et de la justice des représentants du peuple.

« Ils ont assuré que la ville est tranquille et que la Convention nationale est environnée de l'estime et de la confiance de tous les citoyens; qu'il n'est aucun d'eux qui ne fît le sacrifice de sa vie pour assurer celle des représentants du peuple; que les dépositaires provisoires de la puissance insurrectionnelle vont déposer leur autorité et cesser incessamment toutes leurs fonctions; qu'ils emploient tous leurs soins à faire cesser le mouvement général et à remettre, sans danger, sans secousse et sans agitation, le plein et libre exercice des fonctions administratives et municipales aux seules autorités constituées; qu'ils en informeront demain le Comité de salut public. »

présidence conférée à Lasource, le 18 avril ; à Fonfrède, le 2 mai ; à Isnard, le 16 ; c'est ce qu'attestent également la décision de l'Assemblée, qui, le 22 avril, déclara calomnieuse la pétition de la Commune ; la création de la commission des Douze, qui ne fut supprimée le 27 mai que pour être rétablie avec éclat le lendemain ; enfin la résistance, trois jours durant, de la Convention aux violences de la Commune.

Le 2 juin fut donc un véritable coup d'État dirigé contre la représentation nationale. L'école ultra-révolutionnaire, qui croit que la fin justifie les moyens, l'a glorifié ; l'école fataliste, qui proclame la légitimité du fait accompli, l'a enregistré sans protestation. A l'une et à l'autre de ces doctrines nous devons une réponse.

Comment des écrivains qui ont la prétention d'aimer et de servir la liberté n'ont-ils pas vu qu'en se refusant à condamner les fauteurs de cette journée, ils absolvaient par cela même tous les coups d'État dont les dates néfastes sont inscrites dans nos annales ? Démocratie ou césarisme, qu'importe le dogme que l'on invoque ! prétoriens en haillons, ou prétoriens en uniforme, qu'importent les instruments ! violence ou ruse, qu'importent les moyens !

Sans le coup de hache du 2 juin, dites-vous, la contre-révolution s'accomplissait, l'étranger dictait des lois à notre patrie[1]. Eh quoi ! si le parti modéré n'avait pas été ce jour-là vaincu, dispersé, décimé, la France était envahie, partagée, livrée à toutes les horreurs des ven-

---

1. Louis Blanc, *Histoire de la Révolution*, t. VIII, p. 294.

geances réactionnaires? Qui vous le dit, qui vous le prouve? Est-ce que les Girondins ont montré de la faiblesse et de la pusillanimité dans la défense du territoire? Est-ce que ceux d'entre eux qui échappèrent à la proscription ont pactisé avec l'étranger, lorsque, dans la dernière année de la Convention, ils ont eu une part importante à la direction des affaires? Est-ce qu'au moment où leurs têtes étaient mises à prix, ils ne refusèrent pas obstinément de se réfugier en Angleterre? Est-ce qu'ils manquaient d'énergie et de courage les Lanjuinais, les Barbaroux, les Vergniaud, les Boissy d'Anglas et tant d'autres membres du côté droit? Quelle idée entendez-vous donner de la nation française en insinuant que l'échafaud de la Terreur, dressé en permanence à Paris, promené à la suite de nos armées, a pu seul conjurer la ligue des rois et forcer nos volontaires à vaincre? L'astuce de Robespierre, la violence de Collot-d'Herbois, le cynisme d'Hébert, étaient-ils donc indispensables pour sauver la France? Disons-le hautement pour l'honneur de notre pays, non, mille fois non! Et dès lors, comment s'incliner devant un arrêt prononcé par une infime minorité au milieu des protestations ou du morne silence du reste de l'Assemblée.

Et vous, écrivains fatalistes [1], qui fulminez si réso-

---

1. De tous les écrivains fatalistes, le premier en date est l'auteur du *Souper de Beaucaire*, le futur empereur des Français, Napoléon I*er*. Ce pamphlet, publié deux mois après le 2 juin, n'est que l'amplification de cette idée reproduite sous toutes les formes : « Les girondins ont succombé, donc ils avaient tort. » L'homme de brumaire devait, quinze années durant, professer et pratiquer les doc-

lûment le *væ victis* contre les malheureux Girondins, ne voyez-vous pas à quelles conséquences vous entraîne l'absolution du fait accompli? Quoi! justice, droit, humanité, il sera permis de tout immoler sans honte et sans remords à la seule condition de réussir! Le succès suffira donc à changer le crime en vertu et le scélérat en honnête homme!

Naguère encore cette étrange théorie se couvrait de voiles, s'enveloppait de circonlocutions; grâce à vous, nous la voyons aujourd'hui se produire sans ambages, s'affirmer sans crainte, s'imposer sans pudeur.

Vous insinuez, il est vrai, que les Montagnards de 1793 ont fait sanctionner implicitement par le peuple le crime du 2 juin en obtenant l'adhésion des Assemblées primaires à la Constitution républicaine qu'ils présentèrent peu de temps après. Mais comment voudrait-on raisonnablement prétendre que le vote émis par une nation affolée de terreur pût légaliser après coup les attentats de Henriot et de ses imitateurs? Comment la violence pourrait-elle jamais devenir la source du droit?

Le Droit, à ce moment, se personnifiait dans les Girondins. Voilà pourquoi nous avons pris leur défense. Mais que l'on ne croie pas que nous soyons aveugles pour les fautes immenses qu'ils commirent pendant cette lutte terrible.

Depuis que nous les voyons à l'œuvre, quel spec-

trines que préconisait le capitaine d'artillerie. Plus tard, relégué à Sainte-Hélène, il but jusqu'à la lie les amertumes de la défaite, et apprit à ses dépens ce que le culte du fait accompli enfante de défaillances, de lâchetés et de trahisons.

tacle nous donnent-ils? toujours les mêmes tergiversations, toujours la même indiscipline, aucune unité dans leurs vues, aucune persistance dans leurs résolutions. Lors du procès du roi, les uns proposent l'appel au peuple, les autres le rejettent; les uns votent pour la mort, les autres pour la détention. Ils réclament successivement la convocation des Assemblées primaires, la réunion des suppléants à Bourges, la translation de l'Assemblée à Versailles. Ils abandonnent ces propositions presque aussitôt après les avoir produites. Ils ne savent s'accorder sur la conduite à tenir, ni pendant la lutte suprême ni après la défaite. La plupart s'abstiennent de paraître le 2 juin à l'Assemblée; ceux qui s'y rendent n'ont ni le même langage ni la même attitude; les uns obéissent au décret d'arrestation, les autres croient devoir s'y soustraire. Ces deux partis leur sont également funestes. Presque tous périssent, ceux-ci sur l'échafaud, à Paris, à Bordeaux; ceux-là au coin d'un bois, au détour d'une haie, traqués comme des bêtes fauves. Plaignons-les et ne maudissons pas leur mémoire. Ils aimèrent sincèrement la liberté.

FIN DU TOME SEPTIÈME.

NOTES

ÉCLAIRCISSEMENTS

ET

PIÈCES INÉDITES

I

CAPTIVITÉ DES MEMBRES DE LA FAMILLE DE BOURBON [1].

(Voir page 55 et 85.)

Le décret du 6 avril 1793 était ainsi conçu :

« La Convention nationale décrète que tous les individus « de la famille de Bourbon seront mis en état d'arrestation.

« La Convention nationale décrète que les individus de la « famille ci-devant royale, détenus au Temple, continueront d'y « rester prisonniers. »

Les membres de la famille de Bourbon qui, dans ce moment, résidaient en France, étaient au nombre de six :

Le duc d'Orléans et ses deux fils, le duc de Montpensier et le duc de Beaujolais ; la duchesse d'Orléans, fille du duc de Penthièvre ; la duchesse de Bourbon, sœur du duc d'Orléans, le prince de Conti.

Le duc de Montpensier fut arrêté à Nice, en vertu d'un ordre du Comité de sûreté générale, daté du 1er avril.

Les cinq autres membres de la famille royale furent arrêtés à Paris, en vertu du décret du 6 avril.

---

[1]. La plupart des pièces que nous donnons dans cette note sont inédites ; quelques-unes cependant ont été publiées dans des ouvrages aujourd'hui devenus fort rares. Nous avons pensé qu'il était utile d'en mettre l'ensemble sous les yeux de nos lecteurs.

I.

ARRESTATION DU DUC DE MONTPENSIER.

Comité de sûreté générale et de surveillance de la Convention nationale.

« 1er avril 1793, l'an second de la République française une et indivisible.

« Le Comité de sûreté générale, après avoir délibéré avec le Comité de défense générale et plusieurs membres de la Convention réunis, arrête que le citoyen Égalité, adjudant général de l'armée du Var, sera mis en état d'arrestation et conduit, sous bonne et sûre garde, aux prisons de l'Abbaye et tenu au secret jusqu'à nouvel ordre; que les scellés seront apposés sur ses papiers et que le présent arrêté sera mis à exécution par le ministre de la guerre.

« Les membres du Comité de sûreté générale et de surveillance de la Convention nationale.

« AMAR, L. MARIBON-MONTAUT, MEAULLE. »

Le ministre des affaires étrangères, chargé par intérim du département de la guerre, au général Biron.

« Je vous adresse, général, un mandat d'arrêt décerné cette nuit par le Comité de surveillance et de sûreté générale contre le citoyen Égalité cadet, adjudant général, employé à l'armée du Var.

« Je vous prie de le faire mettre à exécution sur-le-champ et de m'en accuser réception. Je vous autorise en conséquence à prendre toutes les mesures de sûreté et de prévoyance que vous jugerez convenables.

« LEBRUN. »

« Du lundi huit avril mil sept cent quatre-vingt-treize, l'an IIe de la République française, trois heures de relevée, à Nice, chef-lieu du département des Alpes-Maritimes. Nous, Jacques-Alexandre Pauliani, maire, Jean-Louis Raynaud, Gérôme Genet, officiers municipaux de cette ville, Pierre-Honoré Boissal, juge de paix, Louis-Félix Gassin, secrétaire-greffier, et Pierre Millo, commis à la municipalité, d'ordre du citoyen Biron, commandant en chef de l'armée d'Italie, nous nous sommes portés à son domicile, où étant arrivés, nous a ordonné de nous transférer à la maison du citoyen Camos et dans l'appartement occupé par le citoyen Égalité cadet, pour procéder à la mise des scellés sur tous ses papiers; ayant à cet effet remis à nous, citoyen-maire, la lettre du ministre des affaires étrangères, chargé par intérim du département de la guerre, adressée audit général Biron, datée de Paris le 1er de ce mois, et signée Lebrun, portant l'ordre de faire mettre à exécution le mandat d'arrêt décerné par le Comité de surveillance et de sûreté générale réuni au Comité de défense générale, contre ledit citoyen Égalité cadet, lequel mandat, joint à ladite lettre et à nous communiquée, porte entre autres que les scellés seront apposés sur les papiers dudit citoyen Égalité cadet.

« Étant arrivés audit appartement occupé par celui-ci, nous y avons trouvé ledit citoyen Égalité cadet, en compagnie des citoyens André Labarre, colonel du 15e régiment de dragons et commandant la place de Nice, et Jean-François la Poype, général de brigade, chef de l'état-major de l'armée d'Italie. En présence des mêmes, nous avons signifié l'objet de notre commission audit citoyen Égalité cadet, lequel tout de suite nous a présenté et ouvert un petit secrétaire, dans lequel nous avons trouvé divers papiers que nous avons placés dans une boîte en bois; après quoi l'ayant requis de nous faire indiquer et ouvrir les bureaux, commodes et armoires et autres existant dans ledit appartement, comme aussi de nous indiquer les pièces du même, nous ayant été tout ouvert, et ayant tout visité et vérifié, nous avons retiré tous les papiers qui s'y trouvaient dans la susdite boîte en bois, laquelle nous avons liée et croisée avec une ficelle sur laquelle nous avons apposé le sceau de la municipalité, en cire rouge d'Espagne, ainsi que deux autres cachets sur les deux petits crochets de la même boîte; ayant, avant que de procéder à la mise desdits scellés, requis ledit citoyen Égalité de nous remettre tous les papiers qu'il aurait sur lui, il nous a présenté son portefeuille, lequel nous a paru ne contenir que quelques assignats; nous les lui avons livrés avec ledit portefeuille.

« En suite de quoi nous avons pris et fait porter à la maison commune la boîte sus-mentionnée, pour être remise à la personne qui nous sera indiquée par le susdit citoyen Biron, commandant en chef l'armée d'Italie, de quoi tout nous avons dressé le présent procès-verbal dans ledit appartement, signé de tous les nommés ci-dessus :

« PAULIANI, maire.

« Louis RAYNAUD, Gérôme GENET, officiers municipaux.

« Jean LA LOYPE, André LA BARRE, Antoine ÉGALITÉ, MILLO ; BOISSAL, juge de paix ; GASSIN, secrétaire-greffier. »

Conseil provisoire exécutif.

« 15 avril 1793.

« Le ministre des affaires étrangères a donné communication d'une lettre du général Biron, qui l'informe qu'il a fait mettre à exécution le décret qui ordonne que tous les Bourbons seront mis en état d'arrestation, et qu'en conséquence il a fait arrêter et conduire à Paris l'un des fils du citoyen Égalité, qui se trouvait dans l'armée des Alpes-Maritimes.

« Le Conseil arrête qu'il sera donné connaissance de cette disposition au Comité de salut public, afin qu'il juge s'il ne convient pas d'ordonner que ce citoyen soit conduit à Marseille.

« CLAVIÈRE, LEBRUN, BOUCHOTTE, DALBARALDE, GARAT, GOHIER.

« GROUVELLE, secrétaire. »

Comité de salut public.

16 avril, au matin.

« Présents : Guyton, Bréard, Cambon, Treilhard, Lindet, Danton, Delacroix, Barère.

« Lecture faite d'une lettre du ministre des affaires étrangères, qui annonce l'arrestation du citoyen Égalité cadet, pour être traduit à la barre, le Comité a arrêté de proposer à la Convention que le citoyen Égalité cadet sera traduit à Marseille.

« L. Guyton, B. Barère, Delacroix, Cambon fils aîné, Treilhard, Lindet. »

II.

ARRESTATION DU DUC D'ORLÉANS.

« Paris, le 7 avril 1793, l'an second de la République.

« Citoyen président,

« En exécution du décret rendu hier par la Convention nationale portant que tous les individus de la famille des Bourbons seront mis en état d'arrestation, le citoyen Louis-Philippe-Joseph Égalité a été mis en état d'arrestation et conduit à la mairie pour constater l'identité de sa personne.

« J'ai l'honneur de vous adresser une copie certifiée conforme du procès-verbal qui a été dressé à la mairie. Vous y verrez que le citoyen Égalité regarde le décret comme étranger à sa personne en sa qualité de représentant de la nation.

« Les égards dus à la représentation nationale m'empêchent de me rendre juge de ses réclamations, je les soumets à la Convention nationale qui, seule, peut statuer sur la demande du citoyen Égalité et régler la détermination que le maire de Paris ainsi que moi devons prendre pour l'exécution de la loi.

« Le ministre de la justice,

« Gohier. »

Commune de Paris, département de police.

« Le 7 avril 1793, l'an 2ᵉ de la République.

« Ce jourd'hui dimanche, 7 avril 1793, l'an 2ᵉ de la République française, 8 heures du matin, par devant nous, administrateur de police, est comparu le citoyen Égalité, conformément à un décret de la Convention nationale du jour d'hier, qui nous a été notifié par le ministre de la justice, et en vertu d'un mandat d'amener, décerné par nous et mis à exécution par le citoyen Cavaignac, officier de paix.

« A lui demandé ses nom, prénoms, âge, profession, pays de naissance et de demeure.

« Répondu s'appeler Louis-Philippe-Joseph Égalité, âgé de 45 ans, né à Saint-Cloud, département de Seine-et-Oise, député à la Convention nationale du département de Paris, y demeurant rue Saint-Honoré.

A lui exhibé et notifié le décret de la Convention nationale qui ordonne l'arrestation de tous les individus de la famille des Bourbons.

« Nous a répondu que ce décret, que nous venons de lui exhiber, mérite une explication à son égard, parce qu'il ne le désigne pas nominativement, et qu'il est dans une classe à part, étant député à la Convention nationale; pourquoi il croit devoir nous requérir de suspendre à son égard l'exécution entière de la loi jusqu'à ce qu'il en ait référé à la Convention, ce qu'il va faire sur-le-champ.

« A lui demandé si ses réponses contiennent vérité; lecture faite, a dit que oui, qu'il y persiste, et a signé.

« Et, avant de signer, nous déclare le dit Égalité qu'il n'entend pas que sa comparution puisse nuire ni préjudicier à la Représentation nationale, dont il se trouve investi, et qu'il n'a entendu comparaître que pour s'en expliquer avec les magistrats du peuple.

« L.-P.-J. Égalité, L. Roux.

« Sur quoi nous, administrateurs de la police, disons qu'il sera référé sur-le champ au ministre de la justice de l'interrogatoire ci-dessus, avec invitation de nous tracer la marche que nous avons à suivre, et avons signé :

« L. Roux, Baudrais, D. E. Laurent. »

« A la mairie, le 7 avril 1793, l'an 2ᵉ de la République, onze heures du matin.

« Citoyens mes collègues,

« Il est venu ce matin chez moi deux citoyens, se disant l'un officier de paix, l'autre inspecteur de police, qui m'ont présenté une réquisition signée Pache, en vertu d'un décret de la Convention, pour que j'eusse à les suivre à la mairie ; je m'y suis rendu à l'instant pour m'expliquer avec un magistrat du peuple.

« Je lui ai déclaré que j'étais venu pour conférer avec eux et sans déroger aux droits attachés à la qualité de représentant du peuple dont je suis investi. Alors ils m'ont exhibé un décret rendu hier portant ces mots : la Convention nationale décrète que tous les individus de la famille des Bourbons seront mis en état d'arrestation. Comme je n'y suis pas compris nominativement et que je me trouve dans un cas particulier, comme député, je les ai requis de suspendre l'exécution du mandat d'arrêt, jusqu'à ce que j'en eusse écrit à la Convention. Inviolablement attaché à la République, sûr de mon innocence, et désirant avec ardeur le moment où ma conduite sera examinée, scrutée et rendue publique, je n'aurais pas retardé d'un instant l'exécution du décret, si je n'avais pas craint de laisser compromettre en moi la dignité de représentant du peuple ; je vous prie, citoyens mes collègues, de prendre une décision à ce sujet et de me faire passer vos ordres à la mairie, où je les attends,

« Philippe-Joseph Égalité[1]. »

---

1. Le *Moniteur*, nº 100, donne la lettre de Gohier et celle du duc d'Orléans ; mais le texte n'en est pas exact. Le nôtre est conforme aux originaux que nous avons eus entre les mains.

III.

TRANSLATION DES BOURBONS A MARSEILLE.

Le 8 avril, le duc d'Orléans, le duc de Beaujolais, le prince de Conti et la duchesse de Bourbon partirent pour Marseille, sous la conduite de trois commissaires du pouvoir exécutif. Ces commissaires étaient les sieurs Laugier, Cailleux et Naigeon. Ils avaient reçu des instructions dont la teneur suit :

Conseil exécutif provisoire. Tous les ministres présents.

« 8 avril 1793.

« Le ministre de la justice a remis sur le bureau un décret rendu ce jour même par la Convention nationale, portant que tous les individus de la famille des Bourbons, hors ceux qui sont détenus au Temple, seront transférés sur-le-champ à Marseille, où ils resteront en état d'arrestation dans les forts et châteaux de cette ville.

« Le Conseil exécutif provisoire arrête, pour l'exécution de ce décret, les dispositions suivantes :

« 1° Il y aura deux voitures, un officier de gendarmerie sera
« dans chacune d'elle ; elles seront escortées par un détache-
« ment, chacune, de six gendarmes, qui seront fournis par les
« départements de la route, d'après les ordres qui seront don-
« nés par le département de la guerre.

« 2° Deux commissaires civils seront chargés de présider à
« la translation ; en conséquence, ils requerront les municipa-
« lités et corps administratifs de pourvoir à la sûreté des pri-
« sonniers et de fournir, s'il y a lieu, les suppléments d'escorte
« nécessaires.

« 3° L'un des deux commissaires devra toujours marcher
« avec les voitures, tandis que l'autre ira en avant pour faire
« préparer les logements et prendre d'avance toutes les
« mesures de sûreté.

« 4° Les prisonniers ne pourront avoir de domestique qu'au
« moment où ils seront arrivés à leur destination, mais les

« femmes pourront emmener avec elles une femme pour les
« servir.

« 5° Il sera fait une *route* pour indiquer les lieux de repos
« ainsi que les lieux où l'escorte sera relevée.

« 6° Le ministre de la justice est chargé de faire toutes les
« autres dispositions qui lui paraîtront convenables et il sera
« dressé en outre une instruction particulière pour les com-
« missaires à la translation.

« Clavière, Lebrun, Garat, Gohier, Grouvelle. »

Le départ n'eut pas lieu sans protestation de la part de la duchesse de Bourbon et du prince de Conti, qui, de Paris d'abord et ensuite de plusieurs des villes où il leur fut permis de s'arrêter, adressèrent des pétitions à la Convention ; mais elles furent toutes rejetées par un ordre du jour pur et simple.

Le voyage s'effectua sans grave incident ; seulement les commissaires eurent la précaution de traverser de nuit la ville de Lyon et d'aller d'une seule traite de Roanne à Vienne. Comme ils se voyaient arrêtés, à chaque instant, par le manque absolu de chevaux de poste, ils prirent le parti de s'embarquer sur le Rhône, dans un bateau assez grand pour recevoir les voitures, les prisonniers et leur escorte, et descendirent ainsi de Vienne jusqu'à Avignon.

A leur arrivée à Marseille, les princes et la duchesse de Bourbon furent écroués au château de Notre-Dame de la Garde ; ils y trouvèrent le duc de Montpensier, qui les avait devancés de dix jours dans cette prison. Plus tard ils furent transférés au fort Saint-Jean.

Peu de temps après, ils eurent à subir un interrogatoire devant le peuple assemblé dans l'église Saint-Thomas. Cette formalité avait été prescrite par le décret du 16 avril 1793, qui était ainsi conçu :

« Le président du Tribunal criminel du département des Bouches-du-Rhône, ou les juges par lui délégués, interrogeront les individus de la famille des Bourbons, détenus à Marseille, sur tous les faits relatifs à la conspiration ourdie contre la liberté française, et il sera envoyé au Comité de salut public une expédition de ces interrogatoires.

Nous donnons *in extenso* le texte des interrogatoires du duc d'Orléans et de ses deux fils. La finesse des réponses y égale souvent la stupidité des demandes. Nous les ferons précéder de la lettre par laquelle le ministre de la justice transmit ces pièces au président de la Convention.

« Paris, ce 20 mai 1793.

« Citoyen président,

« Je m'empresse de vous transmettre des expéditions des interrogatoires subis par les individus de la famille des Bourbons détenus au fort de Notre-Dame de la Garde de Marseille.

« La Convention nationale verra sans doute avec satisfaction le zèle que les membres du Tribunal criminel du département des Bouches-du-Rhône ont montré dans cette circonstance.

« L'accusateur public m'informe que les interrogatoires ont été faits dans une église, en présence du peuple, au milieu de la garde nationale, et que tout s'est passé dans la plus grande tranquillité.

« Le ministre de la justice,

« Gohier. »

« L'an second de la République française et le 7 mai 1793, à 9 heures du matin, le président du Tribunal criminel du département des Bouches-du-Rhône, séant à Marseille, s'est transporté, en compagnie de l'accusateur public et du greffier dudit tribunal, en la paroisse de Saint-Thomas, et en vertu d'un décret de la Convention nationale, à la date du 16 avril, a mandé venir du fort Notre-Dame de la Garde le citoyen Bourbon Orléans, y transporté et détenu en vertu de ce même décret du 16 avril, et, constitué ledit citoyen Bourbon Orléans, le président a ainsi commencé l'interrogatoire :

D. « Votre nom, citoyen?
R. « Louis-Philippe Égalité.
D. « Votre âge, citoyen?
R. « Agé de 46 ans.
D. « Où êtes-vous né?
R. « A Saint-Cloud, résidant à Paris.

D. « Connaissez vous le motif de votre arrestation?

R. « Non, citoyen. Le décret de la Convention porte : Par mesure de sûreté générale. Je ne sais pas autre chose.

D. « Quelle avait été votre opinion sur les états généraux de 1789 qui prirent le nom d'Assemblée nationale?

R. « Je pensai qu'ils devaient être Assemblée nationale.

D. « Dans cette première Assemblée, n'intriguâtes-vous pas pour empêcher la destruction du clergé, des parlements et de la noblesse?

R. « Non, citoyen, je n'intriguai pas ; je n'ai jamais intrigué, et je fus un des premiers de la Chambre de la noblesse qui se réunirent à celle qu'on appelait la Chambre du tiers.

D. « En octobre 1789, lorsque le peuple se porta à Versailles pour faire venir Capet et sa famille à Paris, n'aviez-vous pas un parti conduit par Mirabeau pour vous mettre sur le trône?

R. « Non, citoyen, je n'ai jamais eu de parti d'aucune espèce ; j'ai toujours eu aversion d'être sur le trône, je n'y ai jamais pensé, et n'ai jamais été lié particulièrement avec Mirabeau.

D. « Cependant, à cette époque, Mirabeau vous dit : Montez à cheval et vous êtes roi?

R. « Je ne me le rappelle pas ; il ne m'a jamais tenu pareil propos, je ne l'aurais pas écouté de sang-froid.

D. « On assurait alors que vous aviez fait répandre beaucoup d'argent pour monter sur le trône, et que vous vous servîtes de l'influence de Mirabeau pour vous populariser.

R. « Je n'ai jamais fait répandre de l'argent, je n'ai chéri et désiré que la liberté.

D. « N'assistiez-vous pas à des conciliabules où étaient les Bouillé, les Lafayette, les Mirabeau, qui voulaient nous asservir?

R. « Non, citoyen, je n'ai jamais eu connaissance de ces conciliabules, et je n'ai jamais assisté à aucun d'aucune espèce.

D. « N'est-ce pas vous qui *inscitâtes* cette visite populaire aux Tuileries, le 20 juin 1792, dans l'espoir qu'on se déferait de Capet et de son fils, et que vous leur succéderiez sur le trône?

R. « Non, citoyen, jamais je n'ai eu pareille pensée. Je n'étais pas à Paris dans ce temps.

D. « Vous vous flattiez cependant, à la journée du 10 août, que, Capet et son fils périssant, vous seriez roi?

R. « Non, citoyen.

D. « Vos premiers voyages en Angleterre n'avaient-ils pas pour but de vous assurer la cour de Saint-James, pour vous aider à monter sur le trône de France?

R. « Non, citoyen ; mes premiers voyages en Angleterre n'ont été faits que pour jouir de la liberté dont nous ne jouissions pas encore en ce temps-là. Je n'ai fait le dernier, en 1789, qu'avec une mission du gouvernement et l'approbation de l'Assemblée nationale. Il n'avait pas l'objet sur lequel vous me questionnez.

D. « N'aviez-vous pas cabalé pour vous faire nommer représentant du peuple?

R. « Non, citoyen ; je l'ai désiré, et n'ai fait aucune cabale.

D. « Quelle fut votre opinion au moment de l'abolition de la royauté, et sur la République déclarée une et indivisible?

R. « La République une et indivisible.

D. « Mais vous conçûtes alors le projet d'être dictateur ou protecteur?

R. « Non, citoyen, je n'ai jamais eu ce désir.

D. « Quel était votre projet en envoyant vos deux fils à l'armée?

R. « Je n'ai point envoyé mes deux fils à l'armée. Ils étaient entrés dans la carrière militaire : l'un était colonel, l'autre sous-lieutenant dans le même régiment; ils ont poursuivi cette carrière.

D. « N'étiez-vous pas étroitement lié avec Dumouriez?

R. « Non, citoyen, je le connaissais très-peu.

D. « N'avait-il pas mené avec lui vos deux fils à l'armée, pour leur attirer la bienveillance des soldats et les faire servir à ses infâmes trahisons?

R. « Ils étaient à l'armée avant que Dumouriez y arrivât, car ils servaient déjà lorsque le maréchal de Rochambeau commandait.

D. « Sans doute vous vîtes Dumouriez lorsqu'il vint de son

armée à Paris, et il vous fit part des projets sinistres qu'il avait conçus?

R. « Je n'ai vu Dumouriez qu'une fois, et l'espace de cinq minutes. Il ne me fit part d'aucun projet de cette espèce, et s'il l'eût fait, je ne l'aurais pas tenu secret. Ce fut par hasard que je le rencontrai.

D. « Ne vous dit-il pas qu'il placerait votre fils aîné duc de Brabant et de Hollande, tandis que lui, Dumouriez, serait capitaine général ?

R. « Non, citoyen, il ne me parla pas de cela ; il me dit seulement qu'il aimait beaucoup mon fils, qui était un bon officier.

D. « Fallait-il bien que vous eussiez quelque projet, puisque vous aviez envoyé votre fille dans une ville frontière, auprès de Dumouriez, avec la famille Sillery ?

R. « Ma fille avait voyagé en Angleterre pour sa santé et achever son éducation dans la langue anglaise. Elle était confiée dès sa naissance presque, dès l'âge de deux ans, aux soins de la citoyenne Sillery. Quand l'ambassadeur d'Angleterre en France fut rappelé, j'écrivis positivement à la citoyenne Sillery de ramener ma fille en France, ne voulant pas qu'elle pût passer pour émigrée. La citoyenne Sillery retarda son retour, par différentes raisons de santé, et elle n'arriva qu'au moment où la loi sur les émigrés fut rendue. Comme cette loi ordonnait aux personnes qui avaient voyagé, et qui avaient des explications à donner sur leur voyage, de sortir de France en attendant, pour ne pas passer pour *émigrées,* je la fis partir pour Tournai, et elle en fit sa déclaration à la Commune de Paris ; mais, à ce moment, je retirai à la citoyenne Sillery les pouvoirs que je lui avais donnés et l'autorité qu'elle avait sur ma fille. Je chargeai quelques personnes de chercher en Belgique une femme qui pût prendre soin d'elle, parce que je ne pouvais en ce moment en faire partir une de Paris, qui aurait été réputée émigrée si elle était sortie de France.

D. « Sans doute votre fils aîné, dans sa correspondance, vous avait instruit des complots liberticides de Dumouriez?

R. « Non, citoyen ; depuis le jugement de Louis Capet, notre correspondance était devenue beaucoup plus froide parce que son opinion n'était pas la même que la mienne ; il ne m'avait fait part d'aucun projet.

D. « Il n'est pas possible que votre fils aîné ne fût pas instruit des projets de cet infâme général, puisqu'il s'est enfui avec lui ; par conséquent, vous deviez en être instruit vous-même. Je vous interpelle de dire la vérité.

R. « C'est avec la plus grande vérité que je déclare que je n'en étais nullement instruit ; si j'en avais eu le plus léger soupçon, je ne l'aurais pas tenu secret ; je n'en ai eu nulle connaissance.

D. « N'est-ce pas pour vous masquer que vous siégiez à la montagne de la Convention, et que vous votâtes la mort sans appel, tandis que vos amis et vos partisans étaient parmi les appelants ?

R. « Je n'ai jamais eu de parti ; je n'ai jamais rien fait pour me masquer, et n'ai suivi que ce que me dictait ma conscience.

D. « Depuis la mort du tyran, n'aviez-vous pas envoyé des émissaires dans les départements du Nord pour sonder l'opinion publique et connaître si elle ne répugnait pas à vous avoir pour roi ?

R. « Non, citoyen, aucun.

D. « On a reconnu de vos gens parcourant les départements et tenant à peu près ce langage.

R. « Cela ne peut pas être.

D. « Quelle liaison avez-vous avec Biron ?

R. « Liaison d'amitié depuis trente ans. Nous sommes du même âge, nés du même jour.

D. « Est-ce lui qui a demandé que votre fils cadet servît auprès de lui, ou est-ce le ministre qui l'a envoyé dans l'armée d'Italie ?

R. « C'est mon fils cadet qui l'a demandé au ministre, après en avoir obtenu l'agrément et le consentement de Biron.

D. « N'entrait-il pas dans vos vues que de vos deux fils l'un se popularisât dans l'armée du Nord et l'autre dans celle du Midi pour seconder les projets liberticides de l'infâme Dumouriez ?

R. « Non, citoyen. Encore une fois, je n'avais aucune connaissance des projets de l'infâme Dumouriez. C'est mon fils qui a demandé à passer dans l'armée du Midi ; je n'ai fait que me rendre à ses désirs en appuyant sa demande auprès de Biron.

D. « Quels étaient les membres de la Convention que vous fréquentiez le plus assidûment?

R. « Je n'en fréquentais aucun assidûment, je n'étais lié intimement avec aucun. Ceux avec qui je communiquais le plus, dans la Convention, étaient ceux qui siégeaient du côté gauche, appelé la Montagne, parce que nos opinions nous rapprochaient.

D. « N'avez-vous pas fait dernièrement un voyage dans les départements de l'Orne et du Loiret, et notamment à Orléans? Quel en était le motif?

R. « Je ne me suis pas éloigné de Paris de plus de dix lieues, depuis le commencement de la Convention. J'ai très-peu manqué de séances à la Convention, jamais deux de suite, et n'ai découché de Paris que pour coucher à trois lieues dans une terre à moi, et pour une nuit, et encore très-rarement.

D. « Vous y aviez envoyé quelques-uns de vos émissaires?

R. « Personne.

D. « Donnez-nous quelques motifs sur la réputation douteuse que vous avez?

R. « Je ne croyais pas en avoir une douteuse parmi les patriotes.

D. « Avez-vous toujours agi d'après vous-même ou d'après un conseil particulier?

R. « D'après moi-même, citoyen.

D. « Vous nous avez dit que vous aviez une aversion marquée pour le trône ; pourquoi ne vous êtes-vous pas attaché à vous laver de ces inculpations, où à les repousser ?

R. « Fort de la pureté de ma conscience, de mes intentions et de ma conduite, sûr qu'elles me feraient triompher de toutes les calomnies, je les ai toujours méprisées.

D. « Brûliez-vous les lettres de vos fils à mesure que vous les receviez ?

R. « Quelquefois oui, quelquefois non.

D. « Quelle est votre conduite à l'égard de votre fils depuis que vous avez appris qu'il a trahi la nation?

R. « Au moment où j'ai eu le soupçon qu'il avait une mauvaise conduite, j'ai été mis en état d'arrestation, et j'ai toujours espéré qu'il y avait été contraint par la force et n'ai eu aucun moyen de rien faire.

D. « Ne souffriez-vous pas dans votre maison que vos gens vous flattassent de la royauté ou de la dictature?

R. « Toutes les personnes qui me connaissent connaissent aussi ma façon de penser et savent que je l'aurais pris pour une injure.

D. « Pourquoi êtes-vous si mal avec les parents de votre famille, qui se disent patriotes?

R. « Je ne connais point de parents de ma famille, avec qui je sois mal, qui se disent patriotes.

D. « Depuis que vous êtes en arrestation au fort de la Vierge de la Garde, n'avez-vous pas cherché à avoir communication avec quelques personnes de la cité.

R. « Non, citoyen, point d'autres que celle avec les ouvriers dont j'avais besoin.

« Plus n'a été interrogé.

« Lecture faite, etc., et a signé avec nous.

« Louis-Philippe-Joseph Égalité, — Maillet cadet, président ; — Giraud, accusateur public ; — Ét. Chompré, greffier du Tribunal criminel.

« Et de suite constitué le jeune Orléans, ci-devant Baujolais.

D. « Comment vous appelez-vous, citoyen?

R. « Alphonse-Léodgard Orléans.

D. « Quel âge avez-vous?

R. « J'ai treize ans.

D. « Où êtes-vous né?

R. « A Paris.

D. « Vous y demeuriez?

R. « Oui, citoyen.

D. « Êtes-vous patriote?

R. « Oui, citoyen.

D. « N'auriez-vous pas aimé mieux être prince dans l'ancien régime?

R. « Non, sûrement.

D. « *Votre papa* ne vous a-t-il jamais dit qu'il serait roi?

R. « Jamais.

D. « Vous parlait-il en bien de la Révolution?

R. « Oui, toujours.

D. « Il vous disait donc bien aimer la liberté et l'égalité?

R. « Oui, citoyen.

D. « Fréquentait-il quelques aristocrates dans la maison de votre père?

R. « Non, citoyen.

D. « Les domestiques, tous les gens de votre maison ne vous parlaient-ils pas beaucoup de l'aristocratie?

R. « Aucun ne m'en parlait.

D. « Vos maîtres vous parlaient-ils de la liberté et de l'égalité?

R. « Non, ils me donnaient souvent les bonnes nouvelles.

D. « De sorte que vous n'avez jamais entendu parler du projet qu'il fallait un roi?

R. « Non, jamais.

D. « Aimeriez-vous mieux le titre de prince que celui de citoyen?

R. « J'aime mieux celui de citoyen.

« Plus n'a été interrogé.

« Lecture faite, etc.; et a signé avec nous:

« Alphonse-Léodgard-Maillet cadet, président; — Giraud, accusateur public; — E. Chompré, greffier du Tribunal. »

« L'an second de la République française, et le 8 mai 1793, à 9 heures du matin, le président du Tribunal criminel du département des Bouches-du-Rhône, séant à Marseille, s'est transporté, en compagnie de l'accusateur public et du greffier dudit tribunal, en la paroisse de Saint-Thomas, et, en vertu d'un décret de la Convention nationale à la date du 16 avril; il a mandé venir du fort Notre-Dame-de-la-Garde le citoyen Orléans-Montpensier cadet, y transporté et détenu en vertu de ce même décret du 16 avril, et, constitué ledit citoyen Orléans-Montpensier cadet, le président a ainsi commencé l'interrogatoire:

Le Président. « Votre nom, citoyen ?

R. « Antoine Égalité.

D. « Votre âge ?

R. « Dix-huit ans moins deux mois.

D. « Où êtes-vous né, citoyen ?

R. « A Paris, et y domicilié.

D. « Connaissez-vous le motif de votre arrestation ?

R. « Non, citoyen.

D. « Quelles en ont été les circonstances ?

R. « Je partis de Nice le 8 avril, d'après l'ordre du Comité de surveillance que reçut le général Biron de me faire arrêter et conduire à la prison de l'Abbaye, à Paris. Je partis accompagné d'un officier de gendarmerie et d'un maréchal des logis. J'arrivai le 10 à Aix, à une heure du matin. On nous arrêta, on nous conduisit à la municipalité. L'officier de gendarmerie exhiba son ordre et, malgré cela, la municipalité jugea à propos de ne pas me laisser passer sans en avoir informé le district. Le district arrêta qu'il enverrait deux commissaires au département pour l'en instruire, et le département me fit venir à Marseille.

D. « Vous reconnaissez cette boîte et les sceaux ?

R. « Oui, citoyen, je crois que c'est cela. »

(Le président a ordonné la lecture de plusieurs lettres et d'un passe-port à la date du 30 décembre 1792, signé Dumouriez, et d'un, signé Beurnonville, et de diverses gazettes et papiers publics, cités seulement par leurs titres.)

D. « Étiez-vous dans la carrière militaire avant la Révolution ?

R. « Je n'y suis entré que le 3 juillet 1791.

D. « Pourquoi avez-vous quitté l'armée du Nord pour passer dans celle du Midi ?

R. « Parce que, mon frère commençant à avoir des principes différents des miens, j'ai préféré, n'étant pas d'accord, quitter l'armée où il était.

D. « N'était-ce pas combiné entre Dumouriez, votre frère et vous ?

R. « Ce n'était nullement combiné. Quand le général Biron passa à Paris pour se rendre à l'armée, je priai mon père de

lui demander de me faire entrer au service avec lui; il le fit;
la demande fut faite au ministère et accordée.

D. « Sans doute, avant de partir de l'armée du Nord, vous
étiez instruit des projets liberticides de Dumouriez?

R. « Nullement. Je n'en avais pas même le soupçon.

D. « Lorsque vous étiez avec votre frère auprès de Dumouriez, vous entendiez parler des moyens de relever la monarchie.

R. « Je n'en ai pas entendu un mot.

D. « Vous avez dit tout à l'heure que les principes de votre
frère n'étaient pas les vôtres, et que c'était cela qui vous
avait décidé à quitter l'armée du Nord, et vous dites en ce
moment que vous n'avez pas entendu un mot de contre-révolution.

R. « Je le dis : je n'ai pas entendu un mot de contre-révolution. Seulement je voyais mon frère commencer à avoir des
principes tout différents de ceux qu'il avait autrefois, c'est-à-
dire du côté gauche de l'Assemblée nationale ou des patriotes
qui le composent.

D. « Votre père, dans sa correspondance, ne vous avait-il
pas manifesté le projet de monter sur le trône?

R. « Jamais.

D. « Lorsque vous étiez dans l'armée du Nord, n'aviez-vous
aucune correspondance avec vos parents émigrés?

R. « Aucune; je ne puis même imaginer qu'on en ait le
soupçon.

D. « Dumouriez, dans ses conversations, ne laissait-il pas
apercevoir son dessein de trahir la République?

R. « Je ne lui ai entendu rien dire à ce sujet qui me l'ait
fait croire, jusqu'au 22 décembre, que je suis parti de Liége.

D. « Ne promettait-il pas à votre frère la souveraineté du
Brabant et de la Hollande?

R. « Jamais je n'ai reçu aucune connaissance de ce projet.

D. « Quelles étaient vos liaisons avec Biron? Mangiez-vous
avec lui?

R. « Très-souvent.

D. « L'accompagniez-vous dans ses courses et travailliez-
vous dans l'état-major comme vous le deviez?

R. « Je l'accompagnais dans ses courses et je faisais ce qu'on m'ordonnait de faire.

D. « Avant que votre arrestation fût publiquement connue, n'avez-vous pas eu quelques conférences particulières avec Biron?

R. « Aucune, et mon arrestation même m'a extrêmement étonné, n'ayant rien à me reprocher.

D. « Au moment où vous fûtes arrêté, fûtes-vous conduit dans vos appartements?

R. « Oui, citoyen.

D. « Par qui fut mis le scellé sur cette cassette?

R. « Par les officiers municipaux de Nice.

D. « Au moment de votre arrestation, jusqu'à celui de votre transmarchement, n'avez-vous communiqué qu'avec ceux qui étaient chargés de vous conduire?

R. « Qu'avec eux; il y est resté un secrétaire nommé Mirys, qui demeurait dans le même appartement que moi, et cela n'a été que quelques heures.

D. « D'où est-il, ce Mirys? mangeait-il chez Biron?

R. « Il était Polonais, depuis longtemps en France, et il mangeait aussi chez Biron.

D. « Lors de votre passage par Marseille, n'eûtes-vous pas une entrevue avec Biron et Kellermann?

R. « Kellermann n'y était pas, et je dînai avec Biron.

D. « Cependant Kellermann et Biron ont eu une entrevue?

R. « A Nice.

D. « Sans doute, c'était pour concerter les moyens de nous trahir au Midi pendant qu'on nous trahissait au Nord?

R. « Je ne crois pas. Au reste je n'ai pas assisté à cette entrevue.

D. « Pourquoi, étant bon patriote, lors de votre passage à Marseille, n'allâtes-vous pas visiter la Société républicaine?

R. « J'y suis resté trop peu de temps. Sans cela je m'en fusse fait un devoir.

D. « Depuis votre séjour dans l'armée du Midi, n'avez-vous pas reçu des lettres de votre frère?

R. « Une seule, où il m'apprenait les revers que l'armée de la Belgique essuyait près de Louvain.

D. « L'avez-vous conservée, cette lettre?

R. « Non, je ne l'ai pas conservée.

D. « Il n'est pas possible qu'il ne vous parle pas du dessein de Dumouriez de livrer la Belgique à l'ennemi, et de son projet, à lui, d'émigrer avec Dumouriez?

R. « Je puis vous assurer que non, sa lettre était très-courte, et il paraissait désespérer du salut de la République.

D. « Pourquoi, connaissant les principes changés de votre frère, ne l'avez-vous pas été dénoncer au Comité de salut public, vu le danger que devait courir l'armée?

R. « J'ai déjà dit que je n'avais aperçu en lui aucun principe contre-révolutionnaire; je ne voyais que son patriotisme très-affaibli, et n'avais aucun fait à citer contre lui.

D. « Il me semble que vous n'auriez pas dû alors vous séparer de votre frère pour un affaiblissement de patriotisme.

R. « J'ai déjà dit qu'il pensait comme le côté droit de l'Assemblée, et que j'avais la même opinion que celle de mon père, qui siégeait dans le côté gauche.

D. « Pourquoi n'avez-vous rien fait pour disculper votre père des soupçons qu'on a sur lui de son désir de monter sur le trône?

R. « Je n'avais rien à faire, la pureté de sa conduite parle d'elle-même.

D. « Votre popularité avec le soldat, quel but avait-elle?

R. « Je ne sais ce que c'est que cette popularité : je n'en ai jamais affecté.

D. « Pourquoi a-t-on trouvé chez vous si peu de correspondance?

R. « J'ai déjà dit que je ne gardais pas mes lettres.

D. « Quel est le nom du citoyen qui vous écrit de Nîmes?

R. « C'est Peyre, auteur de *l'École des pères,* et qui a été attaché à mon père comme son secrétaire.

D. « Pourquoi correspondez-vous encore avec un homme qui emploie encore les noms et les titres abolis?

R. « C'est la première lettre que je recevais de lui, depuis quelque temps. Je ne les emploie point, quant à moi. Si j'avais pu le lui dire, je l'aurais fait.

D. « Pourquoi votre père, qui n'était pas connu pour faire des aumônes abondantes avant la Révolution, en a-t-il fait depuis la Révolution?

R. « Je n'ai aucune notion de ces aumônes dont on parle.
« Plus n'a été interrogé.

« Lecture à lui faite de ces interrogats et réponses, a déclaré la vérité, y persister, et a signé avec nous, et le tribunal a ordonné la remise de la boîte et papiers au prisonnier, ce qui a été fait.

« Antoine Égalité, — Maillet cadet, président ; — Giraud, accusateur public ; — E. Chompré, greffier du Tribunal criminel. »

IV.

CAPTIVITÉ DES BOURBONS A MARSEILLE ET A PARIS.

On pouvait croire que la captivité des membres de la famille des Bourbons ne serait pas de longue durée ; en effet, quatre mois après le décret du 6 avril, qui avait ordonné leur arrestation, était intervenu le décret du 1er août 1793 qui ordonnait qu'ils seraient déportés hors du territoire de la République. Mais ce décret ne reçut aucune exécution. Loin de là, le duc d'Orléans était arraché des bras de ses fils à Marseille, conduit à Paris, traduit devant le Tribunal révolutionnaire et exécuté le 6 novembre 1793. Le même jour, un ordre du Comité de sûreté générale ordonnait la translation, dans les prisons de Paris, de la duchesse d'Orléans, restée jusqu'alors à Bizy-lès-Vernon, sous la garde de la municipalité. Cet ordre était ainsi conçu :

« Du 16e jour du second mois de l'an II de la République.

« Le Comité de sûreté générale arrête que la ci-devant duchesse d'Orléans, actuellement demeurant à Vernon, où elle est retirée, nonobstant le décret de la Convention qui ordonne que tous les individus de la famille des Bourbons soient conduits à Marseille, sera saisie par le porteur, qui est chargé de requérir la force armée pour l'exécution du présent.

« VADIER, LAVICOMTERIE, JAGOT, AMAR, DUBARRAN, LOUIS (du Bas-Rhin), VOULLAND, GUFFROY. »

La duchesse d'Orléans était dans un état de santé tel que l'on fut obligé de mettre cinq jours pour faire le trajet de Vernon à Paris. Le 29 brumaire, elle fut écrouée à la prison du Luxembourg.

Nous renvoyons aux mémoires si intéressants, que le duc de Montpensier a laissés, pour tout ce qui concerne la captivité des prisonniers de Marseille, et à l'ouvrage intitulé : *Anne-Paule-Dominique de Noailles, marquise de Montagu*, pour ce qui regarde la captivité de la duchesse d'Orléans; nous avons hâte d'arriver au 9 thermidor, pour avoir à raconter des faits moins tristes.

Aussitôt après la mort de Robespierre, les prisons ne tardèrent pas à se vider. La duchesse d'Orléans, restée presque seule dans la prison du Luxembourg, adressa la lettre suivante aux comités de gouvernement :

LIBERTÉ, ÉGALITÉ.

La citoyenne Marie-Louise-Adélaïde Penthièvre, aux Représentants du peuple français, composant les Comités de salut public et de sûreté générale réunis.

« Citoyens Représentants,

« Forte de ma conscience et d'une conduite en tous points irréprochable, je réclame avec confiance l'humanité et la justice des Représentants du peuple français composant les Comités de salut public et de sûreté générale réunis, dans l'état affligeant où mes maux m'ont réduite.

« J'ai été mise en arrestation à Bizy-lès-Vernon au mois d'avril 1793; j'étais alors absente de Paris depuis deux ans, et je pleurais la perte récente et cruelle du meilleur des pères, auprès duquel j'avais vécu depuis cette époque.

« Ce malheur ayant mis le comble à des chagrins d'autant plus cuisants qu'ils étaient occasionnés par les sentiments qui sont placés dans toute âme honnête, et qui devaient naturellement faire mon bonheur, ma santé était tellement affectée que, lors de mon départ de Bizy-lès-Vernon, distant de Paris de vingt lieues, au mois de brumaire, les commissaires qui m'y conduisirent dans la maison d'arrêt du Luxembourg jugèrent devoir employer cinq jours à ce voyage.

« Mes maux se sont aggravés depuis six mois que je suis retenue dans cette maison, et sont parvenus à un période très-alarmant. Mon état est constaté par le rapport des officiers de santé ; ils estiment qu'il est on ne peut plus instant d'abandonner les remèdes palliatifs qu'ils ont seulement pu employer jusqu'à présent pour s'occuper du fond de ma santé ; ce qui ne peut avoir lieu dans la maison d'arrêt du Luxembourg, où il n'y a aucune des commodités suffisantes, ni possibilité de respirer l'air.

« Dans cette position, je demande qu'il me soit permis de me retirer dans une maison particulière où je puisse recevoir tous les secours nécessaires, sous telles conditions qu'il plaira de me prescrire.

« Obéissance absolue aux lois, respect aux autorités constituées, telle a toujours été et telle sera toujours la règle de ma conduite, et c'est dans ces sentiments que j'attendrai avec soumission la décision que les Représentants du peuple français, composant les Comités de salut public et de sûreté générale réunis, porteront sur ma demande. »

Il fut fait droit presque aussitôt à la pétition de la duchesse. Par ordre des Comités de gouvernement, les administrateurs de police prenaient un arrêté ainsi conçu :

Département de police. — Commune de Paris.

« Le concierge de la maison de santé de Belhomme, rue de Charonne, n° 70, recevra *le prisonnier* ci-après *dénommé*, savoir : Marie-Louise-Adélaïde Penthièvre, qui ui est envoyée de la prison du Luxembourg, et il la gardera usqu'à nouvel ordre.

« Fait au département de police, hôtel de la Mairie, le 26 fructidor an II de la République : GÉROME, CHRISTOPHE. »

La captivité des prisonniers du fort Saint-Jean s'adoucissait aussi. Nous en avons la preuve dans l'arrêté suivant, que nous avons retrouvé :

« 30 nivôse an III de la République (19 janvier 1795).

« Vu la demande faite par les enfants d'Orléans détenus au fort Saint-Jean de Marseille, par décret de la Convention, le Comité arrête qu'il leur sera permis de se promener dans le jardin et les cours, comme le citoyen Conti, et la citoyenne Bourbon, leur tante, attendu que le décret qui les concerne n'a mis aucune différence entre les enfants d'Orléans et leurs parents détenus dans le même fort.

« Les Représentants du peuple composant le Comité de sûreté générale :

« VARDON, GARNIER (de l'Aube), J.-S. ROVÈRE, GUFFROY, HARMAND, BOUDIN, REVERCHON.

Les idées d'humanité et de justice reprenaient chaque jour plus d'empire ; des voix généreuses s'élevèrent pour demander que les membres de la famille de Bourbon fussent déportés hors du territoire de la République, en vertu du décret du 1er août 1793 qui, depuis dix-huit mois, était resté sans exécution.

Mais le 3 pluviôse an III, sur le rapport de Cambacérès, au nom des Comités de salut public, de sûreté générale et de législation, la Convention nationale passa à l'ordre du jour sur cette motion, et décida qu'il serait sursis, jusqu'à la paix, à l'exécution du décret du 1er août 1793.

Six mois plus tard, le 12 messidor an III (30 juin 1795), la Convention adopta à l'unanimité la déclaration suivante :

« Au même instant que les cinq représentants du peuple, le ministre, les ambassadeurs français et les personnes de leur suite livrés à l'Autriche, ou arrêtés et détenus par ses ordres, seront rendus à la liberté, et, parvenus aux limites du territoire de la République, la fille du dernier roi des Français sera remise à la personne que le gouvernement autrichien désignera pour la recevoir, et les membres de la famille de Bourbon actuellement détenus en France pourront aussi sortir du territoire de la République[1]. »

Avant même que la remise de la fille de Louis XVI aux mains des commissaires autrichiens fût effectuée (elle n'eut lieu que le 26 décembre 1795), le prince de Conti et la duchesse de Bourbon étaient mis en liberté, mais sous l'obligation de se retirer, le prince à Autun, la duchesse à Moulins, et d'y demeurer sous la surveillance des municipalités de ces communes (décret du 28 thermidor an III). Un mois après la duchesse d'Orléans obtenait l'autorisation de quitter la maison Belhomme, et recouvrait la pleine jouissance de ses droits civils en vertu d'un arrêté que nous nous empressons de donner, car il fait un étrange contraste avec les pièces de l'époque ultra-révolutionnaire que nous sommes si souvent obligés d'inscrire dans nos annales.

« 24 fructidor an III (10 septembre 1795). »

« Les Comités de salut public et de sûreté générale réunis, sur le rapport fait, par un membre, de la situation de Louise-Marie-Adélaïde Bourbon Penthièvre, veuve d'Orléans :

« Considérant que Louise-Marie-Adélaïde Bourbon Penthièvre n'a été privée de la liberté et de la jouissance de ses biens que par simple mesure de sûreté générale et par l'effet des circonstances révolutionnaires qui ont provoqué sa détention ;

« Qu'il n'a jamais existé aucune accusation contre ses principes, ses sentiments et sa conduite, toujours conformes à ce qu'on devait attendre d'une Française soumise aux lois de son pays ;

« Considérant que le terme où la Révolution est parvenue doit d'autant plus disposer le gouvernement à tous les actes de justice qui peuvent se concilier avec la sûreté, la tranquil-

---

1. Il est à remarquer que l'initiative de cette mesure réparatrice appartient à la Convention régénérée et non au Directoire, auquel il est d'habitude de l'attribuer. Celui-ci, dans cette circonstance, ne fit qu'exécuter les promesses faites par l'assemblée souveraine à laquelle il avait succédé.

lité publique et le maintien des principes républicains, que déjà les Français qui se sont assemblés ont accepté avec enthousiasme la constitution destinée à faire leur bonheur ;

« Considérant que cette tranquillité, loin de pouvoir être altérée par la déclaration de pleine liberté d'une femme devenue encore plus intéressante par ses trop longues souffrances et par le délabrement de sa santé, serait consolidée, s'il en était besoin, par une telle application des principes;

« Considérant enfin que le décret du 12 messidor dernier a fait prévoir l'époque prochaine où les membres de la famille de Bourbon, restés en France exempts de tous reproches, jouiraient de tous les droits de citoyen et que le terme où est parvenue la négociation relative à l'échange de la fille du dernier roi des Français donne lieu de penser qu'aucune convenance politique ne saurait être blessée par les actes de justice que la situation de Louise-Marie-Adélaïde Penthièvre sollicite,

« Arrêtent quant à présent :

« Que Louise-Marie-Adélaïde Bourbon Penthièvre, veuve d'Orléans, jouira dès ce moment de sa pleine et entière liberté avec faculté de se retirer à sa maison d'Armainvilliers ou à telle autre qu'elle jugera convenable.

« MAREC, DOULCET, Jean DEBRY, BOISSY, DEFERMON, Henri LARIVIÈRE, VERNIER, J.-B. MARIETTE, MERLIN (de Douai), KERVELEGAN, LETOURNEUR (de la Manche), Alex. YSABEAU, J.-Fr. ROVÈRE, P. MARTIN, LOMONT, BAILLY, BAILLEUL. »

Les deux jeunes princes étaient toujours prisonniers au fort Saint-Jean, et le décret du 12 messidor semblait devoir être pour eux considéré comme une lettre morte. Cependant leur mère faisait à Paris les démarches les plus actives pour obtenir leur liberté. Mais le Directoire, qui avait succédé à la Convention, restait sourd à ses prières. Aux instances de la duchesse vinrent bientôt se joindre celles de ses fils. Voici la lettre qu'ils écrivirent à ceux qui avaient leur sort entre les mains.

Aux citoyens composant le Directoire exécutif.

« Au fort Jean, le 6 pluviôse an IV de la République (26 janvier 1796).

« Citoyens,

« Les diverses réclamations qui vous ont été adressées par notre mère, au sujet de notre liberté, étant demeurées jusqu'à présent sans réponse, nous nous déterminons à y joindre les nôtres. Nous vous conjurons de prendre en quelque considération le sort de deux jeunes infortunés privés depuis près de trois ans du plus précieux de tous les biens, la liberté, et dont le seul crime ou plutôt le seul motif de détention n'a pu être qu'une naissance qu'ils n'étaient assurément pas les maîtres de choisir. Nous pourrions, citoyens, ne fonder uniquement cette pétition que sur les principes de justice qui ne permettent pas de laisser des innocents gémir dans les fers dont la pureté de leur conduite aurait dû les garantir, mais nous nous bornons à vous demander la simple exécution d'un décret ou plutôt d'une déclaration authentique rendue par la Convention nationale le 12 messidor de l'an III, et qui porte qu'aussitôt après que l'échange de la fille du dernier roi des Français contre les cinq représentants du peuple, le ministre, les ambassadeurs français, sera consommé, *les autres membres de la famille Bourbon, actuellement détenus en France, pourront aussi sortir du territoire de la République.* Certes nous eussions préféré le séjour de notre patrie à tout autre; mais en songeant que non-seulement nous serions en butte à toutes sortes de calomnies, mais que notre présence pourrait même fournir aux malveillants des prétextes de susciter quelques troubles, nous ne désirons que d'aller jouir tranquillement de notre liberté dans un pays neutre ou allié de la République, jusqu'à ce que l'affermissement de la tranquillité et du bonheur de notre patrie nous permette d'y rentrer pour y mener une vie paisible et ignorée et rendre des soins à une tendre mère depuis si longtemps séparée de ses enfants.

« Nous comptons trop, citoyens, sur votre justice et votre

humanité pour ne pas espérer que vous voudrez bien faire droit à notre demande,

« A.-P. Orléans; L.-A. Orléans. »

On insinua enfin à la duchesse d'Orléans que les deux princes n'obtiendraient leur liberté que s'ils consentaient à s'expatrier aux États-Unis d'Amérique, et si leur frère aîné, alors réfugié en Suisse ou en Allemagne, s'engageait à aller au delà de l'Atlantique porter un nom et une renommée qui importunaient le gouvernement français. Son départ d'Europe était même la condition *sine quâ non* de la mise en liberté de ses frères. Aussitôt que la duchesse d'Orléans sut à quoi s'en tenir sur les intentions secrètes du Directoire, elle s'empressa d'écrire à son fils aîné pour les lui faire connaître.

« Paris, ce 8 prairial an IV (27 mai 1796).

« Les événements qui se sont accumulés sur la tête de ta pauvre mère, depuis l'instant où elle s'est vue privée de la consolation de communiquer avec toi, en achevant de ruiner sa santé, l'ont rendue encore plus sensible à tout ce qui a rapport aux objets de son affection.

« Son pays et ses enfants multipliant depuis longtemps ses sollicitudes, tu ne te borneras pas sans doute à les partager lorsque tu sauras que, même dans tes malheurs, tu peux encore les servir.

« L'intérêt de ta patrie, celui des tiens, te demandent le sacrifice de mettre entre nous la barrière des mers; je suis persuadée que tu n'hésiteras pas à leur donner ce témoignage d'attachement, surtout lorsque tu sauras que tes frères détenus à Marseille partent pour Philadelphie, où le gouvernement français leur fournira de quoi exister d'une manière convenable.

« Les revers ayant dû rendre encore plus précoce la maturité de mon fils, il ne refusera pas à sa bonne mère la consolation de le savoir auprès de ses frères.

« Si l'idée de notre séparation est déchirante pour mon cœur, celle de votre réunion en adoucira bien l'amertume.

« Que la perspective de soulager les maux de ta pauvre

mère, de rendre la situation des tiens moins pénible, de contribuer à assurer le calme à ton pays... que cette perspective exalte ta générosité, soutienne ta loyauté... tu n'a pas sans doute oublié, mon bien-aimé, que la tendresse de ta mère n'a pas besoin d'être excitée par de nouveaux actes de ta part propres à la justifier. Que j'apprenne bientôt que mon Leodgard et mon Antoine ont embrassé leur ami ; que leur mère reçoit en eux les démonstrations et les preuves des sentiments de son fils... arrive à Philadelphie en même temps qu'eux... plus tôt, si tu le peux... Le ministre de France à Hambourg facilitera ton passage... qu'il le connaisse du moins.

« Ah! que ne puis-je aller moi-même presser contre le sein déchiré de cette tendre mère celui qui ne lui refusera pas le soulagement qu'elle réclame !

« Si cette lettre parvient à mon bien-aimé, j'espère qu'il ne différera pas de répondre à sa si tendre mère et de lui procurer enfin la consolation de recevoir une fois de ses nouvelles, comme elle a, hélas ! pour la première fois la satisfaction *de lui en donner* des siennes. Il voudra bien s'adresser sous le couvert du ministre de la police générale de la République à Paris.

« J'aime à croire que depuis environ trois mois, malgré l'impossibilité où j'ai toujours été de t'écrire, et quoique bien indirectement, tu auras connu l'extrême désir de ta mère de te savoir bien éloigné de tous les intrigants et de toutes les intrigues, qu'elle ne saurait assez te recommander de fuir.

« L.-M.-A. Penthièvre. »

La duchesse d'Orléans avait, avant de l'envoyer, soumis sa lettre au ministre de la police, Cochon de Lapparent ; elle reçut quinze jours après l'autorisation de la faire partir. A la lettre du ministre elle répondit par la lettre suivante :

« Citoyen ministre,

« Dès l'instant où j'appris que vous étiez seul chargé de l'exécution de la détermination du Directoire exécutif, relative à mes enfants, votre réputation m'inspira la plus grande confiance pour le prompt accomplissement de mes vœux, ceux de voir ces infortunés enfants jouir de leur liberté hors de toute o portée et des intrigants qui pourraient tenter de les séduire et de ceux qui, à leur insu, voudraient emprunter leur nom pour se livrer à de nouvelles manœuvres : par quelle fatalité se fait-il donc que, malgré les dispositions bien précises du décret du 12 messidor, mes pauvres enfants soient, tout à l'heure depuis un an, les seuls innocents, qui, même après que la puissance publique a si solennellement prononcé sur leur sort, gémissent encore dans les cachots?... Je ne parle pas de l'état de dénûment dans lequel on les laissait depuis environ deux mois... je suis bien persuadée que le gouvernement ne le connaissait pas... Mais, citoyen, vous êtes père ; vous connaissez le prix de la liberté, et si vous faites attention à tout ce qu'a souffert la malheureuse mère qui réclame pour ses enfants la justice qu'il semblait qu'on ne devait pas leur refuser, ah! sans doute qu'elle n'aurait plus besoin de vous en importuner.

« Le gouvernement m'a fait demander, autant qu'il serait en moi, de décider mon fils aîné à se rendre aussi en Amérique. Mon attachement bien connu pour mon pays, ma soumission à ses lois, m'auraient suffi pour aller même au-devant de ce vœu, si d'un autre côté je n'étais pas bien convaincue que le seul parti que peuvent prendre mes enfants est de se tenir à mille lieues de tout ce qui pourrait les rapprocher de toute affaire publique. Je n'ai donc pas hésité un seul instant à écrire la lettre que j'ai confiée à votre bienfaisant ancien collègue pour vous la remettre. Il me l'a rapportée pour que j'y mette une adresse. Cet obligeant citoyen et plusieurs autres se sont inutilement donné des soins pour savoir d'une manière précise, et le lieu de sa retraite, et le nom qu'il a pris dans ce moment. Vous ne devez pas être surpris de l'inutilité de mes recherches, puisque, avec les moyens que vous avez, vous n'êtes pas mieux fixé. Je serais trop heureuse si je voyais mon pays tranquille, et bien plus encore si je pouvais y contribuer, disposée, comme je le suis, à faire tout ce qui sera en mon pouvoir pour cela. Comment donc me refuserait-on, ou refuserait-on à mes enfants la justice que personne ne réclame en vain? Vos principes me la garantissent ; mais de plus longs délais seraient des dénis formels, et ce n'est pas le sort que vous voulez faire à la plus sensible et à la plus infortunée des mères.

Ses enfants sèchent avec raison d'impatience, ils se meurent, et quand ils n'auraient pas d'aussi sûrs garants de la légitimité de leurs demandes, la politique les éloignerait du foyer sulfureux dans lequel ils respirent un si mauvais air et qui menace à chaque instant de quelque explosion dont ils pourraient devenir si injustement les victimes.

« L.-M.-A. PENTHIÈVRE.

Ce 29 prairial an IV (17 juin 1796). »

Le ministre de la police, auquel la duchesse s'empressa de faire parvenir deux copies de sa lettre, les adressa, l'une directement en Suisse, et l'autre, par l'intermédiaire du ministre des relations extérieures, au ministre de la République près les villes hanséatiques.

Ces deux lettres d'envoi, quoique renfermant quelques détails identiques, nous paraissent devoir être insérées ici l'une et l'autre.

Au Ministre des relations extérieures.

« 18 messidor an IV (6 juillet 1796.

« Vous connaissez, mon cher collègue, les intentions du Directoire exécutif relativement aux enfants du ci-devant duc d'Orléans, et l'intérêt qu'il attache à ce que l'aîné passe les mers et se retire en Amérique. Vous savez qu'il a été convenu que sa mère lui écrirait pour l'y déterminer. On vient de me faire passer plusieurs copies de la lettre qu'elle lui écrit. J'en adresse une au citoyen Bacher, en Suisse, pour qu'il la fasse parvenir à sa destination, s'il peut découvrir la retraite du ci-devant duc de Chartres. Mais comme j'ai lieu de croire qu'il est plutôt dans les environs de Hambourg ou d'Altona qu'en Suisse, je vous envoie deux copies de cette même lettre pour que vous les adressiez aux envoyés de la République à Hambourg et à Altona, pour les faire parvenir au ci-devant duc de Chartres, s'ils peuvent savoir où il est. Je vous prie aussi de leur recommander, dans le cas où il se déterminerait à partir, de ne rien négliger pour s'assurer de son départ sur un vaisseau neutre ou allié, de sa destination pour l'Amérique, et de vous rendre un compte exact du résultat de leurs opérations à cet égard. Vous n'ignorez pas que les deux frères détenus à Marseille doivent aussi se rendre en Amérique, et qu'ils ne doivent partir qu'au moment où le Directoire recevra la nouvelle certaine du départ de l'aîné. Je vous répète de vouloir bien me faire part de ce que vous aurez fait. »

Au citoyen Bacher.

« 18 messidor an IV (6 juillet 1796).

« Je vous adresse, citoyen, une lettre écrite par la ci-devant duchesse d'Orléans au ci-devant duc de Chartres, son fils. Le Directoire exécutif attache beaucoup d'intérêt à ce que lui demande sa mère, et qu'il passe promptement en Amérique. Il espère que son éloignement contribuerait à assurer le rétablissement de la tranquillité dans l'intérieur de la République, en ôtant un prétexte, et sinon un chef, du moins le nom d'un chef aux *excitateurs*. C'est peut-être d'ailleurs un moyen de sonder le terrain et de s'assurer s'il existe un parti assez fort pour lui donner quelques espérances, ou si on se sert seulement de son nom sans sa participation. La ci-devant duchesse d'Orléans ayant demandé la faculté de faire sortir de France ses deux enfants détenus au fort de Marseille, le Directoire a cru ne devoir y consentir, en exécution de la loi du 12 messidor, qu'à la condition qu'ils iront en Amérique, que leur aîné s'y rendra aussi. Les deux cadets ne sortiront même de Marseille que lorsqu'on aura la certitude, par quelque envoyé de la République, que l'aîné est parti pour l'Amérique sur un vaisseau neutre, et avec les précautions prises, de concert avec notre envoyé, dans le port dont il partira, pour assurer son départ et sa destination. Vous voudrez bien, en conséquence, ne rien négliger pour découvrir la retraite dudit duc de Chartres, et lui faire parvenir la lettre ci-incluse et assurer le succès des vues du Directoire. Vous aurez soin de me faire connaître le résultat de toutes vos démarches à ce sujet. »

Les conjectures du ministre étaient exactes; c'était dans les environs de Hambourg que celui qui avait le droit de prendre le titre de duc d'Orléans, depuis l'expiation du 6 novembre 1793, avait fixé sa demeure.

Le ministre des relations extérieures en avertit sur-le-champ son collègue.

LIBERTÉ, ÉGALITÉ, FRATERNITÉ.

Le ministre des relations extérieures au ministre de la police générale.

« Le citoyen Reinhard m'informe à l'instant, citoyen collègue, qu'aussitôt la réception de ma lettre du 18 messidor dernier, il a pris des renseignements sur le séjour actuel du fils du ci-devant duc d'Orléans : il est actuellement à Vandbeck, bourg danois à deux lieues de Hambourg. Il lui a fait passer la lettre de sa mère par une personne sûre et impartiale qui la lui remettra en mains propres. Le citoyen Reinhard me rendra compte de ce qui arrivera à la suite de cette démarche, et je mettrai le même empressement à vous en instruire. »

« Salut et fraternité,

« CH. DELACROIX. »

« Paris, le 2 thermidor de l'an IV de la République (20 juillet 1796).

Aussitôt la réception de la lettre de sa mère, le duc d'Orléans s'empressa de lui répondre :

« Friedrischstadt, ce 15 août 1796, v. st.
(28 thermidor an IV).

« Je reçois avec joie et attendrissement, ma chère maman, la lettre que vous m'avez écrite de Paris le 8 prairial, et que le ministre de la République près les villes hanséatiques m'a fait passer par ordre du Directoire exécutif.

« Conformément à ce que vous m'ordonnez, j'adresse cette réponse sous le couvert du ministre de la police générale.

« Quand ma tendre mère recevra cette lettre, ses ordres seront exécutés et je serai parti pour l'Amérique. En accusant au ministre de France à Bremen la réception de votre lettre et de celle qu'il m'a écrite en me l'envoyant, j'ai cru pouvoir lui demander, d'après ce que vous m'avez mandé, et qu'il m'a confirmé, les passe-ports nécessaires à la sûreté de ma route, et dès que je les aurai reçus, je m'embarquerai sur le premier bâtiment qui fera voile pour les États-Unis.

« Assurément, quand j'aurais de la répugnance pour le voyage que vous me demandez d'entreprendre, je n'en mettrais pas moins d'empressement à partir. Mais c'était toujours celui que je désirais le plus de pouvoir faire, et je ne fais à présent qu'accélérer l'exécution d'un projet qui était déjà définitivement arrêté. Il y a même longtemps que je serais déjà parti, si je n'en eusse été constamment retenu par une suite de circonstances également bizarres et malheureuses. Je n'entreprendrai pas de vous en faire le triste et inutile détail. J'espérais que, dans peu, tous les obstacles qui m'arrêteraient seraient aplanis. Mais il n'en est point que votre lettre ne détruise et je vais partir sans différer davantage. Et que ne ferais-je pas après la lettre que je viens de recevoir! je ne crois plus que le bonheur soit perdu pour moi sans ressource, puisque j'ai encore un moyen d'adoucir les maux d'une mère si chérie, dont la position et les souffrances m'ont déchiré le cœur depuis si longtemps. Je n'ose examiner si je puis conserver l'espérance de la revoir jamais; mais serai-je donc toujours privé de la consolation de voir de temps en temps quelques lignes de son écriture et de savoir au moins comment elle se trouve?

« Je crois rêver quand je pense que, dans peu, j'embrasserai mes frères et que je serai réuni à eux, car j'étais réduit à pouvoir à peine croire ce dont le contraire m'eût jadis paru impossible. Ce n'est pas cependant que je cherche à me plaindre de ma destinée, et je n'ai que trop senti combien elle pouvait être plus affreuse. Et même à présent je ne la croirai plus malheureuse si, après avoir retrouvé mes frères, j'apprends que notre mère chérie est aussi bien qu'elle puisse l'être et si j'ai pu encore une fois servir ma patrie en contribuant à sa tranquillité et par conséquent à son bonheur. Il n'est point de sacrifices qui m'aient coûté pour elle, et, tant que je vivrai, il n'y en a point que je ne sois prêt à lui faire.

« Il m'est impossible, puisque j'écris à ma chère maman, de ne pas saisir cette occasion de lui dire que depuis longtemps je n'ai plus de relations avec Mme de Genlis ; elle vient même de faire imprimer à Hambourg une lettre qui m'est adressée, accompagnée d'un précis (très-inexact) de sa conduite pendant la Révolution et dans lequel elle ne respecte pas même la mémoire de mon malheureux père. Je ne compte certainement pas répondre à la lettre qu'elle m'écrit ; mais je crois de mon devoir de rétablir dans leur intégrité une partie des faits qu'elle a tronqués. Je ferai imprimer à Hambourg le petit écrit, et j'aurai soin qu'il en soit adressé un exemplaire au ministre de la police générale, espérant qu'il voudra bien vous le faire remettre.

« Adieu, ma chère maman ; rien n'égale la joie que j'ai ressentie en revoyant de votre écriture dont j'étais privé depuis si longtemps. Puissé-je apprendre bientôt que votre santé s'améliore et le savoir de vous-même. Soignez bien cette santé qui nous est si précieuse, et, si ce n'est pas pour vous, au moins que ce soit pour vos enfants. Adieu, votre fils vous embrasse de toute son âme, et croyez qu'il est bien heureux de pouvoir encore vous obéir.

« L.-P. d'Orléans. »

Un mois après, le duc d'Orléans annonçait à sa mère son prochain départ pour les États-Unis. Sa lettre, pour plus de sûreté, ne fut transmise en France que lorsque le vaisseau cinglait à toutes voiles vers l'Amérique.

« A bord du vaisseau *America*, dans le port de Hambourg, le 15 septembre 1796 (28 fructidor an IV).

« Il y a déjà longtemps, ma chère maman, que vos ordres seraient exécutés et que je serais parti pour Philadelphie, si un vent d'ouest permanent ne nous empêchait pas de sortir de l'Elbe. Comme il me sera impossible d'écrire au moment où nous mettrons à la voile, je laisserai cette lettre à un négociant de Hambourg (M. J.-Er.-F. Westphalen, dont je ne peux assez vous vanter l'extrême obligeance à mon égard), et il voudra bien se charger d'y ajouter l'époque du départ d'*America*. Je suis sur un très-bon vaisseau américain doublé en cuivre et fort bien arrangé intérieurement. Le capitaine est un fort bon homme et nous sommes bien nourris ; soyez sans aucune inquiétude pour ma route, ma chère maman. Le ministre de France m'a délivré le passe-port que j'avais demandé pour moi ; il a eu même l'attention d'y joindre une lettre pour le ministre de la République près les États-Unis; ainsi vous pouvez être parfaitement tranquille sous tous les rapports. Il me tarde beaucoup d'avoir des nouvelles de mes frères, dont je suis privé depuis si longtemps. Les gazettes ne nous ayant pas annoncé leur départ, je crains qu'il ne soit pas encore effectué. J'en attends la nouvelle avec une impatience bien vive.

« J'ai aussi prié M. Westphalen de joindre à cette lettre un exemplaire du petit écrit dont je vous ai parlé.

« Adieu, ma chère maman, votre fils vous chérit et vous embrasse de toute son âme. C'est aussi de toute son âme qu'il souhaite que le voyage qu'il entreprend puisse avoir l'effet que vous en attendez et améliorer enfin la cruelle position des siens qui pèse sur son cœur depuis si longtemps.

« L.-P. D'ORLÉANS.

« Le vaisseau *America* a mis en mer le 24 septembre, avec le vent le plus favorable, qui continue encore.

« Citoyen ministre,

« Le citoyen L.-P. d'Orléans m'a chargé à son départ de vous remettre une lettre et une petite brochure et d'y joindre la prière de vouloir bien avoir la complaisance de faire parvenir l'un et l'autre à la citoyenne sa mère.

« Je m'acquitte de cette commission avec d'autant plus de plaisir que, tout en obligeant ce jeune homme si aimable et si intéressant, je me vois à même, citoyen ministre, de pouvoir vous prier d'agréer les assurances d'estime et de considération parfaites qui vous sont dues, et d'oser manifester le désir que j'ai de me trouver dans le cas de pouvoir servir en quelque manière un républicain que j'honore.

« C'est avec ces sentiments, citoyen ministre, que j'ai l'honneur de vous saluer respectueusement,

« J.-E.-F. WESTPHALEN, associé de M. RUCKER-WESTPHALEN.

« Hambourg, le 28 septembre 1796. »

Fidèle à ses promesses, le Directoire prit, aussitôt la réception de celte lettre, les mesures les plus promptes pour assurer le départ des jeunes prisonniers du fort Saint-Jean. Nous en trouvons la preuve dans les trois pièces dont la teneur suit :

« Sur la demande d'Antoine-Philippe et d'Alphonse-Léodgard d'Orléans, tendant à ce que, pour éviter tout soupçon de connivence avec les agitateurs qui voudraient emprunter leur nom, et conformément aux dispositions du décret du 12 messidor an III, ils puissent se rendre à Philadelphie ou dans tel autre lieu que le gouvernement voudra leur indiquer;

« Le Directoire exécutif charge les ministres de la police générale et de la marine de faire, chacun pour ce qui les concerne, les dispositions, de donner les ordres et fournir les moyens pour que lesdits Antoine-Philippe et Alphonse-Léodgard d'Orléans se rendent convenablement et sûrement à Philadelphie, où ils s'adresseront au ministre chargé des affaires de la République, qui leur fera compter annuellement la somme de . . . . jusqu'à ce qu'il en soit autrement ordonné. »

Au Commissaire du Directoire exécutif.

« Les jeunes gens d'Orléans détenus au fort Jean de votre arrondissement ayant réclamé, pour ce qui les concerne, l'exécution du décret du 12 messidor an III, le Directoire exécutif a arrêté qu'il leur serait fourni de quoi se rendre convenablement, commodément et sûrement, à Philadelphie, et m'a chargé de donner des ordres pour l'exécution de son arrêté. En conséquence, le ministre de la marine dirigeant la partie relative à l'embarquement, vous vous concerterez avec le commissaire principal de résidence à Marseille pour que le passage de ces deux détenus en Amérique s'opère suivant les vues du gouvernement, en leur laissant les facilités de convenance pour leurs préparatifs. Vous fournirez au commandant du fort Jean, à qui j'écris par le même courrier, la décharge de la garde qui lui est confiée.

« Vous m'instruirez des dispositions que vous aurez faites pour cet objet ainsi que de leurs résultats.

Écrit à la suite :

« Au commandant du fort Jean, à Marseille.

« Les jeunes d'Orléans détenus dans le fort, dont le commandement vous est confié, ayant invoqué, pour ce qui les concerne, le décret du 12 messidor an III, et le Directoire exécutif m'ayant chargé de l'exécution de son arrêté à ce sujet, j'écris par le même courrier au commissaire auprès de l'administration municipale de Marseille, pour qu'il se concerte avec le commissaire principal de la marine qui disposera leur embarquement, et pour que les déclarations qu'il vous fera à l'égard de ces détenus vous servent de décharge. »

Les deux jeunes princes s'embarquèrent le 5 novembre 1796 et eurent le bonheur de retrouver leur frère aîné, arrivé avant eux en Amérique ; ils ne devaient plus le quitter. Mais leurs jours étaient comptés : une maladie de poitrine, née probablement dans les cachots du fort Saint-Jean, les enleva à quelques années de distance. Le duc de Montpensier mourut en Angleterre le 18 mai 1807. Le duc de Beaujolais le 30 mai 1808 à Malte, où son frère aîné l'avait amené pour rétablir sa santé.

Pour terminer ce qui concerne les personnages dont il est question dans cette note, nous ajouterons que la duchesse d'Orléans, la duchesse de Bourbon et le prince de Conti subirent le contre-coup du 18 fructidor. Le Directoire, qui avait repris les traditions jacobines, les fit déporter en Espagne.

Le prince de Conti mourut à Barcelone le 10 mars 1814, âgé de quatre-vingts ans.

La duchesse de Bourbon vit sa postérité s'éteindre dans les fossés de Vincennes. Elle rentra en France en 1814 et n'en sortit plus. Retirée dans le couvent des Filles-du-Temple qu'elle avait fondé, elle mourut à Paris le 10 janvier 1821. Elle avait été frappée d'apoplexie dans l'église de Sainte-Geneviève.

La duchesse d'Orléans eut le bonheur d'assister au mariage de son fils avec la princesse sicilienne qui devait être un jour la reine Marie-Amélie, de revoir sa patrie et de jouir quelques années encore du bonheur de ses enfants. La digne fille du duc de Penthièvre mourut à Paris le 22 juin 1821.

II

LA COMMUNE PROVISOIRE.

2 DÉCEMBRE 1792 — 19 AOUT 1793.

(Voir page 61.)

L'histoire de la Commune de Paris pendant la Terreur peut se diviser en trois phases distinctes :

La Commune insurrectionnelle, qui commence le 10 août 1792 et finit le 2 décembre de la même année ;

La Commune provisoire, qui commence le 2 décembre 1792 et finit le 19 août 1793 ;

La Commune définitive, qui commence le 19 août 1793 et finit le 9 thermidor an II (28 juillet 1794).

La manière dont la Commune insurrectionnelle fut nommée, et plus tard brisée, a été racontée par nous tome II, pages 239 et suivantes, et tome V, pages 102-130.

Nous consacrons la présente Note à la Commune provisoire ; nous nous réservons de raconter plus tard ce qui concerne la Commune définitive.

On a vu, page 58 de ce volume, les raisons qui devaient faire désirer aux démagogues de l'Hôtel de ville de se débarrasser le plus tôt possible de la Commune du 2 décembre, dont la nomination avait été imposée par la Convention nationale.

L'arrêté du Corps municipal qui convoquait les électeurs pour pourvoir à son remplacement ne contenait aucun considérant. Il était ainsi conçu :

« Le Corps municipal extraordinairement convoqué, présidé par Lesguilliez en l'absence du maire, et composé de Arbeltier, Baudrais, Bernard, Cousin, Danjou, Scipion Duroure, Garin, Goret, Jobert, Lanvin, Legendre, Levasseur, Moelle, Retourna, Roard, Vignier, Hébert, second substitut adjoint du Procureur de la Commune, présents;

« Le Procureur de la Commune entendu;

« Le Corps municipal arrête :

« 1° Que la Commune de Paris sera convoquée dans les quarante-huit sections pour le lundi 24 décembre, neuf heures du matin, à l'effet de procéder à la nomination de cent quarante-quatre notables pour le renouvellement de la Municipalité;

« 2° Qu'aux termes de l'article 9 du titre II de la loi du mois de mai 1792, les quarante-huit sections éliront chacune, parmi les citoyens de leur arrondissement seulement, trois membres destinés à faire partie du Corps municipal ou du Conseil général de la Commune;

« 3° Que l'élection se fera au scrutin individuel et à la pluralité absolue des suffrages;

« 4° Qu'aux termes de l'article 8 de la loi du 19 octobre 1792, il n'y aura que deux tours de scrutin; qu'en conséquence, si le premier ne produit pour personne la majorité absolue, le second et dernier tour n'aura lieu qu'entre les deux candidats qui auront obtenu le plus de voix;

« 5° Qu'en cas d'égalité de suffrages à ce second tour de scrutin dit ballottage, la préférence sera accordée à l'âge;

« 6° Qu'aux termes de l'article 5 de la dernière loi citée, tous les fonctionnaires publics dont le renouvellement est ordonné par ladite loi pourront être réélus;

« 7° Qu'aux termes de l'article 6 de la même loi, les choix pourront être faits indistinctement parmi tous les citoyens et fils de citoyens âgés de vingt-cinq ans accomplis, domiciliés depuis un an, et n'étant pas en état de domesticité ou de mendicité;

« 8° Que les procès-verbaux desdites élections seront remis par les commissaires des sections à la maison commune, au plus tard le lundi 31 du présent mois, à huit heures du matin, pour que le dépouillement en soit fait dans la journée et le résultat proclamé le soir ; arrête en outre que le présent sera imprimé, affiché et envoyé aux quarante-huit sections. »

Les sections ne se pressèrent pas d'obtempérer aux instructions du Corps municipal. Plusieurs ne terminèrent leurs opérations électorales que dans le courant de janvier. Le scrutin épuratoire, qui ne pouvait naturellement avoir lieu que lorsque le résultat des votes de toutes les sections serait connu, fut indiqué par un nouvel arrêté du Corps municipal pour le 24 janvier. Ce jour-là, on n'était pas encore prêt, et d'ailleurs les démagogues avaient résolu d'éluder la loi, qui voulait que l'on procédât à ce scrutin par assis et levé, et sans discussion aucune ; ils se proposaient de débattre entre eux les titres des élus, pour savoir ceux qui étaient dignes de figurer définitivement dans le Conseil général de la Commune.

La section Beaurepaire prit l'initiative de cette mesure extra-légale par un arrêté en date du 27 janvier, qui était ainsi conçu :

« L'assemblée a arrêté qu'elle nommerait douze commissaires, que les quarante-sept autres sections seront invitées à en nommer chacune un pareil nombre, lesquels se réuniront mardi 29 janvier, à dix heures du matin, en une salle de l'Évêché, à l'effet de discuter les notables nommés par toutes les sections, lesquels doivent composer le Conseil général de la Commune et le Corps municipal ; entendre ceux qui auraient été inculpés, et ensuite, après le rapport des commissaires dans leurs sections, procéder dans chacune d'elles, conformément à la loi, par assis et par levé, à l'adoption des notables. »

Grâce à ces retards successifs, le nombre des membres du Conseil provisoire qui se rendaient aux séances diminuait chaque jour. Chaumette, Hébert et les autres meneurs de l'Hôtel de ville, pour ranimer le zèle par trop attiédi de leurs anciens collaborateurs, prirent le parti de signaler au blâme des sections les membres qui montraient le plus d'inexactitude. Voici le texte de la circulaire qu'ils envoyèrent à la suite d'un appel nominal annoncé à l'avance :

« Il est constaté par les registres du Conseil général que le citoyen. . . . . . . n'a pas rempli ses devoirs. Il a été arrêté que vous voudrez bien faire connaître les motifs de son absence, lui enjoindre de remplir avec exactitude les fonctions que vous lui avez confiées, ou le sommer de donner sa démission ; et s'il la donne, vous êtes invités à la notifier au Conseil général, afin de procéder à son remplacement. »

Le 23 février fut le jour désigné pour que les quarante-huit sections procédassent enfin au scrutin épuratoire. *Le Moniteur* du 2 mars fait connaître les résultats de ce scrutin. Quarante-cinq sections avaient envoyé les procès-verbaux de leurs opérations ; trois, celles du Mont-Blanc, du Panthéon et des Gardes-Françaises, avaient refusé d'émettre leur vœu. Quarante-six élus avaient été éliminés par le scrutin épuratoire, notamment le prêtre Jacques Roux (celui même qui avait conduit Louis XVI à l'échafaud). Trente sections avaient vu un ou deux de leurs élus écartés par le scrutin, et étaient convoquées pour le 5 mars à l'effet de pourvoir à leur remplacement[1].

Sur les trente sections qui avaient été ainsi convoquées, vingt-cinq se conformèrent à la loi et remplacèrent les membres rejetés. Parmi les cinq autres, celles du Panthéon français et de Popincourt déclarèrent persister dans leurs précédents choix ; trois, celles du Mont-Blanc, de l'Observatoire et des Gardes-Françaises, opposèrent la force d'inertie aux injonctions réitérées de la Commune et n'envoyèrent pas leurs procès-verbaux à l'Hôtel de ville. Le Corps municipal crut devoir passer outre, ordonna l'impression de la liste des élus des vingt-cinq sections et l'ouverture d'un nouveau scrutin épuratoire.

Ce fut sur ces entrefaites que le Conseil général de la Commune se décida à s'adresser à la Convention pour lui exposer l'état de désarroi complet dans lequel elle se trouvait, et qu'intervint le décret du 3 avril, dont nous avons donné le texte page 60.

---

1. Grâce à ces élections supplémentaires, le fameux Simon, le futur instituteur de Louis XVII, rentra au Conseil général. Il avait fait partie de la Commune du 10 août, mais il n'avait été réélu ni en novembre ni en décembre. Il appartenait à la section du Théâtre-Français, dite de Marseille. Il est désigné dans le procès-verbal comme occupant, en qualité de locataire, deux chambres dans le couvent des Cordeliers.

Nous avons retrouvé la pétition présentée à cette occasion par les délégués du Conseil général. Elle était ainsi conçue :

« Citoyens législateurs,

« Le Conseil général de la Commune nous députe vers vous pour vous représenter que dans les circonstances difficiles il manque de moyens pour assurer la tranquillité publique; un très-grand nombre de ses membres ne se rend plus à ses délibérations ; les uns, ne se voyant pas réélus pour la municipalité définitive, ont donné leur démission ; d'autres, par une insouciance qui n'a pu être réprimée, se refusent à assister à ses séances.

« Le Conseil, cependant, est chargé d'objets les plus importants : obligé de fournir des commissaires pour constater l'état civil des citoyens, pour la levée des scellés, pour les passeports, pour les certificats de civisme et de résidence; souvent il n'en peut trouver pour le service du Temple. Presque toujours quinze ou seize membres décident des intérêts d'une population de huit cent mille âmes. Pour le même service la Commune du 10 août avait un nombre double de membres. Des difficultés interminables retardent l'organisation de la municipalité définitive. Jusqu'à ce qu'elles soient levées, législateurs, nous vous demandons l'adjonction des membres qui doivent composer le Conseil général qui doit nous remplacer. Plus de cent ont passé à l'épuration des sections; nous vous prions donc d'ordonner que tous les citoyens élus pour composer en définitive le Conseil général de la Commune entrent immédiatement en fonctions, et que, concurremment avec ceux du Conseil général actuel, ils assurent le calme de cette grande cité. »

Le Conseil général mit de suite le décret à exécution ; il s'empressa de réorganiser provisoirement l'administration de police, qui, faute de membres, ne pouvait plus fonctionner, et demanda qu'une loi définitive vînt trancher toutes les difficultés que présentait dans son exécution la loi du 21 mai 1790. Cette demande, renvoyée par la Convention à son comité de législation, fut pour celui-ci l'objet d'un long et sérieux examen. Ce ne fut que le 10 juin que Dugué-Dassé fit son rapport et présenta un projet de décret qui fut adopté sans discussion.

Voici le texte de ces deux pièces officielles :

« La loi du 21 mai 1790 sur l'organisation de la municipalité de Paris veut, outre le maire, le procureur de la Commune et deux substituts, que cette municipalité soit composée de quarante-huit officiers municipaux et de cent quarante-quatre notables [1].

« Pour parvenir à la nomination de ces membres, il faut, suivant la même loi, que chaque section s'assemble le même jour et nomme chacune trois sujets, que les actes de nomination de toutes les sections leur soient respectivement communiqués, pour discuter par chacune d'elles les sujets nommés par les autres, lesquels sujets seront retranchés de la liste, si la moitié plus une des sections les rejette ; que toutes les sections se rassemblent de nouveau, et dans la même forme, pour élire le nombre des membres rejetés ; que chaque membre, pour être réélu, recueille en sa faveur le quart des voix plus une, et que si le deuxième tour de scrutin ne parfait pas ainsi le nombre des cent quarante-quatre, il en soit fait un troisième où la simple pluralité relative suffira ; il faut enfin qu'à chaque scrutin, le procès-verbal de chaque section soit porté à la Maison commune pour en faire le dépouillement. Cette opération, quoique indispensablement longue, est cependant facile, si chaque section, active à l'exécution de la loi, s'empressait d'y concourir ; mais l'insouciance, le dépit de voir ses membres désignés rejetés par les autres sections, joints au choc des passions et des opinions, font que cette grande cité n'a dans ce moment-ci qu'une municipalité provisoire, même incomplète, quoiqu'elle dût être renouvelée depuis six mois.

« Cette portion de la municipalité demande elle-même à la Convention qu'elle fasse une loi qui prononce le mode à l'aide duquel son entière réorganisation soit prompte.

« Nous le répétons, la loi du 21 mai 1790 est suffisante ; il

---

[1]. Il y a ici une erreur du rapporteur. Les quarante-huit officiers municipaux étaient choisis parmi les cent quarante-quatre notables. Après ce choix, il n'en restait donc plus que quatre-vingt-seize.

y manque seulement un stimulant résultant de la privation de voter pour celles des sections qui, dans tel délai, ne se seraient pas conformées à cette loi ; car pour opérer promptement la réorganisation de cette municipalité, dans une population aussi immense, il n'y a que deux moyens : le premier, qu'après la nomination du maire, du procureur de la Commune et de ses deux substituts par toutes les sections, chacune de ces sections nommât particulièrement le contingent des membres qu'elle devrait fournir à la municipalité, sans faire partager ou agréer cette nomination aux autres sections ; le second, de priver chaque section de son droit de concours à l'élection, faute par elle d'avoir satisfait à la loi dans le délai prescrit, et, dans ce cas, de déférer cette élection ou nomination à l'administration supérieure. Le premier parti est le dernier à prendre, parce que chaque magistrat du peuple doit être choisi par la masse entière qu'il gouverne ; nous nous fixerons au second.

Projet de décret.

« La Convention nationale, après avoir entendu son Comité de législation, décrète ce qui suit :

« Article Ier. — Sur la proclamation de la municipalité de Paris, tenue de la faire sous sa responsabilité, dans vingt-quatre heures de la réception du présent décret, chaque section sera tenue de s'assembler le dimanche qui suivra la huitaine de cette proclamation, et de se conformer en tout, si fait n'a été, aux dispositions de la loi du 21 mai 1790, relative à l'organisation de la municipalité de la même ville, avec la faculté de recommencer leur opération dans le cas où les sujets par eux ci-devant désignés ne pourraient plus remplir les fonctions qui leur avaient été destinées.

« Art. II. — Faute par une ou plusieurs sections d'avoir exécuté toutes les formalités prescrites par la même loi dans la quinzaine de leur première assemblée, ce qui sera reconnu par le défaut de représentation, dans le même délai, du certificat de réception à l'hôtel commun de tous les actes d'assemblées voulus par la même loi du 21 mai 1790, les sections ou la section en défaut seront privées, pour cette fois, du droit d'élire et de concourir à la rénovation de la municipalité.

« Art. III. — En ce cas, et dans les vingt-quatre heures de l'expiration du délai ci-dessus fixé, la municipalité sera tenue de dénoncer la section ou les sections en défaut au Conseil général du département assemblé, ou, à son défaut, au Directoire du département, qui, à la majorité des suffrages et dans huitaine de la dénonciation, nommera pour les sections refusantes même nombre d'officiers municipaux et notables que ces sections eussent eu le droit de nommer, lesquels officiers municipaux et notables ne pourront néanmoins être choisis que dans le sein de chaque section.

« Art. IV. — Les officiers municipaux et notables ainsi élus le seront définitivement, sans qu'il soit besoin de l'assentiment des autres sections. »

Malgré les injonctions de cette nouvelle loi, l'organisation de la nouvelle municipalité parisienne ne fut complétée que le 31 juillet, par l'élection des quarante-huit administrateurs formant le corps municipal dans le sein du Conseil général.

Nous avons constaté enfin, par l'examen attentif des registres du Conseil général, que ce ne fut que le 19 août suivant que cessèrent de siéger les membres des municipalités antérieures non réélus. C'est donc à cette date que l'on doit fixer le commencement de l'ère de la fameuse Commune, qui devait suivre la fortune de Robespierre et périr avec lui.

III

LES OFFICIERS MUNICIPAUX

DÉNONCÉS POUR AVOIR MONTRÉ QUELQUE SYMPATHIE
AUX PRISONNIERS DU TEMPLE.

(Voir page 62.)

Six membres du Conseil général de la Commune furent accusés du crime de sympathie envers la famille royale. Cinq avaient été dénoncés par Tison et sa femme. Le sixième le fut plus tard par Simon. Les cinq premiers étaient :

Lepître (Jacques-François), âgé de trente ans, ci-devant professeur de rhétorique au collége de Lisieux, maître de pension, né à Paris, y demeurant, section de l'Observatoire ;

Toulan (François-Adrien), libraire, rue du Monceau, section de la Maison-Commune ;

Bugnau (Nicolas-Marie-Jean), âgé de trente-neuf ans, architecte, né à Paris, y demeurant, rue Mouffetard, section des Sans-Culottes ;

Moelle (Claude-Antoine-François), âgé de trente-sept ans, ci-devant suppléant du procureur de la Commune près les tribunaux de police municipale et correctionnelle, né à Dieuze (Meurthe), demeurant Cloître-Notre-Dame ;

Vincent (Jean-Baptiste), âgé de trente-cinq ans, entrepreneur de maçonnerie, né à Moustier-Saint-Jean (Côte-d'Or), demeurant à Paris, section des Fédérés (Indivisibilité).

Le sixième se nommait Lebœuf (Nicolas), instituteur, né à Vassy (Haute-Marne), demeurant à Paris, rue des Prouvaires (section du Contrat-Social).

Ce fut le 19 avril que la dénonciation de Tison et de sa femme fut faite entre les mains des commissaires de service au Temple. Dès le 20, elle fut lue au Conseil général. Toulan et Vincent étaient présents et demandèrent qu'à l'instant on envoyât apposer les scellés chez eux. Cette mesure fut adoptée sans opposition et étendue aux trois membres absents. On raya les noms des cinq inculpés de la liste des commissaires chargés de la surveillance de la tour du Temple. Cependant ils continuèrent à siéger au Conseil.

Lepître, à la mauvaise note résultant de la dénonciation de Tison, en joignit bientôt une autre : il refusa de signer la pétition que la Commune avait formulée contre les vingt-deux députés girondins, dont elle demandait l'expulsion (voir page 144). Mais laissons parler le procès-verbal lui-même; nous saurons quelle pression les meneurs de l'Hôtel de ville prétendaient exercer sur tous les membres du Conseil.

Séance du 15 avril.

« Le Conseil général arrête que la pétition qui a été présentée ce matin à la Convention sera lue à l'instant, et que les membres, qui ne l'ont pas encore signée, seront invités à la signer; qu'en conséquence il sera mis sur le bureau une feuille de papier indicative de l'adhésion à cette adresse, et que chacun des membres y apposera sa signature. »

22 avril.

« Un membre a demandé que l'on fît lecture de la liste des signatures des membres adhérents. Cette proposition a excité de fortes réclamations de la part de ceux qui n'avaient point encore signé, et notamment de la part des membres composant les différentes commissions du Conseil, qui se sont plaints que la pétition ne leur avait pas été envoyée dans leurs bureaux.

« La lecture de la liste des signatures est mise aux voix et arrêtée, le secrétaire-greffier l'a effectuée.

« Il a observé dans cette nomenclature qu'une signature était effacée de manière à ne la pouvoir déchiffrer. La lecture terminée, il s'est trouvé quatre-vingts signatures. La feuille d'adhésion a été déposée sur le bureau pour recevoir par suite les signatures de ceux qui jugeraient à propos d'adhérer.

« *Nota*. Après avoir cherché à connaître le nom du citoyen qui avait effacé sa signature, on a découvert que c'était Lepître. »

25 avril.

« Lecture est faite d'une lettre par laquelle le citoyen Lepître, membre du Conseil général, se plaint de ce qu'on a mal interprété les motifs qui l'ont engagé à effacer sa signature sur la liste d'adhésion à la pétition du 15 avril; il déclare qu'en apposant sa signature sur cette liste, il avait d'abord cru signer la liste de présence; que, s'étant aperçu de son erreur, il l'avait rayée sur-le-champ, attendu qu'il n'est pas dans ses principes de signer une pétition avant de l'avoir lue.

« Le Conseil général, après ample discussion et mûr examen, reconnaissant que l'explication donnée par Lepître manque de vérité, qu'elle n'a même pas l'ombre de vraisemblance; que, dans cette occasion, Lepître a joint le mensonge à la lâcheté, arrête que, sous ces deux rapports, il sera censuré et qu'expédition de cet arrêté sera envoyée à sa section. »

Le procès-verbal relatif à Lebœuf n'est pas moins curieux.

Séance du 5 septembre.

« Le procureur général de la Commune invite le Conseil à purger de son sein tous les amis des rois et des reines, et même à les faire mettre en arrestation dès ce soir. Il accuse Lebœuf de s'être conduit d'une manière basse et servile dans le service du Temple et de n'y avoir jamais eu le caractère républicain. Il lui reproche surtout d'avoir réprimandé le patriote Simon, chargé de l'éducation du fils Capet, et d'avoir trouvé mauvais qu'il l'élevât comme un sans-culotte.

« Lebœuf, présent à la séance, prend la parole pour se disculper. Il dit que, par état, il n'aimait point à entendre des chansons indécentes, et qu'il avait témoigné son déplaisir au citoyen Simon, qui s'était souvent permis d'en répéter de semblables devant le petit Capet, auquel il aurait désiré qu'on donnât une éducation plus conforme aux bonnes mœurs. Des membres s'élèvent contre Lebœuf. Un d'entre eux assure qu'il lui a dit qu'il n'avait accepté la Constitution que par considération.

« Un autre membre dénonce qu'on a trouvé le fils de Lebœuf parmi les jeunes muscadins qui se sont assemblés aux Champs-Élysées pour s'opposer au recrutement du contingent pour la Vendée.

« D'après toutes ces explications, le Conseil général arrête que Lebœuf se retirera par-devant le département de la police pour y être interrogé, et que les scellés seront mis sur tous ses papiers, arrête en outre que le présent arrêté et copie des dénonciations faites par Folloppe et Godeau seront envoyées à l'administration de police et à la section de Lebœuf.

Séance du 6 septembre.

« Les commissaires nommés pour prendre des informations sur les faits énoncés contre le citoyen Lebœuf, lors de son service au Temple, font leur rapport; ils communiquent les différentes déclarations qui ont été faites au Temple et signées par les différents témoins. Elles confirment tous les faits qui lui ont été imputés hier.

« Le Conseil renvoie toutes les pièces au département de police. »

Ces diverses dénonciations n'eurent pas de suites immédiates, mais, quelques autres officiers municipaux, administrateurs de police, Michonis, Dangé et Jobert, ayant été impliqués dans une prétendue conspiration dite de l'Œillet-Rouge, ainsi appelée parce qu'un œillet de cette couleur avait été présenté à Marie-Antoinette dans les prisons de la Conciergerie, on voulut rattacher cette nouvelle affaire à l'ancienne, et Fouquier-Tinville lança des mandats d'amener contre tous les membres du

Conseil général qui avaient été signalés comme ayant donné quelques marques de sympathie ou de respect aux prisonniers du Temple.

Lepître, Lebœuf, Moelle, Bugniau et Vincent furent arrêtés le 8 octobre 1793. Toulan s'esquiva pendant qu'on faisait chez lui des perquisitions.

Ces cinq membres de la Commune furent traduits le 29 brumaire an II devant le Tribunal révolutionnaire; mais, comme on ne put apporter aucune preuve contre eux, ils furent acquittés. A cette époque le Tribunal acquittait quelquefois encore, il se corrigea bien vite de ces velléités de clémence.

Lepître, Lebœuf, Moelle et Bugnau survécurent à la période révolutionnaire. Lepître et Moelle ont publié dans d'intéressants opuscules les souvenirs de leurs visites au Temple. L'ouvrage de Lepître est intitulé : *Quelques Souvenirs ou notes fidèles sur mon service au Temple;* celui de Moelle : *Six Journées passées au Temple.*

Vincent fut le seul qui, après son acquittement, reprit sa place au Conseil général. Chose bizarre! cet homme, qui avait été compromis pour avoir donné quelques témoignages de sympathie aux prisonniers du Temple, périt un an après (9 thermidor) sur l'échafaud comme complice de Robespierre. Nous avons dit plus haut que Toulan s'était échappé au moment où l'on venait l'arrêter, le 8 octobre 1793. Malheureusement il fut plus tard saisi à Bordeaux, ramené à Paris et traduit devant le Tribunal révolutionnaire le 12 messidor an II. Moins heureux que son ami Lepître, il fut condamné à mort et exécuté le même jour.

II.

Après les accusés, occupons-nous un instant des accusateurs : de Tison et de sa femme.

La femme Tison devint folle à la fin de juin 1793. On fut obligé de la transférer à l'Hôtel-Dieu, où elle ne tarda pas à mourir. Tison lui-même devint suspect de modérantisme aux yeux d'Hébert et de ses acolytes. Il fut enfermé sans mandat d'arrêt, et sur un simple ordre du Conseil, dans une dépendance de la tour du Temple. Il y était encore lors du 9 thermidor, et y resta même longtemps après cet événement, qui ouvrit la porte des prisons à tant de monde. C'est ce que prouvent les deux pièces suivantes que nous avons retrouvées.

Aux citoyens Représentants du peuple.

« Paris, le 27 fructidor, 2ᵉ année républicaine.

« Exposent, les malheureux enfants de Pierre-Joseph Tison, que leur père gémit dans les prisons du Temple, où il est au secret depuis le 1ᵉʳ vendémiaire dernier, sans en pouvoir connaître la cause.

« Sous le règne de la tyrannie, les plaintes des malheureuses victimes ne pouvaient pénétrer ; on était sourd à leur voix. Mais aujourd'hui que la Convention a mis la justice et l'humanité à l'ordre du jour, les infortunés viennent avec confiance déposer leurs chagrins dans le sein de dignes représentants et sont persuadés que l'innocence et le malheur auront des droits sur vos cœurs, et que vous ne rejetterez pas la réclamation de deux enfants qui viennent vous prier de leur rendre leur père et un vrai citoyen à la République.

« Tison fils ; Victoire Tison, femme Mascal. »

CONVENTION NATIONALE.

Comité de sûreté générale et de surveillance de la Convention nationale.

« Du 15 pluviôse an III de la République française.

« En vertu de l'ordre des représentants du peuple, nous, François Gérard, l'un des chefs du quatrième bureau, avons fait extraire le nommé Tison, détenu dans l'une des tours du Temple, et lui avons demandé ses nom, âge, profession, pays et demeure. A répondu se nommer Pierre-Joseph Tison, âgé de soixante ans, né à Valenciennes, ci-devant employé à la Régie, et depuis valet de chambre de la famille des Capets détenus.

D. « Depuis quel temps il n'est plus valet de chambre ?

R. « Depuis dix-sept mois qu'il est détenu au secret.

D. « Par quel motif et par quel ordre il a été mis au secret ?

R. « Par ordre de la municipalité définitive, et qu'il en ignore le motif. Cependant, étant sûr d'avoir bien rempli ses devoirs, il pense qu'il ne peut être là que parce qu'on l'a oublié, ou par une politique qu'il ne conçoit pas.

D. « S'il n'a jamais fait de réclamations auprès des ex-municipaux de garde au Temple, et depuis aux officiers civils des sections?

R. « Que, d'après plusieurs réclamations qu'il a faites, la municipalité avait pris un arrêté pour lui rendre la liberté, que cet arrêté avait été envoyé à l'ancien Comité de sûreté générale, qui probablement en a empêché l'exécution.

D. « Qui l'a placé au Temple?

R. « C'est en vertu d'un ordre signé Pétion, lequel ordre lui a été remis par Léonard Bourdon.

D. « S'il a prêté un serment particulier pour la place de valet de chambre?

R. « Qu'arrivé au Temple, on lui a fait prêter serment comme à tous les fonctionnaires publics.

D. « S'il a été fidèle à ce serment?

R. « Oui, et qu'il a rempli sa place d'une manière irréprochable.

« Lecture faite du présent interrogatoire, a dit ses réponses contenir vérité, y a persisté et a signé avec nous.

« TISON, FR. GÉRARD. »

Tison fut mis en liberté peu de temps après, et mourut dans la misère et l'obscurité.

IV

LE GÉNÉRAL KELLERMANN

ET LES COMMISSAIRES DE LA CONVENTION.

(Voir page 85.)

Hérault aux citoyens Legendre, Basire et Rovére, commissaires à Lyon.

« Chambéry, le 10 avril.

« Chers amis et collègues,

« Après l'événement du traître Dumouriez, il est permis de ne rien ménager; je n'ai encore aucune preuve *positive;* mais Kellermann nous est suspect ainsi qu'aux vrais patriotes. Son état-major n'a pas l'air de valoir mieux. Je vous envoie quelques pièces d'après lesquelles vous jugerez. Boutidoux, son homme, reste ici, quoique interdit de la place de commissaire général de l'armée des Alpes que Kellermann lui avait obtenue de Beurnonville et dans laquelle nous avons maintenu le patriote Alexandre. Ce Boutidoux a présenté hier au général un mémoire aussi fou que dangereux et dérisoire ; je vous l'envoie, il *semble qu'il y ait un projet de n'avoir que des troupes de ligne et de décourager les volontaires.* Kellermann, que j'avais forcé à se prononcer dans la solennité, où j'ai demandé qu'on lût à l'armée le décret, et où j'ai adressé aux soldats quelques discours qui ont été suivis d'un véritable enthousiasme pour la République et la liberté, *n'a jamais rien voulu dire qui prouvât authentiquement qu'il désavouerait Dumouriez.* Tout cela nous effarouche; s'il bronche, nous sommes ici quelques patriotes qui lui brûlerons la cervelle.

« Kellermann envoie un courrier à Paris, il doit être important. Comme nous sommes fort poliment ensemble, et qu'il a même des formes caressantes, il m'a fait prévenir qu'il envoyait un courrier à Paris; il me demande mes dépêches, je n'écris qu'à la Convention nationale; mais je remets à ce courrier une lettre insignifiante pour Rovère en le chargeant spécialement de la lui remettre. Ne veillez pas moins à l'arrivée de ce courrier à Lyon ; *faites-le arrêter et voyez ses lettres, et marquez-moi ce qu'il en est.*

« Peut-être, comme les nouvelles qu'on a ici sont un peu moins mauvaises, au moins quant aux dispositions de l'armée, ces messieurs de chez nous auront modifié leur plan et mis de l'eau dans leur vin. Faites, pour la confiance dont nous avons encore besoin pendant quelque temps auprès du général qui a besoin d'être étudié, que cette arrestation de courrier vienne de vous et non pas de nous.

« Simond est à quelques lieues d'ici ; je vous embrasse pour lui et pour moi.

« Hérault. »

Rovère, Legendre et Basire, commissaires de la Convention nationale à Lyon, à la Convention nationale.

« Lyon, ce 11 avril, l'an 2ᵉ de la République française, à une heure après midi.

« Citoyens nos collègues,

« Sur les avis très-sérieux qui nous avaient été donnés des dispositions liberticides de quelques-uns des machinateurs envoyés par Beurnonville dans l'armée de Kellermann, et notamment de la proposition formelle qui a été faite à ce général par M. Boutidoux de marcher sur Paris à la tête de six mille hommes, que cet intrigant se flattoit d'y faire arriver sur le soir du dixième jour, nous avons cru devoir faire arrêter deux de ses courriers dont nous avons scrupuleusement examiné les dépêches. Il en résulte que Kellermann ne veut plus être environné que de troupes de ligne, qu'il désire surtout commander beaucoup de régiments suisses, et qu'enfin, si l'on ne veut lui composer son armée de cette manière, il demande à la cantonner pour l'exercer, en abandonnant à l'ennemi quelques-unes de nos places frontières qu'il prétend pouvoir reprendre quand il lui plaira, se réservant de lui donner, s'il le faut, une superbe bataille sur notre territoire, et de mettre à profit l'estime des Prussiens qu'il a militairement acquise dans la dernière campagne, pour traiter définitivement de la paix avec eux. C'est ce que l'on verra clairement dans sa lettre au ministre de l'intérieur, si l'on veut la lire avec quelque attention. Nous adressons à votre Comité de salut public, et les avis que nous avons reçus, et les dépêches que nous avons cru devoir ouvrir en totalité, à l'exception de celles spécialement adressées à la Convention. Notre position nous mettant à même de prévenir plus promptement toutes les démarches hostiles du général, nous nous flattons que vous approuverez notre conduite à cet égard dont il vous sera probablement rendu compte par votre Comité, et que vous sentirez qu'il est temps de prendre un parti sur Kellermann.

« Les représentants du peuple français envoyés par la Convention nationale à Lyon.

« J.-F. Rovère, Legendre, C. Basire. »

Kellermann, commandant en chef de l'armée des Alpes, à Garat, ministre de l'intérieur [1].

« Au quartier général, à Chambéry, le 5 avril 1793,
l'an 2ᵉ de la République.

« Je ne vous écris pas officiellement, citoyen ministre Garat, mais bien comme à quelqu'un que j'estime sous tous les rapports et avec lequel je veux causer d'amitié et de confiance sur les circonstances actuelles; vous savez aux actes, mieux que personne, combien ma franchise, mon attachement au bien de

---

[1]. Cette lettre était jointe à la précédente dans l'envoi fait à la Convention. On voit par la lettre suivante que copie en fut également envoyée de Lyon à Hérault et à Simond. Nous respectons l'orthographe et le style du vieux général, qui savait mieux manier le sabre que tenir la plume.

ma patrie et mes connaissances militaires ont été mal écouté ; c'est de là qu'est résulté ce qui se passe maintenant. J'avois la paix la plus glorieuse, le 24 octobre dernier proposé à une entrevue que j'ai eu ce jour avec le duc de Brunsvick, prince de Hohenloé, commandent l'armée autrichienne, le prince de Hesse, ministre de l'empereur à la cour de Berlin, et Louquesing, ministre de Prusse à celle d'Autriche, dans cette conferance ou a assisté le général Valance, il a été convenu que l'Autriche et la Prusse reconnaîteroit le plus autentiquement la République françoise en premier lieu ; il a été convenu ensuite que ny l'une ny l'autre de ces puissances se melleroient, ny directement, ny indirectement, du cydevant roy ny des émigrés, dureste les puissances se retireroient chacune dans leurs États respectifs et que la paix seroit faite ; j'en ai rendu compte sur le champ aux trois commissaires Carra....... qui étoient encore à Longvie et ai depeché un courrier extraordinaire au ministre Pache pour lui en rendre compte et que de son côté il en fasse part au Pouvoir exécutif.

« Je vous rappelle, citoyen, ce fait pour que vous puissiez juger de la différance de notre position si l'on eut accepté ; j'avois d'ailleurs l'assurance positive qu'il eut été facile de brouiller les Autrichiens et les Prussiens de façon à engager une guerre entre ces deux puissances et faire un traité avec ces derniers : je dois même vous ajouter que je jouissois de l'estime de nos ennemis et de leur crainte, les ayant chassé avec 32 mille hommes dépourvus de tout espèce d'habillement contre des forces le double des miennes qui n'ausèrent pas bouger devant moi, quoique Valance m'ait quitté avec sa division de 16 mille hommes le 24 pour se rendre à Givet ; je ne vous fait pas d'autres réflexions ; il faut donc venir à notre position actuelle ; les événements de la Belgique sont fâcheux, mais tout cela peut se redresser, l'ennemi ne paroit pas assez en mesure pour entreprendre quelque chose sur nos places de guerre frontières. Pourquoi les déroutes ? la raison en est simple, cette armée a été trop longtemps en campagne et sans repos on l'a recommencé ; beaucoup de recrue et point d'instruction ; de cette manière il est impossible d'obtenir de l'ensemble, et, sans ce préalable, point de succès contre des troupes manœuvrières ; ce

n'est pas la quantité d'hommes qui gagne des batailles, c'est la qualité bien organisé, bien discipliné et bien dressé; c'est avec une poignée de soldats que j'ai combattu à l'affaire du 20 septembre contre trois fois plus du monde que je n'avais. Quelle en a été la raison? c'est que nos soldats étaient instruits, disciplinés, qu'ils ont fait des marches forcées, qu'ils ont fait plus de 60 camps avant cette fameuse journée qui leur a fait tant d'honneur; il faut donc profiter du relâche que nos ennemis sont forcés de donner à leurs opérations pour apprendre à nos bataillons à manœuvrer ensemble, à bien connoître leurs armes, à bien tirer; alors nos troupes iront parfaitement bien, et je vous réponds que *cela ira,* mais de la patiance, de la fermeté et jamais de l'abattement. » . . . .
. . . .

Hérault et Simond, représentants du peuple, à Chambéry, à la Convention nationale.

« Chambéry, 14 avril 1792, l'an 2ᵉ de la République française.

« Citoyens collègues,

« Dans un temps où nos ennemis, désespérant de nous vaincre autrement que par des trahisons, ont cherché à faire périr la liberté par ceux qui avoient paru la défendre, et où l'on a pu supposer le plan d'une vaste conjuration entre tous nos généraux, nous aurions été indignes d'être les représentants du peuple français, si nous n'avions agi avec la plus rigoureuse surveillance. Pénétrés de ce sentiment, nous avions prié nos trois collègues qui sont à Lyon de faire arrêter et examiner les dépêches venant de l'armée des Alpes.

« Ils ont saisi cette mesure avec zèle, et nous ont envoyé dès le lendemain copie d'une lettre que Kellermann adressoit au ministre de l'intérieur, et de deux autres lettres de personnes qui entourent ce général. Un de ces individus notamment, nommé Jennesson, son secrétaire, s'exprimoit comme investi de sa confiance, et annonçoit, sur Dumouriez et sur la royauté, des opinions qui ont dû nous rendre Kellermann infiniment suspect, surtout en les combinant avec les propositions de celui-ci à la Convention nationale et au ministre de l'intérieur, propositions faites pour donner à penser. Nous nous sommes transportés tout à coup chez Kellermann, accompagnés de quelques citoyens des troupes de ligne, des volontaires nationaux, des administrations et de la municipalité, et résolus de prendre un parti de sûreté à l'égard des coupables en attendant la décision de la Convention nationale. Le général a répondu avec calme à nos reproches, et nous a pressés lui-même de vérifier sa correspondance et tous ses papiers. Le salut public nous commandoit cet examen. Il n'y a pas une seule lettre qui n'ait passé sous nos yeux, et nous avons eu la satisfaction de nous convaincre que, dans les relations les plus intimes et les plus secrètes, dans ces entretiens de l'amitié, dans ces épanchements où un homme révèle ses pensées et ses intérêts, il n'y a pas une seule lettre qui, loin d'inculper Kellermann, ne soit faite au contraire pour l'honorer. Nous avons vu avec le même plaisir qu'il n'a point de rapport avec Dumouriez, ni avec les Égalité; d'ailleurs ses dispositions et ses plans sont sages; il s'occupe avec activité de l'armée qu'il commande; ainsi, les écrits et les actions sont d'accord; quant aux propositions contenues dans ses lettres, nous convenons que, dans la crise actuelle, et considérées de ce lointain où la liberté trahie par tant de lâches doit devenir plus ombrageuse que jamais, surtout en raison des distances, elles auront pu produire contre lui une sensation très-défavorable. Mais que l'on veuille bien nous croire, nous qui sommes sur les lieux, qui sommes à portée d'apprécier jusqu'aux nuances, et qui, certes, serions inexorables, si nous pouvions apercevoir l'ombre d'un danger pour la patrie. Alors on saura que ces idées soumises à la Convention, ou déposées dans le sein d'un membre du Conseil exécutif, n'étoient qu'une opinion militaire plus ou moins réfléchie, et nullement un système de perfidie. Au surplus, comme ces diverses explications entraîneroient quelques longueurs, nous les renvoyons à une lettre plus détaillée que nous adressons à votre Comité de salut public.

« Notre visite chez le général Kellermann a duré quatre heures; les citoyens que nous avions amenés assistoient comme spectateurs pendant que nous faisions le dépouillement des papiers. Lorsque nous avons rompu le silence pour déclarer hautement l'innocence du général et ses droits à la confiance des républicains, tous les assistants, magistrats du peuple et militaires, l'ont embrassé avec émotion. Il n'a pu leur répondre que par des larmes d'attendrissement, et par les protestations d'un redoublement de zèle pour la République française et pour la liberté.

« Nous avons appris que l'armée avoit gardé, pendant cette explication, la contenance fière et calme qui convenoit à des hommes libres. Nous avons regardé comme un devoir de l'instruire et de la rassurer par la courte proclamation dont nous joignons ici la copie.

« Nous avons mis le secrétaire Jennesson en état d'arrestation.

« Les représentants du peuple français députés par la Convention nationale au département du Mont-Blanc et à l'armée des Alpes,

« HÉRAULT, SIMOND. »

Hérault et Simond, représentants du peuple français, députés par la Convention nationale au département du Mont-Blanc et à l'armée des Alpes, aux citoyens de la République française [1].

« Obligés de veiller avec plus d'activité que jamais sur les dangers de la République française menacée par tant d'ennemis et lâchement trahie par l'infâme Dumouriez, avec lequel la sollicitude publique se représente presque tous les généraux dans un état de coalition contre la liberté, nous nous sommes empressés de vérifier les pièces qui paroissoient accuser d'une manière grave le général Kellermann, commandant en chef l'armée des Alpes. Après avoir examiné avec une grande attention, et en présence des autorités civiles et militaires, la correspondance entière de ce général dans ses relations les plus intimes et les plus récentes, nous avons reconnu qu'il n'a été véritablement compromis que par l'incivisme et la forfanterie d'un de ses secrétaires que nous avons mis en état d'arresta-

---

1. La copie de cette proclamation accompagnait la lettre d'Hérault et de Simond à la Convention.

tion. En conséquence, nous devons à la vérité de déclarer que nous n'avons rien trouvé qui puisse faire suspecter la droiture de ses intentions; que le général du 20 septembre n'a pas cessé de mériter l'estime et la confiance de ses concitoyens et de l'armée, et que Kellermann est un homme pur, un républicain digne de conduire à de nouvelles victoires les soldats de la liberté.

« Chambéry, 13 avril 1793, l'an second de la République française.

« Hérault, Simond. »

Comité de salut public. — Présents: Guyton, Cambon, Lacroix, Delmas, Bréart et Lindet. Séance du 17 mai au soir.

« Les citoyens Legendre, Rovère, Thuriot et Basire, membres du Comité de sûreté générale, invités de se rendre au Comité de salut public, s'y sont rendus pour entendre le général Kellermann; on a lu les lettres de ce général, celle des commissaires de la Convention nationale. Le général a rendu un compte satisfaisant de ce qu'il a fait pour le service de la République, des mouvements de l'armée des Alpes, des dispositions qu'il a faites et de celles qu'il a projetées.

« L'Assemblée, convaincue que ce général n'a pas cessé de mériter la confiance de la nation et qu'il a bien servi la République dans le poste important qui lui était confié, a arrêté que le Comité de salut public fera demain à la Convention nationale un rapport de ce qui s'est passé et proposera de décréter que le général Kellermann n'a pas cessé de mériter la confiance de la République.

V

DOCUMENTS

RELATIFS AU COMMENCEMENT DE LA GUERRE DE LA VENDÉE.

(Voir page 96.)

I.

LE GÉNÉRAL MARCÉ.

Le général Marcé fut la première victime des injustes accusations dirigées par les troupes indisciplinées de la République contre les chefs qui commandaient en Vendée. Ce général comptait quarante-huit ans de services; il avait été fait maréchal de camp en 1788 et général de division en 1791; il commandait la division de la Rochelle en mars 1793. C'est de là qu'il partit avec cinq cents hommes et deux pièces de canon pour marcher contre les paysans révoltés du bas Poitou. La première rencontre eut lieu le 17 mars, et fut favorable aux républicains.

Le surlendemain 19, la petite armée de Marcé se trouve de nouveau en présence de l'ennemi et demande à grands cris l'ordre de l'attaquer, bien qu'il soit trois fois plus nombreux et qu'il occupe une position très-forte. Aux premiers coups de canon, Marcé est abandonné par la plus grande partie des siens, il n'a plus autour de lui que quelques grenadiers et chasseurs de la troupe de ligne; ses deux fils sont à ses côtés. Cette poignée d'hommes intrépides se battent en désespérés. Les habits du général sont criblés de balles ; son cheval est blessé ; enfin la retraite s'effectue à grand'peine jusqu'à la Rochelle. En y arrivant, le général est mis en arrestation par ordre des représentants du peuple. Pendant neuf mois, il est renvoyé d'un tribunal à l'autre, et enfin traduit le 9 pluviôse an II au Tribunal révolutionnaire de Paris. Là, après un débat dérisoire, Dumas pose aux jurés les questions suivantes, qu'ils étaient, il faut en convenir, bien peu propres à résoudre :

« Est-il constant que, dans les journées des 14 au 19 mars dernier, dans différents lieux du département de la Vendée, il a été pratiqué des manœuvres tendant à favoriser la révolte et les progrès des révoltés dans ce département?

« Louis-Henri-François Marcé, né à Chinon, domicilié à Chisey, département d'Indre-et-Loire, ci-devant général de la 12e division de l'armée de l'Ouest, est-il convaincu d'avoir été l'auteur de ces manœuvres, en ne donnant aucun ordre pour la formation des troupes en corps d'armée ; en laissant les troupes sans subsistances et en les privant à dessein, en affectant plusieurs fois de faire battre la générale au moment de manger la soupe ; en ne faisant dans aucune circonstance, même dans le danger, aucune disposition pour l'attaque et la défense ; en arrêtant, à la journée du 15, au bivac, à Pont-Charron, les troupes qui devaient attaquer l'ennemi qui égorgeait les patriotes à Chantonnay ; en ménageant les ennemis à la journée du 17 ; enfin, à la journée du 19, en engageant les troupes dans des positions et dans un ordre perfide, en enchaînant dans ces positions les troupes en présence de l'ennemi, en ne donnant aucun ordre dans l'action, en refusant, à l'entrée de la nuit, d'ordonner une retraite devenue nécessaire ; en abandonnant par une fuite lâche et criminelle les troupes en désordre et l'artillerie exposée ; ce qui a fait perdre à la République de généreux défenseurs et a procuré aux révoltés des progrès monstrueux.

« La déclaration des jurés est affirmative sur des deux questions.

« Dumas, président ; Pesme, commis-greffier. »

Marcé fut condamné à mort et exécuté le même jour.

II.

LETTRES DU GÉNÉRAL CANCLAUX AU MINISTRE DE LA GUERRE.

« Lesneven, le 22 mars 1793.

« Citoyen ministre,

« Les commissaires de la Convention nationale en quittant Brest m'ont emmené avec eux, et avec eux je me suis trouvé à la première insurrection qui a eu lieu à Saint-Pol, et que la présence des troupes que j'ai conduites a bientôt dissipée. Les citoyens commissaires en ont instruit le Comité de défense générale, en lui demandant d'en instruire le Conseil exécutif. Je ne vous ai point rendu compte alors, sachant que vous aviez quitté le ministère. La patrie vous y a rappelé, vous vous êtes rendu à sa voix; j'en partage le bonheur avec tous les bons républicains, et je vous dois instruire des troubles qui se sont aussi manifestés dans les environs de Brest, qui m'ont fait envoyer de toutes parts des détachements plus ou moins considérables et dont j'ai cru devoir prendre la direction pour mieux pousser, et par un concert de forces imposantes, les rebelles qui courent la campagne, et qui, sous le prétexte de se refuser à l'enrôlement ordonné, forment des attroupements et agissent offensivement partout, non en masse, il est vrai, mais d'une manière plus cruelle peut-être, en profitant des haies et des fossés pour faire feu sur les troupes, ce qui nous a coûté quelques bons patriotes et n'a pas été non plus sans revanche de notre part. Enfin, citoyen ministre, je suis depuis trois jours comme en pleine guerre; j'aurai l'honneur de vous en envoyer un détail circonstancié le plus tôt possible. Vous y verrez que ces gens-là ne peuvent qu'être conduits. Ils l'indiquent par leurs manœuvres, par le soin de couper les ponts dans leur retraite, par leur attaque de nuit et leur marche.

« Les prisonniers faits et que j'ai envoyés à Brest fourniront sûrement quelques indices de cette grande coalition, dont on a persuadé à ces malheureuses gens abusés que leur foi était le motif. Cependant il paraît qu'ils veulent se rapprocher, et déjà quelques communes, intimidées de ma présence ou de mon approche et surtout de mon artillerie, que j'ai fait jouer plus d'une fois, ont tiré pour leur contingent ou disent qu'elles vont tirer. Je ne suis plus guère inquiet que de Saint-Pol, où la révolte s'est rallumée et dont je n'ai encore pu avoir aucune nouvelle depuis hier, la communication étant interceptée par un pont rompu et peut-être aussi par des attroupements. J'y ai envoyé par une autre route. Si je n'en apprends rien ce soir ou demain matin, j'y marcherai ; dans le cas contraire, je pourrai me rapprocher de Brest, en laissant ici une force suffisante pour en imposer encore aux campagnes voisines.

« *Le général divisionnaire,*

« Canclaux. »

« De Saint-Pol, le 25 mars 1793.

« Citoyen ministre,

« Ma dernière lettre vous aura instruit, quoique sans grands détails, que je réserve pour un autre moment où je pourrai les rassembler, de la position où je me trouvais et de la force militaire qu'il m'avait fallu déployer entre Brest et Lesneven. Elle a mis à la raison les communes rebelles, particulièrement le chef-lieu du complot, qui, dès le surlendemain, a formé son contingent de recrues. J'ai cru devoir alors me porter sur Saint-Pol pour propager ainsi la loi et son exécution. J'étais prévenu que je devais trouver beaucoup de résistance et que ma marche serait arrêtée par la destruction d'un pont ; comme je savais aussi qu'il était assez facile à réparer, j'avais prévenu la garnison de Saint-Pol d'être en mesure pour marcher vers ce côté au premier ordre et d'avoir des ouvriers et des outils propres à ce travail, dont je la chargeais comme étant plus près que moi de ce pont, et que de mon côté je viendrais soutenir les travailleurs et ainsi rétablir notre communication et celle de la grande route. Des avis d'une nouvelle invasion sur Saint-Pol, pareille à celle du 19, dont vous avez eu, citoyen ministre, le rapport fâcheux, m'ont fait hâter d'un jour l'exécution de mon projet, et bien heureusement, car le bataillon du Calvados et une partie de la garde nationale de Morlaix, qui sont à Saint-Pol, en étaient à peine sortis qu'il s'est formé des ras-

semblements des communes voisines et que ces troupes, ou,
pour mieux dire, ces gens dispersés et à l'abri de leurs hauts
fossés, n'ont cessé de les assaillir de coups de fusil. Ils ne pouvaient y répondre que de même, mais à découvert; une pièce
de canon qu'ils avaient menée ne pouvait pas servir, son essieu
s'étant cassé; enfin ils avaient déjà sept hommes blessés dont
quatre grièvement et n'avaient presque plus de cartouches,
lorsque je suis arrivé avec les trois cents hommes que j'avais
tirés de Lesneven. Une position que j'ai prise, le feu d'une pièce
de 4 que j'avais avec moi ont bientôt éloigné ces tirailleurs.
Le pont s'est fini, je l'ai passé, et, courant au bataillon du
Calvados, je l'ai mené la baïonnette au bout du fusil contre
quelques-uns de ces rebelles qui paraissaient vouloir tenir, ce
qu'ils n'ont pas fait; les moins lestes ont été attrapés et tués.
Alors, un peu débarrassé et calculant l'heure qu'il était, la
longueur de ma retraite sur Lesneven, la possibilité que ces
mêmes attroupements voulussent fermer au bataillon du Calvados et la garde nationale de Morlaix leur rentrée dans Saint-Pol, enfin le besoin de manger qu'avaient les deux troupes,
étant en marche depuis sept à huit heures, — il en était quatre
alors, — je me suis décidé à faire la jonction et à revenir
tous ensemble ici. L'événement a justifié la nécessité de cette
mesure. Il m'a encore fallu tirer des coups de fusil et de canon
toute la route, et ce n'est qu'assez près de cette ville que j'ai
été quitte de cette malheureuse engeance qu'on ne sait par où
prendre, et qui a été tellement acharnée hier et se présentant
si à propos sur les points d'attaque, qu'on ne peut douter
qu'ils soient conduits par des personnes instruites et qui connaissent le pays. J'ai fait quelques prisonniers, qui ont déjà
été interrogés; ils nient tous un complot trop bien marqué.
Les commissaires du département du Finistère et des districts
de Morlaix et de Lesneven, qui sont ici, vont faire parvenir
dans les quatre ou cinq communes qui sont en insurrection
une nouvelle adresse, qui se termine par la menace des forces
que j'ai en main. Je désire que, jointe à la leçon qu'ils ont
reçue hier, car ils doivent avoir perdu bien du monde, en leur
faisant entendre la raison, dont ils sont détournés par des malveillants qui échappent encore aux recherches, cette adresse,

qui leur enjoint de fournir dans la journée de demain quatre otages par chaque commune pour leur soumission à la loi de recrutement et aux frais de cette expédition, termine une guerre si malheureuse, si cruelle, mais nécessaire pour l'observation de la loi et le salut de la République qui en dépend. J'aurai l'honneur, citoyen ministre, de vous informer successivement des mesures auxquelles je me porterai, selon les circonstances, et guidé par le zèle et le patriotisme qui m'animent.

« Le général CANCLAUX.

« *P. S.* — Je joins ici copie de l'adresse des Commissaires du département et des districts réunis, et que j'ai cru, sur leur demande, devoir signer.

« Ils vous prient de vouloir bien en faire donner connaissance au Comité de défense générale, ainsi que des détails ci-dessus qu'ils confirment comme témoins oculaires, n'ayant pas trouvé le moment aujourd'hui de faire leur rapport.

« Les Commissaires du département et des districts de Morlaix et de Lesneven réunis à Saint-Pol :

« J.-Fr. HOMON neveu, PINETRO, L.-J.-M. GUILLIER, PRAT, J.-J.-L. LEDENMAT. »

« De Saint-Pol, le 29 mars 1703.

« Citoyen ministre,

« Je m'empresse de vous confirmer l'espoir que je vous ai donné, par le dernier courrier, de voir renaître ici la tranquillité. Les communes révoltées ont fourni leurs otages, et même quelques-unes ont dénoncé ou livré des instigateurs de ces troubles. Les commissaires civils réunis ici adressent aujourd'hui au Comité de défense générale tous les détails que je vous prie de me permettre de ne pas vous faire, me trouvant extraordinairement gêné pour écrire, par un accident qui m'est arrivé hier, et qui n'aura cependant d'autre suite que de tenir mon bras gauche en écharpe pendant quelques jours. Il a été démis par une chute que j'ai faite avec mon cheval dans un trou, comme j'allais en reconnaissance. J'en serai quitte pour de la douleur et de la gêne, la tête de l'os sorti de sa cavité ayant été parfaitement remise en place. J'espère, si la tranquillité prend encore de l'assiette, pouvoir me rapprocher de Brest et y rentrer dans les premiers jours de la semaine prochaine, en laissant toutefois ici une force suffisante pour en imposer encore.

« J'informe le général Labourdonnaye de ces mesures et lui demande ses ordres, comme vous me l'avez prescrit.

« Le général CANCLAUX. »

III.

LETTRE DE BILLAUD-VARENNES ET DE SEVESTRE A LA CONVENTION.

Les députés Commissaires dans le département de l'Ille-et-Vilaine, à la Convention nationale [1].

« Le 29 mars an II de la République française.

« Citoyens nos collègues,

« Arrivés à Redon, un des chefs-lieux de la coalition, nous avons cru qu'il n'y avait pas un moment à perdre pour attaquer les rebelles, quoique nos forces fussent peu considérables, et que les leurs, à la vérité très-exagérées, nous parussent très-imposantes. Heureusement l'expédition a eu un entier succès : tous les postes occupés par les séditieux sur les bords de la Vilaine ont été enlevés, et les passages rétablis. Nous devons les plus grands éloges aux braves gardes nationales de Rennes, ainsi qu'à l'intelligence et à la valeur de l'adjudant général Beysser, chargé par le département de l'Ille-et-Vilaine de conduire cette opération militaire. La veille de l'action, il avait sommé les révoltés de mettre bas les armes dans le délai de trois heures, sous peine de voir brûler et raser le village de Saint-Pereux. Pour réponse, on avait menacé l'officier porteur de ces ordres de faire feu sur lui, s'il ne se retirait sur-le-champ. Les séditieux, couverts par un retranchement près de

---

1. Ce document, que nous croyons inédit, complète les renseignements que l'on trouven dans les lettres écrites par les mêmes commissaires, aux dates des 22 et 23 mars, et insérées dans les n°s 85 et 86 du *Moniteur*.

l'église, ont d'abord tiré quelques coups de fusil sur les premiers bateaux de débarquement; mais le feu de deux pièces de canon de 4 les a bientôt débusqués, et quand nous sommes descendus, nous avons trouvé la place entièrement déserte. Deux rebelles ont été tués dans cette affaire et un a été fait prisonnier. En arrivant, le soldat, dans son premier transport, mit le feu à deux ou trois maisons. Cet exemple terrible a produit un effet très-utile, car les séditieux, éclairés dans leur fuite par l'embrasement de leurs repaires, ont jeté l'alarme dans leurs autres retranchements, qui ont été évacués dès la même nuit; et toutes les campagnes des environs, également frappées d'épouvante, se sont empressées de rentrer dans le devoir. A chaque instant elles viennent reconnaître leur erreur et nous demander grâce. Toutes les municipalités insurgentes nous ont dénoncé les chefs et les agents de cette affreuse conspiration, et déjà il y en a un grand nombre d'arrêtés, et qui vont être livrés au bras vengeur de la justice.

« Nous avons donc la satisfaction de vous apprendre, citoyens nos collègues, que maintenant l'ordre et la paix sont presque entièrement rétablis dans le département de l'Ille-et-Vilaine. Mais après avoir dissipé et soumis les rebelles, il est d'une sage politique de les contenir assez pour qu'ils ne puissent ni se rallier ni se lever de nouveau, en supposant que les Anglais voulussent essayer de faire une descente sur nos côtes. En conséquence, on va distribuer des troupes en garnison dans les endroits connus pour être infestés de fanatisme et d'aristocratie. Nous avons également pensé qu'une mesure essentielle pour prévenir tout soulèvement était le désarmement entier des communes révoltées et des mauvais citoyens dénoncés comme tels dans les endroits restés dans la subordination. Nous avons aussi voulu profiter de la circonstance impérieuse de cette malheureuse sédition pour presser le recouvrement des impositions, et surtout pour hâter le recrutement, en ordonnant qu'il serait complété dans vingt-quatre heures par les communes rebelles. Ces dispositions sont l'objet de l'arrêté que nous vous adressons, avec celui relatif aux changements qui nous ont paru nécessaires dans la composition du district de Rhedon, ville où l'on compte à peine trente patriotes, et où nous avons trouvé, sous les yeux mêmes de la municipalité, des couvents de religieuses conservant encore leur costume.

« Une lettre du département des Côtes-du-Nord nous apprend aujourd'hui qu'il ne s'est formé sur son territoire qu'un seul attroupement considérable entre Moncontour et Lamballe. Le district de Lamballe y a envoyé un détachement qui a dissipé les révoltés, qui en a tué quarante et fait vingt-cinq prisonniers. Le même département nous fait part que les districts de son arrondissement fournissent leur contingent sans difficulté. Pour achever de rétablir la tranquillité publique, nous avons dû réunir aux moyens de répression le langage de la persuasion et de la clémence. C'est dans cette vue que nous avons fait une proclamation adressée aux habitants des campagnes, pour leur démontrer leur égarement, les rappeler à leur devoir et les inviter, conformément au décret du 19 mars, à rentrer sous vingt-quatre heures dans leurs foyers, avec l'assurance d'y revenir sans inquiétude, en se tenant désormais paisibles et soumis aux lois.

« Nous sommes, citoyens nos collègues, avec fraternité,

« SEVESTRE, BILLAUD-VARENNES. »

IV.

LETTRE D'UN OFFICIER DE LA GARDE NATIONALE DE LA ROCHELLE A SON PÈRE, MEMBRE DU CONSEIL GÉNÉRAL DE LA COMMUNE DE PARIS.

Cette lettre nous paraît donner une idée assez exacte de l'état des esprits dans les communes patriotes, et des tristes et sanglantes représailles auxquelles on se croyait obligé pour punir les meurtres commis par les Blancs. C'est pourquoi nous la donnons *in extenso*.

« La Rochelle, le 25 avril 1793.

« Mon papa,

« Je suis arrivé d'hier au soir bien fatigué, bien harassé, de l'armée de la Vendée, commandant en chef un détachement qui escortait des boulets, mitrailles, cartouches et toutes sortes de munitions de guerre destinées pour Fontenay.

« Arrivés là, nous avons rejoint l'armée; elle fait des progrès et les succès les plus rapides. A ma connaissance et à celle des chirurgiens de l'armée de Boulard, bon patriote et officier humain et intelligent, nous n'avons que vingt-cinq hommes de blessés, qui sont venus ce matin ici, et, de brigands reconnus morts sur le champ de bataille, sans compter les *guillotinés* et prisonniers, ils sont dix-sept cents hommes sur le carreau. Ces impitoyables fanatiques ont égorgé trois cents patriotes à Machecoul; femmes, enfants, malades, vieillards, tous ont été assassinés dans leurs maisons et dans leurs lits. On ne voyait devant les portes que les tristes restes de l'humanité, hachés à coups de sabre et jetés çà et là par morceaux. On a vu se renouveler les actes de barbarie dont les sauvages sont à peine capables dans les forêts de l'Afrique, arracher le cœur des malheureuses victimes pour les mettre dans les dents de ces derniers.

« Ces gueux-là montent la tête haute et fière à l'échafaud. On a guillotiné aux Sables, avant-hier, deux capitaines, un lieutenant, un caporal, un sergent, un chirurgien, un cantinier, un maire et son fils, un juge de paix et des officiers municipaux de la bande de ces coquins-là, qui avouèrent au supplice avoir trempé leurs mains dans le sang des malheureux patriotes de Machecoul. Dans tous nos environs on guillotine par douzaines. Nous ne nous lassons pas de tenir ferme, mais on voudrait que la Convention établît un tribunal révolutionnaire pour faire jouer la guillotine.

« Nous attendons six mille hommes qui se réuniront avec d'autres ici pour faire le siége de Noirmoutiers, qui est le principal et le plus gros noyau où les révoltés sont en force. Nous avons appris à l'armée qu'un scélérat de député avait fait la motion de faire retirer des Sables la garnison de citoyens qui y sont au nombre de trois mille, osant dire impudemment que les troubles ne sont plus dans ces parages, tandis que les brigands voudraient tenter de prendre cette ville, et au contraire, d'ici nous allons peut-être marcher pour fortifier encore des pères de famille de nos environs qui sont aux Sables. Ici tout travaille aux fortifications, aux remparts et à la sûreté de la ville et de la chose publique. Chose admirable et digne d'un peuple qui aime sa liberté! dès que la générale bat, le citoyen quitte la pioche, la pelle, prend son sac, son fusil, son sabre et sa giberne, et attend l'ennemi de pied ferme. Voilà notre position et notre conduite, et qu'en bons républicains on nous juge à la Rochelle, officiers comme soldats. Tous les cinq jours on est de garde, et le service s'y fait avec rigidité et grande union.

« ARNAUD. »

V.

NOMINATION DE RONSIN, MOMORO ET AUTRES, EN QUALITÉ DE COMMISSAIRES DU POUVOIR EXÉCUTIF PRÈS LES ARMÉES DE L'OUEST.

Les commissaires du pouvoir exécutif envoyés dans l'ouest furent le fléau de ces contrées. Les patriotes honnêtes s'indignaient eux-mêmes des choix qu'avait faits le gouvernement. M. Louis Blanc (tome VIII, page 341) trace, d'après les notes laissées par Mercier-Durocher, administrateur du département des Deux-Sèvres, une peinture lamentable des désordres que présentait l'état moral de l'armée républicaine, rendez-vous de tous les roués révolutionnaires de Paris, Ronsin, Momoro et consorts.

Nous avons retrouvé les actes de nomination de ces individus et nous les donnons ici. Nous appelons spécialement l'attention de nos lecteurs sur la pièce concernant Momoro et Damesme. Il n'est pas difficile de comprendre que, dans cette circonstance, le pouvoir exécutif eut la main forcée par les meneurs de l'Hôtel de ville, qui, d'avance et de leur autorité privée, avaient fait cette nomination complétement en dehors de leur compétence. Mais ils n'y regardaient pas de si près; ils étaient sûrs d'être obéis, quelque chose qu'ils crussent devoir ordonner.

Comité de Salut public.

Présents : Guyton, Barère, Cambon, Bréard, Delmas, Lacroix, Lindet.

Séance du 7 mai, au matin.

« Sur le récit fait par le citoyen Goupilleau, représentant du peuple, l'un des députés près de l'armée des côtes maritimes de l'Océan, que l'armée n'est point organisée, qu'il n'y a point d'administration, que les bataillons et les différents corps mis en mouvement vont s'y rendre, qu'il est urgent d'organiser l'administration des subsistances, munitions et approvisionnements ; que le citoyen Ronsin, adjoint au département de la guerre, est peut-être l'un des citoyens les plus propres à monter un pareil établissement avec la célérité et le succès que l'on doit attendre, après en avoir conféré avec le ministre la guerre ;

« Le Comité a arrêté que le citoyen Ronsin partira sans délai et se rendra dans les départements de l'Ouest pour organiser l'administration des subsistances, munitions et approvisionnements de l'armée de la réserve et des côtes de la Rochelle ; qu'il donnera à cet établissement toute la stabilité en se concertant avec les représentants du peuple pour accélérer l'exécution des instructions qui lui ont été fournies par le Comité de salut public, et qui ont été décrétées par la Convention nationale ; et qu'après qu'il aura pourvu aux dispositions nécessaires pour assurer les subsistances de l'armée, il reviendra reprendre son poste d'adjoint. »

Conseil exécutif provisoire.

« 9 mai 1793.

« Le Conseil exécutif provisoire, considérant qu'il est nécessaire non-seulement qu'il soit instruit journellement par des correspondances certaines de l'état des départements qui sont en proie à la fureur des rebelles, mais même qu'il puisse connaître par le rapport de citoyens éclairés les mesures qu'il conviendrait de prendre ;

« Considérant que les dispositions déjà faites pour remplir ce double objet sont insuffisantes par rapport à l'étendue qu'embrassent les forces des rebelles et à leurs progrès effrayants;

« Considérant que l'envoi de plusieurs patriotes est encore nécessaire pour alimenter les principes républicains dans ces départements, et qu'enfin les citoyens Lachevardière, administrateur du département de Paris, et Minnier, officier municipal, réunissent toutes les qualités nécessaires pour remplir la mission dont il s'agit :

« Arrête qu'il sera expédié à ces citoyens une commission du Conseil exécutif, en vertu de laquelle ils se transporteront dans les départements dont il s'agit, pour y observer ce qu'il convient de faire pour le maintien de la République, pour y communiquer avec le peuple et avec les autorités constituées, et pour correspondre avec le Conseil et lui transmettre toutes les informations nécessaires.

« CLAVIÈRE, DALBARADE, LEBRUN, GARAT, BOUCHOTTE, GOHIER. »

« 11 mai 1703.

« Tous les ministres présents.

« Vu l'arrêté du département de Paris, en date de ce jour, et après avoir entendu les citoyens Lhuillier, procureur général-syndic, et Lemit, administrateur du département, relativement à la proposition faite d'envoyer les citoyens Momoro et Damesme, administrateurs du département de Paris, dans les départements insurgés en qualité de commissaires;

« Le Conseil exécutif provisoire, considérant que cette proposition lui avait été présentée comme individuellement faite par ces citoyens et non comme délibérée par le département de Paris; considérant que, d'après les faits qui lui sont exposés, l'envoi de ces commissaires peut concourir à faciliter et à accélérer le recrutement, et qu'il est demandé par les citoyens; considérant que le directoire du département a pourvu au remplacement des citoyens Momoro et Damesme, tant dans le directoire que dans le conseil général, en sorte que le service public ne peut souffrir aucunement de leur absence :

« Arrête, après délibération, que le ministre de la justice fera expédier aux citoyens Momoro et Damesme des commissions semblables à celles qui ont été données aux citoyens Lachevardière et Minnier.

« Dalbarade, Lebrun, Garat, Clavière, Bouchotte, Gohier. »

VI.

PROCLAMATIONS ET AUTRES PIÈCES ÉMANÉES DES CHEFS DES ARMÉES CATHOLIQUES ET ROYALES.

« De par le Roi,

« Nous, commandants des armées catholiques et royales, n'ayant pris les armes que pour soutenir la religion de nos pères et rendre à Louis XVII, notre seul légitime souverain, l'éclat et la solidité de son trône et de sa couronne, désirant rétablir partout la paix et l'harmonie des cœurs, proclamons hautement que si, contre nos bonnes et loyales intentions et au mépris de leurs serments, les clubistes et tous autres perturbateurs du repos public venaient à reprendre les armes contre la religion catholique et contre leur roi, nous reviendrions les punir avec la plus grande sévérité. La manière dont nous nous sommes comportés à leur égard, doit les convaincre que la paix et la concorde sont l'objet de nos vœux, et que le bien général est l'unique but de nos communs efforts; déclarons en conséquence que nous prenons sous notre protection spéciale tous les amis de l'ordre et du bien public, attachés à leur religion et à leur roi, et même autorisons, au nom de Sa Majesté très-chrétienne Louis XVII, messieurs les habitants des paroisses à former un conseil provisoire composé de membres connus par leur attachement à la religion catholique et au roi, dépendant du conseil supérieur d'administration provisoire, séant à Châtillon; dont l'emploi spécial sera de maintenir l'ordre et la police dans leur arrondissement, de faire désarmer toutes les personnes suspectes par leur attachement connu aux principes de la Révolution; de faire arrêter tous les voyageurs qui ne seraient pas munis de passe-ports signés des chefs des armées catholiques, du conseil supérieur ou des conseils particuliers des paroisses, et toutes les personnes, de quelque état et condition qu'elles soient, qui répandent des nouvelles fausses ou alarmantes ; d'exercer une administration provisoire conforme aux principes religieux et politiques que nous professons, et particulièrement de recueillir et conserver avec soin tous monuments publics, chartes, contrats et autres titres de propriété qui auraient échappé aux suites malheureusement trop communes d'une guerre opiniâtre entre concitoyens. Protestons enfin que si, malgré la justice de notre cause, nos intentions étaient trompées, trahies par des hommes maintenant soumis à leur roi, nous cesserions alors d'user de clémence à l'égard de ces hommes devenus rebelles et parjures.

« Châtillon-sur-Sèvres, le 1er juin 1793, 1re année du règne de Louis XVII. »

A MM. les officiers du Conseil provisoire du   à

« A Châtillon-sur-Sèvres, le 9 juin 1793, l'an 1er du règne de Louis XVII.

« Messieurs,

« Le Conseil supérieur, jaloux de multiplier les moyens de communication avec tous les conseils des paroisses soumises aux armées catholiques et royales, et de leur faire parvenir plus sûrement tous les objets qui peuvent les intéresser, a pensé que rien n'était plus propre pour obtenir ces avantages que d'établir des chefs-lieux de correspondance dans les principaux endroits du pays conquis. Comme votre ville *datte dans* son canton par ses foires et marchés, nous l'avons choisie pour un de nos points de *centralité*. Nous vous engageons en conséquence de nous donner la liste des paroisses qui vous entourent à une ou deux lieues à la ronde, avec lesquelles vous avez des relations plus fréquentes, et auxquelles vous vous chargeriez de faire parvenir les dépêches à leur adresse.

« Nous avons l'honneur d'être, messieurs,

« Vos très-humbles et obéissants serviteurs,

« MICHEL DES ESSARTS, second président ;
« DE LA ROCHEFOUCAULD, doyen. »

« De par le Roy,

« Nous, commandants des armées catholiques et royales, considérant que si la clémence et la douceur, qui sont un des premiers besoins comme un des premiers sentiments de nos cœurs, sont commandées dans une guerre entreprise contre des concitoyens égarés, et par la religion qui nous guide et par l'intérêt de notre cause, une juste sévérité n'est pas moins indispensable à l'égard de ceux qui sans cesse opposent à notre conduite franche et généreuse une résistance opiniâtre et un acharnement sans bornes, proclamons hautement ce qui suit :

« Art. 1er. — A l'avenir, toute place qui sera emportée de vive force par les armées catholiques et royales sera rançonnée pour une somme égale au produit d'une année de ses impositions ; et celles, au contraire, qui d'elles-mêmes auront arboré le drapeau blanc, seront préservées de tout dommage et auront droit à des secours, s'il y a lieu.

« Art. 2. — Toute ville qui, après avoir prêté le serment de fidélité à la religion catholique, apostolique et romaine, et au roi, reprendra les armes contre nous et replantera dans son sein l'arbre de la liberté, sera, lorsqu'elle retombera au pouvoir des armées catholiques et royales, livrée à une exécution militaire, et ceux qui seront convaincus d'avoir provoqué les habitants à la violation de leurs devoirs et de leurs serments seront responsables sur leurs têtes de tous les malheurs qui s'ensuivront ; et ceux, au contraire, qui resteront fidèles à leur parole pourront compter sur notre assistance et protection spéciale, au cas de besoin.

« En foi de quoi nous avons apposé le sceau royal.

« Fait au quartier général de Saumur, le 15 juin 1793, an 1er du règne de Louis XVII.

« De Bernard de Marigny, chevalier des Essarts, de la Rochejacquelein, Lescure, de Donnissen, Cathelineau, de Morgues, d'Elbée, Stofflet, de Beauvalliers l'aîné, de Langrenière, de Bonchamps, Fleuriot de la Fruitière, chevalier de Fleuriot, Bernard, Péron, Tonnelet, de la Ville de Beaugé, de Boissy, chevalier, d'Autichamps réunis en conseil général. Dury de Beauvais, secrétaire. »

« De par le Roy et le Conseil supérieur d'administration.

« Le moment est venu où les Français attachés à la religion et soumis au roi doivent paraître et s'unir. Nos vœux tendaient à l'union, nos ennemis l'ont rompue et leur conduite la rend désormais impossible. Lorsque, après les avoir vaincus, nous usons à leur égard de clémence et de modération, les traîtres! ils trament dans le silence contre des vainqueurs bienfaisants, et le résultat de leurs infâmes projets est le massacre, le vol et l'incendie.

« L'unique moyen de prévenir de si grands forfaits et de mettre en sûreté la vie des Français fidèles à la religion et au roi, celle de leur femmes, de leurs enfants, et de conserver leurs propriétés, est une séparation entière et absolue entre nous et nos ennemis; ce sont leurs crimes qui nécessitent cette mesure; les massacres du Busseau, l'indigne trahison de Parthenay, l'incendie du château de Clisson ne permettent plus de différer un seul instant.

« Loin de nous ces hommes faibles par caractère, indifférents par principes, qui attendent qu'un parti domine pour l'embrasser, et qui sont prêts à suivre le parti contraire lorsqu'il triomphe! Il faut oser se déclarer pour la cause où l'on voit régner la justice. La neutralité serait un crime; on doit rompre ouvertement avec ses ennemis, les empêcher de pénétrer et de demeurer dans les pays soumis au roi, en chasser ceux qui, pour nous trahir, voudraient y séjourner encore.

« Toujours d'accord avec nous-mêmes, invariables dans nos principes de justice, nous mettons leurs propriétés sous la sauve garde de notre loyauté. Nous les assurons que, s'ils respectent les nôtres, nous respecterons les leurs, et nous les avertissons aussi que ce sera sur leurs biens que nous prendrons, par forme d'indemnité et de restitution, l'équivalent des pertes qu'ils auront causées aux fortunes des fidèles sujets de Sa Majesté.

« En conséquence, le Conseil supérieur d'administration, séant provisoirement à Châtillon-sur-Sèvres, sur ce ouï M. Carrière pour le procureur général du roi, a ordonné et ordonne ce qui suit :

« Art. 1ᵉʳ. — Tout Français, sans distinction d'âge ni de sexe, qui ne veut pas soutenir la cause de la religion et demeurer soumis au roi, est tenu, dans le jour de la publication des présentes, de sortir du pays conquis par les armées catholiques et royales; il lui est défendu d'y rentrer, sous quelque prétexte que ce soit, à peine de prison et de plus grande peine suivant l'exigence des cas.

« Art. 2. — Il est défendu à tout Français qui, à l'approche des armées catholiques et royales, aura fui du lieu de sa résidence pour se cacher en pays ennemi ou suivre les armées républicaines, de rentrer dans son domicile ni dans aucun pays soumis au roi, sous peine de prison et de punition exemplaire.

« Art. 3. — Les biens meubles et immeubles des personnes comprises aux articles précédents demeurent sous la sauvegarde des armées; il sera veillé à ce qu'il n'y soit porté atteinte.

« Art. 4. — Les propriétés foncières et mobilières des Français fidèles sujets de Sa Majesté, situées dans les pays conquis ou qui ne le sont pas encore, demeurent sous la sauvegarde du droit des gens; dans le cas où elles seraient violées, dilapidées, incendiées ou autrement détruites et endommagées, les personnes qui auront fui le pays conquis, l'auront volontairement quitté ou en auront été chassées, celles qui seront connues pour nos ennemies, en répondront sur leurs têtes et sur leurs biens.

« Art. 5. — Les conseils particuliers et provisoires établis en chaque paroisse, et tous les bons Français, sont chargés de faire exécuter ces présentes. Le maintien en est spécialement recommandé à leur attachement à la religion et à leur fidélité au Roi.

« Fait en conseil supérieur à Châtillon-sur-Sèvres, le 2 juillet 1793, l'an 1ᵉʳ du règne de Louis XVII.

« GABRIEL, évêque d'Agra, président du Conseil supérieur; MICHEL DES ESSARTS, second président; DE LA ROCHEFOUCAULD, doyen du conseil; BRIN, doyen de Saint-Laurent; BERNIER, curé de Saint-Laud d'Angers; BOURASSEAU DE LA RENOLLIÈRES, BOUTILLIERS DES HOMELLES,

Coudrayé, Michelin, Bode, Paillon, Le Maignan, Carrière, procureur général du Roi.

« Par le Conseil supérieur,

« P. Jagault, secrétaire général. »

Comité créé par l'armée catholique.

« De par le Roi,

« Il est permis à Joseph Jaquou, prisonnier de guerre, de se retirer où bon lui semblera ; prêtez-lui aide et assistance en cas de besoin.

« A Fontenay, le 30 avril 1703.

« Carrus, Robert Pichard de la Caillère. »

« Nous, commandant les armées catholiques royalistes, avons accordé le présent passe-port à M. Toussaint Rebellac, de l'Hérault, prisonnier renvoyé de Fontenai-le-Comte, pour se rendre audit lieu de l'Hérault, lequel a promis et juré sur son honneur de ne point reprendre les armes contre son roy, la religion catholique, apostolique et romaine.

« A Fontenay-le-Comte, le 27 mai 1793, l'an 1er du règne de Louis XVII.

« Le comte de Marsange. »

VI

LE PROCÈS DE MARAT.

(Voir page 160.)

Le récit du débat oral se trouve dans le bulletin du Tribunal révolutionnaire; il a été reproduit dans l'*Histoire parlementaire* de Buchez et Roux. Nous y renvoyons nos lecteurs. Nous préférons mettre sous leurs yeux les pièces de la procédure préparatoire dirigée contre Marat.

Nous appelons spécialement leur attention sur le rapport de Gohier, relatif aux recherches faites pour découvrir la retraite de Marat. Aucun document de l'époque ne fait mieux comprendre combien le pouvoir exécutif était, par la législation de cette époque, destitué de toute action directe sur les magistrats et les administrateurs, placés hiérarchiquement sous ses ordres. Le ministre leur envoyait des instructions; mais, qu'elles fussent ou non suivies d'effet, il n'avait aucun moyen de se faire obéir et respecter. Cette impuissance radicale de l'autorité supérieure ne donne-t-elle pas la clef d'une multitude de faits qui, sans cela, demeureraient inexplicables pendant la période qui s'étend de 1790 à 1795?

« 21 avril 1793.

« Citoyen Président,

« La Convention nationale charge le Conseil exécutif, par un décret rendu hier, de lui présenter aujourd'hui le compte des mesures qui ont été prises pour l'exécution du décret; ma lettre et les pièces qui y étaient jointes ont été renvoyées au Comité de salut public. Je lui ai transmis la suite de ma correspondance sur cet objet; je vais offrir à la Convention nationale un exposé général des mesures qui ont été prises depuis le moment où le décret relatif à l'arrestation du citoyen Marat m'a été adressé.

« J'ai reçu le décret le 12, à 11 heures du soir. Les deux expéditions qui m'ont été remises portaient en marge les mots : *à l'abbaye,* écrits d'une écriture différente de celle du corps du décret et avec un paraphe qui ne ressemblait à aucun des paraphes du président, des secrétaires et de l'inspecteur signataires des deux expéditions; leur forme irrégulière me détermina à renvoyer sur-le-champ au bureau des procès-verbaux pour en faire la vérification sur minute. Le bureau était fermé. Partagé entre le désir de prouver mon zèle à faire exécuter la loi et la crainte de lui donner une extension que les législateurs n'avaient peut-être point déterminée, je me suis rendu au Comité de salut public pour prendre des renseignements certains sur le texte précis du décret. La vérité de l'addition marginale ayant été reconnue par le citoyen Delmas, qui avait présidé l'assemblée, je voulus, pour accélérer l'exécution du décret, en remettre directement une expédition en forme au citoyen Santerre, que je trouvai présent au Comité. Mais ce commandant m'ayant observé qu'il ne devait recevoir le décret que de l'autorité qui avait la réquisition directe de la force armée, et son observation ayant été approuvée par le Comité de salut public, je m'empressai d'adresser au citoyen Pache deux expéditions en forme du décret, l'une pour les administrateurs de police, l'autre pour le commandant général, avec ordre de le faire mettre à l'instant à exécution.

« A deux heures du matin j'ai reçu l'accusé de réception de ces deux expéditions.

« Le 13, les administrateurs du département de police m'ont adressé une expédition du procès-verbal des recherches infructueuses faites, à quatre heures du matin, chez le citoyen Marat.

« Le 14, je me suis rendu chez le maire de Paris pour conférer avec lui sur la nécessité de faire de nouvelles recherches qui pussent assurer l'exécution de la loi et d'y employer les officiers de paix les plus propres à remplir, avec autant d'intelligence que d'exactitude, leur mission. Il convint en conséquence de donner les ordres les plus pressants et de m'en adresser le résultat dans le plus court délai.

« Le 15, j'ai écrit à la Convention nationale pour lui rendre compte de toutes les mesures que j'avais prises et je lui annonçai qu'elles avaient été infructueuses. Le même jour j'ai écrit au citoyen maire pour lui demander quels renseignements il avait obtenus par les nouvelles poursuites qu'il avait ordonnées.

« Dans la matinée du 16, n'ayant point reçu de réponse à ma lettre de la veille, je récrivis au maire pour lui rappeler ma demande. J'ai reçu presque aussitôt après le départ de ma lettre : 1° une expédition d'un procès-verbal de nouvelles recherches, faites à cinq heures du matin chez le citoyen Marat, par le commissaire de police de la section de Marseille et trois officiers de paix qui ont apposé les scellés.

« A ce procès-verbal étaient jointes une lettre au maire et une aux administrateurs de police qui attestent que le citoyen Marat n'a point paru depuis le jour où son arrestation a été décrétée et que tous les préposés de police ont reçu des ordres pour le chercher partout où il sera possible de le trouver. J'ai transmis au Comité de salut public copie de toutes les pièces.

« Le maire de Paris et les administrateurs de police ont continué depuis ce temps leurs recherches, mais elles ont été également infructueuses.

« Beaucoup de personnes qui ne connaissent pas les lois ont prétendu que, pour découvrir plus facilement le citoyen Marat, il était possible d'arrêter les colporteurs de sa feuille. Mais les mêmes qui se sont plaints de ce que je n'ai pas pris cette mesure, m'auraient à bien plus forte raison accusé si j'avais été assez indiscret pour attenter ainsi à la liberté de la presse. On peut être scandalisé de la conduite de celui qui se dérobe à la justice, et se montre pour ainsi dire en public en y faisant répandre ses écrits; mais aucune loi ne prive un accusé contumace du droit d'écrire et de faire circuler ses ouvrages. La liberté de la presse est illimitée envers lui comme envers tous les citoyens. La police n'a donc pas plus le droit de faire arrêter les colporteurs des écrits de Marat que ceux des autres citoyens. C'est la nature seule de l'ouvrage qui peut donner le droit d'en arrêter la distribution et même les distributeurs.

« J'ai cru cependant devoir chercher les moyens de concilier avec le respect dû à la liberté de la presse les mesures de prudence qui peuvent faciliter la découverte du domicile actuel du citoyen Marat. A cet effet j'ai écrit au maire de Paris le 19 pour l'engager à charger des observateurs intelligents de chercher à découvrir par quelles voies la copie de la feuille du publiciste parvient à l'imprimeur; jusqu'à présent les nouvelles mesures relatives à ce moyen de découverte ont été aussi infructueuses que les premières. J'ai adressé au maire de Paris l'acte d'accusation contre Marat et je dois croire que le nouveau décret sera un motif de plus pour engager la police à redoubler ses recherches et ses poursuites.

« Je vous prie, citoyen Président, d'observer à la Convention nationale que, la réquisition de la force armée ne résidant pas directement en mes mains, je n'ai d'autres moyens de faire exécuter ses décrets que de m'adresser aux autorités constituées qui agissent immédiatement; que tout mon pouvoir se réduit à une simple surveillance, dont jamais aucun motif de crainte ni d'égard hors la loi ne ralentiront le zèle et l'activité.

« Le ministre de la justice,

« GOHIER.

« P. S. A l'instant je reçois une lettre du maire de Paris et une copie de celle des administrateurs de police qui annoncent qu'ils ont mis à la poursuite de Marat des préposés dont ils attendent des renseignements positifs.

« J'ai l'honneur de vous adresser copie de ces deux lettres. »

Le maire de Paris au ministre de la justice.

« 21 avril 1793.

« Citoyen ministre, j'ai fait passer successivement au département de police, et aussitôt après leur réception, copie de votre lettre du 19 de ce mois et de celle du 20 qui m'est parvenue cette nuit, les deux relatives à l'exécution du décret d'arrestation prononcé contre le citoyen Marat; j'ai invité les administrateurs à se conformer aux différentes dispositions qu'elles renfermaient et je les ai priés de m'instruire le plus promptement possible du résultat des mesures qu'ils auraient prises à cet égard.

« Je m'empresse de vous transmettre la copie de la réponse que j'en reçois à l'instant. »

Lettre des administrateurs de police au maire de Paris.

« 21 avril 1793.

« Nous avons reçu votre lettre en date de ce jour, relative aux recherches à faire pour mettre à exécution le décret d'arrestation contre le citoyen Marat. Nous avons mis à sa poursuite plusieurs préposés, desquels nous attendons des renseignements positifs, que nous vous ferons passer aussitôt qu'ils nous serons parvenus.

« BODSON, MICHONIS, MICHEL, BEAUDRAIS. »

Conseil provisoire exécutif.

« 22 avril 1793.

« Tous les ministres présents.

« Lecture faite d'une déclaration adressée au Conseil par le citoyen Tisset, concernant les moyens de faire exécuter le décret de la Convention nationale relativement au citoyen Marat, le Conseil arrête que le ministre de la justice est autorisé à employer ce citoyen pour cet objet et à lui fournir les trois cents livres qu'il réclame pour ses recherches. Arrête en outre que le même ministre est chargé de vérifier, dans les bureaux de l'administration de la police de Paris, les mesures prises pour l'exécution dudit décret.

« BOUCHOTTE, DALBARADE, CLAVIÈRE, LEBRUN, GARAT, GOHIER,
« GROUVELLE, secrétaire. »

Procès-verbal de perquisition.

« L'an mil sept cent quatre-vingt-treize, deuxième de la République française, le vingt-deux avril après midi, à la requête du citoyen accusateur public près du Tribunal extraordinaire et révolutionnaire établi par la loi du dix mars dernier, sans aucun recours au Tribunal de cassation ; lequel fait élection de domicile au greffe du dit tribunal, sis au palais, nous Charles-Nicolas Tavernier, huissier audiencier au dit tribunal, demeurant à Paris, rue de la Monnaie, n° 46, section du Louvre, sommes transportés rue des Cordeliers, n° 30, en la demeure et domicile du citoyen Marat, à l'effet de lui notifier le décret d'accusation et acte d'accusation de la Convention nationale du treize avril et vingt du dit mois d'avril, présent mois, où étant et parlant à la demoiselle Évrard, ainsi qu'elle a dit se nommer, nous lui avons fait entendre le sujet de notre transport et requis de nous déclarer si le dit Marat est céans et de nous lui faire parler. Laquelle nous a dit que Marat n'est point chez lui, qu'elle ignore où nous pourrions le trouver ; au moyen de laquelle réponse, nous sommes transportés dans la dite rue des Cordeliers à l'effet de nous informer des habitants de la dite rue, et de fait, nous sommes enquis aux habitants de la dite rue, et notamment aux épiciers, boulangers, fruitiers et autres gens. Ils nous ont déclaré qu'ils ne savaient où il peut être retiré ; sommés de signer leur déclaration et de nous dire leurs noms, ont refusé. Au moyen de ce que dessus, vu l'impossibilité de découvrir la retraite du dit Marat, nous sommes rentrés à son domicile, où étant et parlant à la citoyenne Évrard, nous avons laissé copie au dit citoyen Marat du dit décret de la Convention nationale, ensuite du présent.

« Le tout fait en présence et assisté de Nicolas Tirard et d'Augustin-Joseph Boucher, tous deux huissiers audienciers au tribunal, qui ont signé avec nous.

« BOUCHER, TIRARD, TAVERNIER. »

Écrou de Marat.

« L'an mil sept cent quatre-vingt-treize, deuxième de la République, le vingt-trois avril, six heures de relevée :

« En vertu de deux décrets de la Convention nationale, en date des treize et vingt avril, présent mois, dûment en forme ;

« A la requête du citoyen accusateur public près du tribunal criminel extraordinaire et révolutionnaire, établi par la loi du dix mars dernier, qui élit domicile au greffe du dit tribunal, séant au palais.

« Nous, Charles-Nicolas Tavernier, huissier audiencier au dit tribunal, demeurant à Paris, rue de la Monnaie, n° 46, soussigné, avons arrêté et conduit le citoyen Jean-Paul Marat, l'un des membres de la Convention nationale, en la maison de justice de la Conciergerie, où étant, sommes entré au greffe de la dite maison, et avons sur les registres de la dite maison fait écrou et recommandation de la personne du dit Marat, pour rester en la dite maison de justice jusqu'à ce qu'il en ait été autrement ordonné, et l'avons laissé à la garde et charge du citoyen Richard, qui s'en est chargé pour le représenter quand en sera requis comme dépositaire de justice, et sous les peines portées par la loi, et avons audit citoyen Marat laissé copie du présent.

« TAVERNIER. »

Interrogatoire de Marat.

« Ce jourd'hui mardi 23 avril de l'an 1793, second de la République, sept heures de relevée, nous, Jacques-Bernard-Marie Montané, président du Tribunal révolutionnaire établi à Paris par la loi du 10 mars 1793, sans recours au Tribunal de cassation et encore en vertu des pouvoirs délégués au tribunal par la loi du 5 avril de la même année, assisté d'Étienne Masson, commis greffier du tribunal, en l'une des salles de l'auditoire au palais, et en présence d'Antoine-Quentin Fouquier-Tinville, accusateur public, avons fait amener de la maison de justice le citoyen Marat, auquel avons demandé ses nom, âge, profession, pays et demeure.

« A répondu se nommer Jean-Paul Marat, âgé de quarante-neuf ans, né à Boudry, comté de Neufchâtel en Suisse, député à la Convention nationale du département de Paris, y demeurant, rue des Cordeliers, n° 30.

« A lui demandé s'il est l'auteur des numéros du journal portant son nom et notamment des numéros premier, quarante, quatre-vingt, cent trente-trois, cent trente-six, cent trente-sept et cent trente-huit, et d'un écrit du 30 mars intitulé *Profession de foi de Marat* que nous lui représentons.

« A répondu que oui.

« Sommé de la signer, l'a fait à l'instant avec nous, l'accusateur public et le greffier.

« A lui demandé s'il est également l'auteur du numéro cinq que nous lui représentons.

« A répondu que oui et l'a également signé avec nous et le greffier.

« A lui demandé ce qu'il a entendu dire par ces mots de son numéro quatre-vingt-quatre : *Que la nation serait forcée de renoncer à la démocratie pour se donner un chef, la Convention ne s'élevant pas à la hauteur de ses importantes fonctions.*

« A répondu que le Comité de la législation de la Convention a perfidement tronqué, mutilé et perverti le sens de ses paroles en isolant un passage et en le dénaturant astucieusement, ainsi qu'il est démontré par la lecture de ce qui précède et de ce qui suit, que nous pouvons le lire nous-même et qu'il se réserve d'en demander lecture à l'audience, ajoutant qu'il n'est point d'auditeur sensé et impartial qui ne condamne les rédacteurs de l'acte d'accusation comme des perfides faussaires, ou des ignares calomniateurs, et, sur notre sommation, a signé avec nous, l'accusateur public et le greffier, ledit numéro quatre-vingt-quatre.

« A lui demandé s'il avoue aussi les numéros cent neuf, cent quinze, cent seize, cent vingt-huit, cent quarante-huit, cent cinquante-trois, cent cinquante-neuf, cent soixante et cent soixante-trois.

« A répondu que oui, et, sommé, a signé les dits numéros avec nous, l'accusateur public et le greffier.

« A lui demandé s'il n'a pas eu l'intention d'avilir la Convention nationale et d'allumer la guerre civile.

« A répondu que tous ses soins n'ont tendu, jusqu'à ce jour, qu'à rappeler la Convention à la dignité de ses fonctions, et à prévenir les désastres de la guerre civile, où la trahison des généraux, la perfidie des suppôts de l'ancien régime et les prévarications d'un grand nombre de fonctionnaires publics menaçaient d'entraîner la nation, ajoutant qu'il ne croit pas qu'il soit au pouvoir d'un écrivain quelconque d'avilir la Convention nationale ; qu'elle seule peut perdre la confiance publique, se perdre de réputation et s'avilir elle-même par l'oubli de ses devoirs, par des scènes scandaleuses, malheureusement trop souvent offertes aux yeux du public ; qu'il a gémi cent fois sur ces désordres alarmants et qu'il est monté plusieurs fois à la tribune pour tâcher de rappeler aux devoirs et à la pudeur la faction des hommes d'État et particulièrement leurs meneurs bien flétris aux yeux des clairvoyants et déjà devenus des objets de malédiction publique.

« A lui représenté que la Convention, par son décret du 20 de ce mois, l'accuse d'avoir provoqué : 1° le pillage et le meurtre ; 2° un pouvoir attentatoire à la souveraineté du peuple ; 3° l'avilissement et la dissolution de la Convention nationale.

« A répondu sur le premier chef que, révolté des désordres alarmants que l'accaparement des denrées de première nécessité causait dans l'État, et recherchant les moyens les plus efficaces de les faire cesser, il avait présenté aux législateurs du peuple différentes mesures qu'il croyait efficaces, en disant qu'une mesure révolutionnaire qui ordonnerait le pillage de quelques magasins, à la porte desquels on pendrait les accapareurs, aurait bientôt fait cesser ces désastres dans un pays où les droits du peuple ne seraient pas de vains titres et où les représentants de la nation ne s'amuseraient pas à bavarder sur ses malheurs. Simple observation qu'il avait faite en passant et en reconnaissant même qu'elle n'allait point à nos mœurs, à notre insouciance et à notre défaut d'énergie.

« Sur le second chef, que, loin d'avoir provoqué un pouvoir attentatoire à la souveraineté du peuple, tous ses efforts depuis quatre ans n'ont jamais tendu qu'à assurer au peuple les droits et l'exercice de sa souveraineté, comme il est de notoriété publique et comme il est facile de s'en assurer par la lecture de ses écrits. Sur le troisième chef, que son plus vif désir était de concilier à la Convention l'estime du peuple et de lui ramener la confiance des bons citoyens ; qu'il n'a jamais rien redouté plus au monde que la dissolution de la Convention et que jamais il n'a travaillé qu'à la consolider en la purgeant des traîtres qu'elle renferme dans son sein.

Observe le répondant que, profondément indigné des altérations, troncatures, additions et autres faux des passages dénoncés, commis par les membres du Comité de législation, rédacteurs de l'acte d'accusation, il les dénoncera à la nation entière et à la Convention elle-même, sur laquelle retomberaient l'odieux et l'infamie de pareilles atrocités si elle n'en tirait pas justice.

« A lui demandé s'il choisit un conseil ou que nous lui en nommerons un d'office, ainsi que le prescrit la loi.

« A répondu qu'il ne veut d'autre conseil que la lecture de ses écrits et l'opinion publique.

« Lecture faite, le dit Marat a dit ses réponses contenir vérité, y a persisté et a signé avec nous, l'accusateur public et le commis greffier. Ce fait, il a été reconduit en la maison de justice.

« Montané, Marat, E. Masson, Fouquier-Tinville. »

VII

LA SALLE DES SÉANCES DE LA CONVENTION.

(Voir page 223.)

Trois jours à peine s'étaient écoulés depuis la chute de la royauté, que l'on vint proposer à l'Assemblée législative de quitter la salle du Manége où avait siégé la Constituante pendant deux ans (octobre 1789 à septembre 1791) et où elle-même siégeait depuis dix mois. Le 13 août (*Moniteur*, n° 957), Vergniaud vint au nom de la commission extraordinaire proposer d'établir la salle des séances de la future Convention dans le bâtiment de l'église de la Madeleine, qui était alors à peine à moitié bâtie.

« Il faut, disait-il, fonder un temple à la liberté et préparer à la Convention un édifice qui atteste la grandeur et la gloire de la France. En entrant dans l'étroite enceinte que nous occupons actuellement, en voyant cette salle où il est impossible d'établir l'ordre et le silence, où les députés sont placés sur de longues et étroites banquettes, on se demande si c'est bien là le sanctuaire des lois ; en jetant les yeux sur ces tribunes aussi ridicules par leur petitesse que par leurs dispositions, où tous les mouvements doivent être désordonnés parce qu'ils sont gênés, où l'on est moins assis qu'indécemment entassé, on se demande si ce sont là les places réservées à un peuple libre. »

L'orateur proposait d'adopter un plan dressé par MM. Grand et Molinos et qui consistait à former dans le vaisseau intérieur de la Madeleine, dont l'architecture extérieure serait respectée, une salle elliptique pour les séances de l'Assemblée, laquelle aurait été entourée des salles accessoires nécessaires à toute grande assemblée. Le rapporteur émettait l'opinion qu'avec un million on pourrait établir les agencements intérieurs, et que cette somme suffirait avec les six millions déjà dépensés par l'ancienne monarchie pour terminer cet édifice.

Le projet ne trouva aucune sympathie dans l'Assemblée; l'ajournement fut unanimement adopté.

Ce fut, chose bizarre, sur l'initiative d'une des sections les plus démocratiques de Paris que fut adopté le projet qui devait établir la Convention dans le palais des Tuileries.

Le 8 septembre, la section des Sans-Culottes, autrefois du Jardin-des-Plantes, envoya une députation au Conseil général de la Commune pour lui exposer les inconvénients que présentait l'insuffisance du local où l'Assemblée nationale tenait ses séances, les avantages que la nation retirerait de la vente des couvents des Capucins et des Feuillants. L'orateur de la députation s'étonnait de voir que, tandis que les rois avaient toujours habité des palais, les représentants du souverain fussent resserrés dans un manège, et proposait d'adresser une pétition à l'Assemblée nationale à l'effet de l'inviter à choisir un local convenable dans les Tuileries pour y tenir ses séances.

Cette demande fut aussitôt accueillie par le Conseil général. Le jour même, le maire Pétion se présenta à l'Assemblée pour lui demander de décider que la Convention nationale siégerait « dans un local digne du peuple souverain, dans l'ancienne salle du Théâtre français, au palais des Tuileries. » La pétition de la Commune fut renvoyée immédiatement à la commission extraordinaire et au comité d'instruction publique. Le ministre de l'intérieur s'occupa sans délai de l'examen des plans et devis, qui, vraisemblablement, étaient faits d'avance, car six jours après (14 septembre), le ministre faisait un rapport aux deux comités réunis. Ce document était ainsi conçu :

« La nécessité de construire avec la plus grande célérité une salle commode et salubre dans l'ancienne salle des machines aux Tuileries pour y recevoir, au 1er novembre prochain, la Convention nationale, n'ayant pas permis d'admettre au concours un grand nombre d'artistes, ni d'employer la forme lente des devis approximatifs et des adjudications au rabais, le ministre de l'intérieur s'est contenté de rassembler chez lui deux architectes accrédités dans l'opinion publique, un peintre célèbre, un savant de l'Académie des sciences, les sieurs Heurtier, Boullé, David et Bossut ; lesquels, après avoir examiné plusieurs projets qui leur ont été soumis, ont donné la préférence à celui du sieur Vignon.

« Ce projet, par la manière dont il est conçu, a, entre autres avantages, celui d'être facile à construire, d'être dans une forme simple, de se prêter à toutes les commodités désirables, soit pour les députés, soit pour les spectateurs, et, par-dessus tout, celui de pouvoir être exécuté en peu de temps et avec une grande économie.

« Le ministre a voulu que la marche rapide de l'exécution ne nuisît pas à l'économie, et, pour cet effet, il a chargé spécialement le sieur (*le nom est en blanc dans les pièces officielles*), architecte, de surveiller cette partie et de lui en répondre en son propre et privé nom.

« Le ministre, après avoir pris toutes les précautions qui dépendaient de lui pour choisir, sinon le meilleur projet possible, au moins un projet très-recommandable sous les rapports les plus essentiels, ceux de la salubrité, de la commodité, de l'économie et de la célérité, observe particulièrement :

« 1° Que le projet du sieur Vignon ne nécessite aucun ouvrage en maçonnerie ;

« 2° Que, par ses dispositions, l'air et la lumière pourront être introduits dans l'intérieur de la nouvelle salle dans telle direction et avec telle abondance qu'on le jugera convenable ;

« 3° Que les abords de la salle projetée seront commodes et multipliés et pratiqués de manière qu'à tout événement les députés et les spectateurs pourraient sortir de la salle promptement et sans embarras.

« Le ministre observe, en outre, qu'au moyen des précautions qu'il a prises et des moyens de surveillance qu'il emploiera, il est certain que le maximum de la dépense n'excédera pas 300,000 livres, qu'il n'atteindra même pas cette somme et que l'économie sera surveillée avec une si rigoureuse et si sévère attention, qu'il n'y aura rien à désirer sur cet article important, après la besogne faite.

« Un autre projet de forme demi-circulaire avait fixé l'attention du ministre et de ses conseils, parce qu'il était heureusement conçu, quant à ses dispositions intérieures. Mais comme ce projet exige une construction considérable en maçonnerie, qui demanderait beaucoup de temps et une grande dépense; qu'il en résulterait, en outre, des plâtres frais dont l'évaporation et l'humidité seraient nécessairement nuisibles aux députés et aux spectateurs; qu'étant construit extérieurement il présenterait au dehors un aspect désagréable, le ministre a cru devoir l'écarter, et a pensé que toutes les raisons de circonstance s'opposaient d'ailleurs à son admission.

« Il s'agit ici d'un établissement provisoire, commode, sans maçonnerie, qui soit fait promptement et avec une grande économie; et c'est d'après ces conditions requises que le ministre et ses conseils se sont décidés à adopter de préférence le projet du sieur Vignon. »

« ROLAND. »

Le jour même, tant on était pressé d'en finir, fut rendu le décret dont la teneur suit :

« L'Assemblée nationale, considérant qu'il importe de fixer les séances de la Convention nationale dans le local le plus convenable à la dignité nationale; qu'aucun ne peut mieux remplir cet objet que le château des Tuileries;

« Après avoir entendu le rapport de la commission extraordinaire et du comité d'instruction publique sur la pétition présentée par la municipalité de Paris et sur les observations du ministre de l'intérieur, décrète qu'il y a urgence.

« Décrète que le ministre est autorisé à faire préparer aux Tuileries, d'après le plan proposé par le sieur Vignon, un emplacement propre à recevoir le plus promptement possible la Convention nationale, sans que les dépenses pour cet établissement puissent excéder la somme de 300,000 livres dont il rendra compte à la Convention nationale. »

L'architecte Vignon s'occupa immédiatement de la mission qui lui avait été confiée; mais à peine la Convention était-elle rassemblée, que l'on éleva des doutes très-sérieux sur la bonté d'un projet qui avait été déclaré, un mois auparavant, réunir si bien toutes les conditions désirables de salubrité, de commodité et d'économie. Le premier qui parut s'en dégoûter fut le ministre Roland, qui l'avait tant préconisé. Il fit suspendre les travaux et chargea un autre architecte, M. de Gisors, de travailler sur un autre plan.

Un décret du 6 octobre 1792 chargea les inspecteurs de la salle de faire un rapport à l'Assemblée sur les difficultés qui venaient de s'élever. Les inspecteurs firent appeler le ministre et les deux architectes. Le nouvel examen eut pour résultat de faire donner définitivement la préférence au projet de M. de Gisors, « parce que, disait, dans son rapport, Lacoste, organe de la commission, ce projet avait paru d'une exécution infiniment plus simple et plus économique :

« 1° Il était d'un style plus noble et mieux adapté à son objet ;

« 2° Il ne changeait rien au monument, n'en altérait point la solidité comme le projet de Vignon, qui nécessitait la suppression des piliers en pierre soutenant les combles de l'édifice. Le peuple, c'est-à-dire les spectateurs, devait être placé d'une manière plus digne pour bien voir et pour bien entendre ;

« 3° Enfin le projet Vignon entraînait après lui des moyens de construction qui demanderaient nécessairement beaucoup de temps, tandis que le projet Gisors, simple et facile, ne présentait aucune difficulté. » (L'architecte avait promis que la Convention serait établie aux Tuileries le 1er décembre 1792.)

A la suite de ce rapport intervint, le 6 octobre, un décret ainsi conçu :

« La Convention nationale, après avoir ouï le rapport qui lui a été fait par son comité d'inspection sur les difficultés qui se sont élevées relativement à l'exécution d'un projet proposé par l'architecte Vignon pour la construction d'une nouvelle salle destinée à la Convention nationale dans une partie des bâtiments des Tuileries, considérant que ce projet nécessite des démolitions importantes ; que son exécution doit coûter plus de 300,000 livres, maximum porté par le décret du 14 septembre dernier, que la nouvelle salle ne peut être prête à l'époque fixée ; que le projet de l'architecte Gisors présente plus d'avantages, lève toutes les difficultés ; que ces motifs ont déterminé le ministre à le faire exécuter en partie sous sa responsabilité, décrète qu'elle adopte ce dernier projet ; que le ministre sera tenu de sa prompte exécution, ainsi que de dédommager l'architecte Vignon de ses peines et dépenses. »

Mais bientôt les projets prirent un très-grand développement : il ne s'agissait plus seulement de transformer la salle de spectacle en une salle des séances de la Convention, mais d'approprier tout le palais au service de l'Assemblée. Le 2 novembre, intervint, sur le rapport de Gamon, au nom des inspecteurs de la salle, le décret suivant :

« La Convention nationale arrête que le château entier des Tuileries et ceux des bâtiments accessoires qui seront nécessaires sont à la disposition de la Convention pour le lieu de ses séances, les archives de la République, les comités et l'imprimerie.

« En conséquence, le ministre est chargé de présenter sans délai, d'après les indications du comité d'inspection de la salle, des plans, des distributions et des devis des travaux à faire pour ledit établissement. Le rapport desdits plans et devis sera fait ensuite par le comité d'inspection à la Convention nationale, qui mettra à la disposition du ministre les fonds nécessaires pour leur plus prompte exécution. »

Ces nouveaux travaux exigèrent un temps considérable. Ce ne fut que le 10 mai 1793 que la Convention vint s'établir aux Tuileries avec ses comités, ses archives et tous ses services accessoires, et qu'elle tint sa première séance dans la salle de spectacle qui avait été inaugurée en 1671 par la *Psyché* de Molière, et où Voltaire avait été couronné en 1780.

Terminons cette notice par une description sommaire de la nouvelle salle.

Cette salle était placée entre le pavillon Marsan, dit de la Liberté, et le pavillon central, dit de l'Unité. (Le pavillon de Flore, le plus rapproché du quai, s'appelait le pavillon de l'Égalité.)

Dans le pavillon de l'Unité se trouvait l'escalier principal débouchant sur le passage qui conduit de la cour au jardin.

Cet escalier conduisait à la salle des séances ainsi qu'aux tribunes.

Au rez-de-chaussée du pavillon de Flore siégeait le Comité de salut public. Les autres comités siégeaient dans les autres dépendances du vaste palais. Le Comité de sûreté générale était placé dans l'hôtel de Brienne, sur la petite place du Carrousel. L'antre de la délation était ainsi isolé des autres services de la Convention.

La salle des séances était placée au premier étage ; elle était séparée de l'escalier principal : 1° par une salle vaste et élevée, éclairée de chaque côté par six fenêtres ; c'était l'ancienne chapelle du château ; 2° par un anti-salon ; 3° par le salon, dit de la Liberté, à cause d'une statue colossale de la déesse placée au milieu de cette pièce ; 4° enfin par un vestibule où s'ouvrait la porte de la salle des séances.

Cette salle offrait l'aspect d'un carré long de cent trente pieds sur quarante-cinq. Sa hauteur était d'environ soixante pieds. Elle était éclairée par le haut.

L'amphithéâtre où siégeaient les députés occupait toute la partie gauche en entrant, c'est-à-dire était adossé à la face latérale du côté du jardin. Il était composé de dix rangs de banquettes qui s'élevaient en gradins.

En face de ce long et vaste amphithéâtre et au milieu du mur latéral, s'élevaient le bureau du président, la tribune des orateurs, les bureaux des secrétaires et commis.

Les deux grands côtés de la salle présentaient cinq portiques très-élevés dans les renfoncements desquels se trouvaient deux rangs de tribunes pour le public ; entre ces deux rangs étaient ménagées des loges pour les journalistes. Aux deux extrémités de la salle, deux vastes arcades s'ouvraient et laissaient voir sous chacune d'elles deux étages d'amphithéâtres formés d'un grand nombre de gradins destinés pour le peuple. Ces diverses tribunes pouvaient, suivant le journal *les Révolutions de Prudhomme,* contenir quatorze cents spectateurs ; suivant *le Thermomètre du jour,* deux à trois mille.

Cette salle, trop longue et trop étroite, était singulièrement resserrée, à raison des quatre fameux piliers buttants que l'on avait renoncé à abattre de crainte de compromettre la solidité de l'édifice. Elle présentait un grand nombre de renfoncements et de percées où la voix s'étouffait et se perdait ; les murs étaient lisses et sans draperies ; la voix de l'orateur devenait souvent trop éclatante et faisait écho. Enfin on avait totalement négligé les moyens de renouveler l'air, et, sous le rapport hygiénique, cette construction laissait beaucoup à désirer.

Telle était la salle où allaient siéger désormais les représentants du peuple souverain. Ils quittaient la salle du Manége pour la salle de spectacle ; mais, sous bien des rapports, ils ne gagnaient guère au change ; le provisoire succédait au provisoire, et la précipitation avec laquelle la nouvelle salle avait été fabriquée se faisait sentir dans la plupart des détails.

VIII

ARRESTATION DES MINISTRES LEBRUN ET CLAVIÈRE.

(Voir page 383.)

Le Comité révolutionnaire avait lancé dès le 31 mai, au matin, des mandats d'arrêt contre le ministre des affaires étrangères, Lebrun, et le ministre des finances, Clavière. En apprenant cette audacieuse usurpation de pouvoirs, le Comité de salut public aurait dû à l'instant même déclarer ces mandats d'arrêt nuls et non avenus et prendre toutes les mesures nécessaires pour qu'il n'y fût donné aucune suite. Loin de là, le Comité feignit d'ignorer l'existence des mandats d'arrêt; il prit timidement ces deux ministres sous sa protection et s'abaissa à la prière devant les dictateurs de l'Hôtel de ville. Nous livrons au jugement de nos lecteurs cette preuve insigne de faiblesse, nous devrions dire de lâcheté.

Séance du 31 mai, au soir.

« Le Comité de salut public, considérant que, l'état de surveillance générale dans lequel se trouvent toutes les autorités constituées de la ville de Paris, portant à prendre des mesures de sûreté qui répondent à la grandeur des événements et à l'empire des circonstances, il s'est communiqué des sentiments d'inquiétude et des défiances qui ont fait présumer que les fonctionnaires publics, cédant à quelques impressions vagues, justifieraient les précautions et les étendraient aux personnes attachées par leurs emplois au service de la République.

« Considérant que le bruit s'est répandu que quelques personnes manifestaient l'intention de s'assurer de deux ministres, de les consigner dans leurs maisons et de leur donner des gardes; que cette disposition contrarierait les opérations du gouvernement; que le ministre des affaires étrangères perdrait sa considération, son crédit, son influence; qu'il en résulterait des inconvénients très-préjudiciables aux relations politiques que le gouvernement entretient avec plusieurs puissances, États et peuples des diverses parties du monde, dont le secret et la célérité peuvent seuls assurer le succès;

« Que les ministres appartiennent à la République; que leur crédit, leur considération ont la plus grande influence sur les affaires de leurs départements. Que, pour conserver cette influence et s'assurer qu'elle ne sera pas préjudiciable aux intérêts de la patrie, le Comité de salut public a pris toutes les précautions que la prudence exige et a donné à la surveillance le degré d'activité qui doit rassurer les citoyens de Paris;

« Que les représentants du peuple surveillant les ministres et remplissant pour la République les fonctions qui leur ont été confiées pour concilier ce que l'on doit au caractère de ces agents qui appartiennent à la République et ce que l'on doit à la sûreté générale de la République et à la sûreté de la Commune de Paris, cette surveillance ne peut être ni partagée, ni divisée, ni contrariée, sans quoi elle manquerait son but et ne remplirait pas son objet;

« Arrête que le Conseil général de la Commune de Paris sera informé que le Comité de salut public est chargé par la Convention nationale de surveiller les ministres; que les principaux agents de la République ne pouvant être soumis, en ce qui concerne l'exercice de leurs fonctions, qu'à la Convention nationale, toutes mesures de sûreté, consignes, gardes, contrarieraient les opérations du gouvernement, et que le Comité de salut public attend du civisme et des lumières du Conseil général de la Commune et du concours de tous les citoyens de Paris que les ministres de la République conserveront la liberté et l'indépendance nécessaires à l'exercice de leurs fonctions, et que si le Conseil général avait des motifs graves d'inquiétude, il les communiquerait au Comité de salut public qui prendrait les ordres de la Convention nationale et ferait provisoirement ce que les circonstances exigeraient.

« CAMBON, GUYTON, BARÈRE, LINDET, BRÉAR, DELMAS, LACROIX, TREILHARD. »

Les humbles remontrances du Comité de salut public n'obtinrent aucun succès auprès des meneurs de l'Hôtel de ville, qui eurent l'audace d'envoyer une escouade de cent hommes au siége du pouvoir exécutif et dans les deux ministères des affaires étrangères et des finances. Mais Lebrun et Clavière avaient cru devoir disparaître et ne purent être arrêtés ce jour-là. Dès le lendemain, ce dernier adressait au président de la Convention la lettre suivante :

Le Ministre des contributions publiques au citoyen Président de la Convention nationale.

« Paris, le 1er juin 1793, l'an 2e de la République, à huit heures du matin.

« Citoyen président, quoique je ne sois pas à mon poste depuis hier au matin, mon intention n'est pas de l'abandonner. La cause de mon absence actuelle est dans les menaces atroces dont on ne cesse de me poursuivre. Elles ont dû me faire craindre, non les lois, je n'en redoute aucune, mais les assassins. C'est servir la patrie, c'est servir la cause des républicains que de leur dérober la tête d'un fonctionnaire public, jusqu'à ce, du moins, qu'il ait pu tenter de la mettre sous la sauvegarde des lois. Cette sauvegarde est le droit de tout homme libre ; je la réclame comme tel. Né républicain, il y a trente années que je donne des preuves fréquentes et non équivoques de mon dévouement à la liberté. Il y en a dix qu'un honorable exil m'a mis au rang des hommes qui ont mérité la haine des tyrans, et j'ai assez médité sur les bases des constitutions libres pour savoir qu'il ne peut en exister aucune sans l'égalité politique. Le plus beau jour de ma vie fut celui où la France s'est déclarée république ; je ne prononçai jamais de serment plus cher à mon cœur que celui de vivre et de mourir républicain français, et je défie le juge le plus sévère de trouver aucune de mes actions, aucune de mes paroles, soit comme fonctionnaire public, soit comme citoyen privé, qui contraste avec ce serment.

« Je suis prêt à subir sur les unes et sur les autres l'examen le plus rigoureux ; je l'ai provoqué plusieurs fois. J'ai demandé à la Convention nationale qu'on me fît connaître les réclamations qu'on a dit exister contre moi. Honoré de la confiance de la nation, que le glaive de la loi s'appesantisse sur ma tête si j'ai cessé un instant de la mériter. Les preuves en sont dans les mains mêmes de la Convention nationale, dans ma correspondance avec les départements, dans les bureaux de mon ministère, dans toutes les lignes que j'ai tracées, et, quant à mes discours, je ne redoute les accusations de personne.

« Mes comptes sont prêts. Je n'attendais, pour les porter à la Convention nationale, que le moment où je ne la détournerais pas d'objets plus importants. Ceux qui m'accusent, et sur l'administration des postes et sur les deniers publics et sur quoi que ce soit, prouvent ou leur ignorance sur mes attributions ou leur méchanceté.

« Si la Convention juge que je ne doive pas retourner à mes fonctions, j'attends ses ordres. Si elle juge nécessaire que je les reprenne, je suis prêt à retourner à mes travaux, car la Convention trouvera juste de me mettre sous la sauvegarde des lois jusqu'à ce que ma conduite soit parfaitement connue.

« En lui faisant part de cette lettre, veuillez l'assurer, citoyen président, que tant qu'il me restera un souffle de vie et la liberté de mes pensées et de mes actions, l'un et l'autre seront consacrés au service de la République française.

« CLAVIÈRE. »

Le 2 juin, la Convention sanctionna les procédés du Comité révolutionnaire en comprenant Lebrun et Clavière dans le décret qui ordonnait l'arrestation de trente-deux membres de l'Assemblée ; mais ce décret ne prononçait pas la destitution des deux ministres. Dans des circonstances aussi extraordinaires, quelle conduite devaient-ils tenir ? Lebrun s'adressa au Comité de salut public pour la solution de cette question délicate.

« 4 juin 1793.

« Citoyen président,

« Le décret d'arrestation prononcé contre moi par la Convention nationale a été mis à exécution dans la journée d'hier. Le juge de paix chargé de cette exécution m'a prévenu que je ne pouvais sortir même avec mes gardes, et c'est ce qui m'a empêché de me rendre au conseil et au Comité de salut public.

« J'ignore si, par l'effet du même décret, je suis aussi suspendu de mes fonctions et s'il m'est encore permis de signer au moins les affaires courantes les plus pressées pour ne pas les retarder. Je prie le Comité de me prescrire la règle de conduite que je dois suivre et je m'y conformerai scrupuleusement.

« Au reste, soit comme ministre, soit comme simple citoyen, je n'en continuerai pas moins à me dévouer au service de ma patrie et à la cause fidèle de la liberté et de l'égalité. J'enverrai demain au Comité la suite des plans que j'ai conçus pour l'administration qui m'a été confiée; je lui enverrai aussi la liste des personnes employées et de celles qui peuvent l'être utilement dans tous les temps ; il pourra disposer de mon zèle et des connaissances que de longues études et quelque expérience m'ont acquises.

« Vous trouverez ci-inclus, citoyen président, les notions et bulletins du jour, ainsi que les extraits des dépêches les plus intéressantes. »

« Lebrun. »

Voici la réponse du Comité de salut public :

« Nous avons relu, citoyen ministre, la lettre par laquelle vous nous demandez si le décret d'arrestation, prononcé contre vous, vous laisse la signature des affaires courantes dont l'expédition presse : nous ne faisons aucun doute que la Convention n'ayant pas donné, par intérim, la signature de votre département, vous ne pouvez vous dispenser de continuer à expédier et à suivre les opérations concertées avec le Comité, même à donner les décisions dans les cas urgents, sauf à en référer préalablement au Conseil exécutif provisoire et au Comité.

« *Les membres du Comité de salut public.* »

On n'avait jamais vu et probablement on ne verra jamais des ministres mis en état d'arrestation et continuant leurs fonctions. Cette étrange situation se prolongea quelque temps. Clavière fut remplacé le 13 et Lebrun le 21 juin. La succession du premier échut à Destournelles, membre influent du Conseil général de la Commune, celle du second, à Desforges, membre du fameux Comité de surveillance de la Commune, au 2 septembre, tous deux amis de Danton.

Lebrun et Clavière furent traduits au Tribunal révolutionnaire quelques jours après leurs amis les Girondins. Clavière se poignarda le jour même où il devait comparaître devant le tribunal de sang. Lebrun, condamné le 7 nivôse an II (27 décembre 1793), fut exécuté le même jour.

IX

PROTESTATIONS CONTRE LE 2 JUIN

ÉMANANT DE MEMBRES DE LA CONVENTION.

(Voir page 417.)

Ces protestations furent collectives ou individuelles.

I

PROTESTATIONS COLLECTIVES.

Nous connaissons quatre protestations collectives :
Celles 1° dite des soixante-quatorze ;
2° des députés de la Somme ;
3° des députés de l'Aisne ;
4° des députés de la Haute-Vienne.
La pétition des soixante-quatorze était ainsi conçue :

« Les représentants du peuple soussignés[1],

« Considérant qu'au milieu des événements qui provoquent l'indignation de la République entière, ils ne peuvent garder le silence sur les attentats commis envers la représentation nationale sans s'accuser eux-mêmes de la plus honteuse faiblesse ou d'une complicité encore plus criminelle ;

---

1. « Les trente-deux proscrits mis en arrestation partagent sans doute les mêmes sentiments, mais aucun d'eux n'a souscrit à la présente déclaration. »

« Considérant que les mêmes conspirateurs, qui, depuis l'époque où la République a été proclamée, n'ont cessé d'attaquer la représentation nationale, viennent enfin de consommer leurs forfaits en violant la majesté du peuple dans la personne de ses représentants, en dispersant ou enchaînant quelques-uns d'entre eux et en courbant les autres sous le joug de la plus audacieuse tyrannie;

« Considérant que les chefs de cette faction, enhardis par une longue impunité, forts de leur audace et du nombre de leurs complices, se sont emparés de toutes les branches de la puissance exécutive, des trésors, des moyens de défense et des ressources de la nation dont ils disposent à leur gré et qu'ils tournent contre elle;

« Qu'ils ont à leurs ordres les chefs de la force armée et les autorités constituées de Paris, que la majorité des habitants de cette ville, intimidée par les excès d'une faction que la loi ne peut atteindre, effrayée par les proscriptions dont elle est menacée sans cesse, non-seulement ne peut pas réprimer les manœuvres des conspirateurs, mais que souvent même, par respect pour la loi qui commande l'obéissance aux autorités constituées, elle se voit forcée de concourir en quelque sorte à l'exécution de leurs complots;

« Considérant que telle est l'oppression sous laquelle gémit la Convention nationale, qu'aucun de ses décrets ne peut être exécuté s'il n'est approuvé ou dicté par les chefs de cette faction; que les conspirateurs se sont constitués par le fait les seuls organes de la volonté générale et qu'ils ont rendu les restes de la représentation nationale l'instrument passif de leur volonté;

« Considérant que la Convention nationale, après avoir été forcée d'investir d'une autorité illimitée les commissaires qu'elle a envoyés dans les départements et aux armées et que cette faction a exclusivement désignés, n'a pu réprimer les actes arbitraires qu'ils se sont permis, ni même formellement improuver les maximes incendiaires et désorganisatrices que la plupart d'entre eux ont propagées;

« Considérant que non-seulement la Convention n'a pu faire poursuivre ni les dilapidations de la fortune publique, ni les scélérats qui ont commandé des assassinats et des pillages, mais encore que les conspirateurs, après avoir vu leurs projets échouer dans la nuit du 10 au 11 mars, en ont repris l'exécution avec plus de succès à l'époque des 20, 21, 27 et 31 mai et 2 juin dernier ;

« Qu'à cette dernière époque, on a fait battre la générale, sonner le tocsin et tirer le canon d'alarme ; que les barrières de la ville ont été fermées, toutes les communications interceptées, le secret des lettres violé, la salle de la Convention bloquée par une force armée de plus de soixante mille hommes ; qu'une artillerie formidable a été placée à toutes les avenues du Palais national, qu'on y a établi des grils pour le service des canons, chauffer des boulets et former tous les préparatifs d'un assaut ;

« Que les bataillons destinés pour la Vendée, et retenus à dessein dans les environs de Paris, se trouvèrent au nombre des assiégeants ; que des satellites dévoués aux conjurés, et préparés à l'exécution de leurs sanguinaires complots, occupèrent les postes les plus importants et les issues de la salle ; qu'ils furent ouvertement récompensés de leur zèle par des distributions de vivres et d'argent ;

« Qu'au moment où la Convention nationale se présenta en corps aux avenues du palais pour enjoindre à la force armée de se retirer, le commandant, investi par les conjurés de la plus insolente dictature, osa demander que les députés proscrits fussent livrés à la vengeance du peuple, et que, sur le refus de la Convention, il eut l'atroce impudence de crier aux armes et de faire mettre en péril la vie des représentants du peuple français ;

« Considérant enfin que c'est par des manœuvres de toute nature qu'on est parvenu à arracher à la Convention, ou plutôt à la sixième partie des membres qui la composent, un décret qui prononce l'arrestation arbitraire qui enlève à leurs fonctions, sans accusation, sans preuve, sans discussion, au mépris de toutes les formes et par la violation la plus criminelle du droit des gens et de la souveraineté nationale, trente-deux représentants désignés et proscrits par les conspirateurs eux-mêmes,

« Déclarent à leurs commettants, aux citoyens de tous les

départements, au peuple français, dont les droits et la souveraineté ont aussi été audacieusement violés, que depuis l'instant où l'intégrité de la représentation nationale a été rompue par un acte de violence dont l'histoire des nations n'avait pas encore offert d'exemple, ils n'ont pu ni dû prendre part aux délibérations de l'Assemblée; que, réduits, par les circonstances malheureuses qui les entourent, à l'impossibilité d'opposer par leurs efforts individuels le moindre obstacle aux succès des conspirateurs, ils ne peuvent que dénoncer à la République entière les scènes odieuses dont ils ont été les témoins et les victimes.

« A Paris, le 6 juin, l'an II de la République française. »

Voici les noms des signataires par ordre alphabétique de départements :

AIN. — Royer.
ALPES (Basses-). — Maysse, Peyre.
ALPES (Hautes-). — G. C. Caseneuve, Serre.
ALPES-MARITIMES. — Blanqui, Dabray, Massa.
ARDÈCHE. — Gamon, Ganilhe, Saint-Prix.
AUDE. — Periés, Tournier.
BOUCHES-DU-RHÔNE. — Lauze-Duperret, Duprat.
CALVADOS. — Ph. Delleville.
CHARENTE. — Ribereau.
CÔTES-DU-NORD. — Couppé, H. Fleury, Girault.
DRÔME. — Fayolle, Marboz, Olivier Cérente.
EURE. — Dubusc, Savary, Vallée.
FINISTÈRE. — C.-A.-A. Blad, Bohan, Quennel.
GARD. — F. Aubry, Rabaud-Pommier.
GARONNE (Hautes-). — Estadens, Rouzet.
GERS. — Descamps, Laplaigne, Moysset.
GIRONDE. — Lacaze fils aîné.
ILLE-ET-VILAINE. — Defermon, Lebreton, Obelin.
INDRE. — Derazey.
JURA. — Amyon, Barbey, Ferroux, Grenot, Laurenceot, Vernier.
LANDES. — Saurine.
LOIRE-INFÉRIEURE. — Jary, Lefebvre Julien.

Lot. — Blaviel.
Manche. — Laurence.
Morbihan. — V. Corbel, Rouault.
Moselle. — Blaux.
Oise. — Delamarre.
Orne. — Dugué-Dassé.
Paris. — Dussaulx.
Pas-de-Calais. — Daunou, Varlet.
Pyrénées-Orientales. — Guiter.
Rhône-et-Loire. — Chasset.
Saône-et-Loire. — Masuyer.
Sarthe. — Salmon.
Seine-et-Oise. — Mercier.
Seine-Inférieure. — Bailleul, Doublet, Hecquet, Faure, Lefebvre, Ruault, Vincent.
Somme. — Saladin.
Vosges. — Bresson.
Yonne. — Chastelain.

Cette liste contient soixante-quinze noms et l'original est bien revêtu de soixante-quinze signatures. Mais dans les copies officielles qui en ont été faites et qui ont servi de base aux décrets qui furent rendus pour proscrire et ensuite réhabiliter les signataires, on a accolé deux de ces noms et on en a fait un seul : ce sont ceux de Dabray, député des Alpes-Maritimes, et de Doublet, de la Seine-Inférieure.

Sur ces soixante-quinze représentants, six firent précéder leur signature de ces mots : « Ayant déjà protesté dans la salle même des séances, le 2 juin. »

C'étaient :

Ferroux, du Jura. Tournier, de l'Aude.
Amyon, du Jura.   Periés, de l'Aude.
Blaviel, du Lot. Rouzet, de la Haute-Garonne.

Cette protestation fut tenue secrète; mais, lors de la perquisition faite, après le meurtre de Marat, dans les papiers de Lauze-Duperret qui en était dépositaire, elle fut saisie et envoyée au Comité de sûreté générale.

Dans ce moment-là les démagogues usaient encore de ménagements vis-à-vis des vaincus du 2 juin. Ils gardèrent cette pièce pour s'en servir en temps et lieu. Dans la séance du 21 août, Amar y fit allusion, mais sans s'appesantir sur son importance. Mais lorsque la révolte des départements fut à peu près comprimée, le même Amar vint proposer à la Convention de faire mettre tous les signataires de la protestation des soixante-quinze en état d'arrestation, s'ils n'étaient déjà renvoyés pour autre cause devant le Tribunal révolutionnaire.

Sur ces soixante-quinze signataires quatre périrent sur l'échafaud; ce furent :

>Duperret, des Bouches-du-Rhône;
>Duprat, *id.*
>Lacaze, fils aîné, de la Gironde;
>Masuyer, de Saône-et-Loire.

Les autres, après avoir subi une détention de plus de quinze mois, furent réintégrés dans leurs fonctions, par décret du 13 frimaire an III. A l'occasion du décret du 3 octobre, nous raconterons avec plus de détail les épisodes de la détention des signataires de la protestation du 6 juin.

Déclaration des députés de la Somme à leurs commettants sur la journée du 2 juin 1793.

« Les députés du département de la Somme à la Convention nationale, soussignés, ont cru devoir exprimer à leurs commettants, dans une déclaration simple, leurs sentiments sur les circonstances actuelles.

« Les événements du 31 mai sont connus; ceux du lendemain, quoique moins importants, le sont aussi. La liberté de la représentation nationale, violée dans ces deux jours, non par les citoyens, ni par les sections armées, mais par quelques hommes, ou violemment égarés ou vendus au parti de l'étranger, était réservée à une épreuve plus affligeante encore.

« Le 2 juin doit être regardé comme un jour de deuil pour tous les amis de la liberté et de la République. En ce jour, et ici nous avons pour garants les réclamations vigoureuses des membres mêmes de la Convention les moins suspects à cet égard; en ce jour, il n'y eut véritablement pas de représentation nationale : cernée de tous côtés par une force armée immense, elle fut sous la domination des factieux qui dirigeaient cette force armée, dans laquelle on a pu remarquer qu'il n'y avait de coupables que les chefs auxquels elle obéissait sans savoir quels étaient leurs desseins. Aucun membre de la Convention ne put sortir de l'enceinte ; il n'était permis, chose bien humiliante, de satisfaire aux besoins de la nature qu'en présence des satellites des factieux. C'était même un crime pour ses membres, de quelque côté de la salle qu'ils vinssent, de jeter la vue sur les lieux où cette force armée s'était développée. Plusieurs s'en sont plaints amèrement. Cet attentat à la souveraineté du peuple s'est prolongé pendant sept heures ; il durait encore une demi-heure après la séance, car il fallut attendre, même quand les factieux n'avaient plus rien à désirer, il fallut attendre, pour sortir, que le soi-disant commandant ou le prétendu Comité révolutionnaire voulussent lever la consigne criminelle qui avait tenu si longtemps dans l'esclavage et l'opprobre les représentants du peuple, c'est-à-dire le peuple lui-même. C'est dans cet état, c'est en présence des baïonnettes et des canons qu'a été rendu notamment le décret qui met en arrestation : 1° vingt et quelques membres précédemment dénoncés par une pétition déclarée calomnieuse et contre lesquels, depuis, on n'a articulé aucuns faits nouveaux ; 2° dix membres d'une commission qui n'a pas même pu être entendue pour se justifier. Voilà comment, tandis qu'on venait de donner la liberté à quatre individus soutenus par la municipalité de Paris, sans vouloir, par un rapport préalable, s'assurer de leur innocence, cette même liberté fut néanmoins ravie à plus de trente membres de la Convention déjà précédemment déclarés innocents et contre lesquels aucune charge nouvelle n'était survenue. Voilà comment dans ce jour de deuil l'unité de la représentation nationale, cet unique palladium de l'unité et de l'indivisibilité de la République, fut anéantie. Les députés, soussignés, doivent à eux-mêmes, ils doivent à leurs commettants de déclarer que, parmi eux, les uns n'ont pas cru devoir prendre part aux délibérations dans un jour où il n'y avait pas de liberté; que les autres n'y ont pris part que pour s'opposer à un décret sollicité par la faction de l'étranger ou de l'anarchie; ils doivent à l'honneur des principes, violés dans cette journée, à l'honneur même de tous les membres de la Convention, de déclarer que le décret, que le Comité de salut public lui-même n'avait pas cru pouvoir proposer, ne peut être regardé que comme l'ouvrage de l'oppression dans laquelle la Convention nationale a gémi. Ils déclarent de plus que s'ils continuent à rester à leur poste, c'est uniquement par la considération des dangers qui menacent la liberté et la République, qu'on attaque de toutes parts et qu'ils ont juré de défendre.

« Fait à Paris, le 5 juin 1793, an II de la République française.

PIERRE-FLORENT LOUVET, GANTOIS, DUFESTEL, ASSELIN, DEVERITÉ, DELECLOT, L. RIVERY, FRANCOIS MARTIN [1].

Cette protestation fut apportée à Amiens par l'un des signataires, Deleclot, qui vint faire un voyage de deux jours dans cette ville. Elle fut imprimée par ordre du conseil général du département.

Peu de jours après, Jean-Bon-Saint-André, au nom du Comité de salut public, la dénonçait à la Convention et faisait traduire à la barre les administrateurs du département qui lui avaient donné de la publicité. L'article 5 du décret qui fut rendu sur sa proposition était ainsi conçu :

« La Convention ajourne à statuer sur les mesures à prendre relativement aux députés signataires de la déclaration après le rapport du Comité de salut public. »

Les administrateurs traduits à la barre se disculpèrent

1. La députation de la Somme se composait de treize membres. Les quatre représentants dont le nom ne se trouve pas au bas de la protestation sont :
1° Sillery, qui était en état d'arrestation depuis le 5 avril comme suspect de complicité avec Dumouriez; 2° Saladin, qui fit imprimer une protestation particulière et qui signa du reste la protestation des soixante-quinze; 3° André Dumont; 4° Hourrier-Éloi : ces deux derniers étaient des Montagnards.

comme ils purent, en prétendant qu'ils avaient été trompés par des récits mensongers; ils furent renvoyés à leurs fonctions.

Quant au rapport relatif aux députés signataires de la déclaration, il ne fut jamais fait : les signataires ne furent pas inquiétés et continuèrent de siéger à la Convention.

Protestation des députés de l'Aisne.

« Les députés, soussignés, de l'Aisne aux citoyens du département :

« Nous vous devons une exposition simple, exacte, entière, des événements qui, menaçant la République de séparations funestes, exige que vous déployiez, pour la sauver, tout votre patriotisme, toutes vos lumières et tout votre courage.

« On avait dénoncé à la Convention un complot formé pour la dissoudre; les partisans secrets de l'aristocratie, les royalistes déguisés en patriotes, les émissaires des puissances étrangères, quelques hommes qui ont besoin de nouveaux crimes pour s'assurer l'impunité, conduisaient cette trame et avaient soin de cacher aux citoyens égarés par eux la nature et l'étendue de leurs projets.

« La Convention chargea une commission de vérifier les faits, et cette commission fit arrêter quelques hommes chers à une portion du peuple. Si ces arrestations n'étaient pas fondées sur des motifs assez graves, sur des preuves assez fortes, on pouvait s'en rapporter à la justice de la Convention. La lecture de ses débats, la liste de ceux qui ont voté dans l'appel nominal pour ou contre la conservation de la commission, suffisent pour montrer que l'Assemblée méritait cette confiance.

« Jusqu'au vendredi 31 mai, on n'avait pu observer que des mouvements tumultueux et partiels; mais, dans la nuit, des commissaires des sections cassèrent la municipalité et le Conseil général de la Commune pour les rétablir sous le nom de Conseil révolutionnaire, et les membres de ces deux corps abdiquèrent l'autorité, qu'ils tenaient de la loi et du vœu immédiat et libre de leurs concitoyens, pour recevoir de quelques individus une autorité contraire à la loi. Un commandant général de la garde nationale a été nommé ; et, dans la matinée de ce même jour, le conseil du département de Paris a convoqué des commissaires des sections, des députés des communes du département. Là, un comité de onze membres a été créé, revêtu de pouvoirs illimités et du nom de Comité révolutionnaire. Cependant le tocsin sonnait; le canon d'alarme avait été tiré; toutes les sections étaient armées; une députation de cette assemblée qu'aucune loi n'autorisait vint à la barre demander la cassation de la commission rétablie par la Convention et le décret d'accusation contre les membres de la commission et contre plusieurs autres députés dénoncés dans une pétition que la Convention avait déclarée calomnieuse le 22 avril.

« Les citoyens avaient juré, en prenant les armes, de maintenir la sûreté des personnes et des propriétés. L'ordre régnait partout. Des efforts perfides pour exciter la guerre entre différentes sections avaient été repoussés; la Convention était entourée d'armes; mais ses issues étaient libres, ses membres avaient été respectés et elle décréta que les sections avaient bien mérité de la patrie.

« La commission était tout à la fois la cause principale des mouvements où se portaient les citoyens égarés, et le prétexte dont les ennemis de la liberté se servaient avec le plus d'avantage : elle fut cassée.

« Dans la séance du lendemain, la Convention s'était occupée de rendre compte à la République entière des événements du 31 mai ; et l'espoir du retour aux principes l'avait portée à se dissimuler à elle-même plusieurs circonstances de la journée du vendredi ; vers cinq heures, elle leva sa séance. Peu de moments après, le tocsin se fit entendre; le rappel fut battu dans plusieurs sections. Des hommes armés se portèrent en grand nombre dans les environs de la salle de la Convention. La perspective de quelques dangers réunit un assez grand nombre de députés. La délibération se fixa sur les causes des mouvements qui se manifestaient. A peine était-elle commencée, que des députés du conseil général révolutionnaire vinrent présenter une nouvelle pétition pour obtenir le décret d'accusation contre plusieurs membres déjà dénoncés, contre ceux formant la commission des Douze et même contre quelques autres individus dont jusqu'alors il n'avait été question dans aucune des pétitions dénonciatrices. La Convention renvoya cette pétition au Comité de salut public pour en rendre compte dans trois jours.

« Le dimanche, la demande d'arrestation des membres désignés par le Comité révolutionnaire fut renouvelée avec plus d'audace, et, vers quatre heures, la Convention apprit qu'elle était entourée de citoyens armés, à qui une consigne tyrannique prescrivait de ne laisser aucun député sortir de l'enceinte de l'Assemblée. La Convention en corps, précédée de ses huissiers, le président à leur tête et couvert, les députés découverts et par conséquent dans cet appareil qui annonce les dangers de la patrie, la Convention se présente au commandant de la troupe placée devant les cours du palais national et en reçoit pour réponse qu'elle ne sortira pas avant que le décret exigé d'elle n'ait été prononcé.

« Elle parcourt les rangs des citoyens armés qui occupaient le jardin et les cours ; partout elle recueille sur son passage des vœux pour une constitution républicaine, pour l'égalité, l'union entre citoyens, entre Paris et les départements, entre ses propres membres. A peine quelques vœux formés par l'esprit de parti se font-ils entendre. Mais le président trouve à toutes les issues la consigne, qui viole la liberté des représentants du peuple, audacieusement maintenue, et la Convention, toujours prisonnière, rentre dans le lieu de ses séances.

« C'est alors que le décret est rendu, sans doute pour éviter de plus grands crimes ; et quelque temps après la consigne est levée en spécifiant la porte par où il est permis aux députés de sortir.

« La suppression arbitraire des journaux, des violences exercées chez les imprimeurs, ont ajouté la violation du droit sacré de la liberté de la presse à celle de la liberté de la représentation nationale.

« Les lettres ont été arrêtées à leur arrivée et à leur départ ; le secret en a été ouvertement violé, et les auteurs de cet attentat contre la foi publique n'ont pas craint de sceller d'un cachet portant *Révolution du 31 mai* les lettres qu'ils jugèrent à propos de rendre.

« Jusqu'ici, non-seulement ces excès restent impunis, mais, malgré quelques changements dans les noms, les hommes qui les ont commis, en vertu d'une autorité usurpée contre le vœu de la loi, exercent encore cette autorité.

« Une partie des membres compris dans le décret porté pendant la durée de la consigne s'y est volontairement soumise. Quelques autres ont cru devoir s'y soustraire.

« Tel est, citoyens, le tableau fidèle de ces événements, qui, par l'effet nécessaire d'une interruption dans les communications aussi imprudente que coupable, ne vous sont parvenus peut-être jusqu'ici qu'exagérés et défigurés. Vos lumières et votre patriotisme vous suggéreront les mesures sages, mais fermes, mais efficaces, que vous devez prendre pour assurer l'entière liberté de la représentation nationale, réparer l'outrage fait à la majesté du peuple français, rétablir la liberté de la presse et l'inviolabilité de la foi publique, etc.

« Comme nous ignorons le moment où la liberté des communications sera rétablie, nous croyons devoir vous proposer d'assurer la vôtre avec nous au moyen d'un courrier extraordinaire mis spécialement sous votre sauvegarde.

« Petit, Fiquet, Belin, Condorcet, Bouchereau, Lecarlier, P. Loysel. »

« Incommodé douloureusement depuis deux mois, je n'ai pu être témoin des faits ci-dessus énoncés, mais la connaissance qui m'en a été donnée et la confiance que j'ai en mes collègues, qui ont vu, me font adhérer pleinement aux réflexions et aux mesures que ces faits leur ont suggérées.

« Jean Debry.

« Quinette est prisonnier à Maestricht.

« Beffroy est en ce moment représentant du peuple près de l'armée du Nord et nous connaissons assez ses sentiments pour être persuadés qu'il partagerait les nôtres s'il était ici [1]. »

---

1. Les deux membres de la députation de l'Aisne qui ne sont pas mentionnés dans cette pièce sont Saint-Just et Dupin jeune. On comprend facilement que Saint-Just, l'un des conspirateurs de la journée du 2 juin, n'ait pas signé cette protestation. Quant à Dupin jeune, il y avait d'abord apposé sa signature ; mais il la retira quelques jours après.

La protestation des députés de l'Aisne fut dénoncée à la Convention dans la séance du 30 juin par André Dumon, qui, au nom du Comité de sûreté générale, proposa de décréter d'accusation les signataires de la lettre. Sur la proposition de Léonard Bourdon et de Legendre, cette protestation fut envoyée au Comité de salut public, chargé de faire un rapport général ; mais ni le rapport de Saint-Just ni, plus tard, le rapport d'Amar ne firent mention de la protestation des députés de l'Aisne. Ils ne furent point inquiétés et continuèrent à siéger à la Convention, à l'exception toutefois de Condorcet, qui fut frappé, le 8 juillet, d'un décret d'arrestation pour avoir osé publier une brochure contre la constitution montagnarde que les vainqueurs de cette journée s'étaient hâtés de fabriquer, sauf à ne jamais la mettre à exécution.

On sait que cet illustre membre de l'Académie des sciences crut devoir se soustraire à la vengeance de ses ennemis en s'empoisonnant dans la prison de Bourg-Égalité, autrefois Bourg-la-Reine, quelques heures après son arrestation.

Protestation de la députation de la Haute-Vienne.

Tous nos efforts pour retrouver le texte de cette protestation ont été infructueux. Elle fut dénoncée à la Convention beaucoup plus tard que les autres, le 21 août, à l'occasion de l'accusation de connivence d'un des signataires, Lesterp-Beauvais, avec les insurgés de Lyon. L'évêque de Limoges, Gay-Vernon, vint lire à la tribune cette pièce, qui, outre la signature de Lesterp-Beauvais, était revêtue de celle de quatre autres députés de la Haute-Vienne, Faye, Rivaud, Soulignac et Lacroix.

Le seul passage de cette protestation que le *Journal des Débats et Décrets* nous ait conservé était ainsi conçu : « Nous ignorons si les événements du 31 mai et du 2 juin seront le terme des insultes faites à la Convention ; ce que nous savons, c'est qu'aux yeux des vrais républicains ils doivent être le terme de la confiance que l'on avait en elle. »

La Convention se montra beaucoup plus sévère pour les cinq députés de la Haute-Vienne que pour ceux de la Somme et de l'Aisne. Par décret rendu le même jour, sur la proposition de l'évêque constitutionnel Gay-Vernon qui ne rougit pas de se faire, dans cette circonstance, l'accusateur de ses collègues de députation, les cinq signataires furent décrétés d'arrestation. Sur ces cinq, Lesterp-Beauvais fut compris dans l'acte d'accusation dressé le 3 octobre par Amar, et envoyé au Tribunal révolutionnaire; il périt dans le sanglant holocauste du 31 du même mois. Les quatre autres députés de la Haute-Vienne partagèrent le sort des signataires de la protestation des soixante-quinze, c'est-à-dire leur captivité pendant quinze mois et ensuite leur réintégration dans le sein de la Convention nationale [1].

II.

PROTESTATIONS INDIVIDUELLES.

Ces protestations furent assez nombreuses, mais presque toutes ont été réimprimées [2]. Nous nous bornons à en donner trois, que nous croyons inédites.

Elles émanent : de Gensonné, député de la Gironde;

De Lasource, député du Tarn;

De Deschezeaux, député de la Charente-Inférieure.

Tous les trois payèrent de leur tête le courage qu'ils déployèrent dans cette occasion. Gensonné et Lasource périrent le 31 octobre. Deschezeaux, qui n'avait été porté d'abord sur aucune liste de proscription, donna sa démission le 10 août 1793

---

1. La députation de la Haute-Vienne était composée des cinq signataires de la protestation, de l'évêque Gay-Vernon et d'un député fort obscur, nommé Bordas, qui ne joua aucun rôle pendant toute la session conventionnelle.

2. L'*Histoire parlementaire* de Buchez et Roux a reproduit, dans le XXVIIIe volume, page 4, le procès publié par Gorsas; la protestation de Saladin (de la Somme), page 30; celles de Valazé et de Vergniaud, pages 163 et 164. Le précis publié par Edme Petit (de l'Aisne) a été rédigé longtemps après les événements et au moment où les députés incarcérés réclamaient, après le 9 thermidor, le droit de reprendre leur siège à la Convention.

et se retira à la Flotte (île de Rhé), sa patrie. Mais la vengeance des démagogues vint l'y trouver : il fut traduit devant le tribunal criminel de la Charente-Inférieure, condamné à mort et exécuté le 28 nivôse an II.

Déclaration du citoyen Gensonné, représentant du peuple [1].

« Le 2 juin 1793, à trois heures de l'après-midi, moi, Arnaud Gensonné, représentant du peuple français, convaincu que je vais être victime des conspirations qui se trament, contre la liberté de la République française, par une faction dont je n'ai cessé de combattre les coupables efforts ;

« Considérant que le mouvement prétendu révolutionnaire que cette faction prépare et exécute n'a d'autre objet que de dissoudre la Convention nationale, d'usurper ses pouvoirs, de les ruiner et de les concentrer dans les mains d'un petit nombre d'individus soutenus et dirigés par une portion de la représentation nationale, subjuguée elle-même par la terreur ou complice de cette usurpation révoltante ;

« Considérant que tous les moyens possibles d'égarer le peuple sur ses vrais intérêts, de corrompre l'opinion publique, de livrer à cette faction les trésors de la République et ses armées et de réduire les départements à l'impuissance la plus absolue de résister à l'oppression qui les menace, ont été successivement arrachés à la faiblesse de la Convention nationale ou obtenus du désir qu'elle a eu d'éviter tout prétexte de scission entre les membres qui la composent ;

« Considérant que les conjurés, après avoir séduit ou égaré une faible partie des citoyens de Paris, ont subjugué par la crainte des proscriptions la majorité des habitants de cette ville, se sont investis de tous les pouvoirs des autorités constituées, se sont emparés de la direction de la force armée et des comités ;

« Que la portion du peuple qu'ils n'ont cessé de tromper sur

---

1. Gensonné envoya vraisemblablement copie de cette lettre à plusieurs administrations départementales. Elle fut notamment insérée dans le *Bulletin* du département d'Ille-et-Vilaine, et revint par cette voie au Comité de salut public, dans les papiers duquel nous l'avons retrouvée.

les intentions des députés les plus patriotes et les plus dévoués à ses intérêts ne voit dans ses hommes généreux que des traîtres et les poursuit comme ses plus dangereux ennemis;

« Considérant enfin qu'au moment même où je trace à la hâte ces lignes, j'ai lieu de croire que la Convention nationale va être forcée d'ordonner mon arrestation ou de la laisser faire, et que je dois m'attendre à devenir, dans peu d'instants, la victime d'un mouvement populaire ou d'un assassinat prétendu juridique;

« Je déclare aux citoyens de mon département et à la France entière que je bénirai le sort qui m'est réservé, si ma mort peut être utile à l'établissement de la République et prépare le bonheur du peuple français.

« Je déclare que je n'ai jamais cessé de lui être entièrement dévoué; que je n'ai d'autre ambition que celle de remplir mon mandat avec courage et énergie; que je n'ai formé d'autre vœu que celui de son bonheur et de l'établissement d'une constitution républicaine; que j'ai vécu et que je mourrai républicain et digne de la confiance dont mes concitoyens m'ont honoré.

« Je conjure particulièrement les braves Bordelais, mes concitoyens, et les républicains de la France entière, d'examiner avec soin les chefs d'accusation, s'il en est, qui me seront imputés. Je recommande à mes amis surtout le soin de ma mémoire; je les charge, au nom des sentiments qu'ils m'ont voués, d'empêcher qu'elle ne soit flétrie. Cette tâche ne sera pas difficile. Au milieu des mouvements que les événements, dont je serai probablement victime, vont exciter dans la France entière, j'adjure tous les bons citoyens, et particulièrement ceux du Midi, de ne pas imputer à la majorité des habitants de Paris les excès que, dans les circonstances où nous nous sommes trouvés, elle n'a pu empêcher ni prévenir; qu'ils se rappellent les services que cette ville a rendus à la Révolution et qu'ils réservent toute leur haine pour les scélérats qui ont médité et fait exécuter cet infâme projet.

« Résigné à tout, sûr de ma conscience, j'embrasse dans ma pensée mes chers concitoyens, tous les amis de la liberté et de la République française, et en la scellant de mon sang, sous les poignards des conspirateurs et sous la hache des factieux, mon dernier soupir sera pour ma patrie, et ma bouche ne se fermera qu'en exprimant le plus ardent de mes souhaits. Vive la République ! »

« Gensonné, député de la Gironde. »

Lasource, député du Tarn, au président de la Convention [1].

« Le 8 juin, an IIe de la République.

« Citoyen président,

« Loin de me plaindre contre la Convention nationale du décret lancé contre moi et plusieurs de mes collègues, je la remercie d'avoir fait un sacrifice à la paix et préféré son salut (d'où dépend celui de la République) à la liberté de quelques hommes de bien ; je sais que cet acte de condescendance était le seul moyen qui lui restait de faire lever le siége de la salle de ses séances, d'épargner des excès au peuple trompé et des crimes aux scélérats qui l'agitent pour le déshonorer et le perdre.

« Ce n'est point au peuple que je m'en prends, je l'aime, je l'ai servi, je le servirai mieux que les scélérats qui l'égorgent en se disant ses amis.

« Mais croient-ils m'avoir fermé la bouche, les audacieux conspirateurs qui ont forcé la Convention nationale à me frapper malgré elle? croient-ils m'avoir donné la mesure de leur puissance et m'avoir inspiré la terreur? non... ils ne m'ont donné que la mesure de leur scélératesse et ne m'ont inspiré que l'indignation.

« Je les dénonce à la France, ces hommes gorgés d'or, couverts de sang, affamés de crimes. Je dénonce surtout dix ou douze brigands qui osent appeler leur monstrueuse réunion du nom de Comité révolutionnaire, qui dictent des lois à la Convention nationale, qui les lui font exécuter en l'entourant de piques, de baïonnettes, de mortiers à bombes, de canons

---

1. Lasource fit imprimer cette lettre et la fit placarder sur les murs mêmes de Paris. On comprend qu'elle n'y resta pas longtemps. Nous en avons retrouvé un exemplaire dans les papiers du Comité de sûreté générale.

et, le dirai-je? de fourneaux et de grils destinés à rougir les boulets, qui tyrannisent la patrie et assassinent la liberté.

« Dites à ces monstres qu'ils tremblent. Leur audace sacrilége va soulever la nation entière et appeler sur leurs têtes une vengeance aussi terrible que leurs crimes sont exécrables. Dites-leur que leur règne expire, et que bientôt il ne restera plus d'eux que leurs forfaits pour l'exécration publique, que leur supplice pour l'effroi des tyrans, que leurs noms pour l'opprobre. S'ils voulaient faire cause commune avec la ville de Paris et dire, comme ils l'ont fait sans cesse, qu'on la calomnie et qu'on veut la perdre, parce qu'on dénonce et qu'on attaque une poignée de brigands et de conjurés qu'elle renferme, dites-leur surtout que je ne confonds pas quelques scélérats, dont elle est souillée, avec les nombreux habitants qui peuplent cette belle cité. Je ne veux point qu'elle périsse; mais je veux que ses tyrans et ceux de la France scellent de leur chute et de leur sang le triomphe de la liberté.

« Trop pur pour être atteint par leurs calomnies, que la Convention nationale libre a elle-même vouées au mépris public, trop fier pour me croire accusé, je me rends leur accusateur devant la nation dont je suis le représentant. J'accuse devant la nation Hébert et Varlet d'avoir fait retentir Paris, par leurs discours et leurs libelles, de provocations à l'assassinat des membres de l'Assemblée représentative du peuple français. Qu'on est humilié d'être forcé de prononcer de pareils noms et de leur donner même la célébrité du crime! J'accuse Chaumette d'avoir prêché la révolte contre cette assemblée auguste dans une réunion de séditieux qui se baptisaient Conseil général de la commune de Paris; j'accuse Pache d'avoir vu tramer sous ses yeux l'affreux complot d'attenter à la représentation nationale et d'en avoir nié l'existence pour en assurer l'exécution.

« J'accuse une trentaine de bandits, s'appelant Conseil général provisoire révolutionnaire, sortis du rassemblement de l'Évêché après les motions les plus atroces, d'avoir osé se dire les organes du peuple souverain, de s'être arrogé un pouvoir au-dessus des lois, d'avoir fait sonner le tocsin, jeté le trouble et l'alarme dans les départements, et provoqué autant qu'il était en eux la guerre civile, la dispersion des armées et la dissolution de la République.

« J'accuse les dix ou douze conjurés formant le conciliabule de la contre-révolution, qu'ils ont appelé Comité central révolutionnaire, d'avoir fait des réquisitions, donné des ordres pour faire assiéger la Convention nationale. J'accuse Henriot, se disant commandant général de la force armée de Paris, d'avoir fait tirer le canon d'alarme, d'avoir consigné la Convention, de lui avoir résisté lorsqu'elle voulait sortir de la salle de ses séances pour parcourir les rangs; d'avoir crié *aux armes,* fait braquer les canons, mis, fait mettre le sabre à la main contre elle et de l'avoir fait coucher en joue.

« Je demande que tous ces hommes prévenus de conspiration et de tyrannie soient mis sur-le-champ en arrestation. S'ils ont fait une révolution *salutaire* et bien mérité de la patrie, elle leur décernera des couronnes et dressera des échafauds à ceux de mes collègues qu'ils ont arrachés à leurs fonctions. S'ils n'ont fait qu'un acte de contre-révolution, de rébellion contre la patrie, et s'ils n'ont bien mérité que des révoltés dont ils remplissent les tribunes, que des séditieux dont ils peuplent les groupes et les places publiques, que de Pitt et de Cobourg, alors les échafauds seront dressés pour eux, les couronnes civiques resteront pour nous. Au reste, laissant à chacun de mes collègues le soin de sa propre défense et ne me rendant ici le garant que de moi-même, je défie solennellement mes accusateurs, leurs sbires, leurs satellites et tous les brigands qui leur ressemblent, d'articuler contre moi un seul fait qui puisse me faire soupçonner soit d'improbité comme citoyen, soit de trahison envers ma patrie comme représentant du peuple; je les défie aussi solennellement de prouver qu'ils ne sont pas coupables des faits que je leur impute et qu'ils sont les maîtres d'appeler, avec Marat ou Chabot, mesures révolutionnaires, mais que j'appelle, moi, avec la France, attentats contre-révolutionnaires, crimes de lèse-nation.

« Après ce double défi, je n'ai plus que deux déclarations à faire pour m'acquitter avec mes commettants et mettre ma conscience en paix, les voici :

« Je déclare à ma patrie que, mettant entièrement de côté

tout ressentiment personnel, je ne m'acharne à combattre que pour le maintien de ses droits ; que, profondément convaincu qu'ils ont été méconnus et violés par les scélérats que je lui dénonce et qui sont à mes yeux ses plus cruels ennemis, je les abhorre plus que je ne m'aime moi-même ; que je ne consentirai jamais à capituler avec eux ; que la crainte d'être soupçonné de cette bassesse me rendrait toute indifférence de leur part aussi odieuse qu'eux-mêmes ; que, glorieux d'être une de leurs victimes, je me croirais déshonoré s'ils ne me persécutaient pas ; que si, à la honte de la France, il était possible qu'ils triomphassent, ne voyant plus, dès cet instant, de moyens de salut pour mon pays, j'aimerais mille fois mieux mourir digne de l'avoir servi que vivre pour voir les forfaits et porter les fers de ses oppresseurs.

« Je déclare à ma patrie que ses lois, son repos, son honneur, sa liberté, sont perdus si elle ne brise soudain le joug des tyrans qui oppriment par la force et asservissent par la terreur l'Assemblée de ses représentants légitimes, assemblée dissoute en partie, soit par l'arrestation de plusieurs de ses membres, soit par la dispersion d'un grand nombre d'autres, assemblée qui n'est plus dans leurs mains sacriléges que l'instrument de leurs volontés, de leurs passions et de leurs fureurs.

« Quant au scandaleux silence du Comité de salut public, est-il le fruit de sa perfidie ou l'effet de la terreur que lui inspire la tyrannie municipale? Ses membres auraient-ils assez de scélératesse pour partager cette tyrannie, ou n'ont-ils pas assez de courage pour la proclamer? Veulent-ils faire enfin leur rapport? Veulent-ils, en disant la vérité, sonner enfin le tocsin contre les tyrans de la France, ou s'il faut qu'on le sonne contre eux, comme complices de ces tyrans?

« Lasource. »

Deschezeaux, député de la Charente-Inférieure, au Comité de sûreté générale.

« Paris, le 30 juin 1793, an IIe de la République française une et indivisible.

« J'apprends, citoyens, que, dans un rapport que vous avez présenté ce matin à la Convention nationale, vous lui avez proposé l'arrestation des députés de l'Aisne, qui ont osé envoyer à leurs commettants le récit des événements du 31 mai, 1er et 2 juin; et moi aussi j'ai tracé le précis de ces journées trop fameuses, dont le souvenir se perpétuera d'âge en âge comme celui de ces grandes calamités qui ont frappé toute une contrée; et moi aussi, je l'ai envoyé à mes commettants; en voici un exemplaire signé de moi, pour que vous n'en doutiez pas.

« Si c'est un crime, je ne veux pas échapper à la punition. Je veux que la responsabilité en pèse tout entière sur ma tête. Si c'est une persécution, je veux être persécuté aussi; car la persécution du crime honore le courage et l'innocence de l'homme de bien. Frappez si vous l'osez!.....

« B. Deschezeaux. »

Nous n'avons pu, malgré toutes nos recherches, retrouver le récit que Deschezeaux annonce dans sa protestation; nous le regrettons d'autant plus que ce récit devait être au moins aussi courageux que la lettre d'envoi.

III.

FRAGMENTS DE LA CORRESPONDANCE DE PLUSIEURS DÉPUTÉS.

Nous avons trouvé la plupart de ces documents dans les papiers du Comité de sûreté générale, qui n'avait pu en devenir détenteur qu'en violant le secret des lettres par lui-même ou par ses agents.

Michel, du Morbihan, à la municipalité de Lorient[1].

« Du 20 mai 1793.

« La séance de samedi, destinée à remplacer celle de la veille, perdue pour la Constitution, a eu le même sort; dès

---

[1]. Michel fut l'un des signataires de la protestation des soixante-quinze; comme tel il fut décrété d'arrestation le 3 octobre 1793. Il avait été long-

qu'on a voulu aborder la question, deux à trois mille femmes, organisées et enrégimentées exprès pour les opérations par la Société fraternelle séant aux Jacobins, ont commencé leur tintamarre, qui a duré jusqu'à six heures, qu'il a fallu lever la séance. La plupart de ces créatures sont des filles publiques.

« Lanjuinais a failli être assassiné le même jour ; plusieurs autres députés ont été insultés et menacés. La force armée est d'accord avec les malveillants. Ainsi nous sommes sans aucun moyen de répression. Le salut de la patrie dépend uniquement des départements. »

« Du 29 mai 1793.

« La séance de lundi dernier était destinée à la Constitution. On allait commencer à la discuter, lorsqu'une section de Paris s'est présentée à la barre avec une pétition qui a causé le plus grand désordre. Un substitut du procureur de la Commune, un président et un secrétaire de section avaient été mis en arrestation par une Commission créée par la Convention nationale pour poursuivre les complots et les conspirateurs. On est venu demander la liberté des prévenus, la dissolution de la Commission et la traduction de ses membres au tribunal extraordinaire. Cette demande, fortement appuyée par une partie de l'Assemblée, a excité un affreux tumulte ; le peuple s'est porté autour de la salle ; les gardes ont été forcées et le sanctuaire des lois a été investi depuis environ quatre heures jusqu'à dix heures passées ; de manière que personne ne pouvait sortir même pour les besoins les plus pressants.

« On a constamment refusé d'entendre les membres de la Commission, qui demandaient à justifier leur conduite. Enfin, à dix heures et demie, un décret rendu dans le bruit a supprimé la Commission. Hier on a réclamé contre le décret. La

---

temps secrétaire de la municipalité de Lorient. En apprenant son arrestation, la Société populaire de Lorient le dénonça avec fureur « comme le brissotin le plus fangeux, le calomniateur le plus atroce de la Convention. » Elle se saisit de la correspondance qu'il avait entretenue avec la municipalité de Lorient et l'envoya à Paris. Elle resta dans les papiers du Comité de sûreté générale qui crut ne devoir donner aucune suite aux accusations des démagogues du Morbihan. Michel survécut à la tourmente révolutionnaire.

séance a été fort orageuse et a duré jusqu'à neuf heures. Après un appel nominal assez tranquille, le décret de la veille a été rapporté. »

« Du 1er juin 1793.

« Hier le tocsin a sonné à Paris depuis trois heures du matin jusqu'à près de quatre heures après midi, et le canon d'alarme a tiré dix-huit heures. C'était le dernier moyen des anarchistes pour causer du désordre et renouveler les scènes affligeantes du mois de septembre. Eh bien, ce moyen ne leur a pas réussi; le peuple de Paris est demeuré calme et ne s'est montré que pour maintenir le bon ordre et se mettre en posture de protéger la représentation nationale contre les attentats qu'il était permis de craindre ; quoiqu'on ait distribué du vin dans certains endroits, quoique quelques-unes de ces femmes, dont on se sert pour avilir la Convention, se fussent répandues dans plusieurs quartiers pour y provoquer la fermentation, quoique la majorité des sections se fût déclarée en insurrection, la paix néanmoins n'a pas été troublée. Plusieurs même de ces bacchantes ont été arrêtées. La Convention nationale s'est emparée de la force armée qui est maintenant et jusqu'à nouvel ordre à sa seule réquisition.

« Il n'a pas été question de Constitution pendant cette semaine. Mercredi, l'Assemblée a seulement décrété que le Comité de salut public, autorisé à s'adjoindre cinq nouveaux membres pour cet objet, lui présenterait, sous huitaine, les articles purement constitutionnels, pour être soumis à la discussion. Fasse le ciel que ce dernier plan réussisse! Le salut de la France en dépend.

Le citoyen Loiseau, membre de la Convention nationale, aux administrateurs du district de Marennes [1].

« Paris, le 5 juin 1793.

« Citoyens administrateurs,

« Je dois à des hommes revêtus de la confiance publique

---

[1] Loiseau n'avait signé aucune protestation; il ne fut pas inquiété, et siégea pendant toute la session conventionnelle.

la vérité sur des faits qui se sont passés ici depuis quelques jours, avec cette franchise et cette fermeté qui ne craignent pas la mort. Indifférent à tous les partis, et n'ayant d'autre désir que de servir ma patrie, je me croirais complice des outrages qu'ont reçus les représentants d'un grand peuple, si je les taisais. Je ne sais si le récit que je vais vous faire vous parviendra. Je le ferai porter à la poste à Saint-Denis, car ici la liberté de la presse et celle des opinions sont méconnues. J'envoie au département un double de ce mémoire.

« Il y avait déjà longtemps qu'il se tramait des complots contre l'intégrité de la Convention nationale. Dans une société populaire, on a fait des motions très-violentes contre plusieurs membres; ces motions, répandues dans le public, y avaient excité la fermentation. Déjà une autorité constituée avait demandé un décret d'accusation contre vingt-deux membres; on était instruit qu'un comité, dit révolutionnaire, s'assemblait tous les jours à l'Évêché, sous prétexte de former l'opinion publique et de présenter des mesures de sûreté générale. La Convention nationale, pour prévenir des mesures qui paraissaient dirigées contre elle, avait créé un comité de douze membres pour examiner tous les complots et la mettre à même de les déjouer; cette commission, toute choisie à la pluralité des suffrages dans cette portion qu'on appelait le côté droit, a, dit-on, suivi dans ses opérations l'esprit de parti qui paraissait diviser la Convention. Je ne dis pas que ces inculpations soient fondées, puisque jusqu'à présent on ne lui a pas permis de faire aucun rapport; mais l'arrestation d'Hébert, auteur de la feuille intitulée *le Père Duchesne,* a servi de prétexte à ceux qui voulaient un mouvement pour le susciter. Déjà le mouvement avait échoué plusieurs fois; enfin toutes les mesures ayant été mieux concertées, le tocsin commença à sonner; dans la nuit du 30 au 31 mai, la générale battit dans plusieurs sections; on parvint à faire tirer le canon d'alarme vers midi du 31; les citoyens ignoraient de quoi il s'agissait et ce qu'on voulait. Ce ne fut que vers les quatre heures du soir que les différentes sections parurent s'ébranler les unes contre les autres, car une partie voulait désarmer celles qui avaient assuré à la Convention qu'elles la défendraient contre ses ennemis; cependant tout s'arrangea.

Les autorités constituées présentèrent plusieurs pétitions très fortes, et la Convention, voulant prévenir les suites d'un mouvement qui ne pouvait qu'être funeste à la liberté, crut devoir casser le Comité des Douze et renvoyer au Comité de salut public les dénonciations faites contre divers membres pour en faire son rapport sous trois jours. La Convention fut investie, à la vérité, mais aucun de ses membres ne reçut d'outrages, et on put entrer et sortir librement. Quoique cette journée eût éclairé un attentat commis contre la nation entière dans sa représentation, elle finit assez bien : chacun retourna chez soi tranquillement.

« Le désir de resserrer l'union parmi les citoyens et d'éviter tout ce qui pourrait concourir à faire naître la guerre civile fit proposer et adopter plusieurs décrets qui ne paraissaient avoir pour but que la paix et la concorde. Tel fut celui qui ordonna une fédération générale pour le 10 août, une adresse au peuple français, etc.

« Cependant le but des auteurs du mouvement n'était point rempli : il fallait donc recommencer, ce à quoi ils travaillèrent dans la nuit du 31 mai au 1er juin. La matinée parut tranquille, quoiqu'on fût instruit qu'on prenait des mesures pour occasionner d'autres mouvements. Les délibérations de l'Assemblée parurent assez calmes. Cependant quelques menaces échappées à certains membres de la députation de Paris annoncèrent qu'il se tramait quelques grands complots. Le Comité de salut public présenta à la Convention un projet d'adresse au peuple français, qui ne contenait rien moins que la vérité exacte ; ce projet excita divers débats. Mais le désir d'anéantir jusqu'au moindre ferment de guerre civile et l'espoir que, par là même, tout prétexte de renouveler la scène de la veille serait ôté aux malveillants, engagèrent la majorité de l'Assemblée à l'adopter. Le président leva la séance à quatre heures. A peine la séance était-elle levée qu'on entendit battre la générale en plusieurs sections. J'allai au jardin des Tuileries, où je vis les terrasses remplies d'hommes armés ; je me mêlai dans les groupes pour savoir quelle en était la raison. Partout on se faisait la même question sans qu'on pût donner de réponse ; on disait cependant que c'était pour obtenir la détention des membres de la

Convention qui avaient été dénoncés. Je parcourus tout un bataillon ; tous les soldats me dirent qu'ils ignoraient la cause de ce mouvement; qu'elle n'était connue que de leur chef. On apprit bientôt qu'une députation du Conseil général de la Commune et du Comité révolutionnaire s'était présentée à la barre, et on parut bien étonné de ne pas trouver la Convention assemblée. Cependant la générale avait engagé plusieurs membres à s'y rendre, et la séance s'ouvrit à huit heures du soir, les pétitionnaires, qui étaient venus demander le décret d'accusation contre les vingt-deux dénoncés et la commission des Douze, obtinrent le renvoi de leur pétition au Comité de salut public, auquel on enjoignit de faire un rapport sous trois jours, et à la Commune de lui remettre les pièces justificatives de la dénonciation. On pouvait espérer que ces mesures satisferaient l'acharnement des ennemis des dénoncés, mais on se trompait. Marat avait prononcé à la Commune le discours, qui sera sans doute un jour fameux, dans lequel, confondant les citoyens des tribunes de la Maison commune de Paris avec le peuple français, il les invita à se lever en masse contre les mandataires de la nation française, qui, n'ayant pour eux qu'une force morale, n'avaient pas besoin d'être attaqués par toute la population d'une grande ville. Cependant la séance de la Convention fut levée à minuit et les troupes se retirèrent tranquillement.

« La journée la plus fatale n'était pas encore arrivée ; c'était le 2 juin que devait se commettre un crime horrible contre la nation entière. Les machinateurs se préparèrent toute la nuit. La matinée parut assez tranquille. Cependant je fus instruit que le commandant général provisoire, nommé Henriot, qu'on dit être un des fameux septembriseurs, s'était engagé, en présence du Conseil général de la Commune, à mettre en état d'arrestation et de conduire à l'Abbaye tous les membres de la Convention qui ne voteraient pas dans le sens des pétitions qui lui avaient été présentées.

« Plusieurs personnes confirmèrent qu'il se préparait un grand mouvement pour le soir. La séance de la Convention s'ouvrit à l'heure ordinaire. Les délibérations furent assez calmes jusqu'au moment où plusieurs membres, entre autres Lanjuinais, voulurent dénoncer le complot qui devait s'exécuter le soir. Les tribunes firent un bruit effroyable pour l'empêcher de parler. Legendre (de Paris) se porta à la tribune pour en faire sortir Lanjuinais; mais il fut maintenu par plusieurs membres du côté droit. A deux heures, une députation des autorités révolutionnaires et constituées de Paris demanda à être admise à la barre et dit entre autres choses : « Nous venons « pour la dernière fois vous dénoncer les membres qui l'ont « déjà été; décrétez à l'instant qu'ils sont indignes de la con- « fiance publique et mettez-les en état d'arrestation provisoire; « le peuple est las d'ajourner l'instant de son bonheur; il le « laisse encore un instant dans vos mains; sauvez-le, ou nous « vous déclarons qu'il va se sauver lui-même. »

« Plusieurs membres observèrent que le Comité de salut public avait été chargé, par un précédent décret, de faire un rapport sur l'objet demandé, sous trois jours, et demandèrent qu'on passât à l'ordre du jour, motivé par ce décret; ce qui fut adopté.

« Aussitôt les pétitionnaires qui avaient été siéger à la Montagne se levèrent avec des gestes d'indignation et sortirent de l'Assemblée en paraissant la menacer; les tribunes, de leur côté, firent entendre de grands cris; elles s'invitaient réciproquement à se retirer, et tous les hommes armés sortirent ainsi que plusieurs femmes. Le Comité de salut public fut mandé pour faire son rapport sur les circonstances graves dans lesquelles se trouvait la Convention. Je profitai de l'instant, qui s'écoula jusqu'à ce qu'il fut prêt à présenter le rapport, pour aller dîner; les portes étaient encore libres et je ne fus point arrêté. Cependant la générale battait; je voulus sortir de mon hôtel, on essaya de m'y retenir en me disant que je courais les plus grands risques si j'allais à la Convention. Je répondis que je ne savais que mourir à mon poste. Arrivé à la porte du jardin des Tuileries, je la trouvai fermée et gardée par des gardes nationales étrangères qui passaient à Paris pour aller à l'armée de la Vendée, mais qu'on avait retenues pour cette belle expédition. M'étant annoncé comme député, on me fit ouvrir, mais bientôt deux fusiliers reçurent l'ordre de me conduire à la Convention; ainsi je traversai le jardin jusqu'à la porte de la salle entre deux gardes, dont l'un me précédait et l'autre me suivait. Le

Comité de salut public faisait alors son rapport et proposait aux membres dénoncés de se suspendre volontairement de leur pouvoir. Isnard, Fauchet et Lanthenas offrirent leur suspension volontaire. Lanjuinais et Barbaroux la refusèrent et dirent qu'un décret seul de la Convention libre pouvait les suspendre. Cependant plusieurs membres se plaignirent qu'on refusait de les laisser sortir de la salle, d'autres dirent qu'ils avaient été témoins de l'ordre donné de charger les armes et qu'on les avait mis en joue, lorsqu'ils avaient voulu regarder par les fenêtres.

« Barère, Cambon, Lacroix et plusieurs autres parlèrent avec furie contre cette tyrannie.

« Après plusieurs motions, comme on n'obtenait point la liberté, on proposa et il fut décidé que la Convention irait fraterniser avec la force armée. En conséquence, le président couvert, précédé des huissiers et suivi de tous les membres de la Convention, se présenta aux premières gardes, qui ne firent pas beaucoup de résistance. Il descendit sur la place du Carrousel. Là je remarquai que les canons étaient braqués contre la salle de la Convention et sur les avenues. Le président s'avança vers le commandant provisoire, le décret à la main. Il ne parut faire aucune attention à la dignité de la représentation nationale. Seulement, forcés par la quantité de députés qui se succédaient, les cavaliers qui l'accompagnaient se rompirent et allèrent se ranger en bataille dix pas plus loin. On m'a assuré qu'il avait été en ce moment donné des ordres aux canonniers de se tenir prêts et aux fusiliers de préparer leurs armes. Ce que je sais être bien vrai, c'est que nous leur criâmes : « Eh bien, faites-nous assassiner de suite, mais qu'on « ne nous fasse pas languir. »

« Lacroix (d'Eure-et-Loir), près duquel j'étais, découvrit sa poitrine et leur dit de frapper s'ils osaient. Le président retourna alors du côté des bataillons qui s'étaient rangés sur deux haies entre lesquelles nous passâmes, et nous revînmes ensuite dans le jardin, dont nous fîmes ainsi le tour; partout les passages étaient exactement fermés, et il était impossible de sortir. On criait cependant : Vive la Montagne! vive la République! Quelques insolents, en petit nombre, disaient : « Vous avez beau

« faire, vous ne sortirez point que le décret que nous demandons
« ne soit rendu ; s'il ne l'est pas ce soir, nous verrons beau jeu. »
La Convention rentra dans le lieu de ses séances. Le morne
silence qui y régnait fut interrompu par Couthon, qui, s'exta-
siant sur la liberté dont nous jouissions, demanda le décret
d'arrestation chez eux contre les membres dénoncés, à l'exception de Dussaulx, Ducos et Lanthenas. Cette motion, vivement
applaudie par les tribunes, n'ayant point été combattue parce
que les besoins physiques commençaient à se faire sentir et
qu'une impression de terreur était répandue sur l'Assemblée, le
président la mit aux voix ; les membres de la Montagne et
ceux que la crainte avait fait réfugier parmi eux, se sont levés.
Quelques membres seulement du côté droit se sont levés contre ;
une partie de l'Assemblée n'a point pris part à la délibération ;
le décret d'arrestation a été prononcé d'après la liste lue par
un secrétaire et commandée par Couthon. Bientôt après la séance
a été levée. »

Saint-Prix, député de l'Ardèche, au maire de Saint-Peray [1].

« Du vendredi 7 juin 1793.

« Vous trouverez ci-joint, mon cher concitoyen, un imprimé dans lequel vous verrez une partie des événements qui se
sont succédé depuis le 27 mai et que la tyrannie s'efforce de
cacher à la République ; mais la vérité, malgré les entraves de
toute espèce, percera et le peuple saura tout. Dans peu vous
aurez connaissance d'une lettre que la députation adresse à ses
commettants et qui est l'exposé fidèle de tous les faits. Nous
n'avons pas pu la faire passer plutôt, vu qu'on ouvre tous les
paquets et qu'on ne laisse passer que ceux qui flattent les oppresseurs [2].

1. Saint-Prix était un des signataires de la pétition des soixante-quinze.
Il partagea le sort de ses collègues et passa quinze mois en prison.
2. Nous ne croyons pas que la députation de l'Ardèche ait donné suite
à son projet d'envoyer à ses commettants une lettre qui aurait contenu
l'exposé de tous les faits relatifs au 2 juin. Au moins n'en avons-nous
trouvé aucune trace ni dans les papiers du Comité de salut public ni dans
ceux du Comité de sûreté générale.

« Je joins ici un petit imprimé qui contient l'état exact des événements des 27, 30, 31 mai et 2 juin. Je vous l'aurais fait passer plus tôt, si on n'arrêtait pas les lettres et paquets pour empêcher que la vérité perce. Je doute encore qu'il vous parvienne, surtout si l'on voit ces quatre mots; adieu. »

Casenave au président de la Convention[1].

« 15 juin 1793.

« Citoyen président,

« Ayant compris qu'il doit être procédé à un appel nominal, je crois devoir m'empresser de vous prévenir qu'il m'est impossible d'y assister, car je suis retenu depuis trois jours dans mon lit par une fièvre violente dont j'attribue principalement la cause aux excès dirigés contre la Convention nationale. La violation de la liberté, surtout dans la séance du 2 de ce mois, m'a fait partager les sentiments de la plus grande indignation, que des attentats si atroces ont dû inspirer à tout vrai républicain. Je vous prie, citoyen président, de donner connaissance de ma lettre à l'Assemblée pour constater les motifs de mon absence.

« CASENAVE, *député des Basses-Pyrénées.* »

Devérité, député de la Somme, à sa femme[2].

« Peut-être sous quinze jours, ma chère amie, la Constitution sera-t-elle faite, et cette circonstance et d'autres me ramèneront vers toi. La députation de la Somme vient, et moi avec les autres, de se réconcilier avec Saladin à l'occasion de sa descente de la Montagne, et de notre parti qu'il a embrassé vigoureusement. Je t'envoie la déclaration de la Somme et la

---

1. Casenave n'avait signé aucune protestation. Il continua à siéger à la Convention, dont il était un des membres les plus modérés.
2. La lettre de Devérité fut interceptée le 15 juin à la poste d'Abbeville, par les soins des commissaires du Comité de sûreté générale. Le 8 juillet, un décret ordonnant l'arrestation de Devérité fut rendu par la Convention, mais celui-ci put s'y soustraire. Il ne rentra dans le sein de la Convention que le 13 frimaire an III.

brochure de notre nouveau converti. Porte-toi bien comme moi. Je t'embrasse, ainsi que ma famille.

« On s'écrit peu de choses, parce qu'on décachète les lettres à Paris comme à Abbeville. Nous voilà revenus à cette infâme tyrannie de police qu'on détestait ; tout en parlant de liberté, on n'est pas même libre de sa pensée avec ses parents, ses amis, et il faut faire ses lettres très-courtes. »

Laplaigne, député du Gers, à M...[1].

« Paris, 6 juillet 1793, an 2e de la République.

« Oui, mon cher ami, la République, conduite à deux doigts de sa perte, et suivant votre propre expression, par *quelques conjurés qui ont frappé et dispersé la représentation nationale*, sera sauvée par le *peuple entier* qui va manifester *sa volonté suprême* non par d'inutiles adresses, mais par des *actes éclatants de souveraineté* et de *toute-puissance*..................
....
Quant au dernier état des choses sur lequel vous me demandez des instructions, le voici :

« Depuis la triste et funeste époque du 2 juin, la moitié de la Convention, à peu près, s'est abstenue de prendre part aux délibérations ; plus de cent cinquante membres ont même fui et disparu après l'appel nominal du 2 juin, lors duquel je déclarai solennellement que j'étais présent uniquement pour réclamer préalablement, et avant tout autre acte, la liberté de l'Assemblée, son intégralité et la punition exemplaire des hommes qui avaient attenté à l'une et à l'autre. Cette déclaration me valut des huées, des menaces de l'Abbaye et provoqua un décret par lequel il fut défendu à ceux qui devaient répondre après moi, de dire autre chose, sinon qu'ils étaient *présents*. J'osai néanmoins insister, braver les

---

1. Laplaigne était un des signataires de la protestation des soixante-quinze. Aussi fut-il décrété d'arrestation le 3 octobre 1793 à la suite du rapport d'Amar. S'étant soustrait au mandat lancé contre lui, il fut mis hors la loi, le 7 octobre du même mois. Il put néanmoins échapper à la poursuite de ses ennemis et fut rappelé le 13 frimaire an III dans le sein de la Convention.

menaces, voler au bureau et demander acte de ma déclaration, ce qui me fut refusé. Quelques jours après, un membre, accusé d'avoir ri en écoutant la lecture de quelque dépêche qui annonçait que dans un département on avait été profondément indigné en apprenant les attentats du 2 juin, fut aussi menacé de l'Abbaye. Un décret solennel a déclaré que les auteurs des événements du 2 juin avaient bien mérité de la patrie. Une violation publique et sacrilége du secret des lettres est ici à l'ordre constant de tous les jours. J'avais expédié secrètement par le courrier de Bordeaux plusieurs exemplaires d'une relation exacte de notre situation que j'avais signés et adressés au département, au district, à la municipalité, à la société, à vous, à Thezon, à Lapeyre, médecin, avec une note manuscrite des derniers événements ; ces dépêches ont été saisies parce que le courrier a été arrêté et fouillé à vingt lieues d'ici. Elles ont été portées au Comité de salut public où elles sont déposées, et je suis, à cette occasion, menacé d'un décret d'arrestation. Un de mes collègues avait signé avec moi ces dépêches. Une censure rigoureuse supprime ou mutile tous les journaux qui ne préconisent pas les journées des 31 mai, 1er et 2 juin, et tout ce qui en a été la suite. On ne laisse lire aucune espèce d'improbation de ces fatales journées. Le commandant Henriot, qui emprisonna la Convention le 2 juin, qui la fit coucher en joue lors de sa sortie, etc., vient d'être nommé commandant général.

« Je vous embrasse,

« LAPLAIGNE, *député du Gers.* »

FIN DES NOTES DU SEPTIÈME VOLUME.

TABLE DES MATIÈRES

DU TOME SEPTIÈME.

LIVRE XXXIII

CRÉATION DU COMITÉ DE SALUT PUBLIC.

		Pages.
I.	Danton accusé à raison de ses relations avec Dumouriez (30 mars.)	1
II.	Le Comité de défense générale fait connaître à la Convention les mesures qu'il a prises contre le général et ses adhérents (1er avril)	6
III.	La Gironde renouvelle ses attaques contre Danton	10
IV.	Danton se défend et récrimine contre la Gironde	16
V.	La réunion illégale des commissaires des sections à l'Évêché dénoncée par Barère	22
VI.	La Convention apprend l'arrestation de ses commissaires	25
VII.	Robespierre attaque la Gironde comme complice de Dumouriez. Brissot la défend	29
VIII.	Les sections envoient des députations pour demander la poursuite des complices de Dumouriez	36
IX.	La Convention remplace le Comité de défense générale par un Comité de salut public	42
X.	L'arrestation de tous les Bourbons résidant en France est décrétée.	47

LIVRE XXXIV

LE COMITÉ DE SALUT PUBLIC ET LES ARMÉES.

I.	Réorganisation du Conseil général de la Commune	57
II.	Extension des pouvoirs du Tribunal révolutionnaire	63
III.	Le Comité de salut public fait l'exposé des attributions qui lui sont confiées	67

		Pages.
IV.	L'armée du Nord pendant le mois d'avril 1793.	70
V.	L'armée du Rhin pendant la même période.	79
VI.	Kellerman et Biron suspectés de connivence avec Dumouriez	84
VII.	Répression des troubles en Bretagne, expédition de Pornic, massacres de Machecoul.	88

LIVRE XXXV

MARAT DÉCRÉTÉ D'ACCUSATION.

I.	Pétition de la section Bon-Conseil contre la Gironde (8 avril).	97
II.	Pétion dénonce la pétition préparée par la section de la Halle au blé.	101
III.	Robespierre défend la pétition.	105
IV.	Vergniaud la combat.	112
V.	Séance du 11 avril au soir, scène scandaleuse provoquée par Marat.	121
VI.	Pétion injurié par la Montagne.	125
VII.	Guadet demande le décret d'accusation contre Marat.	130
VIII.	Le décret est prononcé.	133

LIVRE XXXVI

LE TRIOMPHE DE MARAT.

I.	Pétition de la Commune demandant la mise en accusation de vingt-deux Girondins.	143
II.	La Convention improuve comme calomnieuse la pétition de la Commune.	152
III.	Marat devant le Tribunal révolutionnaire.	160
IV.	Le Comité de sûreté générale fait arrêter Mainvielle, député suppléant des Bouches-du-Rhône.	169
V.	Nouvelle discussion sur les subsistances.	172

LIVRE XXXVII

LA CONSTITUTION GIRONDINE.

Rapport de Condorcet.	180
Discussion sur la déclaration des droits de l'homme.	188
— sur la liberté de la presse.	191

TABLE.

	Pages.
Discussion sur la liberté des cultes.	193
— sur le droit de propriété	195
— sur les contributions.	196
— sur l'instruction publique.	196
— sur les secours publics.	197
— sur le droit de résistance à l'oppression.	199
Discours de Robespierre (24 avril 1793).	202
Proposition d'Anacharsis Clootz.	205
Proposition de Condorcet pour la convocation des assemblées primaires (15 mai 1793).	208
Discussion sur les municipalités comprenant plus de cinquante mille âmes.	211

LIVRE XXXVIII

LA COMMISSION DES DOUZE.

I.	Réaction de l'opinion publique en faveur des principes modérés.	215
II.	Adresse des sections de Bordeaux.	221
III.	Adresse de la section de la Fraternité.	235
IV.	Discours de Vergniaud.	245
V.	Nomination de la commission des Douze.	248
VI.	Rapport de Viger sur les mesures de salut public à prendre.	257
VII.	Résistance des sections aux arrêtés de la commission des Douze.	266
VIII.	Arrestation d'Hébert.	268
IX.	Déclaration du président Isnard.	272
X.	La Montagne demande la suppression de la commission des Douze.	279
XI.	Discours du ministre de l'intérieur Garat.	291
XII.	La commission des Douze est supprimée (27 mai 1793).	294

LIVRE XXXIX

LE 31 MAI.

I.	La commission des Douze est rétablie (28 mai 1793).	299
II.	Réunion illégale de l'Évêché.	306
III.	Les commissaires de la réunion de l'Évêché s'érigent en comité central révolutionnaire.	314
IV.	Le canon d'alarme est tiré par ordre du comité central révolutionnaire.	322
V.	Aspect de Paris pendant la journée du 31 mai.	329
VI.	Vergniaud fait décréter que les sections ont bien mérité de la patrie.	332

		Pages.
vii.	Suppression définitive de la commission des Douze.	339
viii.	Les sections fraternisent entre elles.	346

LIVRE XL

LE 2 JUIN.

i.	Arrestation de madame Roland (1er juin).	356
ii.	Adresse aux Français présentée par Barère au nom du Comité de salut public (1er juin).	358
iii.	Marat à la Commune.	367
iv.	Hésitations des Girondins.	371
v.	Séance du 1er juin au soir.	373
vi.	Henriot prépare l'investissement de l'assemblée.	377
vii.	Lanjuinais propose à l'Assemblée de casser les autorités révolutionnaires de Paris (2 juin).	382
viii.	La députation de la Commune est admise à la barre.	387
ix.	Le Comité de salut public propose d'inviter les députés dénoncés à se suspendre volontairement de leurs fonctions.	393
x.	La Convention, sur la proposition de Lacroix, ordonne à la force armée de s'éloigner du lieu de ses séances.	403
xi.	Hérault-Séchelles et Henriot.	406
xii.	La Convention se laisse arracher le décret d'arrestation des Girondins.	412
xiii.	Le Comité de salut public et la Commune.	420
xiv.	Le coup d'État du 2 juin jugé dans ses conséquences.	425

NOTES

ÉCLAIRCISSEMENTS ET PIÈCES INÉDITES.

I.	Captivité des membres de la famille de Bourbon.	433
	Arrestation du duc de Montpensier.	434
	Arrêté du Comité de sûreté générale, 1er avril 1793.	434
	Lettre de Lebrun à Biron, 1er avril 1793.	434
	Procès-verbal de l'arrestation du duc de Montpensier, 8 avril 1793.	435
	Arrêté du Conseil provisoire exécutif, 15 avril 1793.	436
	— du Comité de salut public, 16 avril 1793.	437
	Arrestation du duc d'Orléans.	437
	Lettre du ministre de la justice, 7 avril 1793.	437
	Premier interrogatoire du duc d'Orléans, 7 avril.	438
	Lettre du duc d'Orléans à la Convention, 7 avril.	439
	Translation des Bourbons à Marseille.	440

TABLE.

	Pages.
Instruction du conseil exécutif provisoire pour cette translation, 8 avril 1793.	440
Interrogatoire du duc d'Orléans, 7 mai 1793.	442
Interrogatoire du duc de Beaujolais, 7 mai 1793.	448
Interrogatoire du duc de Montpensier, 8 mai 1793.	449
Captivité des Bourbons à Marseille et à Paris.	454
Arrêté du Comité de sûreté générale, 16 vendémiaire an II.	454
Lettre de la duchesse d'Orléans au Comité de salut public.	455
Ordre de translation de la duchesse d'Orléans dans la maison Belhomme, 26 fructidor an II.	456
Arrêté du Comité de sûreté générale relatif aux ducs de Montpensier et de Beaujolais.	457
Arrêté du Comité de salut public ordonnant la mise en liberté de la duchesse d'Orléans, 24 fructidor an III.	458
Lettre des ducs de Montpensier et de Beaujolais au Directoire exécutif, 16 pluviose an IV.	460
Lettre de la duchesse d'Orléans à son fils aîné, 8 prairial an IV.	461
Lettre de la duchesse d'Orléans au ministre de la police, 26 prairial an IV.	462
Lettre du ministre de la police au ministre des relations extérieures, 18 messidor an IV.	464
Lettre du ministre de la police au citoyen Bacher, 18 messidor an IV.	465
Lettre du ministre des relations extérieures au ministre de la police, 2 thermidor an IV.	466
Lettre du duc d'Orléans à sa mère, 28 thermidor an IV.	466
Arrêté du Directoire exécutif ordonnant la mise en liberté des ducs de Montpensier et de Beaujolais.	470

II. La Commune provisoire. ... 473
Arrêté du corps municipal. ... 474
Pétition de la Commune provisoire, 3 avril 1793. ... 477
Rapport de Dugé-Dassé sur l'organisation municipale de Paris, 10 juin 1793. ... 478

III. Les officiers municipaux dénoncés pour avoir montré quelque sympathie aux prisonniers du Temple. ... 481
Extraits de procès-verbaux des séances de la Commune, 15, 22 et 25 avril, 5 et 6 septembre 1793. ... 482
Lettre des enfants de Tison, 27 fructidor an II. ... 486
Interrogatoire de Tison, 15 pluviôse an III. ... 486

IV. Le général Kellermann et les commissaires de la Convention. ... 489
Lettre d'Hérault à Legendre, Rovère et Basire, 10 avril 1793. ... 489
Lettre de Legendre, Rovère et Basire à la Convention, 11 avril. ... 490
Kellermann à Garat. ... 491
Lettre d'Hérault et de Simond à la Convention. ... 493

	Pages.
Proclamation d'Hérault et de Simond, 13 avril.	495
Arrêté du Comité de salut public, déclarant que Kellermann n'a pas cessé de mériter la confiance de la République, 17 mai 1793.	496

V. Documents relatifs au commencement des guerres de la Vendée. 497
Le général Marcé condamné à mort. 497
Lettres du général Canclaux au ministre de la guerre, 22, 25 et 29 mars 1793. 499
Lettre de Billaud-Varennes et de Sevestre à la Convention, 29 mars 1793. 503
Lettre d'Arnaud, officier de la garde nationale de la Rochelle, 25 avril 1793. 505
Nomination de Ronsin, Momoro et autres, en qualité de commissaires du pouvoir exécutif près les armées de l'Ouest. . . . 507
Lettre de service de Ronsin, 7 mai 1793. 508
Lettre de service de Lachevardière et de Minier, 9 mai. 508
Lettre de service de Momoro et de Damesme, 11 mai. 509
Proclamations et autres pièces émanées des chefs des armées catholiques et royales. 510
1re proclamation du 1er juin 1793. 510
2e — du 9 juin 1793. 511
3e — du 15 juin 1793. 512
4e — du 2 juillet 1793. 513
Passe-ports délivrés à des prisonniers républicains. 515

VI. Procès de Marat. 517
Lettre du ministre de la justice, Gohier, à la Convention, 21 avril 1793. 517
Lettre du maire de Paris au ministre de la justice, 21 avril. . . 520
Lettre des administrateurs de police au maire de Paris, 21 avril. 521
Arrêté du Conseil exécutif provisoire, 22 avril. 521
Procès-verbal de perquisition, 22 avril. 521
Écrou de Marat, 23 avril. 522
Interrogatoire de Marat, 23 avril. 523

VII. La salle des séances de la Convention. 527
Rapport de Vergniaud, 13 août 1792. 527
Rapport du ministre de l'intérieur, Roland, 14 septembre 1792. 528
Rapport de Lacoste, 6 octobre 1792. 531
Décret du 6 octobre 1792. 531
Description de la nouvelle salle inaugurée le 10 mai 1793. . . 532

VIII. Arrestation des ministres Lebrun et Clavière. 535
Arrêté du Comité de salut public, 31 mai 1793. 535
Lettre de Clavière à la Convention, 1er juin. 537
Lettre de Lebrun au Comité de salut public, 4 juin. 539
Lettre du comité de salut public à Lebrun. 539

TABLE.

	Pages.
IX. Protestations contre le 2 juin, émanant de membres de la Convention..	541
Protestations collectives.	541
Protestation des soixante-quatorze.	541
— des députés de la Somme.	546
— — de l'Aisne.	549
— — de la Haute-Vienne.	553
Protestations individuelles.	554
Protestation de Gensonné.	555
— de Lasource.	557
— de Deschezeaux.	560
Fragments de la correspondance de plusieurs députés.	561
— — de Michel, du Morbihan.	561
— — de Loiseau, de la Charente-Inf^re.	563
— — de Saint-Prix, de l'Ardèche.	569
— — de Casenave, des B.^ses-Pyrénées.	570
— — de Devérité, de la Somme.	570
— — de Laplaigne, du Gers.	571

FIN DE LA TABLE DU TOME SEPTIÈME.

www.ingramcontent.com/pod-product-compliance
Lightning Source LLC
Chambersburg PA
CBHW060502230426
43665CB00013B/1355